Petits tracas et gros soucis
de 1 à 7 ans

Christine Brunet
Anne-Cécile Sarfati

Petits tracas
et gros soucis
de 1 à 7 ans
quoi dire, quoi faire

Nouvelle édition augmentée

Albin Michel

Collection « Questions de parents »
dirigée par Mahaut-Mathilde Nobécourt

*À Théophile, Adrien, Camille,
Madeleine, Martin, Edouard,
Octave, Eliott, Joséphine et Capucine.*

À Charles, Marc et Tom.

Sommaire

Avant-propos

Les parents d'aujourd'hui ont des doutes. Dans l'éducation de leurs enfants, ils craignent de mal faire, de se tromper, d'en faire trop ou pas assez. Ils se refusent à l'idée de leur tenir le même langage que celui tenu par leurs propres parents, mais ils n'osent pas davantage remettre en question tout ce qu'on leur a appris.

Il y a cinquante ans encore, élever un enfant se faisait à grands coups de certitudes : l'enfant était inapte à comprendre, n'avait aucun droit mais seulement des devoirs, bref, n'était pas une personne à part entière. Il y a trente ans, les jeunes générations se sont révoltées, balayant le passé, prônant la liberté à tout va. Appliqué aux enfants, le slogan «Il est interdit d'interdire» s'est souvent traduit par : l'enfant peut tout entendre, on peut tout lui dire, tout lui montrer...

Les parents, aujourd'hui, sentent bien que ni l'un ni l'autre de ces deux modèles n'est satisfaisant, parce que ni l'un ni l'autre ne laissent de place à un véritable dialogue, à une écoute sincère et authentique. Quasi militaire ou soixante-huitard, ces deux systèmes d'éducation ont définitivement montré leurs limites, leurs insuffisances, leurs pièges. Débordés, pressés, stressés, les nouveaux parents redoutent autant de revenir à une éducation stricte et répressive, redonnant de la valeur à la fessée, qu'à une éducation laxiste et permissive, sans interdits ni limites.

Dans le monde actuel, l'enfant grandit sans doute plus vite qu'autrefois. La télévision et l'ordinateur, devenus des outils familiers, mettent à sa portée, hors du contrôle des adultes, d'incroyables quantités d'informations, en même temps qu'ils l'accoutument à une violence longtemps ignorée, le tout au moment où la mère-qui-travaille est devenue la norme et non plus l'exception. Comment, dès lors, trouver de nouveaux standards, inventer une troisième voie ?

Sans prétendre être le manifeste de ce nouveau modèle d'éducation, ce livre se veut un «outil» pratique, concret, à l'usage des parents, qui peuvent connaître à tout moment, avec leur enfant, les petits tracas ou les gros soucis de la vie quotidienne. Nombre d'entre eux demeurent *a priori* réticents à la simple idée de recourir au psy : l'intervention d'un professionnel conférerait, à leurs yeux, un caractère de gravité à leurs difficultés du moment. Hostiles à la consultation, ils sont, néanmoins, demandeurs de conseils. Ils veulent des réponses concrètes plus que de longues théories – parce qu'ils ne sont pas sûrs de pouvoir en déduire une pratique.

Votre enfant refuse de s'habiller seul mais exige de choisir lui-même ses vête-ments? Il vous ment de plus en plus régulièrement, vole un jouet dans un magasin, profère des grossièretés en public? Il refuse d'abandonner sa tétine, persiste à faire pipi au lit, déboule toutes les nuits dans votre chambre? Dans tous ces cas, la mère ou le père doit savoir réagir promptement, trouver les mots et les gestes efficaces, sans lesquels la petite crise menace de virer au cauchemar.

Plus angoissants – et plus désarmants – pour un parent : les soucis liés à la séparation, au divorce et à la famille recomposée. Vous vous séparez pour «faire le point»? Vous finissez par divorcer? Que dire à votre enfant pour qu'il souffre le moins possible de vos décisions d'adultes?

On trouvera, dans ce livre, des propositions pour aborder ces bouleverse-ments de la vie, et aussi des conseils pour gérer au mieux les transitions, lorsque l'enfant d'un couple divorcé va passer le week-end chez son père, les erreurs à éviter pour l'aider à accepter un beau-père...

La mort, bien sûr, est un sujet de malaise dans le dialogue parents-enfants. Faut-il lui parler tout de suite du décès de son grand-père, ou attendre que l'enterrement ait eu lieu – et lui dire quoi, au juste? Doit-on le protéger, en l'éloignant de la maison, ou au contraire l'associer aux funérailles, jusqu'à lui montrer le corps?

Difficile pour les parents, l'époque est souvent incompréhensible aux enfants. Comment répondre à ses questions sur la guerre, le chômage, la pauvreté, sans banaliser, ni tomber dans les excès du discours culpabili-sant... qui nous a tant agacés dans notre enfance?

Espérer fournir, face à de telles questions et à tant d'autres, les éléments d'une solution rapide peut paraître présomptueux. On comprendrait mal, certes, qu'une méthode imprégnée de psychologie puisse faire totalement fi des spé-cificités de chaque relation parents-enfants, des différences de personnalités ou d'environnement, qui font qu'un discours identique ne produit pas les mêmes effets sur n'importe quel enfant. Notre propos n'a pas davantage la pré-tention de l'exhaustivité que celle de l'universalité. Mais il constitue une somme de propositions de réponses – à des interrogations ou des situations de conflit somme toute ordinaires – qui tient plus, dans notre esprit, de la trousse de premier secours que de l'encyclopédie de médecine. Les suggestions qui sont ici formulées, quoique fondées sur l'expérience et maintes fois éprouvées, gagneront toujours à être nuancées en fonction des personnes et des situations.

À l'inverse des ouvrages théoriques qui traitent de telle ou telle question en particulier, ce livre en aborde une multitude. Il comporte autant d'entrées que de chapitres. Indépendants les uns des autres, tous peuvent se lire dans n'importe quel ordre, au hasard des difficultés rencontrées. Le ton pourra parfois sembler péremptoire, mais c'est le ton de la conviction, alerte et précis, qui permet de lutter contre la perte de confiance en soi en tant que parent. Et si nous avons adopté cette présentation sur le mode de l'injonction – «Évitez», «Faites», «Préférez», «Ne dites pas»… –, on comprendra que c'est par souci de clarté, et non pour faire la leçon aux parents.

Écrit à l'intention des deux parents, ce livre est, pour des raisons de lisibilité, rédigé en s'adressant à la mère. Il est écrit au féminin, pour éviter d'avoir à écrire systématiquement : «moi ton père, moi ta mère, je me suis énervé(e)», ce qui aurait brouillé le texte. Mais tous les chapitres peuvent, bien sûr, être lus par le père à qui il est souvent demandé d'avoir une parole de père, d'occuper sa place de père. Nous avons choisi d'indiquer concrètement ce que les parents pouvaient dire à l'enfant, de quelle manière s'adresser à lui en le traitant en sujet. Cela suppose de lui parler à la première personne : «Moi, ta maman, je te dis que…» et non «Maman te demande de…»; de respecter les places de chacun : «Ton papa va rentrer tout à l'heure», et non «Papa va rentrer tout à l'heure» : il n'est papa que de l'enfant, pas de la mère. Et enfin, de ne pas lui parler à la troisième personne ou sur un mode impersonnel globalisant et infantilisant : «Maman me dit qu'il n'a pas été sage» ou «J'apprends qu'on n'a pas mangé ses pâtes», mais «Ta maman me dit que tu n'as pas été sage»… C'est en le considérant avec respect et courtoisie – avant même qu'il ne sache parler – qu'on lui transmet cette attitude dans le rapport à autrui. Et ce n'est pas en insistant sur l'effort («fais un effort»), qui peut décourager, mais en l'invitant à prendre ses responsabilités, qu'on lui donne la fierté de grandir. Car l'enfant a besoin d'être fier et de sentir que ses parents sont fiers de lui.

Enfin, de même qu'une image est parfois plus explicite qu'un long texte, nous avons considéré, à l'usage, qu'un bon petit livre peut être aussi utile – voire plus efficace – qu'une longue explication emberlificotée. On trouvera, à la fin de la plupart des chapitres, une sélection de livres pour enfants qui permettront de revenir sur un sujet délicat par le biais de la lecture. Sont également signalées les références de quelques livres destinés aux parents qui souhaiteraient approfondir tel ou tel sujet, ainsi que des adresses où ils trouveront de quoi faciliter le quotidien avec leur enfant.

En aucune façon, ce livre ne doit assaillir ni culpabiliser le lecteur. Son objectif, au contraire, est de communiquer une «ambiance», un état d'esprit, d'inviter à un certain empirisme dans l'éducation de l'enfant. Pour permettre à chaque parent de trouver lui-même SA réponse, SA manière de dire, SA manière de faire.

Il est évident que le parent idéal, l'enfant idéal, le conseil idéal, rien de tout cela n'existe. Tous les parents connaissent un jour ou l'autre des moments d'exaspération qui les conduisent à penser, ou même à hurler, des choses horribles à leurs enfants... Quel père ou quelle mère ne s'est pas dit, un jour, qu'il voudrait être ailleurs, «sans cet enfant», qu'il voudrait «le jeter par la fenêtre»? Car l'enfant, cet être qui perçoit tout, comprend beaucoup, mais à qui on ne peut ni tout dire, ni tout laisser faire, sait d'instinct déployer des trésors de malice pour résister, s'opposer, tester la tolérance de ses parents. Pour autant, il n'y a aucun enfant «méchant» ni «pas gentil», mais uniquement des enfants qui, parfois, prononcent des mots ou commettent des actes inacceptables.

Chaque parent a donc le droit de se tromper, d'avoir une réaction inadaptée, voire contraire à celle qu'il aurait voulu avoir... Il est toujours possible, alors, de revenir vers l'enfant et de lui dire : «Mes mots, mes actes, ont dépassé ma pensée, j'étais hors de moi, je te prie de m'excuser, tu es mon enfant quoi qu'il arrive...» Il est irréaliste de penser devenir un parent qui ne s'énervera jamais, qui trouvera toujours le mot juste.

Fruit d'un long dialogue, ce livre s'est nourri de la confrontation entre la compétence de la psychologue-psychothérapeute et la curiosité de la journaliste. Il est aussi la somme de nos deux expériences : celle d'une jeune mère et d'une jeune grand-mère d'enfants âgés de moins de 7 ans. De cet ouvrage pratique à l'usage des parents déboussolés, désarçonnés, ou tout simplement démunis, nous avons aussi voulu faire un manuel anti-stress. Pour les aider à dédramatiser les inévitables difficultés de cette aventure exaltante qu'est celle d'élever un enfant, en leur transmettant, d'abord, cette certitude : il y a toujours une solution.

C.B. et A.-C.S.

I.

AUTORITÉ, DISCIPLINE, LIMITES

1

Vous n'arrivez pas à lui dire non

Il ne cesse de réclamer des babioles. Ou d'essayer d'enfreindre vos modestes instructions (s'habiller seul, se coucher à l'heure...). Vous avez l'impression de céder un peu trop souvent.

Ne pas savoir dire non, qu'est-ce que ça cache ?

Différents sentiments :
– Le parent coupable : il voit déjà tellement peu son enfant, il ne va pas, en plus, le torturer.
– Le parent qui doute : par réaction à sa propre éducation – probablement trop stricte et rigide –, il s'interroge constamment sur le bien-fondé du « non » (ou de l'ordre) qu'il « impose » à son enfant.
– Le parent épuisé : il n'a pas le courage de se lancer dans une épreuve de force qu'il n'est, pense-t-il, pas certain de tenir.
– Le parent pressé : il n'a pas le temps de tergiverser deux heures au moment de l'habillage du matin et préfère s'en charger à la place de son enfant (voir chapitres 20 *Êtes-vous en train d'en faire un petit pacha ?* et 60 *Il refuse de s'habiller seul, mais exige de choisir ses affaires*).

Pourquoi faut-il apprendre à dire non ?

☐ **Pour permettre à votre enfant de se construire, de se structurer et de devenir, plus tard, un être responsable, indépendant et autonome**
La frustration est une expérience indispensable au développement psychologique et affectif de l'enfant qui doit apprendre à renoncer à la satisfaction immédiate de tous ses désirs. Contrairement à ce que vous pouvez penser, la frustration n'implique pas forcément l'humiliation (voir cha-

17

pitre 2 *Vous lui avez donné une tape, vous en êtes malade* et 3 *Faut-il vraiment parfois le punir ?*).

☐ **Parce que contrairement à ce que l'on croit, dire «non» à un enfant le rassure**

Les limites reçues sécurisent bien plus qu'elles ne briment. Garder le cap qu'on s'était fixé avant la crise, ne pas céder devant sa colère, est le premier moyen de lui donner des repères. Au contraire, un enfant qui sent que ses crises de nerfs et ses hurlements lui permettent d'atteindre son but, finit par être angoissé de l'absence de limite posée à sa toute-puissance. Comprendre ses besoins n'est pas synonyme de céder et de laisser faire.

☐ **Pour ne pas tomber dans le piège du «parent copain»**

Être un «parent copain», c'est considérer son enfant comme un égal, un ami du même âge que soi, c'est-à-dire comme un être achevé. Cela revient à méconnaître les étapes psychologiques du développement de chaque enfant. Votre enfant a besoin d'un parent solide, qui reste toujours à sa place de parent, un parent adulte auquel il pourra s'identifier et sur lequel il pourra s'appuyer, le cas échéant.

☐ **Pour éviter les difficultés futures**

Accéder à tous les désirs de votre enfant, c'est l'élever dans un monde illusoire où il croit qu'il peut tout faire. Le principe d'éducation «Il est interdit d'interdire» empêche l'enfant de faire l'épreuve de la réalité et le rend incapable de supporter les interdits et les frustrations. À l'adolescence, l'enfant qui, petit, a manqué d'autorité parentale peut être tenté de la rechercher de n'importe quelle manière (voire par des comportements asociaux) et auprès d'autres personnes que ses parents (du professeur au juge en passant par le policier...). Grandir, c'est renoncer momentanément à quelque chose pour faire quelque chose de mieux plus tard.

☐ **Pour cesser de vous compliquer l'existence**

Abdiquer en permanence finit par rendre esclave. À terme, on finit toujours – plus ou moins consciemment – par en vouloir à celui qui nous tyrannise.

Comment apprendre à dire non ?

– Distinguez bien, dans votre esprit, les interdits sociaux absolus (coucher avec ses parents, blesser autrui, se faire du mal à soi...) et les règles de vie propres à chaque famille (regarder la télévision, prendre son repas et se coucher à telle heure...).
Restez inflexible sur les interdits sociaux. Rappelez-les souvent et pas seule-

ment au moment des crises. En les précédant de la formule toute simple : «C'est interdit, c'est comme ça». Et en répétant : «Je te l'ai déjà dit», une formule qui permet d'ériger ces interdits en véritables repères.

Pour les règles en vigueur dans votre famille, n'édictez que celles sur lesquelles vous êtes sûre de tenir sur la durée. Faites-les évoluer en fonction de l'âge, de la personnalité et des besoins de votre enfant. Ainsi que de l'organisation de votre vie de famille. Vous doutez sur des points précis? N'hésitez pas à prendre en considération l'avis de la maîtresse ou du pédiatre. Les professionnels ont souvent des idées claires sur les besoins de l'enfant (notamment son sommeil). Même si c'est vous, parents, qui décidez.

– Lorsque vous vous adressez à votre enfant pour faire respecter un interdit ou une limite, efforcez-vous de capter, puis de soutenir fixement son regard. Apprenez à «faire les gros yeux» – comme autrefois –, à le tancer vertement. Plus tôt l'enfant est habitué à être regardé droit dans les yeux au moment critique, plus tôt il sait obéir. L'autorité passe par le regard autant que par le changement de ton (voir chapitre 4 *Vous n'arrivez pas à vous faire obéir sans crier*).

Les colères de votre enfant vous désarment?

– Vers 18 mois (jusqu'à 3 ans environ), chaque enfant passe par une période où il s'oppose systématiquement à l'adulte. C'est la fameuse «phase du non»: l'enfant prend conscience qu'il ne veut pas être soumis à ses parents; il témoigne qu'il a une pensée propre; il dit non pour mieux s'approprier ce qu'on lui demande de faire.

C'est une époque très décourageante et fatigante pour les parents, mais absolument nécessaire pour l'enfant. C'est en s'opposant qu'il se construit. En prendre conscience vous permettra de dédramatiser, sans céder pour autant.

– Apprenez à distinguer le vrai chagrin (voir chapitre 5 *Il veut partir de la maison*) du simple caprice (vous venez de lui refuser son quatrième bonbon). Soyez compréhensive face au premier. Restez de marbre face au second.

– Ayez suffisamment confiance en vous pour affronter seule la rébellion de votre enfant, sans faire appel...

... à votre conjoint qui – à ce moment précis – n'a aucune légitimité pour régler le conflit qui vous oppose, vous, à votre enfant,

... ou à un tiers, qu'il soit réel (la maîtresse d'école, l'agent de police dans la rue...) ou imaginaire (le père Fouettard, le loup-garou...).

C'est à vous, parent, de transmettre la loi. Croyez en vous : vous êtes parfaitement capable d'exercer seule votre autorité de parent. Il suffit de considérer que votre décision est juste et que vous montrer inflexible ne vous transforme pas pour autant en parent psychorigide.

– Assumez de laisser hurler votre enfant dans sa chambre, le temps qu'il se calme. Ou de passer pour une mère indigne s'il pique sa crise en pleine rue et qu'une tape vous échappe (voir chapitre 2 *Vous lui avez donné une tape, vous en êtes malade*).

– Les mots-clés : «Je comprends très bien que tu ne sois pas d'accord avec moi, mais ce que tu fais là est inacceptable.»

– Il vous traite de «méchante maman»? Rétorquez calmement : «Peut-être que tu penses cela maintenant, mais je te l'ai déjà dit : changer de maman, changer d'enfant, c'est interdit, c'est impossible.» N'hésitez pas, aussi, à faire référence à votre propre enfance : «Moi aussi quand j'étais petite, je me souviens que mes parents…» Votre enfant se rendra compte que vous aussi avez été enfant, que vous aussi avez eu à connaître des frustrations et des désillusions. Il se sentira moins seul. Cela aura pour effet de faire diversion et de dédramatiser.

– Le drame persiste? Pour couper court à la polémique, dites : «Écoute, n'insiste pas, c'est comme ça. Aujourd'hui je ne discute plus de ça avec toi.»

– Une fois la crise surmontée (ou s'il ne se calme pas), revenez vers votre enfant et dites-lui : «Je me suis énervée à cause de ton caprice…» (et non «à cause de toi» ou «parce que tu es méchant» formules trop culpabilisantes), «…mais tu le sais, tu es mon enfant, je t'aime quoiqu'il arrive.» (Voir chapitre 3 *Faut-il vraiment parfois le punir?*) Cela vous permettra de dépasser la rancune et de garder une bonne communication parent-enfant. C'est toujours à vous de revenir vers lui.

– Déculpabilisez : c'est en ne cédant pas que vous jouez votre rôle de parent et en assumez la responsabilité.

POUR EN SAVOIR PLUS

Dès 18 mois
Les Colères et *Les Chagrins*, Dr Catherine Dolto, Gallimard Jeunesse.
On ne peut pas, Jeanne Ashbé, Pastel, L'École des Loisirs.

Dès 2 ans
Les Chaussures rouges, Imme Dros, Pastel, L'École des Loisirs.
Papa ne veut pas, Alain Le Saux, Rivages, 1991.

Dès 3 ans
Non, j'irai pas au lit!, Lauren Child, Albin Michel.
Maman, va-t'en, Lynne Jonell et Petra Mathers, Kaléidoscope.
Fenouil, tu exagères, Brigitte Weninger, Nord-Sud.
Je ne veux pas prendre mon bain, Tim Warnes, Mijade.
L'Anniversaire de Boudinette, Mireille d'Allencé, L'École des Loisirs.

Dès 4 ans
Moi je déteste, Maman adore, Élisabeth Brami et Lionel Le Néouamic,
Seuil Jeunesse.
Fais pas ci, Fais pas ça, Babette Cole, Seuil Jeunesse.
Jim chat-ours fait tout à l'envers et *Jim chat-ours fait des bêtises*,
Jean Alessandrini et Sophie Kniffke, Grasset Jeunesse.

Pour les parents
Une place pour le père, Dr Aldo Naouri, Points, 1999.
Parents, osez dire non!, Dr Patrick Delaroche, Albin Michel, 1996.
Quels repères donner à nos enfants dans un monde déboussolé?, Jean-
Luc Aubert, Albin Michel, 1997.
Ces enfants qui nous provoquent, Nicole Fabre, coll. Le métier de
parents, Fleurus, 1997.
Y a-t-il encore un père à la maison?, Jacques Arenes, coll. Le métier de
parents, Fleurus, 1997.
Les Étapes majeures de l'enfance, Françoise Dolto, Gallimard Folio,
1998.
C'est pas bientôt fini, ce caprice?, Les calmer sans s'énerver, Christine
Brunet et Nadia Benlakhel, Albin Michel, 2005.
*C'est comme ça, un point c'est tout!, Quelle autorité dans la petite
enfance?*, Frédérik Aubourg et Nadia Mila, Albin Michel, 2007.

2

Vous lui avez donné une tape, vous en êtes malade

Il ne cessait de vous provoquer. Et la tape est partie... Depuis, la culpabilité vous ronge.

L'idée même de lui donner une tape vous rend malade, pourquoi ?

Deux hypothèses au choix :

– Cela vous renvoie peut-être à ces fessées d'un autre temps (la « raclée », la « cognée », la « tannée »...) qui signifient que l'adulte est maître sur l'enfant, que le parent est toujours dans son bon droit, qu'il faut « casser » la volonté de l'enfant et que plus le « dressage » commence tôt, plus il est efficace. Une telle éducation, baptisée « la pédagogie noire » par la psychanalyste Alice Miller[1] repose sur ce postulat : les parents ont toujours raison, ils ont tous les droits parce qu'ils sont les parents ; les enfants, eux, ne méritent aucun respect, ils n'ont que des devoirs. Dans les familles où l'on pratiquait ce type d'éducation (pas seulement au XIXᵉ siècle...), les enfants étaient considérés comme des « petits chiots à dresser » ; ou bien des êtres humains, mais de statut inférieur : au salon, avec leur parents, ils étaient « tolérés », s'ils ouvraient la bouche, ils étaient rabaissés ou prenaient une « trempe ». C'était « pour leur bien », ça soulageait leurs parents...

Si vous avez subi ce genre d'éducation, vous faites peut-être un blocage et un rejet, vous avez honte à l'idée de lever la main sur votre enfant.

– Pour vous, l'obéissance, la contrainte et la hiérarchie ne sont peut-être pas des références. La permissivité et le laxisme – donc forcément l'absence de frustration, d'obligation, de punition et de tape sur la main ou sur les

---

1. In *C'est pour ton bien*, Éd. Aubier, Paris, 1984.

fesses – vous semblent le gage de la créativité, de l'expression de votre enfant dans tous les domaines. Vous pensez qu'en le brimant, vous lui coupez les ailes, vous brisez sa créativité.

Lui donner une tape, est-ce un signe de sadisme ? un frein à sa créativité ?

Il est vrai que la tape signe un échec dans la communication entre l'enfant et son parent. En fait, elle est donnée parce que le parent n'a pas, en amont, signifié assez clairement les limites et les interdits à son enfant.

Mais en pratique, donner une tape à son enfant ne renvoie pas forcément à la « pédagogie noire » décrite ci-dessus. Elle n'est pas davantage un frein à la créativité de l'enfant.

S'interdire de donner une tape à son enfant, sur la main ou sur les fesses, sous prétexte qu'on va le bloquer dans sa créativité, c'est confondre autoritarisme et autorité. En veillant à ne contrarier votre enfant sous aucun prétexte, vous ne donnez pas libre cours à sa créativité, vous le contraignez à la prise de pouvoir. À terme, vous entretenez la confusion des rôles parent-enfant. Vous fabriquez un tyran. Vous en souriez ? Au fond, l'idée qu'il fasse partie plus tard des « dominants plutôt que des dominés » vous séduit ? Il n'est pas sûr que votre enfant devienne, plus tard, le « chef parfait » que vous espérez. Pour être chef, il est nécessaire de reconnaître l'autorité, de l'accepter et non de la nier. En revanche, si votre enfant est un vrai créatif, ce n'est pas une tape sur les fesses ou une punition, s'il a passé les bornes (voir chapitre 3 *Faut-il vraiment parfois le punir ?*), qui l'empêcheront d'exercer son talent. À condition, bien sûr, que ce ne soit pas érigé en système éducatif.

Donner une tape sert-il à quelque chose ?

La tape dit « stop » à l'acte ou à la parole inacceptable, intolérable et à l'exaspération. C'est un moyen de couper court à un conflit ou une dispute qui n'en finit pas et qui aboutit à un sentiment d'incompétence du côté du parent – qui ressent son absence d'autorité – et de toute-puissance du côté de l'enfant – qui cherche toujours à aller plus loin pour repousser les limites. Dans ces moments-là, on se sent un mauvais parent. On finit toujours, plus ou moins consciemment, par ne plus avoir d'estime de soi en tant que parent, ni de respect pour cet enfant, « ce despote qui nous gâche la vie ».

Existe-t-il une tape qui ne traumatise pas ?

– C'est une tape sur la main ou sur les fesses, rien de plus. Elle est tolérée et acceptable lorsqu'on la donne à un enfant de moins de 5-6 ans environ, plus tard, il est préférable de donner une punition (voir chapitre 3 *Faut-il vraiment parfois le punir ?*). Elle est plus efficace et moins humiliante lorsque celui qui la donne s'efforce, au même moment, de soutenir le regard de l'enfant (de «faire les gros yeux») et l'accompagne d'un mot d'explication : «Ce que tu fais est inacceptable. Je ne suis pas d'accord, je ne supporte pas.» Enfin, il est évident que c'est à vous, le parent concerné, d'assumer cette tape et de ne pas la déléguer à un tiers (notamment au parent absent au moment des faits).

– Ce n'est pas une «fessée» qui, au sens littéral du terme, est une série de plusieurs tapes («coups» dans le Petit Robert) données sur les fesses de l'enfant, souvent avec acharnement et sadisme, en l'installant à plat ventre sur les genoux, parfois déculotté...

– Ce n'est pas non plus une gifle au visage (trop humiliante) ou un coup de pied aux fesses, ni un pinçon tourné, une mèche arrachée ou une oreille tirée (trop violent). Encore moins, bien évidemment, un coup de martinet ou de ceinture. Autant de châtiments corporels qui relèvent de l'enfance maltraitée mais qui, malheureusement de nos jours, sévissent encore dans certaines familles.

La claque sur la fesse (ou la main) peut donner une limite à votre enfant ; en aucun cas, elle n'a pour but de l'humilier, de s'acharner sur lui ni de le laisser pantelant et démuni.

Dans quels cas donner une tape n'est pas une catastrophe ?

– Il vous a insultée, est allé trop loin dans l'insolence.

– Il désobéit, n'écoute aucune recommandation, dépasse les bornes.

– Vous avez tout essayé : la patience, la persuasion, l'énervement, l'isolement... Mais votre enfant est en pleine crise.

– Vous êtes à bout de nerfs, vous êtes déçue, vous sentez que vous êtes sur le point de déverser sur votre enfant un flot de paroles violentes et humiliantes que vous ne contrôlerez plus. Une tape, qui arrêtera net la crise, est préférable à la poursuite du conflit sur le ton de l'exaspération.

– Il vient de se mettre en danger (par exemple, en traversant la rue tout seul en courant, alors que vous lui aviez dit de vous attendre au panneau) ou de blesser son frère. Vous avez eu très peur, vous êtes hors de vous. Dans ce cas, la tape rappelle l'interdit de se mettre en danger, de se nuire à soi (voir chapitre 63 *Comment l'empêcher de grimper en haut des rochers*), de faire mal et de mettre autrui en danger. Une tape sur les fesses va le surprendre mais aussi lui faire prendre conscience de son imprudence et l'inciter à la prudence.

À quel moment une tape n'est pas un drame ?

Au moment de l'énervement maximum. Et non, le soir, en rentrant du bureau, en apprenant qu'il a craché sur la baby-sitter... Cette situation a beau être grave, mériter des remontrances conduisant aux excuses de l'enfant, voire une mise à l'écart dans sa chambre, elle ne peut conduire à une tape : en l'espèce, vous n'êtes ni témoin ni acteur.

Inutile aussi de menacer et de promettre une tape à votre enfant : « Quand on rentrera à la maison, tu en auras une... » Mieux vaut la donner tout de suite, dans la rue – en vous moquant éperdument du regard des autres que cette querelle ne concerne pas – que d'infliger une sanction à froid lorsque le drame est passé. La fessée différée s'apparente à un châtiment, donné sur un mode sadique.

Vous lui donnez une tape, il lève la main sur vous ?

Pas d'escalade de la violence. Saisissez sa main immédiatement et fermement. Rétorquez : « C'est inadmissible, inacceptable. Il est interdit de taper ses parents. » Expliquez-lui : « Je t'ai donné cette tape à cause de ce que tu as fait / dit maintenant » (et non « parce que tu es méchant », « pas gentil », « nul » ou « atroce »...). Ainsi, vous introduisez un peu de distance entre son acte inacceptable et sa personne et vous relativisez dans le temps : ce n'est pas lui tout entier qui est mauvais et il ne l'est pas pour toujours. C'est très important pour permettre à votre enfant de dominer sa rancœur et de conserver le sentiment « d'estime de soi » dont il a besoin pour se construire et grandir.

Isolez-le un moment dans sa chambre. Ou bien il en ressortira de lui-même quelques minutes plus tard, calmé et soulagé. Ou bien il ne parviendra pas, tout seul, à retrouver sa tranquillité et à surmonter sa rancune. Dans ce cas, il est indispensable que vous alliez vers lui, non pour le consoler, ni pour exiger son pardon (trop culpabilisateur) mais pour lui signifier la fin de la crise et l'assurer de votre affection. Dites-lui : « Écoute. Ce que tu as fait / dit tout à l'heure m'a mise hors de moi. Mais c'est fini maintenant. Tu restes toujours mon enfant et je t'aime très fort. »

POUR EN SAVOIR PLUS

Dès 2-3 ans
   La Fessée de Mariette et Soupir, Frédéric Stehr, L'École des Loisirs.

▨ Voir également la bibliographie du chapitre 1 *Vous n'arrivez pas à lui dire non.*

3
Faut-il vraiment parfois le punir?

Pour vous, la punition est synonyme d'éducation répressive, d'humiliation, voire de sadisme... Alors, le jour où votre meilleure amie – qui n'a pourtant rien d'une tortionnaire – refuse de laisser sa fille venir jouer avec la vôtre, «car elle est punie», vous êtes plus que troublée...

Pourquoi rejetez-vous en bloc la punition?

Probablement pour les raisons évoquées aux chapitres 1 et 2 sur la tape. Inconsciemment, vous craignez peut-être que la punition n'aboutisse à la perte de l'affection de votre enfant. Vous êtes angoissée à l'idée de ne pas être un bon parent. Surtout si vous avez des reproches à faire aux vôtres...

À quoi sert la punition?

☐ **La punition est le complément nécessaire de l'interdiction**
Elle rend l'interdiction crédible. C'est parce que la punition existe que l'enfant croit en l'interdit édicté par son parent et apprend à le respecter. Parfois, les mots seuls, sans contrepartie répressive, ne suffisent pas à interdire. La punition permet de comprendre qu'il y a des règles et qu'en cas de non respect de celles-ci, il existe des sanctions. C'est la base de l'apprentissage de la vie en société.

☐ **La punition évite au parent de crier ou de se mettre en colère**
Il est préférable pour l'enfant de recevoir une sanction qui le libère que de subir les cris ou la colère qui le culpabilisent (voir chapitre 4 *Vous n'arrivez pas à vous faire obéir sans crier*).

☐ **Donnée à bon escient, la punition n'est pas traumatisante**
Au contraire, bien souvent, elle soulage l'enfant. En effet, il vaut mieux recevoir une punition, l'accepter et la comprendre que de risquer de perdre l'affection et l'estime de ses parents. Or tout enfant, lorsqu'il enfreint la règle, se sent menacé de perdre l'affection de son parent.

Comment punir ?

Toute punition n'est pas bonne. Il y en a même davantage de mauvaises que d'acceptables. La punition doit remplir tant de conditions et éviter de tomber dans tant de pièges éducatifs qu'il existe finalement très peu de bonnes punitions.

☐ **La punition doit s'efforcer d'être :**
– Proportionnelle à la bêtise commise (petite punition pour petite bêtise, punition plus importante pour grosse bêtise) et variable en fonction de l'âge de l'enfant (à bêtise égale, sanction différente selon que l'enfant est petit ou plus grand).
– Possible à réaliser. Inutile de menacer votre enfant de le laisser sur le bord de la route, vous savez bien que vous êtes incapable de mettre votre menace à exécution et que cela vaut beaucoup mieux d'ailleurs (voir chapitre 6 *Parfois, il vous énerve tellement que vous avez envie de le planter là*). Vous l'avez déjà fait et êtes revenue le chercher quelque temps après ? C'est une menace d'abandon très grave pour votre enfant qui va altérer sa confiance en vous et en l'adulte en général. Cela crée une insécurité majeure et un sentiment de dénuement chez l'enfant, toujours difficile, ensuite, à restaurer. Ne le refaites pas : vous risquez l'escalade dans la violence.
– Déconnectée...
• des besoins vitaux de l'enfant, comme la nourriture ou le sommeil.
Pas de «privé de dessert!» ou de «va te coucher immédiatement!» d'un autre temps... Le petit suisse du soir est aussi important que la purée-jambon. Et inutile de mettre dans la tête de votre enfant que dormir est une punition ou que le dessert est une récompense.
• de son statut «d'enfant grandissant»
Priver votre enfant d'argent de poche, c'est cesser de le reconnaître comme un «grand», capable de prendre cette responsabilité (voir chapitre 62 *L'argent de poche, mode d'emploi*). La punition ne doit pas contribuer à faire régresser l'enfant. Elle n'a pas pour but de le dégoûter de grandir. En supprimant l'argent de poche, c'est souvent à cela que l'on aboutit.
• du travail scolaire de l'enfant
Ainsi, obliger l'enfant à faire des lignes d'écriture revient à assimiler l'ap-

prentissage des connaissances à une punition. Cela n'aide pas l'enfant à prendre ses responsabilités d'écolier et à travailler avec bonheur.

• des tâches ménagères (débarrasser, faire son lit…)

Il est normal qu'un enfant aide dans la maison. Inutile de lui mettre dans la tête que mettre le couvert est une sanction (voir chapitre 20 *Êtes-vous en train d'en faire un petit pacha ?*).

• des plaisirs essentiels de tous les enfants

Ainsi, priver l'enfant de cadeaux d'anniversaire, l'empêcher d'assister aux fêtes de Noël ou d'aller aux goûters d'amis, ou encore lui supprimer ses vacances… sont des sanctions trop graves et trop cruelles. Même s'il fait des bêtises, l'enfant a besoin d'être reconnu, gratifié et fêté. Les Noëls, les anniversaires, les vacances sont des projets très attendus pour lui et sa famille. Ces événements lui permettent de nourrir sa rêverie intérieure et de se créer quantité de souvenirs. Rappelez-vous…

Quelle que soit la gravité de sa bêtise, lui interdire ces plaisirs, reconnus à tous les enfants du monde (ou en tout cas du monde dans lequel il vit…), est donc une sanction trop forte. L'enfant sera tenté d'y répondre par de l'agressivité, de l'hostilité et de la colère. Le parent aboutirait au résultat inverse à celui visé par toute punition : apaiser les tensions. Ces punitions trop violentes font perdre à l'enfant, non seulement sa confiance (en l'adulte et en lui-même), mais aussi sa gaieté : l'enfant a besoin de joie de vivre pour se construire.

– Non violente et jamais humiliante. Pas question donc de lui jeter par surprise un verre d'eau à la figure ou de le précipiter sous une douche froide, toutes sanctions qui laissent l'enfant complètement humilié et pantelant…

– Simple et surtout pas compliquée. Plus on fait preuve d'inventivité dans la recherche de la punition, de mise en scène dans son exécution, plus on adopte un comportement sadique. Inutile de déployer des trésors d'imagination.

– Toujours entourée d'explications. La phrase clé : «Je t'ai expliqué ce que j'attendais de toi. Je comptais sur toi. Tu n'as pas respecté notre pacte. Je te punis pour ce que tu as fait» – et non «parce que tu es méchant, nul, odieux…» et toute autre formule qui introduit un jugement de valeur sur l'enfant et contribue à entamer sa propre estime. De plus, ce n'est pas pour être «gentil», mais pour assumer ses propres responsabilités que l'enfant doit accepter les limites et les règles.

☐ **Exemples de punitions acceptables**

– Obliger l'enfant, même tout petit, à présenter ses excuses (sans pour autant le forcer à le faire tout seul, quand il s'agit d'un tiers, mais en s'en chargeant au besoin devant lui, à sa place…). Plus on apprend tôt à l'enfant à respecter les autres, plus il apprend à se respecter lui-même et moins il est nécessaire de recourir à la punition.

– Isoler l'enfant dans sa chambre ou dans la vôtre (version moderne de la mise au coin, à la porte ou aux toilettes et autres réminiscences du passé... l'humiliation en moins) sans la télé allumée. En lui disant : « Tu as fait une bêtise. Va réfléchir, nous en reparlerons ensemble après. »

– Le priver, pour quelques jours seulement, de télévision, de cassettes vidéo, de Gameboy ou d'ordinateur.

– Lui donner le petit journal auquel il est abonné plus tard que d'habitude.

– Lui supprimer les petites gâteries quotidiennes dont vous le gratifiez d'habitude : le Carambar, les images, le tour de manège, le copain qui vient jouer à la sortie de l'école (mais pas le goûter d'anniversaire auquel il était invité), la sortie au parc d'attractions qui était prévue avec sa grand-mère avant (mais qu'il pourra effectuer une autre fois)...

– Le laisser réparer sa faute. C'est un principe éducatif très simple : l'enfant qui a fait une bêtise doit la réparer à sa manière. Il peut recoller le dessin déchiré, nettoyer le mur sali ou effectuer une « tâche d'intérêt familial » – à lui d'avoir une idée. Dites : « Tu as fait une bêtise, alors tu vas faire quelque chose pour compenser. » « Un enfant qui imagine des solutions pour racheter ses erreurs a vraiment le sentiment d'exister, d'être responsable et autonome », affirme Maryse Vaillant, psychologue clinicienne et chargée de mission à la Protection judiciaire de la jeunesse.

À l'avenir

Ne perdez pas de vue qu'à l'âge des enfants concernés par ce livre, il est nécessaire de répéter les interdits et les limites. Les règles ne sont jamais posées une fois pour toutes, il faut les énoncer à nouveau, sur le même mode, mais aussi sur des modes différents selon l'âge de l'enfant, en fonction de sa maturité. Le moyen le plus sûr d'éviter les bêtises et les punitions : anticipez les moments critiques, énoncez à l'avance les interdits et expliquez vos attentes, en fonction des événements prévus. Exemple ? « Cet après-midi, nous allons chez Grand-Mère. J'attends que tu lui dises bonjour. Je t'interdis d'être insolent avec elle et de sauter sur les lits, comme la dernière fois... »

POUR EN SAVOIR PLUS

Dès 4 ans
Pourquoi je ne suis pas sage, Anne-Laure Witschger, Casterman.

Pour les parents
La Réparation, Maryse Vaillant, Gallimard, 1999.

◩ Voir la bibliographie du chapitre 1 *Vous n'arrivez pas à lui dire non.*

4

Vous n'arrivez pas à vous faire obéir sans crier

C'est devenu systématique : vous demandez une fois, deux fois, les choses gentiment et il ne se passe rien. Alors, la troisième fois, vous hurlez.

Pourquoi criez-vous ?

Pour l'une et/ou l'autre des raisons suivantes :
— Quand vous donnez un ordre à votre enfant, il ne l'exécute pas immédiatement. Il attend au contraire que vous sortiez de vos gonds pour réagir (souvent avec un sourire en coin). Il vous nargue et vous exaspère.
— Vous êtes persuadée que vous ne pouvez exercer votre autorité autrement. Peut-être avez-vous, vous-même, été élevée de cette façon ? Vous avez beau en avoir souffert, vous reproduisez ce modèle.
— Peut-être traversez-vous une période un peu difficile dans votre travail ou dans votre vie personnelle.
— Vos cris expriment peut-être quelque chose de plus profond. Vous criez pour appeler – inconsciemment – votre conjoint qui n'est jamais là, n'assume rien dans la maison et rentre après la bataille du bain et des coquillettes-jambon... En criant, vous exprimez le sentiment d'injustice que vous ressentez.

Est-ce grave pour l'enfant ?

Dédramatisez : les parents qui crient trop ne sont pas forcément des monstres (des furies, mégères...) qui fabriquent des enfants sans avenir.
Cela étant, voilà ce que peut ressentir votre enfant lorsque vous hurlez :
— Il est déstabilisé, dérangé dans sa sécurité intérieure, il ne sait plus où il en est. C'est ce qu'il signifie s'il vous dit : «Arrête, quand tu es comme ça, je ne te reconnais plus...»

– Il se sent coupable de vous mettre dans cet état-là.

À force de vous entendre vous adresser à lui en criant, l'enfant finit par développer de la résistance passive : vous lui demandez de faire une chose, il vous répond oui et, dix minutes plus tard, il ne s'est rien passé. Ses relations avec autrui risquent de ne passer que par des rapports de force. À terme, parent et enfant finissent par perdre tout plaisir à être ensemble. Et c'est ainsi que, certains jours, vous éprouvez peut-être l'envie de passer votre enfant par la fenêtre... (voir chapitre 6 *Parfois, il vous énerve tellement que vous brûlez de le planter là*).

Comment se faire respecter et obéir sans crier ?

– Prenez confiance en vous. Cessez de vous interroger sur le bien-fondé des instructions que vous donnez à votre enfant. Il est normal et indispensable que votre enfant fasse l'apprentissage d'un certain nombre de règles. C'est votre rôle de parent de l'aider à les acquérir et à les respecter. Tenez-vous à votre décision initiale. Et évitez de tergiverser. Relisez, au besoin, les trois premiers chapitres de ce livre.

– Prenez conscience qu'à l'âge des enfants concernés par ce livre, il est normal de répéter les interdits et les limites. Les règles ne sont pas édictées, une fois pour toutes. Il faut les énoncer à nouveau, sur le même mode et sur des modes différents, selon l'âge et la maturité de l'enfant.

– Évitez, lorsqu'il n'obéit pas tout de suite, de le culpabiliser en le tançant sèchement : «Bien entendu, tu n'as même pas commencé ce que je te demandais de faire.» Ne lui dites pas non plus qu'il est «nul» et toutes autres méchancetés que vous regretteriez ensuite. Si vous êtes pressée, plutôt que de hurler votre rage, donnez-lui une chance : «Tu as jusqu'à 3 pour faire ce que je te demande, après tu es puni... 1, 2... 3!» C'est souvent très efficace. Mais si vous avez le temps, efforcez-vous le plus possible de «faire avec lui» (et non à sa place). Cela vaut mieux que de le secouer en actes et en paroles.

– Apprenez à votre enfant, le plus tôt possible, à repérer qu'il a dépassé les bornes ou qu'il est sur le point de le faire. Prenez l'habitude de capter, puis de soutenir fixement son regard, en bref de «faire les gros yeux», comme on le disait autrefois. Plus vous habituerez votre enfant à être regardé droit dans les yeux, plus tôt vous lui ferez comprendre d'un simple regard qu'il doit cesser ou obéir.

– D'une manière générale, cherchez à élaborer avec votre enfant des stratégies plus incitatives. Encouragez-le davantage et donnez-lui un peu plus de temps pour sortir de l'activité qui l'occupe. Au lieu de le matraquer d'ordres péremptoires : «Habille-toi, viens dîner, lave-toi la figure...» lancés d'un bout à l'autre de l'appartement, approchez-vous de lui, captez son regard et énoncez fermement mais calmement l'emploi du temps : «Écoute, il va bientôt être l'heure de dîner, ce serait formidable si tu pouvais faire ta toilette et te mettre en pyjama. Cela me rendrait vraiment service et je serais fière de toi. Je comprends que cela te dérange, mais c'est absolument nécessaire. Je compte sur toi.» Pensez à le féliciter et à le remercier dès que vos demandes sont suivies d'effet, même si le résultat n'est pas parfait.

– Pas convaincue par cette méthode? Certes, elle ne produira pas d'effets immédiats, mais plus vous agirez sur ce mode, moins vous serez, à terme, obligée de crier. C'est en anticipant sur ce que vous attendez de votre enfant, en le valorisant et en lui signifiant votre fierté de le voir grandir, que vous lui apprendrez à obéir sans pousser les adultes à crier. Ainsi, vous ne vous sentirez plus accablée et dévaluée comme « monstre rugissant », « mégère hystérique », mais apaisée et valorisée comme parent.

POUR EN SAVOIR PLUS

Dès 3-4 ans
Maman, va-t'en, Lynne Jonell, Kaléidoscope.
Une maman, quelle aventure!, Roser Capdevila, Bayard Éditions.

☑ Voir également la bibliographie du chapitre 1 *Vous n'arrivez pas à lui dire non*.

5

Il veut partir de la maison

Vous venez de vous énerver contre lui, de le punir ou de lui donner une tape. Autre scénario possible : il vient d'assister à une violente dispute entre votre conjoint et vous. Et il finit par lâcher : «J'en ai assez, je pars de la maison...»

Pourquoi dit-il ou fait-il cela?

– Il est dans un grand désarroi, il a un immense chagrin, il sent qu'il a perdu votre affection et votre amour. Il pense qu'il n'a pas d'autre issue. Les raisons peuvent être majeures (divorce, décès, grosses disputes...) ou plus banales (arrivée d'un petit frère, problème à l'école...).

– Il est désemparé devant une modification récente de votre comportement éducatif. Par exemple : vous vous montrez plus ferme que d'habitude, vous cédez moins souvent.

Prenez la situation très au sérieux

Quelles que soient ses raisons, la situation mérite d'être prise très au sérieux. Car si elle est destinée à vous faire du mal, elle lui en fait surtout à lui. Or se faire du mal à soi doit être énoncé comme un interdit, au même titre que les interdits de l'inceste, du vol ou de la violence. Un enfant qui menace de s'en aller (ou de se perdre, ce qui revient au même) est en souffrance et lance un appel au secours.

Ne vous moquez pas. Cela reviendrait à banaliser le problème de votre enfant et à nier son désespoir.

Vous connaissez bien votre enfant? Vous ne le pensez pas capable de mettre sa menace à exécution? Vous considérez qu'il vous manipule pour obtenir un troisième bonbon? Peut-être, mais vous ne pouvez savoir ce qui se passe réellement dans sa tête. Interdisez-vous de le mettre à l'épreuve («Très bien : pars, la porte est grande ouverte!» ou «je vais te faire ta valise»). Laisser croire à votre enfant qu'il est incapable de mettre sa menace à exécution est le meilleur moyen de l'amener à vous répondre par le défi. Et de l'inciter à se lancer dans une escalade qui le conduira à se mettre, un jour, véritablement en danger. Les faits divers impliquant des enfants témoignent du manque de considération qu'ont certains adultes pour le désarroi d'enfant.

Comment réagir ?

☐ **Il dit qu'il va partir...**

– Ne lui dites pas d'emblée que cela vous rendrait triste. La première des choses à faire est d'exprimer à votre enfant qu'il va se nuire à lui-même, que c'est interdit et que vous l'en empêcherez toujours.

– Qu'il le dise tout haut ou tout bas, cessez immédiatement l'activité qui vous occupe. Montrez à votre enfant que l'instant est grave, que ce qu'il vient de dire est très sérieux. Soyez très ferme : «Tu es mon enfant, je ne te laisserai pas partir de la maison, ni te mettre en danger.»

– Interrogez-le et soyez compréhensive : «Il se passe quelque chose. Peut-être, tu n'es pas d'accord et tu as de la peine. Avec ton père, nous allons chercher une solution.» Vous devez lui montrer que, dans les moments où il souffre, il peut compter sur vous deux. Rassurez-le sur l'amour que vous lui portez («Nous t'aimons très fort, même si tu es malheureux») et sur la confiance qu'il doit trouver auprès de vous («Tu dois toujours nous en parler»).

☐ **Il le fait, devant vous**

Retenez-le immédiatement. Signifiez-lui qu'il est interdit de s'en aller, que vous l'empêcherez toujours de le faire. Rappelez-lui qu'il ne peut changer de parents ni de maison et que vous, son parent, ne pouvez changer d'enfant. Ensuite, retrouvez des paroles apaisantes (voir plus haut).

☐ **Il est parti en votre absence**

C'est une fugue, même s'il s'est contenté d'aller au bout de la rue. Dès que vous l'apprenez, dites à votre enfant : «Quelque chose de très grave a dû arriver pour que tu prennes une décision pareille. Bien sûr, j'ai eu peur. Je pense que tu as eu peur aussi. Je suis contente qu'il ne soit rien arrivé de grave.» (voir chapitre 61 *Lui apprendre à se débrouiller seul dans la rue*).

Et ajoutez le plus fermement possible : «Ce que tu as fait là est inacceptable, je ne peux pas te laisser te mettre en danger. Je t'en empêcherai toujours.»

Plus tard (le lendemain et éventuellement, quelques jours après)

Revenez, en différé, sur l'incident. Dites-lui : «Tu peux tout me dire de ta souffrance, de ton malheur, je peux tout entendre, mais je t'empêcherai toujours de faire ça. Si tu ressens l'envie de le faire, tu dois toujours m'en parler, nous trouverons une solution.»

Il profite de votre angoisse pour faire du chantage?

Quelques semaines plus tard, alors que vous lui refusez un nouveau jouet, il vous menace : «Eh bien, si tu ne veux pas me l'acheter, je vais me perdre, je vais partir de la maison.» En faisant cela, votre enfant cherche à tester l'affection que vous lui portez. Il exerce bel et bien une sorte de chantage sur vous. Il menace de s'en aller pour vous faire peur et vous faire mal. Calmez-vous. Votre enfant n'est certainement pas dans le même désarroi que celui évoqué plus haut. Plus vous serez angoissée, plus vous serez prête à céder à ce chantage, plus votre enfant en profitera. Ne lui lancez pas de défi. Mais restez très ferme. Rappelez l'interdit («Tu ne peux pas t'en aller, je t'en empêcherai toujours») et la limite («Je ne t'achète pas ce jouet»). En rappelant cette limite, votre enfant comprendra que sa menace n'a pas de prise sur vous. Il en sera sécurisé et pourra assumer la frustration que vous lui imposez.

POUR EN SAVOIR PLUS

Dès 3 ans
Dur, dur d'être un grand frère, Evita Frost, Kid Pocket.
Une maman, quelle aventure!, Roser Capdevila, Bayard Éditions.
Maman, va-t'en, Lynne Jonelle, Kaléidoscope.

Dès 4 ans
La Fugue de Marie-Louise, José Aruego, L'École des Loisirs.

Dès 7 ans
Je voudrais qu'on m'écoute, Gabrielle Vincent, Duculot Casterman.
Les Parents de Max et Lili se disputent, Dominique de Saint-Mars et
  Serge Bloch, Calligram.

Pour les parents
La Cause des enfants, Françoise Dolto, Pocket, 1995.

◪ Voir également la bibliographie du chapitre 1 *Vous n'arrivez pas à lui dire non*.

6

Il vous énerve tellement
que vous brûlez de le planter là

De retour du bureau, vous étiez déjà harassée. Dans la cuisine, devant ce « monstre » qui refuse de dîner, vous n'en pouvez plus. Excédée, à bout d'arguments, vous craquez et menacez votre enfant de partir, de le laisser tout seul...

En quoi est-ce grave ?

Menacer son enfant de partir est assez destructeur. Pour se construire, tout enfant attend de son parent qu'il lui donne des limites à ne pas dépasser. Mais l'enfant cherche toujours à repousser ces limites, le plus loin possible. Devant un parent qui menace de partir, l'enfant se sent abandonné : son parent – symbole de protection, de sécurité – n'a pas trouvé la force de lui résister. Il éprouve une véritable culpabilité d'avoir mis son parent dans un état pareil.

Vous le dites, comment limiter les dégâts ?

Revenez vers votre enfant. Dites-lui : « Écoute : j'étais très énervée, j'étais hors de moi pour ce que tu as fait. Les paroles que j'ai dites, je ne les pense pas pour de vrai. »
Faites une mise au point : « Je te l'ai déjà dit : tu es mon enfant, je reste ta maman quoi qu'il arrive. Je vais retrouver mon calme. »

Que faire à la prochaine crise ?

– Signifiez à votre enfant qu'il a dépassé les bornes. Ne lui dites pas : « Tu es méchant, je ne te supporte plus », vous le culpabilisez et lui donnez le sentiment d'être totalement rejeté. Cela lui fait perdre son sentiment d'estime de soi, indis-

pensable à son épanouissement. Préférez donc une formule plus objective comme : «Ce que tu fais là est inacceptable, inadmissible et insupportable».
– Isolez-vous. Dites : «J'ai besoin de retrouver mon calme, je vais dans ma chambre. Il me faut un peu de temps.»
– Trouvez une activité qui vous apaise : allongez-vous, lisez un journal, prenez une douche... Mais ne cédez pas à la tentation de couper toute communication avec votre enfant en bouchant vos oreilles avec des boules Quiès ou un Walkman. C'est trop cruel et déstabilisant pour votre enfant.
– Une fois l'exaspération passée, revenez vers votre enfant avec tendresse et indulgence.

Si cela vous arrive trop souvent...

– Demandez à son père de manifester son autorité expressément.
– Trouvez une grand-mère, une sœur ou une baby-sitter pour garder votre enfant un samedi après-midi ou un week-end tout entier. Profitez-en pour avoir un moment rien qu'à vous, passer un après-midi à faire du shopping avec une amie ou aller chez le coiffeur, par exemple. Ou bien partez en week-end avec votre homme. Cela vous fera du bien et votre enfant ne s'en portera pas plus mal. Cela vaut beaucoup mieux pour lui que de vous voir craquer à tout bout de champ. N'excluez pas non plus de programmer des vacances en amoureux sans votre enfant (voir chapitre 57 *Partir en vacances sans lui, mode d'emploi*).

POUR EN SAVOIR PLUS

Dès 18 mois
  Les Mamans et *Les Papas*, Dr Catherine Dolto, Gallimard Jeunesse.

Dès 3-4 ans
  Les Mots doux, Carl Norac et Claude K. Dubois, Pastel, L'École des Loisirs.
  Une maman, quelle aventure!, Roser Capdevila, Bayard Éditions.
  Maman, va-t'en, Lynne Jonelle, Kaléidoscope.

  ☑ Voir également la bibliographie du chapitre 1 *Vous n'arrivez pas à lui dire non*.

7

Résister à ses demandes au supermarché

D'après les statistiques, la grande majorité des parents cèdent lorsque leurs enfants réclament des babioles au supermarché. Comment apprendre à résister?

Préparez la sortie à l'avance

— Expliquez : vous allez l'emmener faire des courses «pour la maison», des courses qui sont «utiles pour tous dans la famille» et non pour lui en particulier. Parlez de vos achats : «La lessive c'est pour ça, le dentifrice pour ci...» À cet âge, un enfant a tendance à être assez égocentrique, à considérer que vous ne faites les courses que pour lui.
— Mettez les choses au clair : «Je ne t'achèterai rien en particulier, tu ne peux pas posséder tout ce que tu vois.» «Nous passerons devant les jouets et les bonbons, tu pourras tout regarder avec les yeux mais tu ne toucheras rien et je ne t'achèterai rien.»

Sur place

Faites-le participer. Demandez-lui de vous aider à porter, à mettre les courses dans le caddie, remerciez-le...

Aux rayons jouets et bonbons

☐ **Il reste calme**
Au lieu de passer très vite, comme si de rien n'était, félicitez-le. Dites-lui : «Je suis très fière de toi, tu as compris ce que je t'ai expliqué, tu es grand...»

☐ **Il glisse des sucreries dans votre caddie**
Réagissez aussitôt : «Tes mains ont pris quelque chose! Je t'avais pourtant bien dit qu'aujourd'hui, il n'en était pas question!» Et remettez la friandise dans le rayon.

☐ **Il dissimule des petites voitures dans ses poches**
– Énoncez la règle : «On ne prend pas les choses qu'on ne peut pas acheter. Et on ne s'approprie pas les choses qu'on ne paye pas. C'est interdit.»
– Passez, au besoin, par le vendeur en disant, devant lui : «Je suis responsable de mon enfant, je ne veux pas acheter cet objet, je vous le rapporte.» Ainsi, votre enfant se rendra compte que ce n'est pas une affaire à régler seulement entre vous et lui. Mais que cette interdiction participe des règles de vie en société.
– Profitez de l'incident pour expliquer que le vendeur est responsable des produits de son rayon, que, si des gens les prennent sans les payer, il risque d'être sanctionné par son chef (voir chapitre 10 *Il a volé*).

☐ **Il insiste («allez maman, s'il te plaît, allez...»)**
– Gardez votre calme : «Je comprends très bien que tu en aies envie. Mais nous en avions parlé ensemble avant, c'est comme ça.»
– Soyez suffisamment sûre de vous pour ne pas rentrer dans un débat interminable. Répétez calmement la formule : «C'est comme ça» et ce, jusqu'à l'extinction du désir de votre enfant. Votre attitude déterminée aura pour effet de le calmer. Au contraire, vos doutes intérieurs ne feront qu'augmenter son agressivité et ses revendications.
– Éventuellement, faites allusion à votre propre enfance : «Moi aussi, quand j'étais petite, je me souviens que je voulais tout posséder, quand je faisais les courses avec ma mère...» Cela aura pour effet de faire diversion.

☐ **Il vous traite de «méchante maman»**
Rétorquez : «C'est peut-être ce que tu penses maintenant, mais c'est ainsi : changer de maman, changer d'enfant, c'est impossible, c'est interdit.»

☐ **Il se roule par terre**
Ne cédez surtout pas. Tenez-vous à votre décision initiale. Vous vous dites que, pour une bricole à 1 euro, ce drame est disproportionné? Quel que soit le prix de l'objet, le problème est le même pour votre enfant. Tenez bon. Il insiste trop?
– Avant 4-5 ans environ, si vous n'en pouvez plus et qu'une tape vous échappe, ce n'est pas un drame (voir chapitre 2 *Vous lui avez donné une tape, vous en êtes malade*). Et moquez-vous éperdument du regard courroucé des autres, que cette affaire ne regarde pas et que vous ne reverrez jamais...

– Si votre enfant est plus grand, essayez de le raisonner en lui rappelant sa parole : «Écoute. Je te rappelle ce que nous avions décidé entre nous pour aujourd'hui. J'avais ta parole. Compte tenu de ce qui se passe, je te donne une punition en rentrant à la maison.» (Voir chapitre 3 *Faut-il vraiment parfois le punir?*).

Enfin, ayez assez confiance en vous pour ne pas appeler au secours quelqu'un d'extérieur (le vendeur, le père de famille costaud...) pour faire la morale à votre enfant. C'est humiliant pour lui, mais aussi pour vous : pourquoi ne seriez-vous pas capable de régler ce problème toute seule?

POUR EN SAVOIR PLUS

Dès 18 mois
   Les Colères, Dr Catherine Dolto, Gallimard Jeunesse.

Pour les parents
☑ Voir la bibliographie du chapitre 1 *Vous n'arrivez pas à lui dire non.*

8

Il vous réclame un chien

Vous vivez dans un appartement et avez bien assez d'un travail et d'une famille pour vous occuper. Votre enfant, lui, ne poursuit qu'un rêve : obtenir un berger allemand à Noël.

Explorez son désir

Pour un enfant, un chien est le compagnon rêvé pour jouer mais aussi pour parler et s'épancher. Un attachement très fort peut en résulter. Mais ce désir peut aussi masquer un vide. Surtout si l'enfant est souvent seul à la maison. Demandez-lui : « Il y a quelque chose qui ne va pas dans ta vie ? Tu te sens un peu seul en rentrant de l'école ? » Si vous avez touché juste, essayez de combler le manque affectif autrement – en étant peut-être plus présente, en recrutant une baby-sitter tendre et gaie, en appelant une grand-mère à la rescousse certains soirs, en le faisant garder avec un petit voisin de son âge...

Refusez sans le braquer

– Exprimez franchement votre point de vue. Les crottes, les poils, la bave vous hérissent ? Entre maison-travail-enfants, vous jonglez déjà dans un emploi du temps serré ? Dites-le-lui.

– Ne soyez pas dupe de ses promesses de s'occuper du chien lui-même. De toute façon, si vous cédez, c'est vous, parent, qui serez responsable de cet animal. Il est trop lourd pour un enfant d'assumer les contraintes qu'implique un animal (le nourrir, le sortir...). Sauf à faire peser sur lui une trop grande responsabilité qui finira par le rendre anxieux et malheureux.

– Décrivez-lui tristement le point de vue du chien. Quand il sera en classe, son chien restera tout seul. Comme vous vivez dans un appartement, il manquera d'espace et souffrira... N'hésitez pas à en rajouter un peu sur le registre : «Un chien c'est fait pour vivre en plein air, pour courir».

Il insiste ?

– Restez ferme : «Je comprends très bien que tu trouves cela injuste, mais c'est comme ça.»
Et relancez la balle dans son camp : «Quand tu seras grand, tu seras libre de prendre un chien dans ta maison.»
Il vous dit : «Mais Paul (son copain d'école), il en a un»? Répondez : «Écoute, ses parents font comme ils veulent. Ils ont un autre point de vue que le mien. Je comprends que tu trouves cela injuste, mais c'est comme ça.»
– Envisagez, si vous le souhaitez, des solutions de substitution :
• Il dort souvent chez sa grand-mère – qui, elle, a une maison et un jardin? Peut-être pourrait-elle se dévouer?
• Chez vous, un autre animal plus discret (chat, hamster, cochon d'Inde, lapin nain, poissons rouges, oiseaux...) pourrait peut-être faire l'affaire?
• Rien de tout cela ne vous emballe ou n'est possible? Organisez-vous pour que votre enfant soit invité plus souvent dans des familles où il y a un chien. Ainsi, il comprendra que chaque famille a ses propres règles.

POUR EN SAVOIR PLUS

Pour les parents
   Dis, Maman, je veux un chien !, Natacha Aymon Gerbier, Éditions
   Fleurus.

9

Il fait bêtise sur bêtise

Un rouleau de papier hygiénique au fond des toilettes, un gribouillis sur le mur du salon, la baby-sitter injuriée… Votre enfant multiplie les bêtises. Décryptez de quel type de bêtise il s'agit et ayez la réaction ad hoc.

La bêtise « exploration du monde »

☐ Comment la reconnaître ?

Elle se produit, en principe, dès que l'enfant commence à marcher. Il veut toucher la lampe qui chauffe, mettre ses doigts dans la prise, casser un jouet… Il apprend la vie et le danger. La fréquence de ces bêtises dépend beaucoup de votre propre angoisse à vous, parent. Plus votre enfant vous sentira stressée (à l'idée qu'il s'empoisonne, se brûle, se coupe…), plus il sera enclin à alimenter vos peurs. Pourquoi ? Parce qu'inconsciemment votre enfant ressent que vous ne lui faites pas confiance. Au contraire, s'il a le sentiment que vous l'autorisez à explorer le monde, il le fera de façon plus appropriée.

☐ Comment réagir ?

Même s'il est tout petit, signifiez-lui que c'est interdit. Dites-lui : «Non, c'est dangereux. La lampe, ça brûle (ou l'épingle, ça pique…). Je ne veux pas que tu te brûles (te piques…). Ne recommence pas.» La fois suivante, n'hésitez pas à saisir sa main fermement pour arrêter son geste tout en faisant les gros yeux et en rappelant l'interdit. Ne vous laissez pas tenter par toutes sortes de gadgets de protection (bloque-porte, coins en liège…) dont vous pourriez équiper votre appartement : votre enfant doit apprendre à vivre dans sa maison. Il est capable d'intégrer très tôt les règles de sécurité et d'élaborer, tout seul, des stratégies pour contourner les obstacles.

De plus, ces objets de sécurité évitent aux parents les explications néces-saires pour prévenir le danger et ses conséquences, alors même que l'enfant va être amené à aller dans des endroits moins protégés. Ainsi, l'enfant habi-tué à voyager en voiture avec la sécurité auto des portières n'est pas toujours informé qu'il est interdit d'ouvrir la portière ou la vitre.

La bêtise «apprentissage de l'autonomie»

☐ Comment la reconnaître?
Elle se produit, en principe, à partir de 2-3 ans. Il renverse son verre en se ser-vant de l'eau, fait tomber l'assiette qu'il transporte, ou inonde la salle de bains en se lavant les mains tout seul... C'est par maladresse qu'il fait des bêtises.

☐ Comment réagir?
Votre enfant n'est pas parfait, il veut vous imiter mais il ne peut pas réaliser les choses aussi bien que vous. Aucun enfant ne peut réaliser des choses par lui-même, sans passer par ce type d'accident. De même, vous devez autoriser votre enfant à se salir, sans lui répéter tout le temps qu'il est un «vrai cochon», qu'il est «dégoûtant». Son côté malhabile vous agace? Dites-lui : «Tu as essayé. Une autre fois, tu réussiras.» Évitez les formules humiliantes du genre : «Tu es nul, tu n'y arriveras jamais...» qui auront pour effet, la pro-chaine fois, de l'empêcher de prendre une initiative. Pour grandir, l'enfant doit se sentir autorisé par ses parents à prendre des risques. Que lui dire, une fois l'énervement passé? «Je suis très fière que tu aies essayé. Je suis sûre que la prochaine fois tu y arriveras très bien.» Votre enfant sentira que vous lui faites confiance. Et, de lui-même, fera attention.

La «bêtise provocation»

☐ Comment la reconnaître?
Il jette ses petits pois, déchire son livre, écrit sur le mur, ou insulte la baby-sitter à dessein... Il n'est pourtant plus dans la période où il explore le monde. Il sait très bien que c'est interdit. Et cherche donc à vous provoquer.

☐ Comment réagir?
– Captez fixement et soutenez fermement le regard de votre enfant.
– Interrogez-le : «Que se passe-t-il?» En posant cette question, vous évitez de porter, d'emblée, un jugement trop négatif sur l'acte de votre enfant. Vous le renvoyez à sa responsabilité et lui laissez la possibilité de fournir une expli-cation, même s'il n'est pas en mesure de la donner.

– Ensuite, rappelez très vite l'interdit, grondez-le fermement et expédiez-le dans sa chambre. S'il s'agit d'une bêtise très grave selon vous (par exemple : cracher sur la baby-sitter, voler dans un magasin) et que vous êtes hors de vous, n'hésitez pas à sévir davantage par une punition (voir chapitre 3 *Faut-il vraiment parfois le punir ?*).

Vous ignorez totalement les raisons qui l'ont conduit à faire cette bêtise ?

Votre enfant, lui, fait des bêtises totalement anachroniques. Vous n'en voyez pas les raisons. Ses bêtises vous donnent l'impression qu'il régresse. Que se passe-t-il ?

Il s'agit peut-être d'un message, d'une sorte d'appel à l'aide. Dites-lui : « Je ne te laisserai pas te mettre dans cet état. On peut parler de ce qui ne va pas. » Prenez le temps de réfléchir avec lui sur ce qui se passe, ce qu'il veut vous dire de sa souffrance. N'hésitez pas à lui proposer des hypothèses : « Peut-être qu'en ce moment, tu te sens un peu malheureux à l'école… » Ponctuez vos questions de « peut-être » et de « un peu » qui ont pour but de décontracter votre enfant et de l'amener à en dire plus. En effet, en vous adressant à lui sur un tel mode, vous lui témoignez que vous admettez qu'il ait des sentiments autonomes, différents des vôtres. Et l'incitez donc à se livrer davantage. Réfléchissez de votre côté aux changements récents dans sa vie qui pourraient justifier cette petite régression : déménagement, changement d'école, chômage d'un parent, nouvelle baby-sitter, arrivée d'un petit frère… Vous trouvez la cause ? Essayez de régler vous-même le malaise (reportez-vous, le cas échéant, au chapitre concerné). Votre enfant persiste ? Demandez conseil à un psychothérapeute pour enfants. Une ou deux séances peuvent parfois suffire à débrouiller une situation difficile (voir chapitre 107 *Dans quel cas consulter un psy et comment ça se passe ?*).

POUR EN SAVOIR PLUS

Dès 18 mois
On ne peut pas, Jeanne Ashbé, Pastel, L'École des Loisirs.

Dès 3-4 ans
Fenouil, tu exagères!, Brigitte Weninger, Nord-Sud.
Pourquoi je ne suis pas sage ?, Anne-Laure Witschger, Casterman.
Le Roi Bêtise, L. Bourguignon et L. Henno, Mijade.
Maman était petite avant d'être grande, Valérie Larrondo et Claudine Desmarteau, Seuil Jeunesse.
Papa ne veut pas, Alain Le Saux, Rivages.
Les Grosses Bêtises, Andréa Nève et Peter Elliott, Pastel, L'École des Loisirs.

Dès 5 ans
Max est maladroit, Dominique de Saint-Mars et Serge Bloch, Calligram.
Mamba Tout-va-bien, Pierre Coré et Michel Backès, Albin Michel.

Pour les parents
L'Éveil de votre enfant, Chantal de Truchis, Albin Michel, 2003.
Tout est langage, Françoise Dolto, Gallimard, 1995.

10

Il a volé

Déjà, dans la boutique de jouets, il avait repéré cette petite montre. Mais vous n'aviez pas cédé, estimant qu'après le sac de billes et le yoyo, cela suffisait pour aujourd'hui. De retour à la maison, vous découvrez la montre à son poignet...

Dédramatisez

Tout enfant est tenté d'enfreindre la loi et de provoquer l'autorité de ses parents. Votre rôle d'adulte est de ne pas laisser passer inaperçu un tel incident et de faire respecter la loi. Mais inutile de le traiter de voleur.

Interrogez-le

– Il a moins de 2-3 ans environ et vous le prenez en flagrant délit. Captez et soutenez son regard sévèrement et fixement. Adressez-vous à lui : « Qu'est-ce qui se passe? Qu'as tu attrapé avec ta main? Je ne peux pas te laisser faire ça, c'est interdit. » Et attrapez sa main fermement pour arrêter son geste.

– Vous n'avez découvert son forfait qu'à la maison. Posez-lui la question : « Qu'est-ce que c'est que cette montre? », il comprendra, tout de suite, que son acte n'est pas acceptable. Puis, devant son silence gêné, montrez-lui que vous n'êtes pas dupe : « Je reconnais cette montre, c'est celle que je ne voulais pas t'acheter. »

– Il nie (en général, pas avant 4-5 ans) : « Mais non, je t'assure, ce n'est pas la même montre! » Devant un tel aplomb, vous vous surprenez à douter? Restez ferme, continuez l'interrogatoire, cela ébranlera vraisemblablement ses affirmations. Faites référence à la confiance : « Tu sais que je veux te faire confiance. Est-ce que tu me dis vraiment toutes les choses pour de vrai? » Il devrait reconnaître les faits.

– Il s'enferme dans le mensonge? («Je t'assure : cette montre, je l'avais avant, je l'ai eue à un anniversaire!») Continuez sur votre idée, vous ne pouvez laisser passer. Vous le laisseriez dans un sentiment de toute-puissance (voir chapitre 11 *Il raconte des mensonges*). Tout enfant qui enfreint la loi doit savoir que son acte est punissable.

Une fois qu'il a avoué

– Témoignez-lui votre reconnaissance de «dire les choses pour de vrai». Dites-lui que «cela maintient la confiance et le respect».
– Rappelez la règle : «On ne prend pas ce qu'on ne veut pas acheter dans les magasins. C'est du vol. Et le vol est interdit par la loi.» Parlez-lui de la responsabilité de la vendeuse du magasin : «S'il manque des choses dans son rayon, elle sera sanctionnée par son chef.» Afin qu'il comprenne que ce qu'il a fait dépasse le simple conflit entre lui et vous, son parent. Que cela concerne aussi les règles de vie en société.
– Il vous demande s'il est «méchant» d'avoir fait ça? Répondez-lui : «La question n'est pas là. Tu n'es ni méchant, ni gentil d'avoir volé. La question est que ce que tu as fait est inacceptable, ça ne se fait pas.» Votre enfant doit comprendre que ce n'est pas sa personne mais son acte qui est en cause.
– Il vous supplie de ne pas en parler à son père? Acceptez «pour cette fois». En le prévenant : «Je veux bien que cela reste entre toi et moi. Mais si cela se reproduit, il sera absolument nécessaire que ton père soit au courant, car il est responsable de toi.»

Rapportez l'objet, si possible avec votre enfant

– C'est votre rôle de parent d'accompagner votre enfant. C'est à vous, parent, de transmettre la loi et de lui apprendre à la respecter. Expliquez-lui : «Je suis responsable de toi, je vais t'aider à prendre tes responsabilités.» Inutile de faire intervenir dans votre discours la police et la prison. Non seulement c'est totalement disproportionné par rapport au larcin commis. Mais de plus, c'est beaucoup trop insécurisant et lourd de menaces pour votre enfant. Il pourrait en être totalement bouleversé et se décider à prendre la fuite (voir chapitre 5 *Il veut partir de la maison*). Dites-lui : «Je suis ton parent, je suis là pour t'apprendre; pour t'empêcher de commettre des fautes et de te mettre dans une telle situation.» Mais pour marquer le coup, il est important, si possible, que l'enfant se déplace avec vous pour rapporter l'objet. Ainsi, il comprendra que c'est à cause de son acte que vous agissez ainsi.
– Sur place, devant le responsable du magasin, gardez-vous d'humilier votre enfant. Inutile de vous lancer dans une série de commentaires et de juge-

ments négatifs sur votre enfant : «Vous avez vu, c'est un vilain petit garçon...» Ne le forcez pas non plus à demander pardon. C'est déjà un gros effort pour lui de retourner dans la boutique, inutile d'en rajouter. Contentez-vous de vous excuser devant votre enfant, cela suffit amplement pour lui faire comprendre.

Sur le chemin du retour

Dites-lui : «Tout est remis en ordre. Tu es mon enfant, je te fais confiance, je t'aime malgré ce que tu as fait. Je vais t'aider à ne pas recommencer.» Il vous demande si «c'est grave». Répondez-lui : «Écoute. Oui, c'était assez grave. Mais tout est revenu en ordre parce que tu m'as dit la vérité. Cela aurait été beaucoup plus embêtant si tu m'avais menti.»

POUR EN SAVOIR PLUS

Dès 5-6 ans
Max et Lili ont volé des bonbons, Dominique de Saint-Mars et Serge Bloch, Calligram.

Pour les parents
Les Étapes majeures de l'enfance, Françoise Dolto, Gallimard Folio, 1998.

11

Il ment

Votre propre père a passé sa vie à mentir, à réécrire l'histoire de sa vie et à finir par y croire lui-même... Alors le jour où votre fils vous ment pour la première fois, vous êtes prise de panique : la mythomanie paternelle aurait-elle sauté une génération ?

La plupart des enfants mentent

☐ Souvent, c'est une question d'âge
– Très tôt (vers 2-3 ans), l'enfant commence à tordre la vérité : il dit qu'il n'a pas fait pipi sur lui, alors qu'il est trempé ; il soutient qu'il a fini son assiette alors qu'elle est encore pleine... Les raisons ? Il perçoit très tôt que les adultes eux-mêmes passent leur vie à s'arranger avec la vérité. Exemples ? Vous racontez, devant lui, à votre mari : « J'ai refusé le dîner chez les Dubol parce que tu n'as rien à leur dire. J'ai dit que tu avais trop de travail en ce moment. Mais la prochaine fois, il faudra trouver une autre excuse. » Ou bien le téléphone sonne, vous demandez à la baby-sitter de répondre en la prévenant que vous n'êtes là pour personne... Et ainsi de suite. De même, votre enfant comprend très vite tout ce que vous lui dites de ne pas faire (traverser quand le témoin piéton est rouge, boire à la bouteille, grignoter devant la télévision...), mais que vous vous empressez de faire vous-même, sans prêter attention à lui... Ces décalages entre théorie et pratique incitent l'enfant à s'arranger lui-même avec la vérité.
– Vers 4-5 ans, l'enfant prend conscience qu'il a une pensée à lui, différente de celle de ses parents. Jusqu'ici, il adhérait complètement à leur pensée, il n'avait aucun sens critique, c'était l'âge de la naïveté, de l'innocence. Maintenant, mentir et affabuler devient une étape indispensable pour l'aider à se construire. En racontant des mensonges, votre enfant veut vous obliger à

reconnaître qu'il est une personne à part entière, différente de vous, qui ne dit pas toujours ce que vous attendez de lui. À cet âge, il peut aussi imaginer des blagues («J'ai découpé tous les rideaux du salon en lamelles...») pour vous faire marcher, vous provoquer.

☐ **Quelquefois, les raisons du mensonge sont plus inattendues**
– Certains enfants se mettent à mentir car ils sentent que leurs parents ne leur disent pas la vérité sur un problème grave, voire vital, pour eux (divorce en préparation, mort d'un proche...). Ils sont tenus à l'écart de la vérité sous de mauvais prétextes («L'enfant est trop petit pour comprendre»...) ou pour de fausses bonnes raisons («Il faut le protéger»).
– Certains enfants sont de vrais petits affabulateurs, ils racontent n'importe quoi, inventent des tas d'histoires auxquelles ils ont l'air de croire dur comme fer. C'est souvent parce qu'ils souffrent d'un manque de sécurité intérieure et d'une culpabilité qui les empêchent de dire les choses «pour de vrai» et en face. Ces enfants n'ont pas confiance en eux. En racontant des histoires, ils cherchent à attirer l'attention sur eux, à combler leur sentiment de faiblesse. Cela peut devenir un cercle vicieux : l'enfant échafaude un scénario car il n'a pas confiance en lui, puis il se sent coupable d'avoir menti, donc, il ne peut s'empêcher d'inventer de nouvelles fables pour masquer son manque de confiance en lui. Et ainsi de suite...

Comment réagir ?

☐ **Il a mouillé sa culotte, il jure qu'il n'a pas fait pipi**
C'est un petit mensonge, inutile de vous mettre en colère, de sévir ou de le punir. Ne lui dites pas : «Tu racontes n'importe quoi, c'est faux...» C'est trop culpabilisant. Au lieu de lui infliger un jugement définitif et péremptoire, cessez l'activité qui vous occupe, soutenez fixement le regard de votre enfant et interrogez-le : «Est-ce que tu me dis vraiment les choses pour de vrai? Moi, il me semble que non.» Ainsi, vous lui donnez une chance d'avouer son mensonge. Il persiste? Dites-lui (toujours en le fixant dans les yeux) : «Écoute : peut-être que tu aurais bien aimé que ça se passe comme tu me dis. Mais pour de vrai, ça ne s'est pas passé comme ça.»

☐ **Son frère est en larmes, il jure qu'il ne l'a pas tapé,
pourtant vous l'avez vu faire...**
– Interrogez-le : «Est-ce que tu me dis les choses pour de vrai?» Mais ajoutez : «Moi je suis ta mère, j'ai confiance en toi et pour garder la confiance en toi, j'ai besoin que tu me dises les choses pour de vrai.» Ainsi, vous lui donnez une chance d'avouer son mensonge, de reconnaître ses torts.
– Il persiste à mentir? Dites-lui : «Je comprends que tu aimerais que les choses

se soient passées comme tu me dis. Mais moi, j'étais là et les choses pour de vrai, je les ai vues.» Ainsi, vous lui signifiez qu'il a menti et que c'est interdit. Vous l'aidez à construire ses repères et à conserver sa propre estime. Un enfant qu'on laisse mentir à l'excès finit par perdre sa propre estime.
– Isolez-le dans sa chambre. Mais inutile d'en rajouter. S'il a autour de 4-5 ans, il ment pour se démarquer de vous (voir plus haut). Si vous le punissez sans nuance, si vous n'avez aucune tolérance à sa dissimulation, votre enfant se sentira inhibé. Il ne pourra pas s'autoriser à avoir une pensée autonome, indépendante de la vôtre. Il pourra être tenté de toujours rester soumis au désir d'autrui, de se conformer à ce qu'on attend de lui. N'oubliez pas qu'à son âge, mentir, arranger la vérité est une étape indispensable.

☐ **Il vous jure qu'il n'a ni insulté ni frappé la nouvelle baby-sitter qui, pourtant, vous rend son tablier pour cette raison**
Mieux, il ajoute que c'est elle qui l'a giflé…
C'est un mensonge grave (à la limite de la manipulation, du chantage) qui mérite une réaction très ferme.
– Choisissez votre propre façon de sévir : l'isoler dans sa chambre, lui infliger une punition plus grave (voir chapitres 2 *Vous lui avez donné une tape, vous en êtes malade* et 3 *Faut-il vraiment parfois le punir ?*).
– Montrez-vous extrêmement ferme en paroles : «Je ne supporte pas que tu ne dises pas les choses pour de vrai, ce n'est pas acceptable.»
– Gardez-vous de lui dire : «Eh bien moi aussi, la prochaine fois, je te mentirai…» Ou bien : «Tu as menti, tu as joué, tu as perdu.» Dans la vie quotidienne, entre parents et enfant, il n'y a ni gagnant, ni perdant. Il y a seulement un enfant qui apprend à son parent à être parent, et un parent qui enseigne des règles de vie à son enfant. Les gagnants, les perdants, on les retrouve dans les jeux à règles, pas dans les relations parent-enfant.
– Ne lui faites pas trop la morale, il se sentirait culpabilisé et aurait le sentiment que vous le laissez livré à lui-même, que vous l'abandonnez avec sa faute. Un enfant qui a menti se sent toujours humilié. Inutile, donc, d'en rajouter.
– Au contraire, faites-lui comprendre que vous tenez à garder confiance en lui. Dites-lui : «Pour t'aider à grandir, j'ai besoin de garder confiance en toi et que tu aies confiance en moi. C'est pour cela que moi, je te dis toujours les choses pour de vrai.»
– Dédramatisez : ce n'est pas parce qu'il ment que votre enfant est promis à un avenir de pervers mythomane.

☐ **Il ment parce que vous ne lui avez rien dit d'une situation grave**
Quel que soit l'âge de votre enfant, dès qu'un événement grave vous concerne (votre père est mort, votre oncle est en prison, vous avez perdu

votre travail, avec votre mari tout va mal…), vous devez lui en dire un mot. Il n'est pas question, bien sûr, de tout raconter dans les détails. Ce n'est pas souhaitable d'ailleurs. Mais votre enfant a le droit de savoir quelque chose de la difficulté que vous traversez, de la souffrance que vous ressentez. Souvent, une petite phrase suffit : «Je ne peux pas tout te dire maintenant, parce que c'est très douloureux pour moi. Mais je te promets que, plus tard, je t'en reparlerai.» Ainsi, au lieu de ne rien dire ou de mentir, vous respectez votre enfant dans sa dignité et son altérité. Souvent, une fois la difficulté nommée, l'enfant cesse de mentir.

☐ **Il ne cesse d'inventer des histoires et de raconter des mensonges**
Il est peut-être souhaitable de conduire votre enfant chez un psychothérapeute pour enfants. Ce professionnel vous aidera à décrypter les raisons du manque de confiance en soi qui conduit votre enfant à adopter une telle attitude. Et vous conseillera sur la manière dont il convient de réagir avec lui, en particulier (voir chapitre 107 *Dans quel cas consulter un psy et comment ça se passe ?*).

·POUR EN SAVOIR PLUS

Dès 5-6 ans
> *Max raconte des bobards* et *Max a triché*, de Dominique de Saint-Mars
> et Serge Bloch, Calligram.
> *Les Cent Mensonges de Vincent*, Nicolas de Hirsching, Claude et
> Denise Millet, Bayard.

Dès 7 ans
> *Dico tout faux*, Élisabeth Brami et Isabelle Charly, Hachette-Jeunesse.

Pour les parents
> *Secrets de famille, mode d'emploi*, Serge Tisseron, Marabout, 1997.
> *Manuel à l'usage des enfants qui ont des parents difficiles*, Jeanne
> Van den Brouck, Seuil, 1982.
> *Le Mensonge*, Danielle Dalloz, Bayard Presse, 2000.

II.

GROS MOTS, GAFFES
ET PRINCIPES D'ÉDUCATION

12

Il mord sans arrêt

Au jardin avec les autres enfants, mais aussi à la maison avec vous, il a une fâcheuse tendance à confondre mains, bras ou joue avec un bon steack...

Pourquoi mord-il?

– Il a moins d'un an et ne maîtrise pas encore le langage. Mordre est une sorte de jeu: il met votre main ou celle d'un autre enfant à sa bouche comme il le fait avec son tapis d'éveil et sa balle en plastique.

– Il a entre dix-huit et vingt-quatre mois. Deux possibilités:

• Il entre dans sa phase du «non» (voir chapitre 1 *Vous n'arrivez pas à lui dire non*), période où il s'affirme en s'opposant aux adultes, notamment ses parents. Mordre devient alors un moyen de s'exprimer ou de commettre un acte répréhensible.

• Il confond peut-être les embrassades des adultes avec une pointe de cannibalisme. Vous ne cessez de lui répéter que vous allez le «manger de baisers», le «croquer», qu'il est «dodu à souhait»? Toutes ces paroles qui évoquent l'anthropophagie créent chez l'enfant une certaine excitation. Si, de surcroît, votre enfant trouve votre odeur à son goût, cela lui donne envie de croquer à son tour.

– A tout âge. Il est jaloux de son frère ou de sa sœur (surtout s'il vient de naître) et manifeste sa violence et sa désapprobation. Encore plus s'il est peu sûr de lui et vient de se sentir rabaissé ou humilié par une scène de la vie quotidienne – ex.: vous venez de faire faire ses devoirs à sa grande sœur, sans lui prêter attention. Mordre (mais aussi pincer, griffer et tirer les cheveux) est alors une façon d'attaquer pour se venger.

Comment réagir ?

☐ Ce qu'il faudrait éviter

– Le mordre en retour, comme on faisait autrefois. Vous vous placeriez au même niveau que votre enfant, ce qui gêne la relation d'autorité et insécurise l'enfant. Par ailleurs, mordre l'enfant à votre tour revient à vous lancer dans une épreuve de force avec lui, pour lui montrer que vous êtes plus fort que lui et qu'avec vos dents, vous pouvez lui faire encore plus mal : cela s'apparente à du sadisme. Certes, il ne recommencera pas, mais il en gardera sans doute de l'hostilité et un esprit de vengeance que vous ne soupçonnez pas et qui ressortira probablement à un moment donné.

– Lui demander pourquoi il fait ça. Il ne le sait pas lui-même ou, s'il le sait, ne peut pas l'exprimer.

☐ Ce qu'il faudrait essayer de faire

– Ne pas laisser passer.

• Si c'est vous qu'il mord. Isolez-le dans sa chambre quelques minutes en expliquant : « Ta bouche me mord, il n'en est pas question, ce n'est pas possible, cela fait très mal. » Parler de sa bouche, plutôt que de sa personne, permet de mettre un peu de distance entre cette activité de dévoration et lui-même. Il se sentira moins coupable.

• S'il mord un autre enfant au parc, prononcez la même interdiction mais aidez-le à présenter ses excuses. Dites : « Nous allons dire à Martin que tu t'excuses. »

– Puis, trouver des paroles rassurantes. Dites : « Je comprends qu'en ce moment, il y a quelque chose de difficile pour toi, que tu n'arrives pas à m'expliquer, mais nous allons nous parler. »

– Faire diversion en proposant de partager un jeu avec lui, afin d'établir un rapport de communication, une relation interactive différente.

Il a plus de 3/4 ans et les choses ne s'arrangent pas?

Mordre devient peut-être son mode de communication privilégié. Cela traduit un malaise plus profond qui risque de lui nuire dans ses relations avec les autres. Dans ce cas, il est souhaitable de consulter un psychothérapeute (voir chapitre 107 *Dans quel cas consulter un psy et comment ça se passe ?*).

POUR EN SAVOIR PLUS

Pour les parents
La Vie émotionnelle du tout-petit, Alicia Lieberman, Odile Jacob, 1997.

13

Il ne dit jamais bonjour

Chez les commerçants, dans la rue, avec ses grands-parents, à chaque fois c'est le même scénario : vous lui demandez de dire bonjour et aussitôt il se cache dans vos jupes. Quand il ne répond pas, l'air effronté, un «non» ferme et définitif... Est-ce trop lui demander?

À quel âge et comment lui apprendre?

— Vers 8-10 mois, l'enfant apprend à dire bonjour et au revoir en entendant les sons, la mélodie et l'intonation de votre voix. Il vous voit aussi agiter votre main et lui envoyer un baiser quand vous le quittez.

— Vers 2 ans, quand le langage se met en place, vous pouvez l'inciter à dire bonjour et au revoir aux personnes de son entourage en verbalisant et en l'invitant à imiter le geste de votre main.

— Puis, prenez l'habitude de préparer les visites à l'avance. Quand vous prévoyez de l'emmener avec vous pour rendre visite à quelqu'un, dites-lui : «Tout à l'heure, nous allons voir Grand-mère. Je tiens beaucoup à ce que tu lui dises bonjour. Cela lui fera très plaisir. Je compte sur toi.» Et s'il a 4-5 ans, trouvez ensemble un «petit mot secret» que vous prononcerez discrètement dans l'hypothèse où il oublierait sa promesse. C'est beaucoup plus valorisant que d'énoncer la règle de politesse («Dis bonjour, tu me l'avais promis») devant la personne concernée.

Il ne dit pas bonjour, pourquoi?

Pour l'une et/ou l'autre des raisons suivantes :
— Il est d'une nature timide.
— Il est dans sa période du «non» (de 18 mois à 2-3 ans environ, jusqu'à l'âge

de la socialisation) et refuse systématiquement les règles qu'on lui impose (voir chapitre 1 *Vous n'arrivez pas à lui dire non*).

– En fait, il dit «bonjour» mais d'une façon plus créative que celle imposée par la société : il apporte un jouet, montre ses chaussures, offre un dessin... Beaucoup d'enfants disent bonjour ainsi, l'adulte ne s'en rend pas toujours compte.

Sur le moment comment réagir ?

☐ C'est à vous qu'il ne dit pas bonjour
– Ne faites ni scène ni chantage : «Puisque tu ne m'as pas dit bonjour, je ne te dirai pas au revoir.» Votre enfant se sentirait vexé, dans une position d'infériorité par rapport à l'adulte parfait qui sait tout et fait tout bien.
– Ne vous vexez pas, comme un enfant qui bouderait. Placez-vous en position de parent, au-dessus des conventions, comme modèle qui ne se froisse pas pour un oui ou pour un non. Agissez sur le mode de la communication et dites-lui : «Je te dis bonjour parce que je rentre du bureau et que je suis contente de te retrouver.»
– Montrez-lui que vous avez compris sa manière de dire bonjour sur un mode différent du vôtre. Remerciez-le pour ce beau dessin, félicitez-le pour ses belles chaussures...

☐ C'est à un tiers qu'il ne dit pas bonjour
– S'il a moins de 4-5 ans, ne le forcez pas, même si vous vous sentez gênée. Au contraire, dites-lui : «On dirait que Grand-mère n'a pas compris ta façon à toi de dire bonjour. C'est pour cela que je t'explique comment les grandes personnes se parlent et se disent bonjour entre elles.» Ainsi, vous ne laisserez pas votre enfant sur un malentendu.
– S'il a plus de 4-5 ans, soufflez-lui le «petit mot secret» sur lequel vous vous étiez mis d'accord (voir plus haut). L'effet en est presque magique.

À l'avenir

– Soyez patiente. Les règles de politesse ne sont pas innées. Elles s'acquièrent progressivement. Il faut souvent les répéter. Apprenez à respecter votre enfant dans son état d'enfant qui ne sait pas tout d'emblée.
– Veillez vous-même à dire systématiquement bonjour à votre enfant, le matin. Prenez l'habitude de le remercier lorsqu'il cherche à vous aider. C'est à vous, l'adulte, d'aller vers votre enfant, non le contraire.
– Rassurez-vous : le modèle parental joue énormément et finit toujours par se transmettre. Le tout est de ne pas braquer l'enfant et de le féliciter lorsqu'il s'acquitte de sa mission avec succès ou même essaie tout simplement. Dites-

lui : « Je suis fière de toi, tu deviens grand puisque tu acceptes les règles des grandes personnes. »

Conclusion : plus vous agirez sur le mode coercitif, plus vous bloquerez votre enfant, l'inciterez à répondre par l'agressivité et l'hostilité et l'installerez dans le refus systématique. À l'inverse, plus vous serez compréhensive et bienveillante, plus vous obtiendrez le résultat souhaité.

POUR EN SAVOIR PLUS SUR LES « BONNES MANIÈRES »

Dès 2-3 ans
Poli pas poli, Dr Catherine Dolto, Gallimard Jeunesse.
Charles le timide, Rosemary Wells, L'École des Loisirs.
Les Mots magiques (une cassette), les fabulettes d'Anne Sylvestre, Musidisque.
J'apprends à dire bonjour, Karine-Marie Amiot, Fleurus Éditions (existe aussi pour *merci, pardon, je t'aime, s'il te plaît, bravo*).

Dès 6-7 ans
Douze bonnes manières pour devenir roi et reine, Zoé Fachan et Christophe Besse, Magnard.
Lili est mal polie, Dominique de Saint-Mars et Serge Bloch, Calligram.

14

Il est insolent

Cet enfant prend des libertés : il vous appelle par votre prénom, vous tire la langue ou précède ses phrases d'expressions plus que familières : «ma poupoule», «ma chérie»... Vous lui demandez de mettre son pyjama? Il répond : «Oui, votre altesse»... Vous hésitez entre sévir et éclater de rire.

C'est normal

Être insolent avec ses parents est une étape de l'évolution de l'enfant. D'une part, il a besoin de s'affirmer : il développe de la malice, il est effronté et vous provoque. D'autre part, il est peut-être en pleine période «œdipienne», selon les critères de la théorie psychanalytique (entre 3 et 6 ans environ), et s'adresse alors à vous comme à la femme de sa vie (ou à son père comme à l'homme de sa vie). En cherchant à vous faire rire, il essaie de faire de vous sa complice (voir chapitre 96 *Il veut vous embrasser sur la bouche, vous toucher les seins...*).

Vous êtes amusée et flattée de l'insolence de votre enfant?

Vous vous dites que c'est un signe d'intelligence? Peut-être. Seulement, pour remplir votre rôle de parent, vous devez répondre à ces provocations avec autorité. Votre enfant est en train de se construire, d'apprendre les interdits et les limites. Vous vous devez d'être cohérente. Évitez donc de vous amuser devant lui de ses plaisanteries. Plus vous rirez, plus vous entretiendrez chez lui l'illusion que l'autorité n'existe pas. Ainsi, vous l'encouragerez à recommencer ses facéties, voire à déraper vers des insultes plus violentes.

Vous avez tendance à être un «parent copain»?

Être un «parent copain», c'est considérer son enfant comme un égal, le traiter comme on traite un ami du même âge que soi, c'est-à-dire comme un être achevé. Cela revient à méconnaître les étapes psychologiques du développement de l'enfant qui est un adulte en devenir. Pour se construire, votre enfant a besoin d'un parent solide, qui reste toujours à sa place de parent, un parent adulte auquel il peut s'identifier et sur lequel il peut s'appuyer. Alors, pour l'instant, même si vous trouvez plus facile, plus confortable et apparemment plus valorisant d'éclater de rire, retenez-vous et ne laissez pas passer les provocations sans réagir.

Ayez la réaction adaptée

(Valable pour vous comme pour votre conjoint; avec une petite fille comme avec un petit garçon.)

☐ Il vous parle sur un ton désinvolte et vous appelle par votre prénom?
– Prenez la chose avec un peu d'humour et beaucoup de fermeté. Captez son regard et dites : «Mais que se passe-t-il dans cette maison? Pour qui tu te prends? Est-ce que j'ai bien entendu?»
– Ne vous laissez pas faire. Toujours en le regardant dans les yeux, dites-lui : «Écoute. Il n'est pas question que tu me parles comme ça. Je n'accepte pas ces paroles, sur ce ton-là.» Puis, selon la situation, ajoutez : «Je suis ta mère, tu m'appelles Maman et tu me parles sur un autre ton. Je ne suis pas ta copine de récréation. Tu peux avoir confiance en moi, tu peux compter sur moi, te confier à moi. Mais tu ne peux pas me traiter de cette façon.»

☐ Il répond «oui, ma chérie»...
Corrigez aussitôt : «Oui, Maman chérie.» Demandez-lui de vous regarder dans les yeux et prenez doucement, mais fermement, sa main ou son bras. Rétorquez avec bienveillance et délicatesse mais sans détour : «Écoute. Je ne permets pas que tu t'adresses à moi comme ça. Je ne suis pas ton amoureuse, je ne suis pas ta copine de classe. Je suis la femme de ton père. Tu ne pourras jamais être mon amoureux. C'est comme ça dans la vie» (voir chapitre 96 *Il veut vous embrasser sur la bouche, vous toucher les seins...*).

☐ Il insiste?
Demandez à votre conjoint d'intervenir. C'est à lui de signifier qu'il n'accepte pas qu'on traite sa femme, et pas seulement la mère de ses enfants, de cette façon. Qu'il lui dise : «C'est ma femme, c'est ta mère et il n'est pas question que tu t'adresses à elle de cette façon. C'est inacceptable. Je t'interdirai toujours de le faire.»

À vous de venir en aide à votre conjoint si c'est votre fille qui est insolente avec lui.

☐ **Il trouve cela très drôle, vous provoque et en rajoute**
Vous n'avez pas dû être assez ferme. Énoncez à nouveau, calmement et fermement, les interdits. Et, selon le degré de votre irritation, prenez éventuellement une sanction, en fonction de l'âge de l'enfant : de l'isolement dans sa chambre à la punition (voir chapitres 2 *Vous lui avez donné une tape, vous en êtes malade* et 3 *Faut-il vraiment parfois le punir?*).

POUR EN SAVOIR PLUS

Dès 18 mois-2 ans
  Poli pas poli, Dr Catherine Dolto, Gallimard Jeunesse.

Dès 5-6 ans
  Lili est mal polie, Dominique de Saint-Mars et Serge Bloch, Calligram.

Pour les parents
  Parents, osez dire non !, Dr Patrick Delaroche, Albin Michel 1996.
  Ces enfants qui nous provoquent, Nicole Fabre, Fleurus, 1997.
  Y a-t-il encore un père à la maison?, Jacques Arenes, coll. Le métier de parents, Fleurus, 1997.
  Arrête de me parler sur ce ton !, Patrice Huerre et Laurence Delpierre, Albin Michel.

15

Il ne cesse de dire des gros mots

Vous avez beau incriminer la cour de récréation quand il lâche un «m...» ou «un petit c...», vous savez bien que, s'il jure ainsi, c'est aussi un peu de votre faute. Du coup, sa collection s'agrandit et il vous nargue.

Il jure comme un charretier ? C'est normal

Vers 3-4 ans, dire des gros mots est un signe d'affirmation de soi. L'enfant teste les limites de ce que l'adulte va tolérer. De plus, votre enfant est intelligent : il repère toutes vos incohérences et notamment celles qui consistent à interdire les «m...» pour en lâcher un à la moindre contrariété.

Comment brider un peu cette louable pulsion ?

☐ Établissez un code d'utilisation
 — DÉFENDU : de «s'adresser aux gens comme ça, sinon ça devient une insulte et ça peut faire très mal».
 — MOINS GRAVE : le gros mot qui nous échappe à propos d'une situation consternante (exemple : on casse un verre), le juron «qui n'est pas joli, qui fait mal aux oreilles, mais qui peut parfois sortir de la bouche tout seul».
 — PERMIS : de dire ce qu'on veut dans sa chambre quand on est seul. Il proteste car son copain Victor, «lui, a le droit tout le temps»? Rétorquez fermement : «Peut-être, mais à la maison ce n'est pas comme ça. Je te l'ai déjà dit : chaque famille a ses règles.»
 — LIBÉRATEUR : de se défouler avec papa ou maman, à titre exceptionnel, en privé, et quelques minutes seulement, «en jouant à dire des gros mots», sans les dire à quelqu'un en particulier. Inutile de lui en apprendre de nouveaux. Mais autorisez-le à faire des grimaces devant la glace...

☐ Réagissez lorsqu'il vous prend en flagrant délit

– Ne faites pas comme si de rien n'était : cela reviendrait à le prendre pour un idiot.

– Interdisez-vous de penser, même si c'est ainsi que vous avez été élevée, que seuls les adultes sont autorisés à dire des gros mots. C'est ce genre d'injustice qui conduit l'enfant à développer inhibition, culpabilité et agressivité. Et qui perpétue la logique de la « pédagogie noire », dénoncée par la psychanalyste Alice Miller[1]. (Voir chapitre 2 *Vous lui avez donné une tape, vous en êtes malade*)

– Reconnaissez avec lui que vous avez eu tort et que vous essaierez de faire mieux la prochaine fois. N'ayez crainte : dans ce cas d'espèce, reconnaître vos torts aidera votre enfant à mieux évaluer la situation qui vous a conduite à vous énerver. Vous n'en perdrez pas, pour autant, toute crédibilité à ses yeux. Dites à votre enfant : « Parfois, il y a des mots qui sortent de ma bouche et qui ne correspondent pas à mes idées et à mes sentiments pour de vrai. »

À l'avenir, essayez de censurer votre propre langage

– Creusez-vous un peu la tête pour dresser une liste de mots et expressions de remplacement plus acceptables (zut, flûte, Nom d'une pipe!, fada, zozo, gros nigaud, grand dadet, affreux jojo…). Et entraînez-vous à les dire.

– Interdisez-vous de jurer contre les autres. Ou, au pire, précédez vos insultes d'un « Je le trouve… » plutôt que d'un « quel… » ou « c'est un vrai… » Ainsi, votre enfant apprendra à relativiser, à ne pas porter de jugements trop péremptoires sur les autres. Vous introduirez un peu de distance et lui offrirez une vision plus tolérante de vous-même.

POUR EN SAVOIR PLUS

Dès 2 ans
> *Crotte!* et *Prout!*, Pittau et Gervais, Seuil Jeunesse.

Dès 3 ans
> *Les Mots de Zaza*, Jacqueline Cohen, Bayard.

Dès 5-6 ans
> *Lili est mal polie*, Dominique de Saint-Mars et Serge Bloch, Calligram.

---

1. *C'est pour ton bien*, op. cit.

16

Il enchaîne gaffe sur gaffe

« Dis Maman, pourquoi il a du rouge à lèvres le monsieur ? » Le monsieur en question est une vieille dame moustachue... assise pile en face de vous, dans le métro. Comment réagir sans tuer la formidable spontanéité de votre enfant ?

L'âge des gaffes : un passage obligé

Vers 3-4 ans, l'enfant s'ouvre aux autres en même temps qu'il maîtrise la parole. Il s'interroge sur la taille, la couleur de peau, les handicaps, la vieillesse... et il formule tout haut les questions qu'il se pose. Il est non seulement normal, mais nécessaire d'être ainsi curieux et spontané. Par ailleurs, votre enfant ne connaît pas d'emblée les règles sociales. Il est en train de les apprendre. À vous de lui montrer l'exemple.

Que faire quand ça arrive ?

☐ Déculpabilisez
– En cessant de projeter vos propres fantasmes (« Moi, si on m'avait dit cela, ça m'aurait blessée »...) : les « victimes » préfèrent de beaucoup les questions franches des enfants aux regards fuyants des adultes qui les accompagnent.
– En prenant du recul sur le sentiment de honte que vous procure votre enfant : d'abord, il n'est sûrement pas le premier à faire cette gaffe ; ensuite, vous ne reverrez jamais cette personne.

☐ Présentez vos excuses
Mais ne forcez pas votre enfant à le faire lui-même, il se sentirait humilié et ne comprendrait pas. Cela n'aurait qu'un effet : accentuer sa gêne et sa timidité. Il est au contraire souhaitable qu'il comprenne que vous êtes

responsable de lui, que vous vous excusez à sa place, pour sa parole malheureuse. C'est à vous, le parent, d'assumer.

☐ **Ne lui faites pas de reproches**
En vous formalisant, vous pouvez être sûre que, la prochaine fois, votre enfant n'en ratera pas une. Inutile non plus de vous lancer tout de suite dans une explication qui ne ferait qu'ajouter à votre propre gêne.
En revanche, revenez sur l'incident, en différé, à un moment plus propice. Dites-lui : « Tout à l'heure, je t'ai entendu dire ceci. Il faut que nous en reparlions. Je veux t'expliquer que l'on a tous des particularités, que l'on est tous différents. Dans la rue, à l'école, dans le métro, on rencontre des gens qui ne sont pas pareils : il y a des gros, des petits, des noirs, des blancs... c'est comme ça, la vie. Si quelque chose te tracasse, tu peux m'en parler à moi discrètement, à voix basse, ou un peu plus tard, entre nous, à la maison. Mais tu ne peux pas faire de commentaires directement à des personnes que tu ne connais pas. »

☐ **Ne vous moquez pas de lui**
Vous risquez d'altérer sa propre estime et de l'humilier.

Évitez les prochaines gaffes

☐ **Informez-le petit à petit sur...**
... les différences physiques : avec des petits livres sur les oppositions (maigre / gros, blanc / noir, blond / brun...), dont les rayons « enfant » des libraires sont pleins (voir encadré ci-dessous) ;
... les noms : « Chacun porte un nom différent, c'est le père qui transmet le nom qu'il a reçu de son propre père, on ne le choisit pas. On ne se moque pas des noms des gens. » Ceci, pour lui apprendre que chaque nom, même facilement déformable, mérite d'être respecté ;
... les handicaps : vers l'âge de 4-5 ans, selon son évolution, expliquez à votre enfant que les gens qui en souffrent sont nés comme ça où ont eu un accident, et que « c'est très difficile de vivre comme ça ». Mais inutile d'en rajouter sur le registre : « Tu as bien de la chance d'être normal. » Votre enfant n'y est pour rien et ne peut pas porter toute la misère du monde sur son dos. En revanche, informez-le aussi de ce que, heureusement, à notre époque, la collectivité – entre autres avec les impôts que vous payez – essaie de prendre en charge, au mieux, les handicapés pour leur faire une place dans la société et dans la vie.

☐ **Apprenez-lui...**
... comme une règle de vie en société, qu'on ne peut pas tout dire aux gens qu'on ne connaît pas, qu'on ne peut pas tout révéler de ses sentiments, qu'il

y a des choses dont on ne peut parler qu'entre soi, à la maison, «en privé». Gardez-vous d'anticiper sur la gaffe, en glissant dans le creux de l'oreille à votre enfant : «Elle est grosse, hein, la dame, mais on ne peut pas lui dire à elle, ça lui ferait de la peine.» Cela reviendrait à provoquer votre enfant et ne lui apprendrait pas à respecter les autres dans leur différence.

POUR EN SAVOIR PLUS

Les différences physiques

DÈS 18 MOIS-2 ANS
> *Des amis de toutes les couleurs*, Dr Catherine Dolto, Gallimard.
> *Contraires*, J. Beaumont et C. Hache, Fleurus Enfants, coll. Cache-cache.

DÈS 3 ANS
> *À la découverte des contraires*, Marie-Agnès Gaudrat, Bayard.
> *Fifi tout gris* (livre-jeu avec gommettes repositionnables), Anne Weiss, Mila Éditions.

DÈS 5-6 ANS
> *Emile bille de clown*, Jo Hoestlandt, Bayard Poche.

DÈS 7 ANS
> *Le Civisme à petits pas*, Sylvie Girardet, Actes Sud Junior.

Les handicaps

DÈS 3 ANS
> *Helen, la petite fille du silence et de la nuit*, Anne Marchon, Bayard Poche.
> *Joselito*, Albertine Deletaille, « Père Castor », Flammarion.
> *Alice sourit*, Jeanne Willis, Hachette Jeunesse.

DÈS 5-6 ANS
> *Alex est handicapé*, Dominique de Saint-Mars et Serge Bloch, Calligram.

17

Il tient des propos racistes

«Je ne veux pas l'inviter, lui, car j'aime pas les marrons», lance-t-il en montrant du doigt un petit noir à la sortie de l'école... Consternée, vous vous demandez si vous avez raté quelque chose dans son éducation...

Dédramatisez

À son âge, votre enfant ne peut pas déjà être raciste. Il est simplement dans un état d'ignorance des différences qui le rend intolérant. Il est temps de les lui apprendre (voir chapitre 16 *Il enchaîne gaffe sur gaffe*).

Ce que vous pouvez lui répondre

Pour le moment, tant qu'il ne sait pas, tant que vous n'avez pas passé le temps nécessaire à lui expliquer, inutile de le gronder. Dites-lui : «C'est ainsi, il est noir. Mais c'est un enfant exactement comme les autres. Il est comme ça, parce que son papa ou sa maman ou les deux sont originaires d'un autre pays. Moi, je suis très contente que, dans ta classe, tu rencontres des enfants de familles provenant d'autres pays. C'est une chance formidable.»

Puis, rappelez la règle : «Tu peux m'en parler quand tu veux, me poser toutes les questions que tu veux mais c'est une affaire privée, on en parle entre nous, à la maison. Et non devant ton camarade.»

Enfin, prenez le temps de regarder avec votre enfant des atlas, des petits livres et des reportages à la télévision sur des pays lointains.

POUR EN SAVOIR PLUS

Dès 3 ans
L'Intrus, Claude Boujon, L'École des Loisirs.
Petit Bond et l'étranger, Max Verthuijs, Pastel, L'École des Loisirs.
L'Imagerie des enfants du monde, Emilie Beaumont, Fleurus Enfants.

Dès 4 ans
Le Corbeau blanc et le mouton noir, Eugen Sopko, Nord-Sud.
Ça sert à quoi un kangourou ?, A. H. Benjamin et Jane Chapman,
    Mijade.
L'Œuf du coq, Hubert Ben Kemoun et Bruno Keitz, Casterman.

Dès 5-6 ans
Max et Koffi sont copains, Dominique de Saint-Mars et Serge Bloch,
    Calligram.

Vers 6-7 ans
Six milliards de visages, Peter Spier, L'École des Loisirs.
Le Civisme à petits pas, Sylvie Girardet, Actes Sud Junior.
Pour dire non à l'intolérance et au racisme, Dominique de Saint-Mars,
    Bayard Poche.

Pour les parents
Le Racisme expliqué à ma fille, Tahar Ben Jelloun, Seuil, 1998.

◪ Au sujet des différences physiques : reportez-vous à la bibliographie du
chapitre précédent.

18

Il tient des propos homophobes

L'ayant entendu traiter son frère de p..., vous vous dites qu'une petite explication s'impose.

Au préalable

Reprenez votre enfant, de la même manière que lorsqu'il dit un gros mot. Dites : « Ce gros mot est une insulte. Tu l'as appris, mais je t'interdis d'injurier qui que ce soit en prononçant ce mot. »

Un peu plus tard

– Interrogez votre enfant : « Est-ce que tu sais ce que ça veut dire ? » Puis, n'hésitez pas à lui donner une explication : « Un homosexuel, c'est un homme amoureux d'un homme ou une femme amoureuse d'une femme. La plupart du temps, un homme a une amoureuse, mais dans ce cas, il a un amoureux. »
– Il demande s'ils peuvent se marier. Répondez : « Ils peuvent habiter ensemble mais ne peuvent pas se marier comme un homme et une femme. Toutefois, depuis quelque temps, il peuvent signer un pacte qu'on appelle un PACS. »
– Il veut savoir s'ils peuvent avoir des enfants ensemble. Répondez : « Non, ils ne peuvent pas faire d'enfants ensemble car seuls un homme et une femme peuvent concevoir un enfant. En revanche, il arrive qu'ils vivent avec des enfants que l'un des deux a eu de son côté, en étant marié avant ou en adoptant. »

Par la suite

Selon votre disponibilité et vos convictions, vous pouvez en dire plus, citer un exemple de couple homosexuel de vos amis ou de vos relations afin que votre enfant ne vive pas dans l'idée que les homosexuels sont des gens « anormaux ».

19

Il rapporte sans arrêt

« Marc, il a tiré les cheveux de Théo… », « Delphine n'arrête pas de dire des gros mots !»… C'est tout votre Léa, ça. Elle ne peut s'empêcher de « cafter ».

Dédramatisez

Un enfant qui a besoin de rapporter sans cesse n'est pas forcément promis à un avenir de délateur.

Comprenez ses raisons

Il rapporte pour l'une et/ou l'autre des raisons suivantes :
– Il n'a pas confiance en lui. Il rapporte pour se poser en victime («il m'a griffé», sous-entendu «il faut me plaindre») ou se valoriser en dévalorisant les autres («elle a fait une bêtise», sous-entendu «pas moi»).
– À l'inverse, il souffre d'un excès de confiance en soi. Il rapporte car il veut donner des leçons à tout le monde. Mais en dépit des apparences, il n'est certainement pas aussi bien dans sa peau qu'il en a l'air.
– Vous êtes peut-être «intrusive» : vous voulez tout contrôler de ce qui se passe dans sa vie. Votre enfant rapporte pour devancer votre questionnement et satisfaire votre curiosité.
– En fait, votre enfant ne rapporte pas vraiment. Il vous informe qu'une situation dangereuse pour lui ou pour les autres est en train de se produire ou s'est produite (exemple : un autre enfant l'a battu dans la cour de récréation). Dans ce cas, avertir l'adulte est parfaitement justifié. Mais l'adulte confond parfois cette louable attitude avec de la délation. Attention, donc, à ne pas vous tromper.

Apprenez-lui la différence entre deux types de situations

☐ **Les situations dont il doit toujours vous parler**
C'est-à-dire toutes celles qui sont en rapport avec le danger, la violence, la maltraitance d'un enfant (lui ou les autres). Il est fondamental que l'enfant n'ait pas l'impression de rapporter lorsqu'il en parle. C'est ainsi qu'il saura, le cas échéant, prévenir un adulte s'il voit son voisin enjamber le balcon, vous raconter qu'il est le bouc émissaire de la cour de récréation, ou qu'un « grand » de 8 ans lui a demandé son blouson... De même, il doit pouvoir vous dire ce qu'il a vu (exemple : une bagarre dans la rue) et ce qu'il a ressenti afin que vous puissiez lui signifier votre protection, en cas de danger. À vous de l'autoriser pleinement à vous parler de ces choses-là. (Voir aussi chapitres 48 *Lui apprendre, dès la maternelle, à se protéger du racket*, 49 *Il est le bouc émissaire d'un autre enfant à l'école*, 63 *Comment l'empêcher de grimper en haut des rochers ?* et 65 *Comment – sans le traumatiser – lui apprendre à se protéger des pédophiles ?*)

☐ **Les situations qui n'ont pas grand intérêt**
Celles que votre enfant rapporte pour se valoriser en dévalorisant les autres.

Au moment où il rapporte, comment réagir ?

– Il rapporte une bêtise de son frère à laquelle vous n'avez pas assisté ? Rétorquez : « C'est possible, je veux bien te croire. Mais ce n'est pas ton rôle de m'apprendre ce que fait ton frère lorsque je suis absente. »
– Il rapporte la bêtise d'un enfant plus petit que lui ? Rappelez : « Ce petit enfant est en train d'apprendre. Toi, tu sais déjà que l'on ne fait pas comme ça. »
– D'une manière générale, ne le renvoyez pas dans ses buts en le traitant de « rapporteur ». Mais incitez-le à s'interroger sur la gravité réelle de la scène ou du fait qu'il rapporte : « Qu'est-ce que tu en penses, toi ? Est-ce que tu crois que c'est très grave ? Tu ne crois pas que l'on peut parler de choses plus intéressantes, non ? »
– Mettez les choses au point : « Ce n'est pas défendu de rapporter, mais cela n'a pas d'intérêt, c'est tout. »
– Rassurez-le : « Je m'intéresse beaucoup à toi, sans que tu te sentes obligé de rapporter sans cesse. »

À l'avenir

Valorisez-le. Faites en sorte que sa confiance en lui cesse de s'exercer au détriment des autres. N'oubliez jamais de le féliciter dans ses acquisitions et ses progrès.

20

Êtes-vous en train d'en faire
un petit pacha?

*Son caleçon et ses chaussettes sales qui traînent par terre... Son assiette aban-
donnée sur la table alors qu'il aurait pu la glisser dans le lave-vaisselle... C'est
clair, votre enfant file un mauvais coton. Celui d'un petit nabab, habitué à ce
que maman ou la jeune fille fasse tout à sa place parce que «ça va plus vite et
c'est mieux fait». Que faire pour que ça change?*

Tout faire pour lui, ça veut dire quoi?

– Vous vous faites plaisir : il est encore «votre» petit, entièrement dépendant
de vous.
– Sous couvert de ne pas vouloir «l'embêter avec ça», vous compensez peut-
être quelque chose (exemple : votre culpabilité de travailler). Ou à l'inverse,
vous vous donnez bonne conscience pour vous justifier (vis-à-vis des autres,
mais surtout de vous-même) de votre choix de ne pas travailler, par exemple.

Pourquoi le faire participer?

– Aider ses parents à mettre le couvert, glisser son assiette dans le lave-vaisselle et ses chaussettes dans le panier de linge sale permet de découvrir la
place, le poids et la fragilité des objets. C'est idéal pour améliorer son rapport à l'espace et son sens de l'organisation.
– Participer à la vie de famille, cela débrouille le pire des empotés, c'est un
puissant «intégrateur de vie sociale». Cela évite aussi de créer dans la tête
de votre enfant un trop grand cloisonnement entre jeu et vie quotidienne.
– Lui demander des petits services, ce n'est pas le transformer en Cosette. Au
contraire, c'est lui faire confiance et l'aider à prendre conscience de sa
propre compétence. Rien de tel pour qu'il soit fier de lui.

Comment le faire participer ?

– Tout petit : faites-le évoluer dans un « bain de langage » lié aux activités de la maison. Prenez l'habitude d'expliquer ce que vous faites, de verbaliser les tâches quotidiennes. Par exemple : « Tu vois, là, je vide le lave-vaisselle, plus tard tu m'aideras. »

– À partir de 3 ans : demandez-lui de porter des objets légers sur la table « pour aider ». Ensuite, allez-y progressivement. Soyez patiente et ne hurlez surtout pas en cas d'accident. N'oubliez jamais de le féliciter, de lui témoigner votre fierté qu'il vous aide. Dites lui : « Je suis fière de toi, tu grandis, tu es un enfant formidable. » Ainsi, à l'âge de raison, il saura desservir, mettre les assiettes dans le lave-vaisselle, faire son lit, ranger ses affaires et préparer son cartable. Et une fois devenu adulte, il saura partager les tâches avec son conjoint.

POUR EN SAVOIR PLUS

Dès 3-4 ans
Léo, Robert Kraus, L'École des Loisirs.
Une nouvelle maison pour la famille souris, Kazuo Iwamura, L'École des Loisirs.

Dès 4-5 ans
Jules et Cornélius, Wolfgang Mennel, Nord-Sud.

Dès 5-6 ans
Lili est désordre, Dominique de Saint-Mars et Serge Bloch, Calligram.

Dès 7 ans
Le Poil dans la main, Corinne Fleurot et Jérôme Brasseur, coll. Lampe de poche, Grasset Jeunesse.

21

Faut-il l'obliger à ranger sa chambre?

La panoplie de Spiderman et la cape de Zorro en boules par terre alors qu'elles pourraient tranquillement être rangées dans le coffre à déguisements. Les Lego, les Playmobil et les pistolets que personne n'a remis dans leur baril et dans leur caisse... Ne peut-il pas apprendre à ranger un peu lui-même?

Une chambre trop bien rangée, ce n'est pas souhaitable

Il est important de laisser votre enfant jouer dans sa chambre avec tous ses jouets, les explorer à sa façon. Vous n'avez pas à intervenir sur la destination qu'il donne à ses jouets, même si elle heurte votre propre conformisme. Il veut jeter ses petites voitures du haut du garage, au lieu de les laisser descendre par la rampe? C'est lui qui décide. De même, si elle veut mettre sa poupée au fond du four de sa minicuisine en plastique... Ou s'il leur prend l'envie de défaire leurs lits superposés pour bricoler une cabane. C'est en laissant l'enfant explorer pleinement ses jouets et sa chambre qu'on lui permet de créer de nouveaux jeux, d'inventer des histoires, bref de développer sa créativité.

En revanche, si cela vous gêne, libre à vous d'exiger qu'il ne traîne pas ses jouets dans toutes les pièces. Votre appartement n'a pas forcément vocation à être transformé en salle de jeux. S'il s'agit de rester à vos côtés dans la cuisine, pendant que vous préparez le dîner, laissez-le emporter sa pâte à modeler ou ses feutres... Vous pouvez, si cela vous gêne de voir piétinés certains jouets de valeur, organiser leur utilisation. Ainsi, par exemple, les déguisements pourront être rangés dans une malle spéciale. Mais ne fixez pas de telles règles pour tous les jouets de la chambre. Votre enfant a besoin de jouer en liberté.

Comment ranger sa chambre ?

– Ne pratiquez pas le rangement obsessionnel et méticuleux : tous les jouets dans leurs boîtes, le soir, à l'heure du coucher. Cela «casse» le monde imaginaire de l'enfant : votre enfant a besoin, au moment de s'endormir, d'avoir à sa portée, une partie de ses créations du jour. Si vous souhaitez mettre un peu d'ordre, proposez-lui : «Que voudrais-tu garder à côté de toi, ce soir?» Et laissez certaines constructions en l'état.

– Expliquez-lui les avantages qu'il peut retirer d'apprendre à ranger ses jouets : «Tu peux les retrouver et ne pas chercher pendant des heures la mèche de ta perceuse...» Mais dites-lui : «Il est utile de mettre de l'ordre pour faire le ménage et respecter la personne qui le fait.»

– Demandez-lui très tôt sa participation pour respecter ses idées. Ne lui imposez pas d'emblée votre manière de ranger sur un mode expéditif. Votre enfant a peut-être envie de mettre de l'ordre d'une autre façon. Sans que ce soit forcément ce bateau de pirate sur cette étagère...

– Rangez avec lui, mais rangez un minimum, juste ce qu'il faut pour pouvoir avancer dans sa chambre, sans tout écraser.

– Une fois de temps en temps (une fois par mois ou tous les deux mois, par exemple), faites un tri, avec votre enfant, pour lui permettre de retrouver les jouets éparpillés et de jeter les jouets cassés. Ne faites pas ce tri en douce, quand votre enfant n'est pas là. Vous développeriez son hostilité et sa méfiance. Il trouverait votre acte injuste. Lorsqu'il s'agit de jeter ou donner, demandez-lui son avis et respectez-le.

Cependant, ne vous faites aucune illusion : d'ici une semaine, la chambre de votre enfant sera à nouveau en bazar... Mais pour lui, ce tri aura quand même été utile.

POUR EN SAVOIR PLUS

Dès 18 mois-2 ans
Petit Ours Brun range son coffre à jouets, Bayard Poche.

Dès 3 ans
C'est toi le chef, bébé canard!, Amy Hest, Kaléidoscope.
Porculus, Arnold Lobel, L'École des Loisirs.

Dès 5-6 ans
Lili est désordre, Dominique de Saint-Mars et Serge Bloch, Calligram.

Dès 7 ans
Le Poil dans la main, Corinne Fleurot et Jérôme Brasseur, coll. Lampe de poche, Grasset Jeunesse.

22

Faut-il vraiment lui parler d'argent?

Quand vous vous retranchez derrière le vide de votre porte-monnaie pour lui refuser une babiole, il rétorque : « T'as plus d'argent ? T'as qu'à en acheter à la banque. »

Pourquoi faut-il lui parler d'argent?

Parler d'argent à son enfant est bien sûr une question très personnelle, qui dépend du rapport que chaque parent entretient avec l'argent. Toutefois, même quand on n'aborde pas directement ces questions avec l'enfant, même dans les familles où il est interdit de parler d'argent, l'enfant en entend parler très tôt, notamment à l'école. De plus, la société de consommation dans laquelle vivent les enfants aujourd'hui les pousse à prendre leurs parents pour des milliardaires. Enfin, faire de l'argent un tabou est peu compatible avec les exigences de la vie moderne (voir chapitres 23 *Le sensibiliser au gaspillage – sans tomber dans le discours culpabilisateur* et 100 *Il est bouleversé par les SDF*).

Comment lui en parler?

– Évitez d'énoncer le prix du loyer, des traites de la voiture ou le montant de vos salaires. Cela ne présente aucun intérêt et ne regarde en rien votre enfant. Aborder les sujets délicats, «parler vrai» avec l'enfant, ne signifie pas tout dire et n'implique pas de le noyer sous un flot d'explications trop élaborées pour lui.

– Attendez que l'enfant ait 5 ans environ, pour lui faire comprendre les points suivants :

• «Dans la vie, il existe un certain nombre de choses indispensables» (la maison, l'électricité, le téléphone, la nourriture…) et d'autres «pour se faire plaisir, se rendre la vie plus agréable» (les vacances, le parc d'attractions, le cinéma…) ;

• «Toutes ces choses ont un prix, pour les posséder, il faut les payer. Pour payer, il faut de l'argent.» ;

• «L'argent, on ne l'achète pas à la banque, on le gagne en travaillant. Car, en plus d'être heureux de faire un métier qu'on a choisi et qui nous plaît, on travaille également pour gagner de l'argent.»

– Enfin, il est nécessaire d'expliquer à l'enfant qu'on ne s'approprie pas l'argent que l'on trouve (par terre, par exemple) ou que l'on voit (sur la table de nuit…). Dans ce cas, il est important de l'inciter à trouver une solution pour le rendre à son propriétaire ou en faire don à une personne qui en a besoin : SDF, association, tronc d'église… C'est en étant très ferme sur ces questions que l'on permet à l'enfant d'assimiler cette vérité : l'argent, cela se gagne, cela ne pousse pas au pied des arbres.

À quel moment en parler ?

– Évitez d'aborder les questions d'argent, au moment pile où vous lui refusez une bricole au supermarché et qu'il pique sa crise au milieu du rayon des jouets (voir chapitre 7 *Résister à ses demandes au supermarché*).

– Mais profitez d'un incident de ce type pour aborder ces questions, en différé, une fois que votre enfant est complètement calmé.

Les mots-clés ? «Tout à l'heure, au supermarché, je t'ai refusé ce biberon pour ta poupée que tu réclamais. Je voudrais t'en reparler. Tu le sais : on ne peut pas posséder tout ce que l'on désire. C'est comme ça pour tout le monde dans la vie. Même ton Papa et moi, nous ne pouvons pas tout acheter, nous sommes obligés de faire des choix.» Et n'hésitez pas, sans non plus vous noyer dans les détails, à parler à votre enfant des choix que vous faites dans votre vie (exemple : partir moins loin que d'habitude en vacances pour faire repeindre le salon…).

Les temps sont durs et vous devez réduire certains budgets ?

– Ne faites pas comme si de rien n'était pour préserver votre enfant. Il sentirait vos angoisses sans en connaître les causes réelles et pourrait se sentir responsable, ce qui le rendrait anxieux. À l'inverse, il risque de s'imaginer que votre générosité est fonction de votre humeur du moment et non de cette donnée réelle et objective qu'est le contenu de votre porte-monnaie.

– Un enfant peut très bien assimiler une explication assez simple telle que : «En ce moment, nous avons moins d'argent que d'habitude. Du coup, cet hiver, nous n'irons pas à la montagne faire du ski. À la place, nous irons à la campagne chez Mamie, cela nous coûtera moins cher. Mais nous passerons quand même des vacances formidables...» Inutile aussi de vous saigner pour continuer à le couvrir de «carabine qui fait pan» et de Mac Do en tout genre. Les efforts se partagent entre tous les membres de la famille. Les enfants peuvent, eux aussi, faire des choix (exemple : ce nouveau vélo ou le judo le mercredi?).

POUR EN SAVOIR PLUS

Dès 7 ans
  Vivre ensemble l'argent, guide pour un enfant citoyen, Laura Jaffé et Laure Saint-Marc, Bayard.

☑ Reportez-vous aux bibliographies des chapitres 62 *L'argent de poche, mode d'emploi* et 100 *Il est bouleversé par les SDF.*

23

Le sensibiliser au gaspillage
(sans tomber dans le discours culpabilisateur)

Ces frites par terre, ce coca-cola renversé, cette glace à peine entamée et déjà abandonnée... Il y a des jours où les «Pense aux petits Biafrais!» (variante : «Jeter c'est pécher!»...) de votre mère vous brûlent la langue. Comment apprendre à votre enfant à ne pas gâcher, sans en arriver là?

Dès qu'il est tout petit, donnez l'exemple

Évitez de jeter systématiquement devant votre enfant tout et n'importe quoi. Si vous-même, vous ne finissez jamais votre assiette ou jetez devant lui des paquets entiers de yaourts périmés, il y a des chances que votre enfant s'intéresse peu à la question...

Dès l'âge de 5 ans, expliquez-lui

Vous gardez un reste de pâtes, vous éteignez la lumière en quittant une pièce? Expliquez les raisons à votre enfant. Il n'a pas forcément conscience, d'emblée, que «tout» a un prix. Dites-le lui clairement : «Papa et moi, nous travaillons parce que nous aimons notre métier, mais aussi pour payer la maison, les habits, le chauffage, qui sont indispensables. Nous gagnons aussi de l'argent pour partir en vacances et acheter des jouets... Si nous gaspillons, nous aurons moins d'argent pour les choses qui font plaisir.» (Voir chapitres 22 *Faut-il vraiment lui parler d'argent?* et 100 *Il est bouleversé par les SDF.*)

Choisissez votre moment

Évitez d'aborder ces questions lorsqu'il vient de saccager la salle du McDonald's avec son meilleur copain et que vous êtes excédée. Ou lorsque vous venez de croiser un SDF et que vous êtes bouleversée. Trouvez d'autres occasions, plus calmes et détendues, pour lui faire prendre conscience, en nuances, des différences et des injustices. N'oubliez pas : votre enfant, pas plus que vous d'ailleurs, n'est responsable de la misère du monde. Inutile d'en rajouter dans le registre «Tu as bien de la chance!» Il se sent déjà assez coupable et triste du spectacle des injustices auxquelles il est quotidiennement confronté (voir chapitre 100 *Il est bouleversé par les SDF*). En revanche, rien ne vous empêche de lui faire comprendre que les frites par terre et le coca renversé au restaurant, c'est également un problème de respect de l'autre (la personne qui devra ramasser).

Faites votre autocritique

Au lieu de lui répéter sans arrêt qu'il est trop gâté, prenez vos responsabilités. Soyez lucide : en le couvrant de babioles, sorties et restaurants en tout genre, c'est d'abord à vous que vous faites plaisir. Alors plutôt que de lui faire payer vos propres excès, apprenez à dire non avant (voir chapitres 1 *Vous n'arrivez pas à lui dire non* et 7 *Résister à ses demandes au supermarché*).

POUR EN SAVOIR PLUS

◼ Reportez-vous aux bibliographies des chapitres 7 *Résister à ses demandes au supermarché*, 62 *L'argent de poche, mode d'emploi* et 100 *Il est bouleversé par les SDF*.

24

Il n'a aucun sens de l'humour

Vous avez toujours aimé rire et vous moquer. Votre enfant, lui, apprécie moyennement cet art que vous avez de toujours tout tourner en dérision. Pire, à chacune de vos plaisanteries, il se vexe... Serait-il moins doué pour le deuxième degré?

L'enfant a-t-il accès à l'humour?

Vers 3 ans, l'enfant comprend qu'il y a des histoires «pour de vrai» et d'autres «pour de faux». Il apprécie que l'on se moque, voire que l'on fasse des critiques. Mais à une condition : que l'ironie concerne une autre personne que lui. Avant 7-8 ans, l'enfant vit souvent l'humour sur un mode agressif. Il est persuadé qu'on cherche à l'humilier et à le rabaisser. Il n'en ressent que de l'hostilité. D'où sa vexation, son désarroi ou parfois sa colère. Et cette étiquette que l'adulte lui colle sur le dos : «Il est très susceptible, il n'a aucun humour»... Alors que rien, pour le moment, ne permet de présager de son futur sens de l'humour.

Pourquoi ne comprend-t-il pas toujours?

Avant 7-8 ans, l'enfant, sauf exception, n'a pas suffisamment confiance en lui pour comprendre et apprécier l'humour qui le concerne directement. Il est encore en train de se construire, il n'a pas mis en place sur lui-même cette sorte de carapace qui permet à l'humour de glisser un peu. De plus, il est en train d'apprendre à ne pas être insolent (voir chapitre 14 *Il est insolent*), à ne pas dire de gros mots (voir chapitre 15 *Il ne cesse de dire des gros mots*), à ne pas faire de gaffes (voir chapitre 16 *Il enchaîne gaffe sur gaffe*). Il est normal qu'il ne sache pas (encore) répondre sur le même mode : il se sent donc en état d'infériorité. Enfin, tout le monde n'est pas naturellement doué pour le deuxième degré, mode de communication assez subtil. Certains adultes, leur vie durant, n'y comprennent d'ailleurs jamais rien.

Il se vexe, comment réagir ?

Surtout, n'en rajoutez pas en disant : « Tu fais ton boudin ! » Ou alors très subtilement. Ne le conduisez pas non plus devant la glace pour lui montrer la tête qu'il a... Pour le faire sortir de sa bouderie, cherchez votre solution à tous les deux. Vous pouvez – si cela fait vraiment rire votre enfant – jouer avec lui à faire des grimaces qui miment la peur, la colère... Mais prenez des pincettes, veillez surtout à ne pas l'humilier. Interrogez-le : « Que se passe-t-il ? Peut-être, t'ai-je fait de la peine ? Écoute : moi je voulais te dire des choses pour rire. On dirait que ma façon de dire des choses pour rire ne te convient pas ? Je te promets que la prochaine fois, je ferai plus attention à toi. »

À l'avenir

– Cessez de considérer l'humour comme un système d'éducation.
– Ne prenez plus votre enfant pour cible de votre humour décapant. Il risquerait de se persuader qu'il n'est pas à la hauteur pour répondre et développerait, du coup, une grande susceptibilité et un sentiment d'infériorité. Ou bien à l'inverse, il pourrait se réfugier dans l'arrogance et devenir odieux.
– Ne vous moquez jamais – même gentiment – de lui devant d'autres personnes, en sa présence et sans vous adresser à lui. Il n'y a rien de pire pour humilier un enfant.
– Ne vous empêchez pas de pratiquer l'humour. C'est une chance pour votre enfant de pouvoir rire avec vous. Mais veillez à ne pas le heurter, ni le renforcer dans son sentiment d'infériorité par rapport à vous.
– Valorisez-le. Autorisez-le à formuler des critiques sur les autres et évidemment sur vous, et montrez-lui que cela vous fait rire. Ainsi, il sera en mesure, plus grand, de pratiquer l'autocritique et la dérision.

POUR EN SAVOIR PLUS

Dès 18 mois-2 ans
Les Chagrins, Dr Catherine Dolto, Gallimard Jeunesse.

Dès 4-5 ans
Mille ans de contes, histoires drôles (histoires, devinettes et mots d'esprit pour faire rire les enfants), Éditions Milan.

III.

NOURRITURE, SOMMEIL, BOBOS

25

Il n'aime rien (à part les pâtes)

À chaque repas c'est la même comédie : vous prévoyez un gratin de courgettes ou une purée de carottes – et non des salsifis ou des endives bouillis –, mais malgré la crème fraîche et le gruyère râpé, vos légumes ne passent pas.

Dédramatisez : c'est normal

De 18 mois à 2 ans, à l'âge du « non », l'enfant trouve dans la nourriture un moyen de s'opposer à l'adulte. Puis, entre 3 et 6 ans environ, l'enfant traverse une autre période originale sur le plan gustatif : il se met à ne plus aimer que les mêmes choses – en général les pâtes, le riz, le poulet, le saucisson et les frites... Cela peut durer de un à deux ans selon les enfants. C'est toujours assez déstabilisant pour les parents car, jusqu'alors, l'enfant semblait apprécier une certaine variété d'aliments. Enfin, l'appétit est très variable d'un enfant à un autre. Et chez le même enfant, celui-ci peut varier d'un jour à l'autre. Lorsque l'enfant commence à déjeuner à la cantine, ses goûts alimentaires redeviennent souvent plus variés.

Déculpabilisez : vous n'êtes pas un mauvais parent parce que votre enfant n'aime rien

Plus ou moins consciemment, plus ou moins intensément selon sa propre histoire familiale, chaque mère pense être une bonne mère quand son enfant mange de tout en quantité certaine. Et on ne se reconnaît pas comme telle, lorsque son enfant mange peu ou de façon non équilibrée. D'où le sentiment de malaise que vous pouvez ressentir face à un enfant qui, trois jours de suite, picore dans son assiette ou qui, depuis quinze jours, refuse d'avaler autre chose que des pâtes. Ôtez-vous de la tête que vous y êtes forcément pour quelque chose. Vous ne faites pas beaucoup de cuisine? Vous nourrissez beaucoup votre famille avec le congélateur? Cela n'a aucun rapport avec le comportement alimentaire actuel de votre enfant. Finissez-en avec ces schémas d'une époque révolue, où les mères n'avaient pas d'activité professionnelle et mitonnaient des petits plats à chaque repas.

En revanche, si vous êtes constamment au régime et ne vous mettez jamais à table, vous pouvez vous interroger sur l'image de l'alimentation que vous donnez à votre enfant...

Protégez-vous des autres

☐ **Ne vous laissez pas culpabiliser par vos parents et vos beaux-parents**
Dans certaines familles, l'alimentation revêt une importance considérable : si l'enfant « mange bien », il va bien, s'il mange peu, il va mal. La nourriture a parfois plus d'importance que le bien-être psychique, l'épanouissement affectif. On consulte le pédiatre dès que l'enfant refuse de manger. Mais on ne s'inquiète pas (ou on prend les choses avec fatalité) lorsque l'enfant est taciturne, renfrogné, replié sur lui-même, n'a pas d'ami à l'école, se montre tyrannique, arrogant... Toutes choses qui méritent, pourtant, d'être prises au sérieux.

Corollaire de ce qui précède : si l'enfant ne mange pas, c'est qu'il n'aime pas ce qu'on lui donne; et s'il n'aime pas, c'est qu'on ne lui prépare rien de bon... Sous-entendu : si votre enfant refuse de manger, c'est parce que vous ne vous donnez pas assez de mal. L'allusion frappe souvent droit au cœur. Il est pourtant totalement erroné : à cet âge-là, on le sait, un enfant préfère souvent le poisson pané au filet de sole, les saucisses à la côte de bœuf et la purée en flocons à la purée maison... On sait aussi que ses préférences du moment ne l'empêcheront pas, plus tard, d'être fin gourmet.

Si vous subissez ce genre de pression, ne vous laissez plus émouvoir, mettez les choses au clair : c'est vous et vous seule qui décidez de la manière dont vous vous occupez de votre enfant. Soyez ferme et n'hésitez pas à faire comprendre que vous ne supporterez plus un seul commentaire désobligeant. Si vous êtes bien sûre de vous, vous saurez vous montrer convaincante. Enfin, si l'on a vraiment réussi à vous angoisser, rassurez-vous auprès du pédiatre.

☐ **N'écoutez plus vos amies**
Et notamment celles qui prétendent que leurs enfants, eux, mangent de tout. La réalité n'est pas forcément aussi idéale. Et si elles disent vrai, elles ont beaucoup de chance : leurs enfants appartiennent à une espèce rare...

Ne perdez pas espoir : voici ce que vous pouvez faire[1]

Votre enfant peut se nourrir de pâtes et de riz tous les jours, sans que son équilibre alimentaire n'en soit perturbé à long terme. À certaines conditions :

☐ **Veillez à ce qu'il prenne toujours un petit déjeuner équilibré**
– Lait chocolaté ou yaourt à boire, céréales ou tartine beurrée, un fruit pressé ou croqué. Pas le temps, pas l'envie, pas faim ? Appliquez le truc des parents qui y arrivent : mettez votre réveil une demi-heure plus tôt, attablez-vous avec votre enfant, faites un vrai repas. S'il ne veut pas de vos tartines, proposez-lui des aliments plus variés comme des muffins ou des pancakes.
Enfin, pensez à parler à votre enfant du plaisir que vous avez à commencer la journée.
– Dès qu'il entre au CP, préparez dans son cartable une collation (biscuits secs ou pain et fromage) qu'il prendra à 10 heures. En effet, contrairement à ce qui se passe en maternelle, le goûter du matin n'est plus forcément prévu par la maîtresse. Renseignez-vous.

☐ **Ne le laissez pas grignoter toute la journée**
Le week-end et en vacances, apprenez-lui à s'amuser autrement qu'en suçant des bonbons ou en croquant un biscuit (voir chapitre 69 *Il s'ennuie*). Occupez son esprit et ses mains en le faisant jouer ou dessiner. Il réclame trop ? Donnez-lui deux goûters, un le matin et un l'après-midi. Ainsi, il associera la nourriture à l'idée de repas et non plus à un passe-temps.

☐ **Enseignez-lui qu'il existe d'autres aliments que les pâtes et le riz**
Montrez-lui l'exemple en consommant des choses variées devant lui. Mettez toujours dans son assiette une cuillerée de légumes – crus ou cuits. Proposez-lui de goûter. Ne vous découragez pas s'il n'y touche pas. Ne lui annoncez pas : « Tu ne pourras pas grandir, je vais t'emmener chez le docteur. »

☐ **Faites preuve d'imagination**
Il n'aime que les pâtes, soit. Variez les formes, les couleurs et les sauces d'accompagnements. Pensez aussi à ces féculents qui changent du riz et des pâtes mais qui lui feront certainement le même effet : le boulgour, le blé, la semoule de couscous. Le but est de développer sa curiosité et d'élargir son univers alimentaire.

---

1. Selon Aline Cazenave, diététicienne, détachée en section pédiatrique à l'hôpital Necker-Enfants malades à Paris.

☐ **Apprenez-lui qu'un repas se compose toujours, plus ou moins, de trois aliments**

Un féculent ou un légume, une protéine (viande, poisson, œuf) et un laitage ou un fruit. En clair, s'il refuse de manger l'accompagnement que vous aviez prévu, n'essayez pas de compenser en lui reservant trois fois de la viande. Son alimentation en serait déséquilibrée. En revanche, efforcez-vous de lui faire avaler des fruits (crus, secs et cuits) et des compotes pour compenser l'absence de légumes de son alimentation.

☐ **Évitez de lui coller une étiquette sur le dos**

En répétant « Il ne mange rien, c'est un vrai bec sucré », vous lui signifiez que vous capitulez et l'inscrivez dans un schéma tout tracé.

Vous avez préparé un bon repas, il n'en veut même pas une cuillerée ?

Mettez votre mouchoir par dessus, répétez-vous la maxime de votre enfance, qui n'a pas pris une ride : « Un enfant ne se laisse jamais mourir de faim. » Ne vous lancez pas dans une épreuve de force. Ne le privez pas de dessert. Parlez-lui de vos goûts à vous. Faites référence à votre propre enfance, à ce que vous aimiez et ce que vous détestiez. Dites-lui « Moi, je serais très contente que tu goûtes le dîner que je t'ai préparé. » Mais ne lui dites pas : « Fais-moi plaisir. » Votre enfant ne se nourrit pas pour vous faire plaisir et vous prouver son amour. En plaçant le repas sur ce terrain, vous lui faites du chantage (« Si tu ne manges pas, tu me fais de la peine, c'est que tu ne m'aimes pas… ») et l'incitez à vous manipuler à travers la nourriture.

Il refuse de manger « les pauvres animaux » que vous osez lui donner à manger ?

Depuis qu'il connaît la provenance de la viande et du poisson, il trouve cela « dégoûtant »… Ne paniquez pas. Votre enfant fait sa « crise de végétarien », ce qui arrive à beaucoup d'enfants qui se posent des questions sur la mort (voir chapitre 103 *Comment répondre à ses questions existentielles sur la mort ?*). Ce genre de « fixation » concerne rarement et la viande et le poisson et les œufs. Et les diététiciens considèrent que globalement les enfants mangent trop de protéines. Alors inutile de créer un drame.

Voilà ce que vous pouvez lui dire :

– « C'est vrai que l'homme peut manger l'animal. Mais l'animal ne peut pas manger l'homme. »

– « Les hommes ne se mangent jamais entre eux, ça a toujours été comme ça. Les animaux, eux, se mangent entre eux, c'est comme ça dans leur vie. »

– «Nous, les hommes, ne mangeons pas n'importe quel animal : nous ne mangeons jamais celui que tu connais et que tu aimes beaucoup. Aucun homme ne mange les animaux amis et compagnons de l'homme. Nous mangeons des animaux élevés pour nourrir les hommes. Des animaux qui n'ont pas une famille comme toi, qui n'ont pas d'histoire, pas de souvenirs.»

– «L'homme a des sentiments, une pensée, une intelligence. L'animal n'a qu'un instinct, il ne parle pas et n'a pas peur de la mort.»

– Il vous rétorque : «Dans *Le Roi Lion*, le bébé lion parle à son papa lion»?

Répondez : «Peut-être, mais tu sais très bien que ce n'est pas pour de vrai, que c'est dans une histoire qu'on raconte.» (voir chapitre 64 *Comment lui faire comprendre que Peter Pan ne vole pas ?*).

Bien sûr, si votre enfant perd l'appétit de façon durable, s'il est de plus en plus exigeant et insatisfait (exemple : il affirme qu'il aimerait les haricots verts s'ils étaient ronds), consultez votre pédiatre et/ou un psychothérapeute.

POUR EN SAVOIR PLUS

Dès 2-3 ans

Mange, mon ange !, Christine Schneider et Hervé Pinel, Albin Michel Jeunesse.

Beurk, les tomates, Lauren Child, Albin Michel Jeunesse.

Bon appétit, Monsieur Lapin !, Claude Boujon, L'École des Loisirs.

Dès 5-6 ans

Les Deux Goinfres, Philippe Corentin, L'École des Loisirs.

Lili n'aime que les frites, Dominique de Saint-Mars et Serge Bloch, Calligram.

Pour les parents

T. Berry Brazelton vous parle de vos enfants, T. Berry Brazelton, Stock, 1988.

Profession bébé, Bertrand Cramer, Hachette, 1998.

Manuel à l'usage des enfants qui ont des parents difficiles, Jeanne Van Den Brouck, Seuil, 2001.

26

Il mange trop de bonbons

Vous n'êtes pas contre les bonbons mais entre vous, sa baby-sitter, ses grands-parents et la boulangère, vous finissez par trouver que trop c'est trop. Petit mode d'emploi des friandises.

Achetez-en très peu à la fois

Ou bien mettez-les dans une boîte et ne les sortez qu'au compte-gouttes. Plutôt que de vous lamenter parce que votre enfant mange trop de sucreries, et de lui reprocher vos propres excès, retrouvez un peu de mesure. Vous êtes seule juge de ce qui vous paraît raisonnable.

Gardez-vous d'associer les bonbons à une récompense (« si tu fais cela, tu auras un bonbon »)

Vous risquez d'être entraînée dans une escalade dont vous aurez du mal à sortir. Et vous finirez par vous sentir frustrée de ne pas savoir vous faire obéir sans contrepartie.

Apprenez à dire «non» et à vous faire obéir autrement (voir chapitre 1 *Vous n'arrivez pas à lui dire non*). En revanche, vous pouvez parfaitement dire à votre enfant : «Je suis fière de toi, je suis contente, je peux t'offrir un bonbon.» Ce n'est pas du tout pareil que de subordonner le bonbon à un effort de l'enfant.

Il rentre de chez ses grands-parents (ou de chez votre ex-conjoint) les poches pleines à craquer

– Ne les confisquez pas hystériquement, ne les jetez pas, de rage, à la poubelle. Ce serait humiliant, affligeant et attristant pour votre enfant. Il n'est pas responsable de la démesure des adultes qui l'entourent.

– En revanche, vous avez parfaitement le droit de mettre de côté ces bonbons. À condition de l'expliquer à l'enfant. Rappelez calmement la règle en vigueur chez vous (pas question qu'il avale un paquet entier en une heure). Déculpabilisez : chez vous, c'est vous et vous seule qui détenez l'autorité. Pour votre enfant, c'est vous qui décidez.

– Il trouve cela injuste ? Dites-lui : « Je comprends que tu ne sois pas d'accord, mais on en a déjà parlé, ce n'est pas bon pour la santé, ni pour les dents. Maintenant ça suffit. Je ne discute plus de ça avec toi. »

Et si vous vous donnez l'impression d'être un parent indigne, relisez le chapitre 1 *Vous n'arrivez pas à lui dire non.*

POUR EN SAVOIR PLUS

Dès 2 ans
> *Brosse tes dents* (livre jeu), Leslie McGuire et Jean Pidgeon, Albin Michel Jeunesse.

Dès 3-4 ans
> *Rue des caries,* Anna Russelmann, Nord-Sud.
> *Didi Bonbon,* Olga Lecaye, L'École des Loisirs.

Dès 5-6 ans
> *Carius et Bactus,* Thorbjorn Egner, Le jeune lecteur, Esprit ouvert.

27

Il ne veut pas se coucher

Chaque soir c'est la même comédie : votre enfant refuse de se coucher. Quand vous pensez en avoir fini, il se relève. Motif ? Il a peur des monstres (du noir, des cauchemars...). En « bons parents coupables » (de trop travailler, de rentrer trop tard, de ne pas le voir assez...), vous cédez. Vous n'avez plus de soirées à vous et vous craquez...

Pourquoi votre enfant refuse-t-il de se coucher ?

Pour l'une et/ou l'autre de ces raisons :
– Il teste vos limites : pour lui, c'est un jeu d'enfreindre la règle.
– Il est jaloux du temps que vous et votre conjoint passez ensemble, sans lui.
– Il est anxieux d'avoir à assumer la solitude du noir et de la nuit. Passer de l'activité à l'inactivité l'angoisse.
– Il déploie une tension si énorme pour lutter contre sa fatigue qu'il est trop excité pour s'endormir.
– Il fait, peut-être, partie de ces enfants qui ont besoin d'un peu moins de sommeil que les autres.
– Il attend celui de ses parents qui rentre, en général, après qu'il soit couché.

Pourquoi finissez-vous toujours par céder ?

Peut-être exercez-vous, ainsi que votre conjoint, une activité professionnelle prenante. Peut-être pensez-vous que votre enfant refuse de se coucher parce qu'il a besoin de vous. Au fond, même si cela vous coûte, vous trouvez son attitude légitime, voire rassurante. N'est-il pas normal qu'un enfant qui n'a pas vu son parent de la journée, ait envie de passer du temps, le soir, avec celui-ci ?

96

Pourquoi faudrait-il que ça change ?

☐ Dans l'intérêt de votre enfant
– Pour respecter des rythmes. C'est nécessaire et rassurant pour votre enfant. Même s'il n'a pas besoin de beaucoup de sommeil, même s'il reste long-temps éveillé, dans son lit, il doit comprendre que, passé une certaine heure : « ce n'est plus l'heure des enfants mais celle des grandes personnes ».
– Pour lui donner des limites indispensables et l'aider à se construire de façon indépendante et autonome. Laisser votre enfant au salon, avec vous, jusqu'à ce qu'il s'endorme, c'est l'élever dans un monde illusoire où il croit qu'il peut tout faire. C'est fabriquer un tyran. Le soir, plus un enfant est épuisé, plus il a du mal à trouver son sommeil et plus il devient insupportable. Même dotée d'un grand sens de l'abnégation, on finit toujours par en vouloir – plus ou moins consciemment – à cet enfant qui nous tyrannise.
– Pour lui permettre de se conformer aux règles de l'école. Beaucoup d'institutrices se plaignent de faire la classe à des enfants trop fatigués pour soutenir leur attention. Dès la deuxième année de maternelle, les enfants ne font plus la sieste à l'école. Le soir, ils sont épuisés. Ils ont besoin de se coucher plus tôt pour récupérer.

☐ Dans votre intérêt
Que vous travailliez à plein temps, à mi-temps ou que vous soyez parent au foyer, vous avez le droit d'avoir un moment d'intimité, le soir, avec votre conjoint. Il est aussi important pour votre couple que pour votre enfant de ne pas entretenir la confusion des espaces (exemple : son lit et le canapé du salon…) et des heures (celle de vous occuper de votre enfant et celle de dîner et de discuter en paix avec votre conjoint…).

Comment pourriez-vous changer les choses ?

☐ Déculpabilisez
En couchant votre enfant à l'heure, vous n'êtes pas égoïste, vous exercez votre rôle de parent. Tous les pédiatres, instituteurs et psychologues le disent. Vous vous sentez coupable de ne pas voir assez votre enfant, de rentrer parfois à 20 heures pour le coucher à 20 h 30 ? Si, pendant cette demi-heure, vous trouvez un grand plaisir à être avec votre enfant, il acceptera plus volontiers de se coucher. Alors que si vous traînez avec lui jusqu'à 22 heures, il aura des difficultés à trouver la tranquillité nécessaire pour s'endormir. Faites-vous une raison : ne cherchez pas à « compenser » le soir le temps passé dans la journée, en dehors de la maison – alors que vous aussi êtes épuisée et excédée. Vous travaillez, c'est une réalité, pour votre enfant comme pour la plupart des enfants de sa génération. Il doit s'y adapter. En le

laissant jouer les prolongations, vous l'empêchez de s'habituer à cet état de fait. Pire, vous le soumettez à des moments d'exaspération (la vôtre ou celle de votre conjoint) qui le déstabilisent et aggravent l'insatisfaction de toute la famille. En effet, personne n'est heureux ni serein dans ces situations qui s'éternisent. Ni votre enfant (qui, au fond, sent bien qu'il ne vous gratifie pas), ni votre conjoint (qui est soit en colère, soit résigné), ni vous-même (qui vous sentez incompétente comme parent ou comme conjointe).

☐ **Prenez conscience que la solution dépend de vous**
Elle dépend de votre volonté réelle de parent que les choses changent et de l'accord solide qui existe entre votre conjoint et vous-même sur cette question. Sachez que votre enfant se montrera d'autant plus tyrannique s'il ressent une faille dans la détermination de l'un ou de l'autre de ses parents. Soyez sûre de vous et suffisamment ferme. Fixez-vous une heure à ne pas dépasser, quelles que soient les circonstances (sauf, bien sûr, si votre enfant est malade). Et tenez-vous à votre décision.

☐ **Au moment du dîner (si possible), préparez verbalement le coucher**
– Parlez à votre enfant du plaisir que vous a procuré votre propre journée de travail. Invitez-le à parler de la sienne. Racontez-lui vos projets du lendemain (voir chapitre 46 *De l'école, il ne raconte jamais rien…*).
– Parlez du coucher, non sous la forme de l'injonction «dans un quart d'heure, tu vas te coucher», mais sous la forme de l'invitation «tout à l'heure, il sera l'heure de dormir».

☐ **Au moment du coucher, respectez un rituel**
Le but est de rassurer l'enfant, tout en lui indiquant la coupure entre le jour et la nuit, la séparation entre lui et vous. Associez, si possible, votre conjoint à ce rituel.
– Préparez devant lui (ou faites-le avec lui s'il a plus de 4 ans environ) sa tenue du lendemain (voir chapitre 60 *Il refuse de s'habiller seul, mais exige de choisir ses affaires*). Énoncez avec gaieté les activités de sa future journée. Ainsi, il comprendra qu'après une bonne nuit de sommeil, une nouvelle journée commence.
– Racontez-lui une histoire (voir chapitre 70 *L'histoire du soir, pourquoi a-t-il tellement besoin de ce rite ?*).
– Selon son âge, installez – éventuellement – une veilleuse dans sa chambre, laissez sa porte ouverte (mais fermez la vôtre), placez un verre d'eau à côté de lui…
– Puis, signifiez à votre enfant qu'à présent, vous et son père avez «besoin», avez «le droit» à un temps «pour tous les deux». Avec tendresse, dites-lui : «Tu as tout ce qu'il faut pour passer une bonne nuit et faire de beaux rêves.

Maintenant tu es tranquille pour dormir. Moi, je vais parler avec ton papa, mon mari (mon compagnon, mon homme). »

☐ **Ne vous éternisez pas**
Vous feriez perdre au rituel tout son sens. Vous avez l'habitude de vous coucher à côté de votre enfant ou de lui tenir la main jusqu'à ce qu'il s'endorme ? Vous lui donnez le sentiment qu'il peut vous accaparer au détriment de votre conjoint. Vous faites cela parce qu'il est anxieux ? En restant à côté de lui, vous entretenez à son insu son anxiété, vous ne le calmez pas, vous l'empêchez d'affronter, par lui-même, l'inévitable solitude de la nuit. Au contraire, vous devez lui montrer que vous êtes parfaitement capables, tous les deux, de faire cette coupure, que vous, sa mère, ne craignez pas de le laisser seul, qu'il n'est pas en danger et vous non plus.
Ainsi, vous lui permettrez de se sentir en sécurité et de devenir un être indépendant.

☐ **Vous avez fermé la porte, il vous rappelle – il y a des monstres sous le lit, son frère l'embête… ?**
Ne rentrez pas dans son jeu. Dites-lui : « Je comprends que, peut-être, tu n'es pas prêt à dormir tout de suite, je comprends que tu ne sois pas d'accord. Mais nous en avons déjà parlé : c'est comme ça. » Ne cédez pas. Acceptez éventuellement qu'il joue ou lise un peu dans son lit. Et s'il se relève s'il a envie de faire pipi, laissez-le aller aux toilettes. Mais ramenez-le ensuite dans son lit avec fermeté.

☐ **Ça n'en finit pas ?**
Il risque d'être de plus en plus excité et d'avoir de plus en plus de mal à s'endormir. À son papa, si possible, de le prendre fermement par le bras, de verbaliser avec une parole de père (dans son rôle séparateur de l'enfant et sa mère) : « J'ai besoin d'être avec ma femme, maintenant laisse-nous tranquille. » Et si la comédie se termine par une petite punition ou même une tape parce que vous êtes excédée (selon que votre enfant a plus ou moins de 4-5 ans), ce n'est pas un drame (voir chapitres 2 *Vous lui avez donné une tape, vous en êtes malade* et 3 *Faut-il vraiment parfois le punir ?*).
Le principal est que votre enfant ne se couche pas fâché. Dans ce cas, retournez calmement vers lui et dites : « Je t'ai donné une tape / une punition, car ce que tu fais est inacceptable (et non « car tu es insupportable », formule trop culpabilisante). Nous en avions beaucoup parlé avant. Tu es mon enfant, je t'aime et te verrai demain. » Puis éclipsez-vous rapidement. Sans repartir dans le rituel du coucher…

POUR EN SAVOIR PLUS

Dès 18 mois

La Nuit, le noir, Dr Catherine Dolto, Gallimard Jeunesse.
Petit Ours Brun a peur du noir, Bayard Poche.

Dès 3 ans

Non, je n'irai pas au lit !, Lauren Child, Albin Michel.
Je ne veux pas aller au lit, Tim Warnes, Mijade.
Tom ne veut pas dormir, Marie-Aline Bawin, Mango.
Sur l'oreiller de Laura, Monica Laimgruber, Nord-Sud.

Dès 5-6 ans

Lili ne veut pas se coucher, Dominique de Saint-Mars et Serge Bloch, Calligram.

Pour les parents

Le Sommeil, le rêve et l'enfant, Marie Thirion et Marie-Josèphe Challamel, Albin Michel, 2001.
Secrets de femmes, Bertrand Cramer, Calmann-Lévy, 1996.
Les Étapes majeures de l'enfance, Françoise Dolto, Gallimard Folio, 1998.
Les mères qui travaillent sont-elles coupables ?, Sylviane Giampino, Albin Michel, 2000.
Moi, la nuit, je fais jamais dodo, Lyliane Nemet-Pier, Fleurus, 1998.

28

Il veut venir dans votre lit

Depuis quelques semaines, c'est systématique : quand il ne gratte pas à la porte à trois heures du matin, il se glisse discrètement dans vos draps. Au début, vous le rameniez dans son lit. Aujourd'hui, vous le découvrez près de vous au petit matin...

Pourquoi fait-il cela?

C'est une question d'âge :
– Vers 2-3 ans, puis de nouveau vers 6-7 ans, l'enfant connaît l'âge des cauchemars et des peurs en tout genre : le noir, les voleurs, les monstres... (voir chapitre 29 *Il enchaîne cauchemar sur cauchemar*).
– Entre 3 et 6 ans, il se retrouve en plein « complexe d'Œdipe » (selon les critères de la théorie psychanalytique) : il voue une passion exclusive à son parent du sexe opposé qu'il rêve – inconsciemment – de s'approprier; tout en désirant éliminer le parent du même sexe que lui. Il cherche donc à déranger l'intimité de ses parents dont il est jaloux (voir chapitre 96 *Il veut vous embrasser sur la bouche, vous toucher les seins*).

Pourquoi ne pas le laisser faire?

☐ Dans son intérêt
Quel que soit son âge, quel que soit son sexe, l'enfant ne peut se construire sans respect d'un certain ordre. Or une telle confusion d'espace (le lit des parents au lieu du sien) favorise la confusion des rôles, des places et des statuts de chacun. Elle installe symboliquement l'enfant en position de partenaire de son parent (même de sexe identique).
Or l'enfant ne peut en aucun cas assumer cette fonction. Prendre l'habitude

101

de dormir dans le lit conjugal ne permet à aucun enfant (qu'il soit fille ou garçon, qu'il dorme avec sa mère ou avec son père) de se développer de façon harmonieuse et autonome. Il n'est donc pas question que le parent «rival» laisse l'enfant s'installer dans le lit conjugal, encore moins qu'il s'exile sur le canapé du salon (ou dans le lit de l'enfant) pour laisser sa place.

☐ **Dans votre intérêt**
Outre des raisons évidentes de confort, ce genre de situation ne peut perdurer sans compromettre sérieusement l'intimité du couple qu'elle concerne. Et si vous vivez seule avec votre enfant, raison de plus pour être ferme. (Voir chapitre 88 *Parent célibataire, comment vous comporter avec votre enfant.*)

Comment réagir ?

☐ **Au moment où il débarque**
– Réagissez aussitôt et interrogez-le : «Peut-être as-tu fait un cauchemar? Peut-être as-tu eu peur de quelque chose? Je comprends que tu te réveilles. Mais nous en reparlerons demain.»
– Ne soyez pas trop complaisante, ne lui racontez pas une histoire, ne restez pas près de lui, jusqu'à ce qu'il se rendorme. La nuit, vous ne pouvez éviter que votre enfant soit renvoyé à une certaine solitude. À lui de trouver, par lui-même, le moyen d'y faire face.
– Contentez-vous, s'il a peur, de le ramener dans son lit. Et dites-lui : «C'est la nuit, la nuit n'est pas faite pour jouer ou raconter une histoire. Maintenant tu vas te rendormir.» Faites-lui comprendre aussi que la nuit correspond à un besoin d'intimité dont vous avez besoin avec votre conjoint. Martelez : «Nous avons besoin d'être tranquilles entre mari et femme. Tu as ton lit, nous avons le nôtre. Il n'est pas question que tu viennes dans notre lit.»
– Il trouve injuste d'être tout seul dans sa chambre alors que vous êtes deux dans la vôtre? Rétorquez : «Peut-être, mais il est interdit de dormir dans le même lit que ses parents, son frère, sa nounou, ou sa grand-mère... C'est la règle, c'est comme ça.»

☐ **Le lendemain matin**
Reparlez de son réveil nocturne. Demandez-lui ce qui s'est passé : «Tu as eu un cauchemar, veux-tu qu'on en parle?» L'idée est de lui signifier qu'il a été entendu, qu'il n'est pas tout seul, s'il a vraiment un problème.

☐ **Le lendemain soir**
Respectez avec soin le rituel du coucher (voir chapitre 27 *Il ne veut pas se coucher*). Dites : «Si tu te réveilles pendant la nuit, tu n'as qu'à parler à ton doudou.» Laissez la porte de sa chambre ouverte – si cela le rassure. Mais

fermez la vôtre pour marquer votre intimité et délimiter votre espace. Vous craignez de ne pas l'entendre s'il est malade? Faites confiance à votre oreille de parent.

Vous le découvrez entre vous au petit matin

– Rappelez immédiatement la règle : «Il n'en est pas question, ce n'est pas possible.»
– Au fond, vous trouvez ça très mignon, très chaud, qu'il se blottisse ainsi contre vous? Cette situation a beau vous attendrir, faites vous une raison : elle n'est pas bonne pour votre enfant; vous lui donnez l'illusion que cela vous convient et que c'est acceptable. Vous l'empêchez ainsi de se structurer, de construire ses repères et d'accéder à l'autonomie.

Chez vous l'habitude est déjà prise?

☐ **Rappelez à votre enfant les règles**
Il n'est jamais trop tard pour édicter des interdits et poser des limites. Dites simplement mais fermement : «Écoute, je crois que ce n'est pas acceptable de te laisser dormir dans mon lit. Jusqu'ici, avec ton père, nous avons laissé faire, mais maintenant, ce n'est plus possible.» Et inutile de vous lancer dans trois heures d'explication.

☐ **Ensuite, soyez ferme sur le principe mais acceptez quelque souplesse dans la pratique**
Pour faire cesser l'habitude, respectez une certaine progression. Au début, acceptez qu'il vienne un peu dans votre lit le matin pour prendre son biberon ou faire un petit câlin (selon son âge). Ensuite, n'acceptez plus que le week-end. Enfin, s'il a plus de 3 ans, faites en sorte que les câlins n'aient plus lieu dans le lit : une trop grande proximité n'est pas souhaitable. Autre solution : tolérez éventuellement, pendant quelque temps, qu'il s'endorme, le soir, dans votre lit. Puis ne le permettez plus que les soirs où vous sortez. Mais n'oubliez jamais, lorsque vous vous couchez, de le transporter dans son lit et de lui dire que vous le ferez.

☐ **Il résiste, tambourine sur la porte, pique des colères en pleine nuit?**
C'est normal. Mais ne lâchez pas prise. Réagissez très fermement; grondez-le au besoin. Ramenez-le très fermement dans son lit. Il vous traite de «méchante maman»? Rétorquez : «Tu peux penser cela si tu veux. Je comprends que tu ne sois pas d'accord mais j'ai besoin d'être tranquille avec mon mari, j'ai besoin de dormir.» Demandez à votre conjoint d'intervenir pour faire passer le même message à votre enfant (« J'ai besoin de dormir

avec ma femme»). Ne vous lancez pas dans trois heures de discussion, votre enfant doit comprendre que «la nuit on dort, c'est comme ça pour tout le monde». N'ayez pas peur d'affronter ses cris. Ni de gêner les voisins. Restez ferme : «Tes cris me dérangent mais ne me font pas peur.» Soyez bien décidée à en finir avec les nuits en pointillés, soyez sûre de vous. Plus les choses seront claires pour vous, plus elles le seront pour votre enfant. Peut-être va-t-il hurler quelques nuits durant. Mais ensuite, que de bonnes nuits pour tout le monde!

Peut-on le prendre dans le lit à titre exceptionnel, quand l'un des parents est en voyage?

Non. Le parent (le père comme la mère) qui s'en va doit dire à son enfant (fille ou garçon) : «Je ne suis pas là, mais personne ne peut me remplacer.» Les formules du style : «Veille bien sur maman, je te la confie», lancées sur le pas de la porte par un père à son petit garçon, sont certes attendrissantes, mais devraient être évitées. Elles sous-entendent que l'enfant doit veiller sur sa mère, la protéger. Elles sèment la confusion dans l'esprit de l'enfant sur la possibilité qui lui est ainsi offerte de remplacer le parent absent.

Et un grand-parent, peut-il prendre son petit-enfant dans son lit?

Pas davantage. Cela revient à malmener l'enfant, même lorsque c'est lui qui réclame. Faire cela, c'est inconsciemment s'approprier quelque chose de l'enfant et introduire une confusion dans son esprit. Une telle proximité est une promiscuité néfaste pour l'enfant, pour son autonomie. Chacun doit rester à sa place (voir chapitre 78 *Chez Grand-père et Grand-mère, il est pourri gâté*).

POUR EN SAVOIR PLUS

☑ Reportez-vous à la bibliographie du chapitre précédent et du suivant.

29

Il enchaîne cauchemar sur cauchemar

Lorsqu'il pousse des cris au milieu de la nuit, bien sûr vous vous précipitez. Devant votre enfant agité mais aussi, parfois, totalement endormi, vous vous demandez comment réagir ? Vous faites bien : la conduite à tenir est très différente selon que l'enfant fait un cauchemar ou a une «terreur nocturne».

Première hypothèse : il fait un cauchemar

☐ Comment le reconnaître ?

Le cauchemar, c'est un mauvais rêve : il se produit en général vers la fin de la nuit, en phase de sommeil dit paradoxal, lorsque l'activité onirique est très importante, tandis que le corps donne une apparence d'immobilité.

L'enfant se réveille, il appelle et a souvent des souvenirs précis de son cauchemar, des images et une histoire à raconter, mais il montre peu de manifestations physiques (transpiration, cœur qui bat...).

Il a peur de se rendormir, il cherche du réconfort auprès de ses parents.

Le cauchemar est normal, et même nécessaire à l'enfant. Il permet d'évacuer les tensions suscitées par les émotions fortes de la journée, l'apprentissage des interdits et les sentiments ambivalents qu'il a pu ressentir : amour et haine pour la même personne, obéir et désobéir. Il exprime ses désirs contradictoires et la culpabilité qui en découle. Ainsi, la mère qui autorise peut réapparaître sous la forme de la fée bienfaitrice, celle qui interdit et punit, sous la forme d'une méchante sorcière...

☐ Comment réagir ?

L'enfant a besoin d'être rassuré et consolé (en restant dans la pénombre) : ne le grondez pas, vous l'empêcheriez de retrouver la sécurité dont il a besoin pour se rendormir. Concrètement : levez-vous sans allumer toutes les lumières.

Approchez-vous et dites-lui : «Je suis là, ne t'inquiète pas, tu n'es pas en danger, tu peux te rendormir maintenant.» Mais ne cherchez pas, au beau milieu de la nuit, à obtenir un compte rendu détaillé de son cauchemar. S'il en parle, rassurez-le sans vous lancer dans une grande conversation. Votre enfant doit comprendre que «la nuit, on dort, on se repose, c'est pour tout le monde comme ça». Inutile aussi de rentrer dans le jeu du cauchemar et de faire la chasse aux sorcières, sous le lit et derrière les rideaux. Au besoin, avant d'aller vous recoucher, dites-lui pour le rassurer : «Nous en reparlerons demain.»

☐ À l'avenir
– Pour prévenir les cauchemars, lisez-lui dans la journée des livres sur les monstres, les sorcières, les fantômes… (voir notre liste). Cela l'aide à apprivoiser ses peurs (éventuellement à en rire) et à prendre du recul.
– Sachez écouter votre enfant qui éprouve des sentiments contradictoires à l'égard des gens qu'il aime. Il vous dit qu'il n'aime pas son frère qui vient de naître? C'est son droit, laissez-le prononcer ce genre de phrases, même si cela vous choque un peu (voir chapitre 74 *Il va avoir un petit frère*). Dites-lui : «Tu ne l'aimes pas? Tu sais, tu n'es pas obligé de l'aimer. C'est toi qui décides. Plus tard tu verras.» Plus vous le laisserez exprimer ses sentiments ambivalents durant la journée, plus vous les accepterez avec tranquillité, moins ceux-ci réapparaîtront, la nuit, sous forme de cauchemar.
– Ne le laissez pas s'installer dans votre lit, en pleine nuit, sous prétexte de le protéger des cauchemars. Plus vous le prendrez avec vous, plus ses cauchemars deviendront fréquents. En effet, plus vous le protégerez, plus il se persuadera que son cauchemar est menaçant et dangereux (voir aussi chapitre 28 *Il veut venir dans votre lit*).

Deuxième hypothèse : il a une terreur nocturne

☐ Comment la reconnaître?
Elle survient, en général, au début de la nuit (dans les trois premières heures qui suivent son coucher), en période de sommeil dit lent-profond, lorsque l'enfant est profondément endormi, qu'il n'est pas conscient et ne rêve pas. Il existe des manifestations physiques de peur : battements de cœur accélérés, transpirations, nausées, respiration saccadée. L'enfant présente un comportement de panique, ses gestes ne sont pas coordonnés, son regard est terrifié, il pousse des hurlements. Mais la subtilité à remarquer, c'est que l'enfant est endormi, qu'il ne sait pas où il est, ne vous reconnaît pas, ne peut se souvenir de rien et ne peut rien expliquer.

☐ Comment réagir?
Il ne faut surtout pas réveiller l'enfant, même si son état vous impressionne. Il

ne comprendrait pas ce qui lui arrive. Cela le plongerait dans un état de confusion désagréable et ne ferait qu'aggraver l'intensité et la durée des troubles. Inutile également de reparler à l'enfant de cet épisode le lendemain, cela pourrait l'inquiéter davantage. Contentez-vous – notamment si la terreur s'est déclenchée chez une grand-mère qui en parle de façon dramatique le lendemain – d'expliquer à l'enfant : « Cette nuit, tu n'as pas bien dormi, tu n'y es pour rien, tu as eu comme un sursaut, une crampe dans ton sommeil, cela peut arriver à tout le monde. »

☐ À l'avenir
– Les enfants qui font des terreurs nocturnes sont des enfants qui ont besoin de beaucoup de sommeil, de façon régulière. Il ne faut pas s'en inquiéter. Apprenez à respecter les rythmes de votre enfant : peut-être ces terreurs surviennent-elles depuis qu'il ne fait plus la sieste ? Dans ce cas, vous pourriez lui ménager d'autres temps de sommeil de récupération, en le couchant plus tôt le soir, par exemple.
– Il peut également s'agir d'enfants qui traversent des périodes sensibles, voire difficiles, qui prennent beaucoup sur eux et n'osent pas exprimer ce qu'ils ressentent en paroles. Dans ce cas, apprenez à « nommer » les situations conflictuelles, à mettre des mots sur certaines difficultés. Ainsi votre enfant pourra dialoguer et communiquer davantage avec son entourage.

POUR EN SAVOIR PLUS

Dès 3 ans
   Les Ailes du crocodile, Gilles Eduar, Albin Michel Jeunesse.

Dès 4-5 ans
   Fantôminus, Brigitte Weninger, Nord-Sud.
   Le Tout Petit Fantôme, Kay Winters et Lynn Munsinger, Kaléidoscope.
   Max et les maximontres, Maurice Sendak, École des loisirs.

Pour les parents
   Reportez-vous à la bibliographie du chapitre 27 *Il ne veut pas se coucher*.

30

Il vous réveille tous les dimanches matin

Avant sa naissance, vous le saviez : avec cet enfant, il faudrait renoncer aux grasses matinées. En futurs bons parents, vous étiez prêts à assumer cette responsabilité. Deux ans plus tard, vous avez la nostalgie des dimanches sous la couette... Comment grappiller un semblant de grasse matinée ?

Apprenez à votre enfant à dissocier réveil et petit déjeuner

☐ **S'il est tout petit**
Donnez-lui son biberon, puis laissez-le seul un moment dans son lit. Verbalisez : «Je te donne ton biberon et je viendrai m'occuper de toi dans un petit moment.» Puis, branchez-lui son mobile, tendez-lui son hochet. Ne lui laissez pas son biberon dès la veille dans son lit : vous l'inciteriez à téter à tout bout de champ. Et finiriez par le regretter (voir chapitre 35 *Biberon, tétine, tototte, comment le faire décrocher ?*).

☐ **S'il est plus grand**
— Vers 2-3 ans environ : faites-le attendre un peu en ne vous précipitant pas dès qu'il se manifeste. Puis, préparez-lui son bol, donnez-lui des biscuits, mais expliquez-lui que vous avez besoin de vous recoucher. Il peut déjà très bien comprendre.
— Vers 4-5 ans environ : apprenez-lui à préparer tout seul son lait et même à le faire chauffer au micro-ondes, il en est parfaitement capable (voir chapitre 20 *Êtes-vous en train d'en faire un petit pacha ?*). Il se sentira tellement fier de la confiance que vous lui faites que, la prochaine fois, il y pensera tout seul. Au départ, bien sûr, acceptez de retrouver des céréales par terre et du lait sur la table...

Signifiez-lui que le dimanche n'est pas un jour comme les autres

Dites-lui que le week-end – contrairement aux autres jours de la semaine – on n'est pas obligé de se dépêcher, on peut «traîner» un peu, en profiter. Les mots-clés, à marteler chaque week-end : «Demain c'est dimanche, tu pourras jouer en pyjama, sans être obligé de te presser pour t'habiller. Nous aurons le temps de prendre le petit déjeuner tous ensemble.» Mais précisez que ce moment convivial n'aura pas lieu aussi tôt que les autres jours de la semaine. Qu'il faudra patienter sagement. Et que, ensuite, on ira chercher des croissants.

Apprenez-lui à respecter certaines choses

☐ Votre territoire
Il est réveillé, d'accord. Cela ne lui donne pas le droit de faire irruption en hurlant dans votre chambre, à tout moment. Ni de faire fonctionner, dès 7 heures du matin, juste derrière votre porte, son robot intersidéral...

☐ Un signal à partir duquel il a le droit de frapper
Avant 3 ans, ce peut être une petite pancarte (du type de celles que l'on trouve dans les hôtels pour indiquer «ne pas déranger») que vous aurez bricolée avec lui et accrochée à la poignée de votre chambre – côté pile, un feu rouge qui signifie «interdiction d'entrer», côté face un feu vert qui signale qu'on a le droit de toquer doucement à la porte de papa et maman. Dès 4 ans, vous pouvez aussi lui brancher un petit réveil sur 9 heures.
Faites confiance à votre enfant lorsqu'il évolue dans l'appartement alors que vous êtes encore dans votre lit.
Cessez de vous angoisser : pendant ce temps, il ne va pas forcément avaler l'eau de Javel, ni jouer avec le couteau électrique... Au contraire, plus vous serez sûre de lui, moins il sera tenté de faire ce genre de bêtises (voir chapitre 9 *Il fait bêtise sur bêtise*), et plus vous dormirez tranquille.

En tout état de cause, n'espérez pas de grasse matinée après 9 heures, 9 h 30

Sauf à le «coller» devant une cassette (solution, au demeurant très efficace, bien que peu satisfaisante à la longue), 10 heures est, en général, un grand maximum. Soyez au clair avec vos nouvelles responsabilités : vous avez un enfant, vous ne pouvez plus dormir comme avant. Mais autorisez-vous, lorsque vous êtes vraiment fatiguée et que vous avez une soirée qui risque de se terminer tard, à confier votre enfant à une grand-mère, une belle-sœur, une amie... Il n'en sera pas traumatisé – au contraire – et sera très heureux de retrouver, après, des parents détendus et reposés.

POUR EN SAVOIR PLUS

Dès 3 ans

Debout Papa, debout Maman !, Pascal Teulade et Jean-Charles Sarrazin, L'École des Loisirs.
Beau dimanche, Pierre Pratt, Seuil Jeunesse.
Zou, Michel Gay, L'École des Loisirs.

Pour les parents

T. Berry Brazelton vous parle de vos enfants, T. Berry Brazelton, Stock, 1988.

31

Il s'est fait mal

Il se coince les doigts, tombe de la balançoire ou se cogne la tête sur le bac à sable... Il hurle et vous ne savez quelle attitude adopter pour faire cesser le drame.

Sur le moment

☐ Ce qu'il faudrait éviter

– Les phrases suivantes :

• «Ce n'est rien. Mais non tu ne t'es pas fait mal», paroles qui nient purement et simplement la souffrance de l'enfant. Il est le seul à savoir s'il a mal ou non. Et s'il hurle de la sorte, c'est qu'il ressent une douleur et/ou une frayeur.

• «C'est bien fait pour toi, je te l'avais bien dit», paroles dont le seul effet est de culpabiliser et rabaisser l'enfant. D'accord, vous l'aviez prévenu et il ne vous a pas écouté, mais ce n'est pas lorsqu'il pleure à chaudes larmes qu'il convient de le lui rappeler. Ce n'est pas le moment des reproches.

• «Tu dois en passer par là, tu en verras d'autres avant de devenir un homme» (si c'est un garçon). Il ne sert à rien d'écraser votre enfant du poids de votre propre expérience. Certes, il ne peut grandir autrement qu'en se cognant dans les portes, en faisant des tentatives malheureuses et en se lançant dans des entreprises non couronnées de succès. Mais inutile de le propulser à l'âge adulte. Il risque de se sentir inhibé dans ses explorations.

– Les gestes suivants :

• Saisir sa main et la faire taper la table sur laquelle il vient de se cogner. En la traitant de «méchante», de surcroît. Cela infantilise l'enfant et l'empêche de prendre conscience de son environnement et d'apprendre à s'en protéger...

• Le prendre dans les bras pendant des heures en le plaignant : «Tu t'es fait très mal, tu souffres, mon pauvre chéri!» Trop de compassion et d'attendris-

111

sement de votre part empêcherait votre enfant de développer sa curiosité naturelle et risquerait de le bloquer dans ses explorations.

☐ Ce qu'il faudrait essayer de faire
– Gardez votre calme, même si votre enfant hurle.
– Prenez tout de suite sa souffrance en considération. Dites avec tendresse : « Je comprends que tu te sois fait mal. » Soufflez, mettez un peu d'eau, préparez un pansement...
– Rappelez les interdits vitaux (voir chapitres 9 *Il fait bêtise sur bêtise*, 63 *Comment l'empêcher de grimper en haut des rochers ?* et 64 *Comment lui faire comprendre que Peter Pan ne vole pas ?*).
– Valorisez votre enfant. Renvoyez-lui votre admiration s'il a tenté une entreprise difficile. En martelant : « Tu t'es fait mal. Je vois que tu as essayé. Et bien la prochaine fois, tu sauras trouver le moyen de surmonter cet obstacle. J'en suis certaine. Je te fais très confiance. »

À l'avenir

– Ne soyez pas trop sur son dos. Cessez de trembler pour lui, pour son intégrité corporelle. Faites-lui confiance. Acceptez que votre enfant ne puisse grandir sans prendre un minimum de risques.
– Gardez-vous d'équiper votre maison, du sol au plafond, de tous ces coins en liège et autres bloque-portes qui n'ont qu'un seul effet : éviter l'épreuve de la réalité, élever votre enfant dans un monde aseptisé et l'empêcher de prendre conscience des dangers. En faisant cela, vous retardez le sentiment qu'il peut avoir de ses capacités et de ses compétences. Bien sûr, vous pouvez protéger le placard à pharmacie et à produits d'entretien, mais vous ne pourrez jamais empêcher les lampes de chauffer, les portes de se coincer, ni les épingles de piquer (voir chapitre 9 *Il fait bêtise sur bêtise*).

POUR EN SAVOIR PLUS

Dès 18 mois-2 ans
Les Bobos, Dr Catherine Dolto, Gallimard Jeunesse.
Le Bobo, Bénédicte Guettier, Casterman.
L'Infirmière du Docteur Souris, Frédéric Stehr, L'École des Loisirs.

Dès 3 ans
Oscar s'est fait très mal, Catherine de Lasa et Claude Lapointe, Calligram.

Pour les parents
Aïe, j'ai mal !, édité par l'Association Sparadrap, tél. : 01 43 48 11 80, fax : 01 43 48 11 50.

32

Il est tout le temps malade

Des otites tout l'hiver, un «rhume de hanche» en juin et la scarlatine en sep-
tembre. Cet enfant vous inquiète. D'autant que sa sœur, elle, n'est jamais
malade. Comment se comporter avec un enfant plus fragile que les autres?

Pourquoi est-il tout le temps malade?

Votre enfant est certainement plus fragile que les autres et, même s'il est
soigné par son pédiatre, un tel enchaînement de maladies mérite de s'interroger sur les points suivants.

☐ Le rapport de cet enfant avec la maladie
Celui-ci est souvent fonction du modèle transmis dans votre famille ou dans
celle de votre conjoint. Lorsqu'on y regarde de plus près, un enfant tout le
temps malade a parfois un parent ou un grand-parent qui entretient des relations curieuses avec la maladie, qui la vénère (se bourrant de médicaments,
courant les médecins) ou l'exècre (considérant que tous les malades s'écou-
tent, qu'il est possible de travailler avec 40° de fièvre, que «si on veut, on
peut»…). Un tel atavisme joue un rôle dans l'inconscient de l'enfant qui
cherche sa place et enchaîne maladie sur maladie.

☐ Votre propre anxiété de parent et les réactions que vous adoptez face à
la maladie de votre enfant
Réfléchissez aux bénéfices secondaires que vous tirez peut-être – inconsciemment – des maladies de votre enfant et notamment du maternage supplémentaire et de l'hyperprotection qui en résulte. Peut-être adoptez-vous
avec votre enfant la même attitude que celle qui vous a été transmise par vos
parents (ou l'attitude opposée, ce qui revient au même)? Peut-être aussi

cherchez-vous, en le dorlotant à l'excès sur des périodes assez courtes (le temps de ses guérisons), à «compenser» les moments où vous n'êtes pas suffisamment là (selon vous)? Dans tous les cas, demandez-vous si vous ne confinez pas trop votre enfant dans un état de fragilité auquel il risque de prendre goût? Un enfant qui sent sa mère tout le temps inquiète a du mal à se dégager de cet état de fragilité. Cela peut conduire au cercle vicieux : vous êtes souvent inquiète (c'est ainsi que vous vous sentez bonne mère), votre enfant tombe malade, donc il nourrit votre inquiétude et vous permet, ainsi, de continuer à vous sentir une bonne mère... Cette simple prise de conscience améliore déjà la situation.

Comment se comporter avec un tel enfant?

☐ Évitez de généraliser

– En lui collant une étiquette sur le dos : «Il est encore malade», «Il a toujours quelque chose», «Il attrape tout ce qui passe»...Vous l'installez dans son rôle de «fragile excessif».

– En multipliant les amalgames familiaux : «Tu es exactement comme ta grand-mère...» Votre enfant est unique. Ce n'est pas parce que votre mère ou votre belle-mère a enchaîné, sa vie durant, toutes les maladies possibles et imaginables (pire, se vante d'être «passée sur le billard vingt-deux fois, en vingt ans!»), que votre enfant va forcément recommencer l'histoire. En revanche, à force d'énoncer ce genre de petites phrases, vous faites peser sur lui des éléments funestes et l'installez du côté de la maladie. Ne vous étonnez pas s'il développe ensuite des inhibitions et présente des symptômes.

☐ Dédramatisez

– Faites-vous une raison. Acceptez l'injustice de la situation, pour votre enfant mais aussi pour vous-même. Ces maladies à répétition vous accaparent? Cessez de vous lamenter devant lui : «Tu es encore malade. Je n'en peux plus de toutes tes maladies...» Vous lui signifiez qu'il n'est pas parfait et que cela vous dérange. Cela culpabilise votre enfant. Vous n'êtes pas victime de votre enfant, il ne vous «fait» pas une maladie, il ne cherche pas à vous persécuter en étant malade. Sa santé fragile modifie souvent son rythme de vie et le vôtre par la même occasion? C'est la réalité, vous ne pouvez que l'admettre. En vous rassurant : un enfant souvent malade, mais soigné de façon adéquate, peut développer plus tard de la force vitale et de la combativité.

– À l'inverse, ne le plaignez pas trop. Essayez de vous écouter parler avec votre enfant. Traquez dans votre discours les épanchements d'émotion excessifs («Mon pauvre chéri, comme tu dois souffrir!») et le ton hyperprotecteur («Je vais bien m'occuper de toi, je vais te chouchouter»). Vous lui donnez l'illusion que, dès qu'il est malade, votre affection et votre disponibilité pour lui augmentent. Vous ne l'aidez pas à affronter, seul, sa maladie.

☐ **Ne le couvez pas trop**
– Interrogez-vous toujours sur la vérité de la maladie de votre enfant : tout enfant a besoin de se faire cajoler par sa maman (et son papa) et les enfants qui sont souvent malades ont tendance, lorsqu'ils ne le sont pas, à s'inventer de nouvelles maladies... (voir chapitre 33 *Il a «mal au ventre» à la moindre contrariété*).
– Reconnaissez et admettez la vraie maladie. Et si votre enfant refuse de prendre ses médicaments, menez le combat. Les mots à lui dire : «Le médecin a dit que tu n'étais pas coupable de cette maladie, mais que tu étais responsable de ta guérison. Tu dois donc prendre tes médicaments.» Il résiste? Avec son père, maîtrisez-le et forcez-le. Dites-lui : «Nous sommes responsables de toi. Il est indispensable que tu prennes tes médicaments, tu ne peux pas faire autrement. Nous savons bien que ce n'est pas drôle mais c'est ainsi.» Puis, trouvez les paroles qui peuvent le consoler, le rassurer : «Maintenant, tu te soignes, tu prends tes responsabilités, nous sommes fiers de toi, tu peux être fier de toi.»
– Il doit rester allongé plusieurs jours (pour cause de «rhume de hanche», par exemple)? Ne déployez pas des trésors d'énergie et d'imagination pour l'occuper. Donnez-lui des coloriages, des petits livres et des jeux. Mais ne vous transformez pas en animatrice à plein temps. Et n'embauchez pas non plus une troupe de Guignol pour lui faire les marionnettes toute la journée. Votre enfant dispose, en lui-même, de la ressource vitale nécessaire pour affronter cette solitude et assumer sa maladie. Il n'est pas souhaitable de vous substituer à lui dans ce combat. Vous ne pouvez que l'accompagner. Il se plaint de ne pouvoir mener ses activités habituelles? Rappelez-lui sa maladie, dites-lui : «Nous avons vu le docteur, nous avons pris son avis, il a décidé ce traitement pour te soigner, j'applique ce traitement. Moi, je ne suis pour rien dans cette décision.»
– Veillez à ne pas le laisser tirer des bénéfices secondaires trop importants de ses maladies. Ne le laissez pas tout faire (regarder sans cesse la télévision, rester en pyjama toute la journée, se nourrir de n'importe quoi à n'importe quelle heure...) sous prétexte qu'il est «malade, donc il a le droit». De même, inutile de dévaliser les magasins de jouets et les rayons bonbons et gâteaux du supermarché. À moins que vous ne souhaitiez programmer – inconsciemment – votre enfant à retomber malade...

POUR EN SAVOIR PLUS

Dès 18 mois-2 ans
Mon docteur, Dr Catherine Dolto, Gallimard Jeunesse.

Dès 2-3 ans
Atchoum!, Pittau et Gervais, Seuil Jeunesse.
Petit Poussin a la varicelle, Albin Michel.
Docteur Loup, Olga Lecaye, L'École des Loisirs.

Dès 4 ans
Allons chez le docteur, T. Berry Brazelton, Odile Jacob.
L'Angine de Maman, Maya Nahum, Bayard Poche.
L'Imagerie du corps humain, Fleurus Enfants.
Ciboulette a la varicelle, José Stroo et Marijke Tencat, Albin Michel Jeunesse.

Pour les parents
Tout est langage, Françoise Dolto, Gallimard, 1995.
Profession bébé, Bertrand Cramer, Hachette, 1998.
Secrets de femmes, Bertrand Cramer, Calmann-Lévy, 1996.
Solitude, Françoise Dolto, Gallimard, 1994.

33

Il a «mal au ventre» à la moindre contrariété

«Maman, j'ai mal au ventre», vient de gémir une petite voix plaintive au moment de partir en classe. C'est bizarre, mais vous n'y croyez pas tellement...

Cherchez à en savoir plus

– N'excluez pas d'emblée que ce soit vrai, prenez sa température et interrogez-le : «Que se passe-t-il. Raconte-moi. Toi, tu sais comment tu as mal. Tu sais si c'est grave. Et peut-être aussi, tu peux me dire pourquoi tu as mal.»
– Il n'a pas de fièvre et ne sait pas pourquoi il a mal? Enchaînez : «Est-ce que tu as mal pour de vrai? Très très fort?» S'il vous répond par l'affirmative, aidez-le à repérer des causes éventuelles de son malaise. Formulez des hypothèses : «Peut-être que tu n'as pas envie d'aller en classe, peut-être que tu n'as pas envie que j'aille travailler...» Ainsi, il appréciera votre compréhension et votre indulgence, mais sentira aussi que vous n'êtes pas dupe et pourra relativiser.

Faites confiance à votre intuition de mère

– Rien de très grave, selon vous? Dites-lui : «Écoute : tu vas trouver en toi le moyen de faire partir cette douleur. Je sais que tu aimes bien prendre tes responsabilités d'écolier...» Et envoyez-le en classe.
– Vous le sentez vraiment anxieux et mal en point? Donnez-lui un petit médicament (placebo) et permettez-lui de rester à la maison. Mais négociez avec lui le retour à l'école dès l'après-midi.
Ainsi, vous aurez reconnu son malaise et sa fatigue. Il se sentira soutenu, fera une pause et pourra, ensuite, enchaîner ses activités avec entrain.

À l'avenir

Surveillez l'évolution du «mal au ventre» de votre enfant et, si cela se reproduit trop souvent, juste au moment de partir à l'école, réfléchissez, posez vous les questions suivantes : y a-t-il quelque chose qui ne va pas à l'école? La maîtresse a-t-elle un «problème» avec votre enfant? Est-il embêté dans la cour de récréation? Enquêtez discrètement, allez parler avec la maîtresse, et reportez-vous aux chapitres sur l'école, notamment chapitres 49 *Il est le bouc émissaire d'un autre enfant à l'école* et 52 *Il n'aime pas sa maîtresse*.

D'une manière générale, sachez que les enfants qui ont souvent «mal quelque part» sont très sensibles et facilement anxieux. Apprenez à repérer les situations (départ en vacances de votre conjoint et vous, nouvelle école, problèmes de cour de récréation, arrivée d'un petit frère...) et le contexte (soucis de travail de votre part, énervement et disputes à la maison...) qui peuvent «rendre malade» votre enfant. Reportez-vous aux chapitres traitant de ces questions. Vous y trouverez quelques pistes et amorces de solutions pour préparer votre enfant à affronter certaines de ces situations et l'aider à dédramatiser.

POUR EN SAVOIR PLUS

Pour les parents
Tout est langage, Françoise Dolto, Gallimard, 1995.
L'Éveil de votre enfant, Chantal de Truchis, Albin Michel, 2002.
Aïe, j'ai mal!, édité par l'Association Sparadrap, tél.: 01 43 48 11 80, fax: 01 43 48 11 50. Site : www.sparadrap.org.

34

Il va se faire opérer

*Les végétations n'auront pas suffi. L'ORL est formel : il faut l'opérer des amyg-
dales. « On va m'endormir avec une piqûre ? », « On va me les couper avec un
couteau ? »... Ses questions se font de plus en plus pressantes et l'embarras
vous gagne.*

Informez-vous

Posez toutes les questions au médecin. Demandez toutes les précisions.
Comment sera-t-il endormi ? Combien de temps dure l'opération ? Combien
de temps devra-t-il rester en salle de réveil ? À quel moment pourra-t-il avaler
quelque chose et quoi ? À l'hôpital ou à la clinique, pourrez-vous rester dormir aux côtés de votre enfant ? Sinon, comment se passe l'accueil des
enfants ? Et la nuit s'ils ont besoin de quelque chose ?

Organisez-vous

Si possible, optez pour une clinique ou un hôpital qui vous permettra de
prendre un lit accompagnant (ce qui se fait de plus en plus) dans la
chambre de votre enfant. Impossible ? Déculpabilisez, faites confiance à
votre enfant, il trouvera en lui-même les ressources pour assumer cette situation. Mais débrouillez-vous pour être à ses côtés avant et après l'opération.
Prenez une journée de disponibilité pour accompagner votre enfant. Ou bien
faites-le opérer le premier jour de vos vacances. Pour la nuit, autorisez-vous à
faire confiance au personnel infirmier. Il ne laissera jamais tomber votre
enfant.

Expliquez à votre enfant ce qui va se passer

☐ L'opération

– «Tu as bien entendu : nous avons vu le docteur Duciseau, il a décidé qu'il fallait t'opérer pour te guérir. C'est nécessaire, c'est indispensable. J'ai très confiance en ce docteur. Cette opération demande que tu ailles dans un hôpital (dans une clinique).»

– «Tu iras sans moi en salle d'opération. Je te confierai aux docteurs Duciseau (chirurgien) et Saplane (anesthésiste) que tu connais. Mais tu pourras emporter ton doudou et je resterai avec toi autant que je le pourrai, autant que les docteurs me le permettront. Le docteur Saplane t'endormira avec un masque qui sent le bonbon» (ou un ballon dans lequel on souffle, cela dépend des endroits, renseignez-vous avant). «Il y aura de gentilles infirmières. Après, on te mettra dans une pièce spéciale, la salle de réveil, en attendant que tu te réveilles. Je ne serai pas avec toi, là non plus. Mais très vite, on te ramènera tout près de moi.»

– Il demande avec quoi on va lui «couper» les amygdales? N'entrez pas dans les détails. Répondez : «Écoute. Le médecin ne va pas les couper, il va les retirer. Le médecin, c'est son métier d'enlever les amygdales, il fait cela très souvent à des enfants, il utilise des petits instruments (et non des «outils», la formule est trop traumatisante) spéciaux. De toute façon, tu dormiras, tu ne verras rien, tu n'entendras rien. Moi, je serai dans une autre pièce, tout près de toi.»

☐ L'hôpital

Le jour de l'inscription, emmenez votre enfant. Demandez au personnel hospitalier de vous expliquer comment se passe l'hospitalisation des enfants. Faites faire à votre enfant une visite guidée. Ensuite, lisez avec lui des petits livres qui expliquent l'hôpital aux enfants en dédramatisant (voir encadré à la fin du chapitre).

Dans les jours qui précèdent, répétez-lui que, le jour de l'opération, il ne prendra pas de petit déjeuner, que, lorsqu'il se réveillera, il ne pourra pas davantage avaler quelque chose. Dites-lui ce qu'il pourra absorber et au bout de combien de temps. En le prévenant à l'avance, vous éviterez les surprises et les imprévus. Vous vous sentirez plus sûre de vous lorsqu'il protestera. Entourez-le mais ne le plaignez pas à l'excès.

Préparez-vous

Attendez-vous à être très émue lorsque vous retrouverez votre enfant, qu'il aura mal, pleurera et ne se souviendra plus des explications que vous lui aviez données. Avant le jour «J», faites provision de coloriages, de livres et de petits jouets pour l'occuper après son réveil.

Après l'opération, comment réagir?

Il souffre, il pleure, il peste? Consolez-le, dites-lui : «Tout cela je t'en avais déjà parlé à l'avance, je t'avais expliqué.» En lui remémorant vos explications d'avant l'opération, vous le replacez dans ses repères et le rassurez. Reconnaissez que c'est une épreuve, que c'est difficile, que «sûrement cela fait très mal». Mais soyez honnête avec lui : «Cela va prendre du temps avant que tu te sentes mieux.» Il trouve la situation injuste, vous pensez qu'il vous en veut? Dites-lui : «Écoute, c'est injuste, mais c'est comme ça. Cela arrive à beaucoup d'enfants (citez-en un qu'il connaît). Je peux seulement être à tes côtés.»

Prévoyez un petit cadeau pour votre enfant. Et acceptez, un certain temps, les bénéfices secondaires qu'il peut tirer de cette situation exceptionnelle.

POUR EN SAVOIR PLUS

Dès 2-3 ans
L'Hôpital, Dr Catherine Dolto, Giboulées Gallimard Jeunesse.
Tom à l'hôpital, Marie-Aline Bawin et Christophe Le Masne, Mango Jeunesse.

Dès 4 ans
L'Imagerie du corps humain, Fleurus Enfants.

Dès 5-6 ans
Solo à l'hôpital, Jean-Charles Sarrazin et Katy Bernheim, Archimède-L'École des Loisirs.
Max va à l'hôpital, Dominique de Saint-Mars et Serge Bloch, Calligram.
Je vais me faire opérer des amygdales ou des végétations et *Je vais me faire opérer. Alors on va t'endormir !* édités par l'Association Sparadrap, tél. : 01 43 48 11 80 et site : www.sparadrap.org.

IV.

TÉTINE, DOUDOU, POUCE ET COUCHES

35

Biberon, tétine, tototte, comment le faire décrocher?

Quand il était bébé, tétine ou biberon de nuit vous ont rendu quelques services... Mais à 3 ans passé, cette chose qui pendouille sans arrêt de sa bouche ou ce biberon de soda qu'il continue à réclamer au coucher vous sort par les yeux.

Le faire décrocher, pourquoi?

– Pour ne pas le confiner dans le statut du tout-petit, qui, lui, a vraiment besoin de téter pour se calmer.

Plus que le doudou (qu'en principe, l'enfant ne tête pas) ou que le pouce (qu'il a trouvé tout seul), biberon ou tétine (que vous lui avez donné) est signe d'un état de dépendance à la mère. À partir d'un certain âge (en principe lors de l'entrée à l'école), si votre enfant n'arrive pas à s'en passer, c'est probablement qu'il a du mal à «couper le cordon» avec vous. Ce lien un peu trop fort qui vous unit tous les deux risque, à terme, de le gêner dans son évolution affective personnelle. Passé un certain âge, tétines, totottes, biberons entretiennent une habitude et sont des freins à l'autonomie.

– Pour ne pas le retarder dans ses apprentissages et le mettre en décalage par rapport aux autres enfants de son âge.

Mâchouiller, téter, suçoter..., bref avoir toujours besoin de quelque chose dans la bouche peut entraîner des retards de parole et des problèmes d'élocution (zozotement...) ou de déglutition (bave...). Toutes choses qui peuvent développer, chez l'enfant, le sentiment d'être «différent» de ses copains, voire incompétent, état dont il finirait par souffrir.

Comment l'aider à décrocher ?

☐ Choisissez le bon moment

Évitez les moments critiques pour lui (arrivée d'un petit frère, apprentissage du pot...) ou pour vous (changement de travail, déménagement...). Préférez une période calme, les vacances par exemple, où tout le monde est détendu dans la famille.

☐ Rétrécissez peu à peu le champ d'occupation de l'objet

– D'abord dans l'espace :

Tolérez qu'il suce sa tétine juste à la maison (et non plus dans la rue, au jardin et chez les petits copains...), puis uniquement dans sa chambre et enfin seulement dans son lit. Il débarque au salon avec sa tétine dans la bouche ? Dites-lui : « Moi, cette tétine, ça me dérange, alors tu vas la sucer dans ta chambre. »

– Ensuite, dans le temps :

Ne permettez l'objet qu'à la sieste et la nuit, puis seulement le soir pour dormir. Enfin, s'il s'agit d'un biberon, ne l'acceptez plus qu'au petit déjeuner. Votre enfant finira par s'en passer complètement. Un conseil : pour faciliter le sevrage de nuit, ne mettez que de l'eau pure (et non du coca-cola ou du chocolat au lait...) et réduisez le volume petit à petit, jour après jour, jusqu'au minimum. Il sera très facile, par la suite, de lui proposer un verre d'eau « de grand » sur la table de nuit.

☐ Trouvez les mots justes

– Avec son père, dites-lui : « Écoute, nous en avons souvent parlé. Maintenant tu es grand. Nous sommes très fiers de toi. Tu pourrais peut-être t'en passer. » Et proposez-lui, par exemple, de donner sa tétine ou son biberon à son ours. Félicitez-le à chaque fois qu'il franchit un cap mais choisissez un autre moment que l'instant T. Sinon vous risquez de raviver « le manque ».

– Proscrivez les formules du genre : « C'est bébé, c'est mal » (humiliant et culpabilisant) et les comparaisons désobligeantes avec son petit frère (son cousin, son copain...) qui, « lui, n'a jamais eu besoin d'une tétine ». Toutes paroles injustes (en privé, comme en public) qui ont tendance à faire oublier que c'est vous qui, un jour, n'avez pas pu faire autrement que de lui glisser une tétine (une tototte, un biberon...) dans la bouche.

La nuit, il reste accroché ?

– C'est normal : il est toujours plus difficile d'être grand et autonome la nuit que le jour. C'est pareil pour le doudou et les couches.

– Interrogez-vous un peu sur les causes profondes qui vous ont conduite un jour, lorsque votre enfant était bébé, à lui donner ce biberon de nuit ou cette tétine. Sûrement était-ce pour des raisons louables : lui faire du bien, le calmer, avoir un peu la paix, éviter d'entendre ses cris et ses lamentations... Peut-être était-ce aussi pour éviter d'imposer à votre enfant des frustrations en le laissant, par exemple, hurler dans son lit. Aujourd'hui, mesurez ce qui a changé. Votre enfant a passé l'âge des pleurs du soir. Et vous savez qu'il ne peut pas grandir sans limites et frustrations (voir chapitre 1 *Vous n'arrivez pas à lui dire non*). Déculpabilisez. Dire non, imposer des limites et être ferme n'a pas forcément à voir avec l'éducation ultrarépressive dénoncée par la psychanalyste Alice Miller[1]. Vous pouvez donner des frustrations à votre enfant sur un mode différent de celui des humiliations d'autrefois. Le simple fait de prendre conscience de tout cela permet souvent de débloquer la situation (voir tous les chapitres sur l'autorité, la discipline et les limites).

– Il a dormi une nuit sans sa tototte (sa tétine, son biberon...), mais la réclame le lendemain? Tenez bon. Félicitez-le abondamment pour son succès de la veille. Mais restez ferme : «Je comprends très bien que ce soit difficile, mais nous te l'avons déjà dit : c'est cela grandir. On ne peut jamais revenir en arrière.»

– Il ne veut même pas essayer de s'en passer une fois? Un soir, refusez fermement de lui donner son objet. En disant : «Nous en avons beaucoup parlé. Quand tu étais petit, tu avais vraiment besoin de ce biberon et c'est moi qui te l'ai donné. Maintenant, tu es grand et ce n'est plus acceptable. Tu prends tes responsabilités. C'est comme ça.» Autoritaire? Non : en étant sûre de vous, vous l'aidez à prendre une décision qu'il n'arrive pas à assumer tout seul et lui permettez de grandir. Vous verrez, lorsqu'il sera débarrassé de sa tétine (sa tototte, son biberon...), combien il sera fier de lui et progressera dans son autonomie.

POUR EN SAVOIR PLUS

Dès 2-3 ans
Je me souviens..., Bénédicte Gueltier, L'École des Loisirs.
La Tétine de Nina, Christine Naumann-Villemin et Marianne Barcilon, L'École des Loisirs.
La Tototte, Barbara Lindgren et Clof Landström, L'École des Loisirs.

---

1. In *C'est pour ton bien*, op. cit.

36

Il suce encore son pouce

Tout bébé, dans son berceau, cela vous faisait fondre. Aujourd'hui, à 4 ans passé, cette manie – de sucer son pouce au moindre coup de fatigue ou de « blues » – vous tracasse.

Pourquoi suce-t-il son pouce?

– Au tout début, l'enfant suce son pouce pour se calmer, répondre à un besoin affectif et se donner du plaisir. On dit qu'il s'adonne à une «activité autoérotique».

– Très vite, l'enfant comprend que sucer son pouce le rassure et le sécurise. Et dès qu'il doit affronter un petit moment de solitude ou d'anxiété, il glisse son pouce dans sa bouche. C'est une sorte d'auto-protection. Cela devient une habitude.

– Tous les enfants n'ont pas besoin de sucer leur pouce, certains ne savent tout simplement pas le faire et trouvent un autre rituel pour s'apaiser : ils se bercent, se frottent le nez contre les draps, ou sucent une tétine qu'on leur a donnée.

– Sucer son pouce n'a rien à voir avec sucer une tétine. Dans un cas, l'enfant s'est débrouillé tout seul pour trouver son pouce ou (si on l'a un peu aidé…) n'a besoin de personne pour le retrouver tout seul. Dans le cas de la tétine, l'adulte s'en est mêlé et a donné l'objet à l'enfant, de façon plus ou moins arbitraire. Et l'enfant, du moins au début – et malgré les pinces spéciales étudiées pour que la tétine soit fixée au vêtement –, a toujours besoin de l'adulte pour lui remettre sa tétine dans la bouche, si elle tombe (voir chapitre 35 *Biberon, tétine, totote, comment le faire décrocher?*).

À quel âge cette manie devrait-elle cesser ?

En principe, lorsqu'il entre à l'école maternelle, l'enfant perd cette habitude : il s'intéresse à autre chose, devient grand et peut trouver d'autres substituts à son anxiété. Ce désir d'autonomie est encore plus flagrant à l'entrée au CP. Toutefois, cette évolution naturelle peut être retardée par un événement grave (divorce, deuil…) ou apparemment anodin (naissance d'un cadet, départ en voyage des parents, déménagement…), mais pas neutre pour l'enfant.

Et s'il continue, alors, à sucer son pouce ?

☐ Y a-t-il des conséquences psychologiques ?
Que l'enfant suce son pouce au-delà du CP n'est pas, en soi, un problème pathologique. Cela n'empêche pas non plus de grandir. Beaucoup moins que d'avoir encore besoin (au même âge) d'une tétine (voir chapitre 35 *Biberon, tétine, tototte, comment le faire décrocher ?*). Certes, avec une tétine, l'enfant a les mains libres et on peut penser qu'il s'adonne plus facilement à des activités ludiques. Mais il est beaucoup plus dans la dépendance à l'adulte (et notamment à sa mère qui lui a donnée cette tétine…) que lorsqu'il suce son pouce (ou ses doigts) qu'il a trouvé tout seul.

☐ Sur le plan physique, quelles sont les répercussions ?
Les orthodontistes estiment que les répercussions physiques (dents en avant notamment) peuvent se voir vers 6-7 ans. Il semble donc inutile de consulter avant. Selon ces professionnels, ces répercussions sont toujours réparables et peuvent toujours attendre. En revanche, les conséquences psychologiques d'un sevrage répressif sont imprévisibles, même si elles ne se voient pas d'emblée. Les dents, on les maîtrise toujours, quel que soit l'âge.
Conclusion : si votre enfant n'en souffre pas, inutile de l'embêter avec ça. En revanche, s'il est gêné par le regard et les réflexions désobligeantes des autres (la maîtresse, les copains d'école…), s'il souffre de zozotement (voir chapitre 37 *Il zozote*), il peut être opportun de l'aider à décrocher.

Comment l'aider ?

– Évitez de lui retirer le doigt de la bouche de façon autoritaire.
– Proscrivez les remarques humiliantes du genre : « Ça fait bébé, c'est dégoûtant, tu auras des dents de lapin ». Encore plus devant les autres.
– Cessez de le comparer à son frère (même plus petit) qui lui n'a jamais eu besoin de sucer son pouce ou vient juste d'arrêter.
– Interdisez-vous aussi d'avoir recours aux techniques répressives d'autrefois :

vernis à ongles ou pommades amères, doigtiers, moufles cousues, appareils dentaires à pic... Méthodes coercitives et peu valorisantes.

– Ne lui faites pas de chantage : « Tu auras ces Playmobil dont tu rêves quand tu ne suceras plus ton pouce »...

– Parlez-en avec lui mais en privé :

• Aidez-le à dédramatiser. Dites-lui « Cela arrive à beaucoup de gens, moi aussi, quand j'étais petite... » Vous ne suciez pas votre pouce? Et votre conjoint? Et votre sœur? Il y a bien quelqu'un dans la famille qui avait cette habitude. Citer l'exemple d'une grande personne proche de l'enfant qui suçait aussi son pouce déculpabilisera votre enfant. Il se sentira moins seul et moins complexé.

• Valorisez-le : « C'est vrai que tu suces ton pouce, mais tu sais faire des dessins formidables. »

– Coupez court aux commentaires des autres. S'il est plus grand (6-7 ans), autorisez-le à répondre directement que ça ne regarde personne d'autre que lui.

– Proposez-lui des activités manuelles (dessin, piano, cuisine, poterie...) qui détourneront son attention de son pouce en lui occupant les mains et l'esprit.

À l'avenir

Responsabilisez votre enfant en lui demandant des petits services dans la maison (voir chapitre 20 *Êtes-vous en train d'en faire un petit pacha ?*) et en lui apprenant à se débrouiller un peu tout seul (voir chapitre 60 *Il refuse de s'habiller seul mais exige de choisir ses affaires*).

POUR EN SAVOIR PLUS

Dès 3 ans
   Lulu Grenadine ne veut plus sucer son pouce, Laurence Gillot et Lucie Durbiano, Nathan.

37

Il zozote

Jusqu'ici ce petit cheveu sur la langue vous attendrissait. Mais depuis cette rencontre avec ce quinquagénaire zozotant, ce petit charme vous enthousiasme nettement moins.

Pourquoi il zozote?

Pour l'une et/ou l'autre des raisons suivantes :
– Entre 2 et 3 ans, au moment où le langage se met en place, c'est une étape relativement banale. L'enfant a du mal à prononcer le *che* et le *je*. À la place, il dit *SSe* et *Ze*.
– Il n'est toujours pas débarrassé de sa tétine ou de son pouce (voir chapitres 35 *Biberon, tétine, tototte, comment le faire décrocher?* et 36 *Il suce encore son pouce*).
– Il cherche à susciter votre intérêt à propos d'un trouble (à la suite de l'arrivée d'un petit frère, d'un changement d'école, d'un déménagement...) qu'il ne sait pas exprimer autrement.
– Vous n'y êtes peut-être pas pour rien. Avouez : ce petit cheveu sur la langue, vous trouvez cela mignon, n'est-ce pas? Cela vous donne l'impression que votre enfant est encore tout petit, «tout à vous», non? Vous vivez cela comme un charme : votre enfant le sait et il en joue.

Comment l'aider?

– S'il s'agit de la phase d'apprentissage du langage, dédramatisez. Votre enfant va acquérir tous les sons petit à petit.
– Aidez-le, le cas échéant, à décrocher de sa tétine (voir chapitre 35 *Biberon, tétine, tototte, comment le faire décrocher?*). S'il s'agit du pouce, ne l'embêtez pas et reportez-vous au chapitre 36).

131

– Cessez d'être complaisante et amusée. Vous trouvez cela «craquant», soit. Mais zozoter peut se révéler gênant pour votre enfant, notamment dans son apprentissage de la lecture. Alors faites-vous une raison : votre enfant grandit, il n'est pas souhaitable d'encourager, ni même de laisser évoluer ce trouble.

– Ne le reprenez pas, ne l'imitez pas, parlez-lui normalement, comme si vous vous adressiez à un autre adulte. Bannissez de votre vocabulaire toutes ces expressions qui confinent votre enfant dans un statut de bébé : «faire dodo», «miam-miam», «nounours», «bobo»...

– Ne faites pas comme si cela n'existait pas. Mais ne nommez pas, non plus, cette particularité devant votre enfant – «Arrête de zozoter...». Vous le jugez dans sa difficulté et ne l'aidez pas à s'en sortir. Mais, s'il lui arrive de parler normalement, félicitez-le : «J'aime bien quand tu me parles comme un grand.»

– Stimulez sa parole et son langage. Lisez-lui beaucoup de livres et incitez-le, ensuite, à vous parler de l'histoire.

– Coupez court aux commentaires désobligeants des autres et autorisez-le, vers 6-7 ans, à répondre lui-même : «Je sais. Mais ce n'est pas ton problème.»

Le trouble persiste ?

N'excluez pas un bilan orthophonique (envisageable dès 2-3 ans). Si la difficulté est permanente, il est en effet préférable d'entamer une rééducation avant que l'enfant ne commence son apprentissage de la lecture. Demandez une adresse à votre pédiatre.

POUR EN SAVOIR PLUS

Dès 3-4 ans
> *Des comptines pour ne pas zozoter et ne pas chuinter,* Pierre Coran et Gabrielle Lefebvre, Dire-lire, Casterman.

Dès 5 ans
> *La Belle Lisse Poire du prince de Motordu,* Pef, Gallimard.
> *Z comme Zoo,* Corine Fleurot et Puig Rosado, Grasset Jeunesse.

Dès 6 ans
> *Ça zozote au zoo,* Hubert Ben Kemonn et Bruno Heitz, Casterman.

Fédération nationale des orthophonistes : 01 40 35 63 75.

38

Il bégaie

Il a passé quinze jours chez belle-maman. C'est peut-être une coïncidence, mais depuis il a du mal à finir ses phrases. Fait-il partie des 5% d'enfants qui bégaient vraiment ?

Pourquoi bégaie-t-il ?

Pour l'une et/ou l'autre des raisons suivantes :
– Il a environ 2 ans : il s'agit d'une phase banale, au moment où le langage se met en place. L'enfant s'énerve alors sur les mots qui ne peuvent pas sortir.
– Il veut s'affirmer ; du coup, il bute sur les mots.
– Il est entouré d'adultes stressés qui ne lui laissent pas le temps d'apprendre à bien s'exprimer. Peut-être, sans y prendre garde, finissent-ils ses phrases à sa place ? Il se bloque sur les mots car il ne parvient pas à parler aussi vite et bien que l'adulte.

Ce qu'il faudrait éviter

– Vous affoler. C'est inutile. La rééducation chez l'orthophoniste n'est pas envisageable avant 5-6 ans, selon l'intensité et la permanence du bégaiement. Mais si vous êtes inquiète, vous pouvez parfaitement demander, dès l'âge de 2-3 ans, un bilan orthophonique. Cela évitera de fixer votre anxiété et d'instaurer un cercle vicieux (demandez une adresse à votre pédiatre).
Mais si votre enfant se met soudainement à bégayer, alors qu'auparavant il parlait bien, il peut être utile de consulter, d'emblée, un psychothérapeute pour enfants. Ce bégaiement «secondaire» est souvent la traduction d'un trouble psychologique plus profond.

– Lui témoigner une trop grande sollicitude. Évitez les petites phrases du genre : «Respire, articule, fais attention, pense à tes mots...» En lui demandant de se concentrer sur les mots en tant que tels, vous l'empêchez de penser à son idée.

– Lui faire des reproches ou être ironique (voir chapitre 24 *Il n'a aucun sens de l'humour*). C'est humiliant.

– L'accabler de réflexions du genre : «Quand tu veux, tu parles très bien», «Fais un effort», «Tu auras ce que tu me demandes, quand tu parleras correctement»... Vous lui demandez de s'appliquer pour mieux parler, alors que la cause de son échec réside précisément dans son effort...

– Jouer la fausse indifférence, en faisant «comme si de rien n'était». Une chose est de ne pas relever le problème de l'enfant en permanence, une autre est de nier son existence.

Ce que vous pouvez faire

☐ **Sur le moment**
– Donnez-lui le mot lorsqu'il le cherche et interrogez-le : «Est-ce bien ce que tu voulais me dire?» Il répond par la négative? Poursuivez votre questionnement, cherchez avec lui : «C'est une chose de la maison, de l'école? »

– Il bute sur un mot? Au lieu de lui dire «calme-toi», approchez-vous de lui, mettez votre main sur son épaule, prenez la sienne avec tendresse (pour lui témoigner que vous êtes avec lui). Mais commentez à peine : «Je trouve très intéressant ce que tu voulais me raconter.» L'important est de vous montrer compréhensive et indulgente.

☐ **À l'avenir**
– Montrez-lui des images, commentez-les avec lui. Ainsi, il se concentrera peu à peu sur le dialogue, les idées et non sur les mots.

– Intéressez-vous à ce que veut dire votre enfant, plutôt qu'à la façon dont il le dit.

POUR EN SAVOIR PLUS

Pour les parents
Le Bégaiement, Dr François Le Huche, Albin Michel, 1998.
Fédération nationale des orthophonistes : 01 40 35 63 75.

39

Il se ronge les ongles, mange son pull, se tripote une mèche...

Vous êtes plutôt du genre «zen». Aussi, le jour où vous surprenez votre enfant – 3 ans à peine – en train de s'acharner sur ses ongles, vous êtes atterrée...

Pourquoi a-t-il cette manie?

Pour l'une et/ou l'autre des raisons suivantes :
– Il a été troublé par quelque chose (une dispute de ses parents, la naissance d'un petit frère...) et n'a pas pu, sur le moment, exprimer autrement son agressivité.
– Il a besoin de mettre en place un petit rituel, une petite manie, pour se rassurer, lutter contre son anxiété.
– Il voit son père, sa maîtresse, son copain... bref, quelqu'un qu'il aime bien, ronger ses ongles ou se tripoter une mèche. Il agit par mimétisme.

Ce qu'il faudrait éviter

– Nommer sans arrêt sa manie, pire le harceler en permanence – «Arrête de te ronger les ongles, ça m'énerve...» Plus vous agirez ainsi, plus vous obtiendrez le résultat opposé à celui que vous recherchez. En l'incitant à se crisper sur sa manie, vous la ferez peut-être disparaître, mais verrez probablement en apparaître une autre...
– De même, inutile de lui faire remarquer son geste en public ou de le comparer à sa sœur plus jeune «qui, elle, n'a pas ce défaut». Gardez-vous aussi de l'imiter pour vous moquer de lui ou lui montrer «comme c'est moche»...
Cela l'humilie, supprime son sentiment d'estime de soi et lui enlève une partie du désir de grandir. C'est contre-indiqué pour son épanouissement psychologique et affectif.

– Lui demander sans cesse «pourquoi» il fait cela. Il ne le sait pas lui-même, du moins pas consciemment, et ne peut donc répondre à cette question. Mais sachez que cela lui apporte un peu de sécurité, de confort et de plaisir.

Ce que vous pouvez essayer de faire

– Rassurez-vous et soyez tolérante. L'anxiété existe chez tous les enfants. Chacun la manifeste à sa façon. Il y a des enfants qui sucent leur pouce, d'autres qui tètent une tétine et d'autres encore qui se calment en se rongeant les ongles (en roulant une mèche autour de leur doigt, en suçant leur vêtement...). C'est ainsi. Dédramatisez : ces derniers ne deviennent pas pour autant des adultes obsessionnels, bourrés de tics et de manies...

– Recherchez dans votre histoire familiale quelqu'un qui, à un moment donné, avait la même habitude que votre enfant (ou une manie du même genre). Et citez l'exemple de cette personne à votre enfant. Ainsi, il se sentira moins seul, moins coupable et pourra dédramatiser. Il comprendra que sa manie n'est pas un handicap.

– Parlez-en avec lui, mais en privé. Interrogez-le : «Que se passe-t-il? Il doit y avoir un petit problème pour que tu te mettes dans cet état?» Assurez-le de votre présence bienveillante : «Je ferai tout ce que je peux pour t'aider. Ça va sûrement s'arranger, mais je ne sais pas à ta place, ni quand, ni comment.»

– Interdisez à l'entourage ses commentaires désobligeants. Vers 6-7 ans, autorisez votre enfant à répondre lui-même : «Je sais, mais ce n'est pas ton affaire.»

– Surveillez l'évolution de la manie :

• Si cette habitude devient un refuge persistant, qui entraîne de la passivité chez votre enfant, incitez-le à pratiquer, si possible avec vous, des activités manuelles.

• Si les choses deviennent graves – exemple : votre enfant s'arrache une mèche de cheveux, se fait saigner les doigts... – n'hésitez pas à consulter un psychothérapeute pour enfants (voir chapitre 107 *Dans quel cas faut-il consulter un psy et comment ça se passe ?*).

– Mais rassurez-vous, la plupart du temps, ce genre de manie finit par disparaître d'elle-même. Et si tel n'est pas le cas, ce n'est pas une catastrophe pour autant. Inutile de vous crisper.

40

Vous avez oublié – ou perdu – le doudou

En fermant la maison pour les vacances d'été, vous étiez déjà sûre d'avoir oublié quelque chose. Mais quoi ? Impossible de vous souvenir. Arrivée à destination, vous avez réalisé : c'était LE doudou, le seul, l'unique, le même depuis 3 ans !

Pourquoi est-il tellement accroché à son doudou ?

Lorsque le bébé atteint l'âge de 8 mois environ, selon la théorie psychanalytique, il devient capable d'identifier clairement sa mère. Il prend conscience qu'il ne fait pas qu'un avec elle, qu'il est un être différent d'elle. Il passe d'un état de dépendance absolu à un état de dépendance relative : il fait l'expérience du passage de la fusion à la différenciation. Il se rend compte qu'il doit affronter des moments de solitude, que sa mère n'est pas toujours là pour s'occuper de lui, qu'elle va s'absenter : il redoute alors la séparation et peut se trouver dans un état de détresse quand il croit qu'elle ne va pas revenir. L'enfant a alors énormément besoin de la présence de sa mère et de ses paroles rassurantes.

C'est la fameuse «angoisse de séparation» qui évolue doucement, s'atténue vers l'âge d'un an environ (avec des périodes plus ou moins sensibles) puis disparaît lorsque l'enfant entre dans la «phase œdipienne», entre 3 et 6 ans environ (voir les chapitres de la partie *Sexualité, nudité, amour*).

C'est une étape normale du développement. Couramment, au cours de la fin de la première année, dans cette période de fragilité et d'angoisse, l'enfant choisit un doudou (un bout de lange ou de couverture, une peluche…), qui devient son indispensable compagnon notamment avant de s'endormir ou quand il doit affronter une situation de séparation. L'enfant se sert de cet «objet transitionnel» (ainsi nommé par le pédiatre-psychanalyste anglais Donald W. Winnicott) pour faire le lien entre le connu (sa mère, sa maison…) et l'inconnu (la nounou, la crèche…), et ainsi emporter avec lui un peu de sa mère.

C'est dire que l'idée de perdre ou d'oublier le doudou a quelque chose de paniquant pour tout parent… C'est pourquoi, on peut prendre la précaution d'habituer l'enfant dès le départ à en avoir deux ou trois et à en changer régulièrement.

Il le perd (ou l'oublie), comment réagir ?

Tout dépend de la manière dont votre enfant réagit lui-même à cet oubli ou à cette perte. Plusieurs hypothèses sont possibles.

☐ Ça n'a pas l'air de le traumatiser
– Il ne s'en aperçoit même pas ? Ne faites aucun commentaire. Vers 3-4 ans, c'est à lui d'y penser. S'il l'a oublié, caché ou perdu dans l'appartement, c'est qu'il est prêt à s'en passer. Et s'il est plus petit et ne pleure pas (oui, oui, cela arrive), prenez en acte.
– Il le remarque, sans plus ? Lâchez un vague « Oui, tu l'as oublié » et ne dramatisez surtout pas. Commentez à peine : « Tu sais, à la maison, il est tranquille, il t'attend, tu le retrouveras à ton retour. » Variante : « Tu sais, à la garderie, il est tranquille, tu iras le rechercher la prochaine fois que tu iras. »

☐ C'est le drame
– Calmez-vous, ne vous excusez surtout pas et déculpabilisez. Souvent, c'est parce que les parents ne cessent d'y penser à leur place (« Tu as bien pris ton doudou, tu es sûr ? ») que les enfants y sont si accrochés. Les parents, à leur tour, utilisent (plus ou moins consciemment) le doudou pour se rassurer et s'apaiser quand ils quittent leur enfant. Alors que, le plus souvent, ils pourraient parfaitement les laisser partir sans le leur rappeler. L'enfant sent la propre angoisse de son parent et en joue pour le culpabiliser, le manipuler et tirer profit – en télévision, en coca-cola… – de la situation. Réfléchissez : le gros chagrin de votre enfant relève peut-être du même processus. Plus vous serez catastrophée, plus votre enfant le sentira et sera lui-même bouleversé. Au contraire, plus vous serez sûre de vous, confiante, peu ébranlée par cet oubli ou cette perte, plus le drame aura des chances de cesser rapidement.
– Dédramatisez mais ne soyez pas totalement indifférente : « Oui, tu as oublié (perdu) ton doudou. Je comprends ta peine, mais il est impossible d'aller le rechercher (de le retrouver, pour le moment). Tu le retrouveras, dès notre retour (on va essayer de le retrouver), je te le promets. »
– S'il a 3-4 ans, profitez-en : « À ton avis, que s'est-il passé pour que tu l'oublies ? Maintenant que tu es grand, tu en as peut-être moins besoin ? »

☐ **Il ne se calme pas ?**
Mettez en place un petit rituel de substitution au moment du coucher : un verre d'eau à côté de son lit (mais surtout pas de biberon ou tétine), une veilleuse, une histoire, un jeu qui l'amuse… Il est vraiment trop malheureux ? Trouvez une autre peluche. Ou, s'il a moins de 3 ans, donnez-lui un foulard imbibé de votre odeur.

☐ **Au retour des vacances**
Ne vous précipitez pas sur le fameux doudou pour le mettre dans les bras de votre enfant. Observez plutôt sa réaction. S'il vous l'apporte fièrement, proposez-lui : « Et si tu le mettais sur ta table de nuit – ton armoire, ta commode… – pour qu'il te regarde dormir ? Dorénavant tu es grand, tu n'as peut-être plus besoin de le serrer contre toi pour dormir ? »
Il semble l'avoir complètement oublié ? C'est le signe qu'il devient grand. D'ici quelques jours, félicitez-le : « Je suis très fière de toi, tu es grand, tu n'as plus besoin de doudou. »

POUR EN SAVOIR PLUS

Dès 18 mois
Mon doudou, Édith et Rascal, Pastel, L'École des Loisirs.

Dès 2-3 ans
Les Doudous de Didou, Yves Got, Albin Michel.
Petit bout tout doux, Claude Lager et Claude K. Dubois, Pastel, L'École des Loisirs.
Moi et mon ours, Dr Catherine Dolto, Gallimard Jeunesse.
Ernest et Célestine ont perdu Siméon, Gabrielle Vincent, Duculot Casterman.
Le Doudou perdu d'Océane, Kochka et Claire Delvaux, Flammarion-Père Castor.
Trouvé, Albin Michel Jeunesse, 2004.
Les Doudous, Dr Catherine Dolto, Giboulées Gallimard Jeunesse.
Tchoupi a perdu doudou, Thierry Courtin, Nathan.
Sissi la marmotte et son doudou, Émile Bravo, Albin Michel Jeunesse.

Dès 3-4 ans
Thibaud le timide et le voleur de doudous, John Prater, Kaléidoscope.
Les Doudous, Dr Catherine Dolto, Gallimard Jeunesse.

Pour les parents
L'Enfant et sa Famille; *L'Enfant et le Monde extérieur*, Donald W. Winnicott, Payot, 2002.
Sous le signe du lien, Boris Cyrulnik, Hachette, 1989.

41

Lui apprendre le pot, mode d'emploi

C'est un fait, « Été rime avec propreté » : il fait beau, il fait chaud, on peut se balader tout nu ou presque... Mais pas de panique : l'hiver, dans un appartement, on y arrive aussi très bien. Il suffit de savoir comment s'y prendre.

Conseils de base

– N'y pensez pas avant ses 18 mois. S'il a 2 ans, c'est encore mieux. Et avant de penser lui apprendre le pot, attendez que votre enfant soit très assuré dans sa marche et à l'aise dans son langage. En général, on dit que l'enfant n'est pas mûr – sur le plan psychomoteur – pour acquérir la propreté, tant qu'il ne maîtrise pas la montée et la descente des escaliers. Même s'il est pratique et valorisant d'avoir un enfant propre « très, très tôt », un apprentissage trop précoce aboutit souvent à un résultat inverse à celui recherché. Le vôtre, 3 ans passé, ne semble s'intéresser que de très loin à la question? Ne paniquez pas : il y arrivera de toute façon (voir chapitre 45 *Il entre en maternelle dans quinze jours et n'est toujours pas propre...*).
– Dissociez la propreté la journée de la propreté la nuit (ou à la sieste) qui viendra d'elle-même, mais dans un deuxième temps. L'enfant ne peut raisonnablement tout faire à la fois.

Phase 1 : le pot

– Placez un pot dans les toilettes. Assurez-vous qu'il peut y accéder facilement. Verbalisez l'opération : « Ce pot sert à faire tes besoins » (à adapter en fonction du vocabulaire maison). Et évitez qu'il le transporte dans toutes les pièces de la maison. Expliquez-lui : « On le laisse dans les toilettes. » Plus tard, quand il commencera à dormir sans couches, vous pourrez lui permettre de

garder son pot près de lui la nuit (voir chapitre 42 *Il a 5 ans et fait encore pipi au lit*). Mais il n'y est pas encore.
– Repérez les moments de la journée où il salit ses couches. Incitez-le à s'asseoir sur le pot à ces moments-là. Repérage impossible ? Choisissez des heures un peu régulières : après le petit-déjeuner (la sieste, le goûter...), avant le bain...
– Il refuse de s'asseoir, panique ? Donnez-lui un ours en peluche, un jouet... Dites-lui que son pot est très joli. Lisez-lui une histoire. Rassurez-le : «Moi-aussi quand j'étais petite... C'est comme ça dans toutes les familles.»
– Il s'assoit mais se relève aussitôt ? N'insistez pas. Constatez calmement : «Peut-être que tu n'as pas envie maintenant, c'est tout ? Tu verras bien tout à l'heure.»
– Ça marche ? Manifestez – vous, mais aussi son père – abondamment votre satisfaction : «Tu as compris, c'est formidable ! Tu es grand, je suis fière de toi. Et toi, tu es content ?» De son côté, son père aussi doit l'encourager quand il est seul avec lui.
– Il semble intrigué par le contenu de son pot ? C'est normal : certains enfants sont angoissés à l'idée de déposer dans le pot une partie d'eux-mêmes. Gardez-vous, bien sûr, de vous boucher le nez et d'afficher une mine écœurée devant lui. Votre enfant penserait que ses besoins vitaux sont sales et dégoûtants. Au contraire, faites-lui comprendre – au moins au début – que «ce n'est ni sale ni dégoûtant, mais absolument nécessaire et naturel pour tout le monde».
– Puis, dites-lui : «Allez, maintenant, je le jette avec toi dans les toilettes. C'est là que tu feras tes besoins quand tu seras grand.» Enfin, apprenez-lui à tirer la chasse mais sans brusquerie ni précipitation, en le laissant un peu observer ; certains enfants sont paniqués par le bruit ou la disparition brutale de leurs selles. Si la chasse est trop haute, faites-le monter sur un tabouret. Tirer la chasse, c'est le côté ludique de l'opération, si cela l'amuse, ne l'en privez pas.

Phase 2 : les couches

– Enlevez-les progressivement (le matin, puis après la sieste, puis après le bain...). Enfilez-lui un slip à la place. Mais gardez les couches pour la sieste. Au début, pour les sorties et trajets, pensez aux culottes-couches.
– Acceptez les «accidents», même fréquents :
• Ne lui dites pas : «Tu as encore fait pipi, tu n'es pas gentil.» La propreté n'a rien à voir avec la méchanceté ou la gentillesse. Elle concerne l'évolution, la maturité de votre enfant. Votre enfant n'est pas «méchant» avec vous en faisant pipi dans sa culotte. S'il continue à se mouiller, ce n'est pas pour vous persécuter. Il est simplement en train d'apprendre. Pour l'instant, cet aspect de sa vie n'est pas encore en ordre, c'est tout.

• À chaque «accident», contentez-vous de commenter simplement : «Tu as fait dans ta culotte, tu as sans doute encore un peu besoin, va terminer sur le pot.» Ainsi, vous aidez votre enfant à comprendre que le processus d'apprentissage n'est pas purement et simplement «annulé» par son «accident». Vous lui permettez de reprendre confiance en lui. Les accidents dans la culotte, c'est comme faire les ratures sur le cahier, quand on apprend à écrire. Ce n'est pas parce qu'on en fait qu'il faut recommencer tout l'apprentissage à zéro.

– Ne vous énervez surtout pas si cela prend du temps. Interdisez à l'entourage de votre enfant – grand-mère, grand frère, baby-sitter... – tout commentaire désobligeant. Et répétez cette petite phrase aux effets magiques : «Tu sais très bien que ce n'est pas comme ça qu'on fait. Mais tu as le temps, tu y arriveras de toute façon. C'est toi qui décides du moment.»

– Ne revenez jamais en arrière en remettant des couches à votre enfant. De même, lorsque vous confiez votre enfant à garder, prévenez la personne responsable qu'il est en train de franchir ce cap et qu'il faut l'aider.

Il refuse de faire ses besoins ailleurs que dans une couche?

Cela existe effectivement. Votre enfant a probablement peur de faire ses besoins sur le pot ou les toilettes. Il veut certainement se rassurer. Il fait peut-être encore «un cadeau à sa maman ou à son papa» – faire ses besoins, pour l'enfant petit, a souvent ce sens-là. Ne le grondez pas, ne le forcez pas à aller sur le pot, ne portez pas de jugement de valeur («c'est bien / c'est mal») sur son attitude. Dites-lui : «Les choses ne sont pas tout à fait en ordre.» Et rassurez-le : «Tu sais, ce n'est pas dangereux de faire tes besoins dans le pot ou dans les toilettes. Tu le feras quand tu seras prêt.» En attendant une évolution, veillez à traiter l'enfant comme un grand et non plus comme un bébé, ce qui signifie ne plus l'allonger pour mettre sa couche, ni sur une table à langer, ni sur un lit. Fixez-la lui alors qu'il est debout, le plus rapidement possible. Certains enfants exigent une couche pour prolonger les gestes de maternage, maintenir un contact physique un peu trop proche avec leur parent. N'oubliez pas que, dès 3 ans, l'enfant traverse une période de grande excitation, appelée «phase œdipienne» selon la théorie psychanalytique (voir chapitre 96 *Il veut vous embrasser sur la bouche, vous toucher les seins*). La situation persiste? N'hésitez pas à consulter un psychothérapeute pour enfant. Souvent, une à deux séances suffisent pour résoudre ce genre de petits problèmes.

Il est propre, mais demande qu'on l'essuie. Jusqu'à quand?

C'est une question personnelle qui dépend beaucoup de la relation de dépendance de l'enfant à sa mère et du désir – plus ou moins conscient – de celle-ci de protéger et de surveiller son enfant. En principe, l'enfant peut s'en charger tout seul vers l'âge de 4 ans environ. Dites-lui : « Je t'ai aidé quand tu étais petit ; maintenant, tu peux te faire confiance et te débrouiller seul. » À vous aussi de faire confiance à votre enfant et d'accepter dans les premiers temps quelques lessives de culottes ou caleçons supplémentaires.

Il était complètement propre, il rechute

Tout n'est pas perdu pour autant. Interrogez-vous sur les événements récents dans la famille, qui ont pu troubler votre enfant (déménagement, changement d'école, arrivée d'un cadet en perspective, nouvelle nounou…). Formulez éventuellement des hypothèses devant votre enfant : « Peut-être qu'en ce moment tu ne te sens pas très bien parce que je t'ai dit que tu allais avoir un petit frère ? Peut-être que c'est pour cela que tu fais souvent dans ta culotte ? » Puis, dédramatisez et surveillez l'évolution. Reportez-vous aux chapitres 59 *Vous déménagez*, 74 *Il va avoir un petit frère*, ainsi qu'à ceux sur le divorce (79 et suivants). Et si le trouble persiste, que vous êtes inquiète, demandez conseil à un psychothérapeute pour enfants (voir chapitre 107 *Dans quels cas consulter un psy et comment ça se passe ?*).

POUR EN SAVOIR PLUS

Dès 18 mois-2 ans
   Sur mon trône, Edith et Rascal, Pastel, L'École des Loisirs.
   Sur le pot, Marianne Borgardt, Albin Michel Jeunesse.
   Qu'est-ce que c'est que ça ?, Sarrazin, L'École des Loisirs.
   L'Art du pot, Michelle Nickly et Jean Claverie, Albin Michel Jeunesse.

Dès 3-4 ans
   De la petite taupe qui voulait savoir qui lui avait fait sur la tête, Werner Holzwarth, Éditions Milan.
   Pipi!, *Crotte!* et *Prout!*, Pittau et Gervais, Seuil Jeunesse.
   Pipi de nuit, Christine Schneider et Hervé Pinel, Albin Michel Jeunesse.
   Des nuits sèches pour Victor, Dr Henri Lottman, Dr Nadia Lahlou et Pascale Collange, Medi-Text Éditions.

42

Il a 5 ans
et fait toujours pipi au lit

Cinq ans et toujours pas tout à fait propre la nuit... Vous avez beau vous dire que ça viendra, ces «accidents» à répétition commencent à vous inquiéter. Avant de le conduire chez un psy, adoptez les bons réflexes.

À quel âge doit-on être propre la nuit?

– Chaque enfant a son rythme. Tout dépend de sa propre évolution, de son positionnement dans la famille (aîné, cadet, benjamin), mais également de la propre «autorisation» (inconsciente, s'entend) que la mère donne à son enfant de se séparer d'elle. De plus, on observe souvent un décalage entre les garçons et les filles (plus précoces). D'une manière générale, il convient de ne pas s'inquiéter avant 5-6 ans.

– En revanche, s'il s'agit de ce que l'on appelle une «énurésie secondaire durable», c'est-à-dire un retour soudain et persistant du pipi au lit après avoir été propre la nuit – en général à la suite d'un événement plus ou moins marquant pour l'enfant (de l'arrivée d'un petit frère au divorce des parents...) – il est souhaitable de consulter un psychothérapeute pour enfant (voir chapitre 107 *Dans quels cas consulter un psy et comment ça se passe?*).

Pourquoi mouille-t-il encore son lit?

Pour différentes raisons qui, évidemment, se conjuguent souvent.

☐ Raisons physiques
– Il a une petite vessie.
– Il a le sommeil trop lourd.

☐ **Raisons psychologiques**
– Il est d'une nature anxieuse et la nuit l'angoisse.
– Il exprime un petit trouble après un changement qu'il semble avoir pourtant bien surmonté, alors qu'en fait, il n'en est rien : naissance d'un cadet, déménagement, voyage des parents...
– Il n'a pas tellement envie de grandir et reste très accroché à sa maman.
– Si c'est un garçon, il souffre de la pression plus ou moins consciente que la société exerce sur les enfants de sexe masculin. « Réussir à être propre est symboliquement assimilé à la réussite future en tant qu'homme », déplore le célèbre pédiatre américain T. Berry Brazelton[1].

Comment réagir?

– Ne lui dites pas : « Fais un effort » ou « Prends sur toi »... Ça ne marche jamais, car cela suppose une attitude volontaire de l'enfant pour un acte qui, consciemment, est tout à fait involontaire.
– Interdisez-vous de lui remettre des couches, même si vous n'en pouvez plus de changer les draps tous les jours. Mettez une alaise et adoptez des draps en Tergal pour vous simplifier la vie.
– Évitez de vous lamenter devant votre enfant et *a fortiori* devant ses proches (fille au pair, grand-mère, frère...). Ne dites pas à tout le monde qu'il « n'en a rien à faire », c'est faux. Cessez, le cas échéant, de le comparer avec sa sœur « qui, elle, est propre nuit et jour, depuis plusieurs mois ». Vous en rajoutez et cela l'humilie. N'oubliez pas : même s'il ne le montre pas, il sent qu'il n'est pas gratifiant pour son entourage, il se sent incompétent, il a honte.

Comment l'aider?

– Évitez qu'il boive trop avant de dormir.
– Évitez de lever votre enfant la nuit. Cela ne sert à rien car il est endormi. Cela limite peut-être les dégâts, mais n'inscrit en rien un réflexe.
– Ne rentrez pas dans le système qui consiste à lui changer son lit au milieu de la nuit. Mettez une serviette éponge sur le drap du dessous, cela permet de limiter l'inondation. Et ouvrez le lit à l'autre bout. Prévenez-le avant de se coucher qu'il faut qu'il se débrouille seul au maximum : qu'il s'installe à l'autre bout du lit resté sec ; ou s'enroule dans sa couette après avoir mis le pyjama de rechange préparé à l'avance, sans vous réveiller. Et s'il débarque en pleine nuit : « Maman, j'ai fait pipi au lit »? Si vous le pouvez, restez ferme : « Écoute, ce n'est pas si grave que ça. Nous en avons déjà parlé. C'est ton affaire. Tu peux te débrouiller seul. Change de pyjama, installe-toi du côté

---

1. *Écoutez votre enfant*, Payot, Paris, 1992.

sec et rendors-toi.» Le lendemain, responsabilisez-le : qu'il mette son pyjama et ses draps lui-même dans le panier de linge sale.

– Proposez-lui d'aménager son rituel d'endormissement, pour le rassurer (veilleuse, porte de sa chambre ouverte...) et lui faciliter la vie (pot près de son lit). Cessez de lui refuser ce petit verre d'eau sur sa table de nuit, au motif qu'il fait pipi au lit. Au contraire, installez-en un à côté de lui. Il sentira que vous lui faites confiance et que faire pipi au lit n'est pas lié à la seule quantité d'eau absorbée.

– Traquez vos propres incohérences. Exemple : continuer à le traiter en bébé quand ça vous arrange (en lui donnant un biberon au petit déjeuner, en lui rappelant constamment qu'il a oublié son doudou, en continuant à l'habiller le matin, en le portant dans les bras dès qu'il le réclame...), tout en exigeant qu'il soit propre la nuit.

– Valorisez-le (vous, mais aussi, surtout, son père) dans ses autres progrès (s'habiller, prendre son repas tout seul...).

– Dédramatisez en présence de son père. En lui signifiant clairement que vous n'en faites pas un problème personnel. Mais qu'il est «le seul à pouvoir décider» quand il sera «prêt à passer ce cap». Rassurez-le aussi : «Tu y arriveras de toute façon, ce n'est qu'une question de temps.»

– Ne vous lancez pas dans l'aventure barbare des rééducations avec électrodes, réveil qui sonne quand le lit est mouillé et autres cures «miraculeuses». Si vous êtes vraiment inquiète, consultez un psychothérapeute. Parfois, il suffit d'un entretien où la difficulté est nommée devant l'enfant pour qu'elle s'espace et disparaisse. L'enfant sent en effet que vous vous êtes mobilisée pour l'aider à trouver une solution à son problème.

POUR EN SAVOIR PLUS

Dès 3 ans

Pipi!, Francesco Pittau et Bernadette Gervais, Seuil Jeunesse.
Pipi de nuit, Christine Schneider et Hervé Pinel, Albin Michel Jeunesse.

Pour les parents

Le Sommeil, le rêve et l'enfant, Marie Thirion et Marie-Josèphe Chalamel, Albin Michel, 2001.
Écoutez votre enfant, T. Berry Brazelton, Payot, Paris, 2001.
Quand les pipis font de la résistance, Comment aider l'enfant à devenir propre, Dr Stéphane Clerget et Carine Mayo, Albin Michel, 2006.

V.
ÉCOLE, AMIS

43

À 3 ans, c'est trop une journée d'école?

«Êtes-vous consciente, Madame, qu'une journée d'école pour un petit de trois ans, c'est beaucoup?» vous a demandé la directrice, le jour de l'inscription. «Êtes-vous sûre de vouloir le mettre à la cantine?» a-t-elle poursuivi. Vous comptiez parler aussi de la garderie après la classe, vous n'avez pas osé... Un enfant de trois ans, déjà habitué à la collectivité, n'est-il pas capable de supporter ce rythme?

Ce qui va changer par rapport à la crèche (et a fortiori la nounou)

– Le bruit : notamment dans la cour de récréation et dans le réfectoire de la cantine (où plusieurs classes se retrouvent à la fois).
– Les horaires, désormais plus contraignants : selon les écoles, les heures d'arrivée et de départ se font sur un temps plus court qu'à la crèche.
– Le nombre d'enfants par rapport au nombre de personnes adultes qui s'occupent des enfants : à l'école, on compte une institutrice (éventuellement assistée d'une dame de service) pour une classe entière (25 à 30 enfants) ; à la crèche, une animatrice a la responsabilité de 5 à 10 enfants.
– L'ambiance moins «maternante» : dès la première année de maternelle, on doit se confronter au règlement de l'école, apprendre à rester assis à sa table, à écouter... Les relations sont moins individualisées qu'à la crèche. Les câlins et la liberté d'action ne sont plus au programme.
D'où le conseil donné par de nombreuses directrices de ne mettre l'enfant à l'école qu'à mi-temps, la première année. Et les fréquentes mises en garde du personnel enseignant lorsqu'on inscrit l'enfant à plein temps, du matin au soir, avec cantine et garderie.

Comment aider l'enfant à tenir le choc?

Même si parfois ils pourraient prendre plus de gants, les professionnels de l'enfance n'ont pas tort lorsqu'ils disent qu'une journée complète (cantine + étude) est trop fatigante pour un enfant de 3 ans. Il risque d'être épuisé et de se fâcher avec l'école. Encore plus s'il a moins de trois ans. Une solution moins bruyante, plus accueillante, mérite d'être envisagée pour alléger un peu ce rythme. Vous n'avez pas les moyens de vous offrir une jeune fille qui aille chercher votre enfant à l'école à 16 h 30 et attende votre retour tranquillement à la maison? Essayez de trouver, près de chez vous (demandez une adresse à la directrice d'école ou à la mairie), une assistante maternelle agréée. Elle fera déjeuner votre enfant chez elle ou ira le chercher à 16 h 30 et le ramènera chez elle, jusqu'à votre retour. Cela permettra à votre enfant de se détendre, de faire une coupure et d'être moins fatigué. Financièrement, une telle solution ne demande pas un trop grand sacrifice. La cantine aussi est payante.

Comment déculpabiliser?

Acceptez la réalité : vous ne pouvez pas – seuls quelques privilégiés le peuvent – inscrire votre enfant à l'école uniquement le matin, la première année. Vous ne pouvez pas, non plus, le faire rentrer déjeuner et lui faire faire la sieste à la maison, dans son lit. Vous n'avez pas le choix. Sachez vous convaincre que c'est la moins mauvaise des solutions. À l'école, votre enfant ne s'ennuiera pas, il fera beaucoup d'acquisitions et surtout il ne sera pas le seul dans son cas... Plus vous serez sûre de vous, plus vous assumerez ces changements, plus votre enfant sera à même de les supporter. Il se sentira «autorisé» (symboliquement, s'entend) à devenir grand (voir chapitre 44 *Réussir son entrée en maternelle*).

POUR EN SAVOIR PLUS

☑ Reportez-vous à la bibliographie du chapitre 44, *Réussir son entrée à l'école*.

44

Réussir son entrée en maternelle

Cela arrive à tous les enfants du monde. Pourtant, plus la date de la rentrée approche, plus vous éprouvez un étrange sentiment de fierté mêlé de crainte et de vague à l'âme. Comment aider votre enfant à faire le grand saut ?

Durant l'été qui précède

– Acceptez l'idée que, pour vous aussi, l'entrée en maternelle de votre enfant est une étape. Plus vous en aurez conscience, plus vous saurez « autoriser » (symboliquement, s'entend) votre enfant à grandir, à se séparer de vous, à entrer dans sa vie à lui... Plus son adaptation en sera facilitée. Les mots-clés : « Je suis très fière de toi, je te fais très confiance. Tout va très bien se passer, j'en suis certaine. Ton papa et moi aussi sommes allés en classe à cet âge. »
– Apprenez à votre enfant à être propre (voir les chapitres 41 *Lui apprendre le pot, mode d'emploi*, et 45 *Il entre en maternelle dans quinze jours et n'est toujours pas propre...*).
– Expliquez-lui les rythmes de sa future journée (renseignez-vous le jour de l'inscription). Ainsi, il saura que vous ne le plongez pas dans un monde qui vous est complètement étranger. Dites-lui qu'il découvrira et apprendra des tas de choses intéressantes, qu'il se fera des amis.
– Profitez-en pour lui parler de votre travail et de celui de votre conjoint. Dites-lui : « C'est comme cela la vie : nous travaillons pour gagner de l'argent, pour prendre nos responsabilités et aussi pour notre plaisir. »
Plus votre enfant sentira que vos occupations vous passionnent, mieux il s'adaptera à l'école et s'intéressera à ses nouvelles occupations.

Le jour de la rentrée

– Si ses deux parents peuvent l'accompagner, il se sentira plus en sécurité. Si l'un d'entre vous (ou vous deux) peut venir le chercher, c'est encore mieux. Négociez, si possible, de prendre une demi-journée de congé, ce jour-là.

– Permettez-lui d'emporter son doudou, l'école l'autorise les premiers temps. Pour la tétine, renseignez-vous auparavant sur la «politique» de l'école. Certaines ne l'admettent pas.

– Présentez votre enfant à la maîtresse. Si le règlement le permet, restez éventuellement un peu avec lui, le temps qu'il se familiarise avec son nouvel environnement. Mais laissez-le faire connaissance tout seul avec les autres petits enfants. Et surtout, ne vous éternisez pas.

– Il pleure? Sachez surmonter, devant lui, votre propre émotion et écourter le moment de la séparation. Votre enfant a l'âge d'être inscrit à l'école. Soyez tendre mais ferme : «C'est ton premier jour d'école. Je comprends que tu sois inquiet mais nous en avons déjà parlé. Je t'ai présenté à ta maîtresse. Tu vas rencontrer tes nouveaux copains. Tu pourras m'en parler tout à l'heure, lorsque je reviendrai te chercher.» Évitez de lui dire de se «conduire comme un grand», vous risquez, au contraire, de le mettre en colère. Et d'obtenir, pour seule réponse : «Mais je suis petit, je ne veux pas devenir grand...» Soit l'effet exactement inverse de celui que vous recherchiez.

– À la sortie, parlez-lui du plaisir que vous avez à le retrouver. Évitez de le harceler de questions sur le déroulement de sa journée (voir chapitre 46 *De l'école, il ne raconte jamais rien...*). S'il vous dit qu'il est triste ou malheureux, offrez-lui une oreille bienveillante. Aidez-le à dédramatiser en faisant référence à votre propre passé d'écolière. Dites-lui (le cas échéant) que, vous aussi, vous trouviez cela parfois difficile, mais que cela finit toujours par s'arranger.

Pour l'aider à s'habituer

– Les jours suivant la rentrée, prenez le temps de parler avec la maîtresse, pour qu'elle vous fasse part de l'adaptation de votre enfant.

– Facilitez la vie de votre enfant et de la maîtresse en optant pour une tenue vestimentaire adaptée. Évitez le jean à boutons, la ceinture, les bretelles, la salopette, les chaussures à lacets... N'hésitez plus à habiller votre enfant avec des pantalons à taille élastique et des souliers à scratch. C'est très pratique (même si c'est moins élégant) pour apprendre à un enfant à se débrouiller tout seul. Enfin, marquez toutes les affaires de votre enfant (voir chapitre 47 *À l'école, il perd tout*).

– Alternez, si possible, les conduites avec le père. Pour signifier à l'enfant que son père, aussi, accepte son changement de statut; que lui non plus ne le laisse pas dans un monde totalement étranger.

– Couchez votre enfant plus tôt le soir. Il sera fatigué, aura besoin de dormir davantage. Préparez-vous à adopter un rythme plus calme, plus strict. Désormais, lorsque vous sortirez dîner chez des amis, en semaine, vous ne pourrez plus l'emmener. Ne tombez pas dans le piège, fréquent au moment de l'entrée en maternelle : l'enfant est tellement épuisé qu'il lutte contre sa fatigue, refuse d'aller se coucher et finit par ne plus pouvoir s'endormir. Ne cédez pas (voir chapitre 27 *Il ne veut pas se coucher*). N'excluez plus de vous lever un peu plus tôt le matin, pour compenser ainsi le temps perdu avec votre enfant le soir. S'attabler tous ensemble autour d'un vrai petit-déjeuner vaut beaucoup mieux que de jouer les prolongations le soir.

POUR EN SAVOIR PLUS

Dès 2 ans
Mimi va à l'école, Lucy Cousins, Albin Michel Jeunesse.

Dès 3 ans
Vite ! Dépêche-toi !, Christine Schneider et Hervé Pinel, Albin Michel Jeunesse.
Le Prince Nino à la maternouille, Anne-Laure Boudoux et Roser Capdevilla, Bayard Poche.
Non, non et non !, Mireille d'Allancé, L'École des Loisirs.
L'École de Léon, Serge Bloch, Albin Michel Jeunesse.
Les albums *L'école, j'irai pas !*, *La cantine, c'est pas bon !*, *La sieste, j'aime pas ça !*, *La maîtresse, elle m'a puni !* Madeleine Brunelet, Actes Sud Junior.
Tom va à l'école, Marie-Aline Bawin, Mango.
Contes de l'école : les copains, la maîtresse et le doudou, collectif, Bayard Poche
Le Train des souris, Haruo Yamashita, L'École des Loisirs.
Camille fait l'école, Jacques Duquennoy, Albin Michel Jeunesse.
Je suis absolument trop petite pour aller à l'école, Lauren Child, Albin Michel Jeunesse.

Pour les parents
La Maternelle, une école pour la vie, Bernadette Minguet et Agnès Rochefort Turquin, Bayard, 1998.
L'Entrée à la maternelle, une grande aventure pour l'enfant, Myriam Szejer et Marie Auffret-Pericone, Albin Michel, 2004.

45

Il entre en maternelle dans quinze jours et n'est toujours pas propre...

Le jour où vous l'avez inscrit, la directrice a été formelle : «Je vous le prends, mais à une condition : qu'il soit propre à la rentrée.» La rentrée approche à grands pas et ce n'est toujours pas le cas...

À l'école, on tolère quoi au juste ?

– En théorie, les directrices d'écoles ont le pouvoir (circulaire n° 91-124 du 6 juin 1991) de refuser un enfant qui n'est pas complètement propre le jour de la rentrée.
– En pratique, les accidents occasionnels et temporaires sont admis. C'est pour cela qu'on demande aux parents, les premiers temps, de laisser à l'école un sac avec une tenue de rechange. L'école a beau disposer de culottes de dépannage, il est important pour l'enfant que ses parents veillent à la bonne tenue de son sac de secours.

À J-15, on peut tenter quoi ?

☐ Il n'y a pas de recette miracle
Seule certitude : plus vous le harcèlerez, moins il y arrivera. Enlevez-lui quand même les couches le plus souvent possible et remplacez-les par des culottes couches quand vous sortez faire des courses ou prenez votre voiture avec votre enfant.

☐ Tranquillisez-vous
Si l'enfant n'y arrive pas, c'est souvent à cause de la pression – même inconsciente – qu'il ressent de la part de son entourage. Faites le point sur vos propres angoisses de mère :

– L'entrée à l'école : pour vous aussi, c'est une étape. Qui implique de renoncer à votre tout-petit, d'accepter qu'il se sépare de vous, qu'il vous échappe. Vous ne cessez de lui répéter qu'il va vous manquer ? Ne vous étonnez pas qu'il ait envie de rester bébé et continue à faire dans ses couches...

– Qui va le garder si l'école n'en veut pas ? Une question qui peut devenir existentielle quand on travaille, qu'on ne dispose pas d'une nounou à la maison et que la date fatidique approche. Dédramatisez et, surtout, trouvez une solution de repli au cas où le problème ne serait pas réglé d'ici la rentrée. N'excluez plus l'idée d'une rentrée différée, après la Toussaint par exemple (voir plus bas). D'ailleurs, commencez à vous faire à cette idée : cela suffit bien souvent à débloquer la situation.

☐ **Rassurez-le**
– Faites référence à votre propre histoire et celle de votre conjoint. Rappelez-lui : «Moi aussi, quand j'étais petite, j'ai dû apprendre à ne plus mettre de couches, ton Papa aussi, chacun doit un jour ou l'autre faire cet apprentissage...» Il se sentira moins seul avec son problème.
– Martelez ces phrases aux effets magiques : «Tu y arriveras de toute façon, mais c'est toi qui décides du moment. Tout le monde y arrive un jour ou l'autre. Je te fais très confiance.» Plus vous lui montrerez que vous êtes sûre de lui, plus il se sentira autorisé à grandir et à se prendre en main.

Si ce n'est pas réglé le jour de la rentrée

– Allez voir la directrice, sans votre enfant. Expliquez-lui la situation, dites-lui que c'est une question de semaines. Négociez, si possible, une rentrée différée, après les vacances de la Toussaint ou en janvier, après Noël.
– Ne cédez surtout pas à la tentation de ne rien dire et d'envoyer votre enfant quand même en classe : vous risquez de le fâcher avec l'école, et pour longtemps. Et de vous mettre à dos le personnel enseignant, ce dont votre enfant souffrirait forcément. Ne cherchez pas à vous leurrer, ni à leurrer les autres. Votre enfant se sentirait mal à l'aise, coupable et humilié.

POUR EN SAVOIR PLUS

▟ Reportez-vous à la bibliographie du chapitre 41 *Lui apprendre le pot, mode d'emploi.*

46

De l'école, il ne raconte jamais rien...

Chaque soir, vous lancez avec l'enthousiasme de la mère coupable : « Raconte-moi ce que tu as fais aujourd'hui, mon chéri. » Et chaque soir, vous obtenez le même genre de réponses : « On a fait plein de choses», « On a mangé des biscuits»... Est-ce qu'il s'ennuie ou se sent mal à l'école ?

Il ne raconte rien ? C'est normal

– Il vient d'entrer à l'école, c'est-à-dire dans sa vie à lui. Il découvre un monde nouveau : sa maîtresse, ses copains... Il ne souhaite pas tout mélanger. Il a compris qu'on pouvait avoir des secrets. Il faut lui laisser le temps de découvrir et d'explorer ce monde. Il vous fait aussi sûrement payer ce changement de vie si soudain.

– Il est fatigué et n'a pas envie, quand il vous retrouve, de replonger tout de suite dans sa journée passée, aussi joyeuse fut-elle : il veut profiter de vous ici et maintenant.

– Vous le bloquez et le lassez en enchaînant les stéréotypes : «Tu as fait quoi ? La maîtresse t'a dit quoi ? Tu as mangé quoi ?... » Vous croyez bien faire, en réalité, vous vous montrez un peu trop intrusive. Vous croyez lui montrer que vous vous intéressez à lui, il ressent que vous voulez contrôler sa vie.

Il pourrait se décider si vous...

... choisissiez un moment de détente, en famille, le week-end par exemple, au lieu de le solliciter entre le bain et le dîner;

... commenciez la conversation en parlant d'abord de vous-même : le déroulement de votre journée, ce rendez-vous très important, l'intérêt général que

156

vous procure votre métier... Et le plaisir que vous éprouvez à retrouver votre enfant et à partager avec lui un certain nombre de tâches matérielles (le bain, le dîner) et d'activités ludiques (jouer, raconter une histoire...) ;

... l'invitiez, ensuite, naturellement à communiquer, en faisant attention à ne pas employer un ton trop dirigiste. Les mots-clés? «Et toi, tu voudrais me parler de ta journée? Qu'est-ce qu'il y a eu de mieux aujourd'hui? Qu'est-ce que tu as préféré? Qu'est-ce qui t'as fait plaisir?»

À lui, ensuite, de décider s'il veut vous répondre ou non.

L'idée qui doit vous guider

L'important est d'essayer de comprendre les sentiments et les émotions qu'a pu connaître votre enfant, au cours de sa journée (a-t-il été content, s'est-il senti triste, curieux d'apprendre?). Et non d'attendre une énumération de ses activités (a-t-il bien dessiné, mangé, fait pipi, fait la sieste...) qui frise parfois la caricature et appauvrit la relation et le dialogue entre vous deux.

47

À l'école, il perd tout

Une cagoule par-ci, une moufle par-là, c'est énervant mais passe encore... Le jour où il rentre de l'école sans son pull flambant neuf, en revanche, vous croyez devenir folle. Comment lui apprendre à faire attention à ses affaires?

Ces oublis à répétition, qu'est-ce que ça veut dire?

Plusieurs explications sont possibles :

– Il fait peut-être partie de ces enfants un peu plus rêveurs que les autres.

– Par souci d'efficacité, vous faites tout à sa place : son lit, sa chambre, les lacets de ses chaussures... (voir chapitre 20 *Êtes-vous en train d'en faire un petit pacha?*). Lui, il traduit : «Maman ne me fait pas confiance.» Et se conforme (inconsciemment) à l'image que vous lui renvoyez. Il prend aussi l'habitude de compter sur vous.

– Ses affaires ne sont pas marquées, vous perdez vos clés sans cesse, vous oubliez toujours le chèque de cantine, bref, l'organisation et vous, cela fait deux. Et comme les chiens ne font pas des chats...

– Cela n'a rien à voir avec vous. Dans la cour de récréation, il a monté avec quelques copains une intéressante petite «affaire» de troc... Exemple? Il a échangé son pull contre un Power Ranger ou une médaille de baptême en or... Dans ce cas, reportez-vous directement au chapitre 48 *Lui apprendre, dès la maternelle, à se protéger du racket...*

Comment en sortir ?

– S'il s'agit de votre piteux sens de l'organisation, débrouillez-vous pour, au minimum, marquer (ou faire marquer) les affaires de votre enfant[1]. Vous vous simplifierez – vous, comme lui – vraiment l'existence.

– Arrêtez de vous lamenter devant lui. En gémissant constamment : « Mais tu perds tout ! », vous l'installez dans son rôle de distrait. À la place, responsabilisez-le : « Tu sais, ça m'ennuie beaucoup d'avoir à racheter une cagoule. C'est à toi de faire attention à tes affaires. Je compte sur toi. »

– Évitez, devant lui, de faire constamment l'inventaire de ses moufles, de contrôler les trente portemanteaux de l'école, bref de lui communiquer votre propre angoisse… Essayez plutôt d'être rationnelle : « Ça, ce sont tes affaires, je les ai marquées, tu les accroches au portemanteau. Il n'y a pas de raison pour qu'elles disparaissent. Tu dois rentrer avec… » Et martelez la formule (aux effets magiques) : « Je te fais très confiance. »

– Cessez de le prendre systématiquement en charge, en courant à l'école (alors que les portes sont sur le point de fermer) pour lui rapporter son sac de gymnastique oublié. C'est à lui d'y penser. S'il se fait punir, c'est son problème. Il prend ses responsabilités et assume le règlement de l'école.

POUR EN SAVOIR PLUS

Dès 2-3 ans
Sacha perd tout, Claire Masurel, Pastel, L'École des Loisirs.

Dès 3-4 ans
La Chaussette jaune, Hélène Riff, Albin Michel Jeunesse.
Vous n'avez pas vu mon nez ?, Antonin Louchard, Albin Michel Jeunesse.

---

1. Passez commande par téléphone ou par fax à la maison COREP, elle vous enverra par la poste des étiquettes brodées (plus de trente modèles différents : du basique à celui orné d'une raquette de tennis ou d'un lapin…) à coudre ou à coller d'un coup de fer.
Tél. : 02 43 44 65 01 ; fax : 02 43 44 63 96.

48

Lui apprendre, dès la maternelle, à se protéger du racket...

Ce n'est pas que ça vous obsède, mais l'idée qu'un jour, il soit confronté au racket, vous fait froid dans le dos. Comment lui apprendre à se protéger?

Comprenez que le troc est l'antichambre du racket

Tous ces jouets et bonbons qui circulent, chaque jour, entre la maison et l'école, incitent les enfants à...

... être envieux les uns des autres; déjà, dès la maternelle, il n'ont pas tous les mêmes jouets;

... acheter (avec des objets) l'amitié des autres : «Si tu m'apportes cela, je suis ton copain.» Donc, à obtenir des gratifications par l'objet, à être reconnu, non pour eux-mêmes, mais en fonction de l'objet qu'ils apportent. De même, cela les entraîne à l'idée que, s'ils n'apportent pas de nouvelles choses, ils risquent d'être rejetés;

... se lancer dans une escalade concernant la nature des objets échangés. D'abord, le yoyo, puis les Figurines, puis le briquet de papa ou le rouge à lèvres de maman, enfin le blouson et la médaille en or.

Si l'on n'y prête attention, le troc prend vite des proportions incroyables et conduit les enfants à des manipulations, à des comportements très proches du racket, voire au racket lui-même.

Le signe qui ne trompe pas : l'enfant (même très petit) qui se retrouve, à 8 h 15 du matin, au moment de partir, le nez plongé dans son coffre à jouets, cherchant frénétiquement ce qu'il pourrait bien emporter à l'école... Questionnez-le un peu, et la réponse tombe comme un couperet : «C'est pour Max, sinon il n'est plus mon copain.»

Comment limiter le troc ?

☐ **Dès la première année de maternelle**
Durant les premiers mois d'école, laissez votre enfant emporter son doudou, pour l'aider à s'adapter à sa nouvelle vie, faire le lien avec vous et sa maison. Par la suite, vérifiez qu'il n'emporte rien de valeur ou de dangereux. Pour ce qui concerne les cartes et les billes, selon la mode du moment, laissez-le emporter sa collection, sinon il risque de se retrouver marginalisé dans la cour de récréation. Mais laissez-lui gérer ses échanges à ses risques et périls. Et essayez de le responsabiliser. En revanche, si vous vous apercevez qu'il s'installe dans la position de celui qui se fait systématiquement chiper ses cartes ou de celui qui en a toujours plus, interrogez-vous et aidez votre enfant à réfléchir sur ce qui se passe et sur son comportement par rapport aux autres. Mais sachez qu'interdire purement et simplement le troc est un leurre.

☐ **Votre enfant a pris l'habitude d'emporter tout et n'importe quoi à l'école, comment revenir en arrière ?**
– Choisissez un moment calme, où vous disposez d'un peu de temps, pour susciter une petite conversation avec votre enfant. Dites-lui : « Écoute, il y a un règlement : il est interdit d'emporter certains objets à l'école. Quand tu étais petit, je t'ai permis d'aller à l'école avec ton doudou, puis je t'ai laissé emporter d'autres choses. Maintenant, ce n'est plus possible. Il y a un règlement. Je vais t'aider à l'appliquer. » Puis, n'hésitez pas à contrôler ses poches. Il proteste contre cette soudaine intrusion ? Trouve injuste que d'autres de ses camarades continuent à emporter des babioles à l'école ? Restez ferme, dites-lui que vous le comprenez mais que vous l'aidez à « prendre ses responsabilités ». Et, si le règlement le permet, laissez-le emporter les cartes à la mode, et rien d'autre.
– Il semble perdu sans ses « accessoires » ? C'est le moment de lui parler de l'amitié. Dites-lui franchement : « Écoute. Tu peux te faire des amis autrement qu'en leur apportant tout le temps des jouets. Ton copain Pierre sera aussi ton ami si tu ne lui apportes pas cette voiture. C'est à toi de trouver d'autres moyens de te faire des amis. Vous n'avez qu'à jouer ensemble. » Réfléchissez avec lui à tous les jeux que l'on peut faire dans la cour de récréation (chat perché, un, deux, trois, soleil...). Il devrait se rallier (ou, du moins, être sensible) à vos arguments. N'hésitez pas à citer le cas d'autres enfants qui, eux, arrivent le matin, les poches vides et s'en sortent très bien. Parlez de votre propre expérience de l'amitié, faites éventuellement référence à votre propre passé d'enfant. Cela l'aidera à dédramatiser.
– Enfin, lorsque vous ne trouverez plus rien dans ses poches, félicitez-le : « Je suis fière de toi. Tu as compris. » Et invitez-le à vous parler de sa journée d'école (voir chapitre 46 *De l'école il ne raconte jamais rien...*).

Il rentre de l'école avec une chaîne en or qui ne lui appartient pas, comment réagir?

☐ Surtout ne laissez pas faire

Soyez extrêmement ferme. Avec votre conjoint, si possible ensemble, rappelez l'interdit et votre responsabilité de parent. Dès la maternelle, l'enfant doit apprendre que l'on ne vole pas et que l'on peut dire «non».

☐ Il proteste : «Mais c'est Adrien qui me l'a donné»?

– Répondez : «Peut-être que ça s'est passé comme ça, mais moi, ton parent, je vais en parler à la maîtresse ou à sa maman. Une chaîne en or (un blouson...), ce n'est pas un jouet.» Vous témoignez ainsi à votre enfant que vous ne le punissez pas, mais que vous l'accompagnez pour rapporter l'objet, c'est-à-dire pour prendre ses responsabilités. Vous ne faites pas comme si vous n'aviez rien remarqué, comme si vous pensiez qu'il allait résoudre ce problème tout seul, avec son copain. Vous exprimez ainsi à votre enfant que cette affaire dépasse sa propre responsabilité. Que vous vous sentez responsable de lui, et que vous posez une limite à cette escalade dans le troc. Et également que vous faites abstraction de sa peur vis-à-vis de l'autre parent, que vous êtes là pour l'en protéger.

– Dès le lendemain (pour qu'il prenne la mesure de l'urgence de la situation et comprenne l'absolue nécessité de ne pas recommencer), débrouillez-vous pour rapporter l'objet à l'institutrice ou au parent du petit copain généreux, si vous le voyez. Veillez surtout à ne pas humilier votre enfant. Ajoutez ensuite : «À l'avenir, si l'un de tes camarades te propose de te donner un cadeau du même type, tu dois dire non, tu dois refuser son cadeau. Tu pourras lui dire qu'il reste ton ami, même s'il ne te donne pas ce cadeau.»

☐ Il affirme qu'il l'a «trouvé par terre»?

Réagissez avec la même fermeté. Dites simplement : «Cela ne t'appartient pas, tu ne le gardes pas. Nous allons le rapporter à l'école pour que la directrice le mette dans les objets trouvés et puisse le rendre à l'enfant auquel il appartient.»

Il a donné son blouson, aucun parent ne s'est immédiatement manifesté...

– Cherchez à savoir ce qui s'est passé avec les responsables de l'école.
– Identifiez l'enfant qui a accepté ce «don». Récupérez le blouson.
– Puis, expliquez à votre enfant qu'il doit respecter ses affaires, comme il doit se respecter lui-même et qu'il est tout à fait autorisé à dire «non».
– Il vous répond : «Mais Pierre, c'est le plus fort de la cour. Si je ne lui avais pas donné mon blouson, il m'aurait bagarré...»? Répondez : «Je comprends

très bien que tu aies peur, mais je suis responsable de toi. J'en parlerai à la maîtresse et au parent responsable de cet enfant.» Ajoutez fermement : «Ce n'est pas acceptable qu'un enfant fasse la loi dans l'école. Je vais t'aider à apprendre à dire non.» Si votre enfant sent qu'il est soutenu par vous et votre conjoint, il aura moins peur et trouvera la force de résister au chantage. Il n'a pas à se sentir inférieur aux autres (voir chapitre 49 *Il est le bouc émissaire d'un autre enfant à l'école*).

POUR EN SAVOIR PLUS

Dès 5-6 ans
Max est racketté, Dominique de Saint-Mars et Serge Bloch, Calligram.

49

Il est le bouc émissaire
d'un autre enfant à l'école

Depuis quelque temps le nom d'un certain Martin revient constamment dans la bouche de votre enfant. Systématiquement associé à «il m'a griffé», «il m'a donné un coup de pied dans l'œil»…et autres brutalités de cour de récréation. Comment l'aider?

Pourquoi ça lui arrive à lui?

Vous n'êtes pas obligée de vous poser cette question. Mais si vous vous la posez, c'est normal. Peut-être êtes-vous un peu blessée, en tant que parent, de découvrir que votre enfant ne fait pas partie des leaders de la cour? Ne vous mettez pas martel en tête : s'il se fait martyriser, c'est tout simplement qu'il n'a pas toujours très confiance en lui et que cela n'a pas échappé à une terreur en culottes courtes. Ou bien, à l'inverse, que votre enfant est d'une nature un peu agressive, ce qui se retourne contre lui. Mais peut-être aussi n'y a-t-il aucune raison pour que «ça tombe sur lui», comme vous l'imaginez. En tout cas, il est important de surmonter l'éventuelle déception qui est la vôtre, afin que votre enfant ne se sente pas dévalorisé. Plus vous serez déçue, plus votre enfant le sentira, et moins il trouvera, en lui, la force de résister à la situation.

Comment évaluer l'étendue des dégâts?

☐ Si l'enfant en parle
Surtout ne minimisez pas d'emblée ses ennuis par des formules du style : «Tu en verras d'autres, mon garçon!» Dites-lui plutôt : «C'est très bien que tu m'en aies parlé. J'ai confiance en toi, il y a sûrement un problème.» Puis, essayez d'en savoir un peu plus.

164

☐ **S'il n'en parle pas**

Dans ce cas, si c'est son comportement qui a changé (il refuse de se lever le matin, il est agressif pour un rien ou replié sur lui-même...), suscitez une petite conversation sur l'ambiance à l'école. Interrogez-le calmement : « Peut-être se passe-t-il quelque chose qui t'ennuie à l'école ? Peut-être as-tu des soucis avec tes petits amis ? Tu sais, tu peux toujours m'en parler, je te fais très confiance... »

☐ **Dans les deux cas**

Mettez, si possible, le père à contribution pour mener l'enquête auprès de votre enfant. Et demandez à la maîtresse sa collaboration : a-t-elle remarqué quelque chose ? Sinon qu'elle ouvre l'œil...

Comment l'aider ?

– Dites-lui : « Tu dois dire non, tu en as parfaitement le droit. Ce qui arrive n'est pas normal, il n'y a aucune raison pour que tu te laisses faire. » Soyez bien sûre de vous. Plus vous le serez, plus vous réussirez à restaurer, chez votre enfant, l'estime qu'il a de lui-même. Expliquez-lui que la force physique n'est pas forcément un atout, que l'humour, le raisonnement, l'imagination... comptent tout autant. Et mettez en avant ses qualités à lui. Exemple : « Ce Martin est peut-être plus fort que toi. Mais toi, tu cours très vite, beaucoup plus vite que lui... » N'hésitez pas aussi à parler avec votre enfant de celui qui le tyrannise. Afin de l'aider à le faire tomber de son piédestal. Dites-lui : « Cherche par toi-même ce qui fait que cet enfant n'est pas supérieur à toi et que tu n'es pas inférieur. Je suis sûre que tu vas trouver. »

– Aidez-le à élaborer des stratégies défensives qui ne passent pas forcément par les coups. Au lieu de lui dire : « Défends-toi, mais défends toi, bon sang ! », apprenez-lui à commander avec son intelligence et sa finesse, plutôt qu'avec ses poings. Exemples : il court vite ? Qu'il prenne de vitesse son « bourreau » pour s'enfuir à temps et demander de l'aide aux grandes personnes qui surveillent la récréation – c'est leur rôle de protéger les enfants. Physiquement, il n'est pas très costaud ? Qu'il apprenne à faire appel à d'autres enfants, plus forts que lui, pour le défendre (cela fonctionne beaucoup comme ça dans les cours de récréation)...

– Dédramatisez. En lui parlant, le cas échéant, de vos propres expériences d'enfant ou de celles de son père.

– Montrez-lui que vous êtes prête à intervenir, si la situation perdure. Mais attendez un peu avant de vous en mêler.

Le drame persiste?

– Proposez à votre enfant de rencontrer le caïd en culottes courtes. Il sentira que vous l'accompagnez et lui permettez d'affronter celui qui le tyrannise. Si l'entretien a lieu (souvent il suffit d'en proposer l'idée pour que les choses rentrent dans l'ordre), évitez les formules du genre : «Tu es méchant» ou «C'est très mal ce que tu fais» (vous n'avez rien vu de vos yeux). Dites : «Mon fils me raconte qu'il a des problèmes avec toi, que ton comportement est inacceptable. Qu'est-ce que tu en penses, toi?»

– Observez attentivement la réaction des deux. Rien de bien méchant? Proposez-leur de mieux se connaître en lançant une invitation (cela peut provoquer un retournement spectaculaire). Ce Martin est manifestement un odieux personnage? Alertez l'école. La maîtresse profitera de l'incident pour faire une petite mise au point, en classe, sur la violence. La directrice, elle, si la situation s'aggrave, convoquera le petit «bourreau» et ses parents. Et pourra envisager des sanctions.

POUR EN SAVOIR PLUS

Dès 2 ans
> *Pourquoi Malo a-t-il honte ?*, Karine-Marie Amiot et Madeleine Brunelet, Fleurus, 2004.

Dès 3 ans
> *Et si j'étais... un lion?*, Eve Tharlet, Nord-Sud.
> *Oscar a peur de la récré*, Claude Lapointe et Catherine de Lasa, Calligram.

Dès 4 ans
> *Mon ami crocodile*, Fred Bernard, Albin Michel.

Dès 5-6 ans
> *Jérémie est maltraité, Lili est fâchée avec sa copine, Max se bagarre, Max veut se faire des amis*, Dominique de Saint-Mars et Serge Bloch, Calligram.
> *Je le dirai à ma mère!*, Béatrice Rouer et Rosy, Nathan.

Dès 6-7 ans
> *Julien ou cent façons d'avoir des copains* et *Julie ou cent façons d'avoir une amie*, Virginie Dumont, Actes Sud Junior.

Pour les parents
> *Papa, Maman, j'y arriverai jamais! Comment l'estime de soi vient à l'enfant*, Emmanuelle Rigon, Albin Michel, 2001.
> *Mon enfant a été agressé*, Stéphane Bourcet et Isabelle Gravillon, Albin Michel, 2004.

50

Faut-il l'aider à apprendre à lire et à compter ?

La pression sur les générations futures est telle que vous vous demandez s'il ne faudrait pas, dès la maternelle, faire prendre à votre enfant un peu d'avance sur les autres...

Ne vous transformez pas en parent-professeur

Pédagogues, pédiatres, psychologues... tout le monde est à peu près d'accord pour condamner ces parents apprentis sorciers qui se substituent à l'école dans l'apprentissage de la lecture et des mathématiques. Trop tôt, n'importe comment, et sans tenir compte de la maturité de l'enfant. En effet, une telle attitude ne respecte pas les rythmes de l'enfant mais vise à le surstimuler. Ces parents se substituent à l'école. Dans l'esprit de leurs enfants, ils prennent la place de la maîtresse. Résultat : à l'école, l'enfant ne peut pas découvrir en même temps que ses camarades, il est en position de « moi, je sais déjà ». Cela peut gêner son attention et sa motivation. En classe, il aura probablement moins envie d'écouter. Par ailleurs, il risque d'apprendre avec une méthode différente de celle employée par la maîtresse. Ce qui ne peut que compliquer le processus d'apprentissage de la lecture.

Avant d'apprendre à lire et à compter, il faut être autonome

Certes, il existe une pression autour de l'enfant. Certes, les parents sont toujours fiers d'avoir un enfant « en avance ». Mais avant de connaître l'alphabet et la numération, il est beaucoup plus important pour l'enfant, de maîtriser d'autres notions indispensables à son développement et son épanouissement. Ainsi, avant d'apprendre à lire et à compter il est bon que l'enfant...

... sache qui il est, qu'il connaisse parfaitement sa filiation et son identité (voir chapitre 77 *Il a du mal à comprendre « qui est qui » dans la famille*) ;

... ait une maîtrise de son corps et un bon développement moteur. Ainsi, il doit savoir monter et descendre un escalier, faire du vélo, du toboggan ;

... sache reconnaître sa gauche de sa droite, sur lui et sur autrui ;

... possède des notions de temps (la journée, la semaine, le week-end...). Au lieu d'énumérer automatiquement les jours de la semaine, il est préférable qu'il comprenne que mardi est avant mercredi ;

... ait des repères dans l'espace, reconnaisse le quartier où il habite, les lieux où il passe ses vacances ;

... soit suffisamment autonome sur le plan affectif, débarrassé de tous les freins à l'indépendance que constituent biberons, tétines, doudou... (voir chapitres 35 *Biberon, tétine, totote, comment le faire décrocher?* et 40 *Vous avez oublié ou perdu le doudou*), capable de se séparer d'autrui facilement.

Ce n'est qu'après avoir franchi toutes ces étapes qu'un enfant est suffisamment mûr et sûr de lui pour développer sa curiosité intellectuelle et exercer son envie d'apprendre. À l'inverse, un enfant surstimulé, qui donne l'apparence d'un être brillant, peut finir par éprouver des difficultés à exploiter son potentiel. Sa créativité, son imaginaire se trouvent entravés. À terme, on peut obtenir le résultat exactement opposé à celui que l'on recherchait au départ : un blocage éventuel dans le processus d'apprentissage et un repli sur soi, une régression.

Rien ne vous empêche de lui donner le goût des chiffres et des lettres

En attendant le CP, il n'est pas interdit, en revanche, de sensibiliser progressivement votre enfant à ces grandes découvertes que sont le calcul et la lecture.

☐ **Les lettres**
Vous pouvez, dès maintenant, favoriser son goût futur pour la lecture en appliquant des petits trucs et en vous amusant avec lui à des petits jeux.
– Les petits trucs :
• Évitez de lui offrir des livres en tissus ou en plastique qui, certes, ne s'abîment pas, ne salissent pas les mains et se lavent, mais ne correspondent pas à la réalité du livre et sont finalement un leurre pour votre enfant. S'il est très petit, préférez les petits albums cartonnés, bien épais.
• Ne hurlez pas quand, tout petit, il déchire un journal ou un prospectus. Au contraire, laissez-le faire : il est très important qu'il se sensibilise dès maintenant à la manipulation du papier journal. Toucher, détruire est pour lui un moyen d'explorer. Mais empêchez-le de faire la même chose avec les livres :

il doit comprendre que l'on n'en fait pas le même usage, que c'est plus important qu'un quotidien.

• Lisez-lui une histoire tous les jours (voir chapitre 70 *L'histoire du soir, pourquoi a-t-il tellement besoin de ce rite ?*)

• Ne lui lisez pas que des histoires illustrées de dessins mais aussi, dès qu'il a 5-6 ans, des histoires qui ne comportent que du texte. Feuilletez avec lui des petits albums avec des photos pour donner un sens plus réel à la lecture. Variez les plaisirs, proposez-lui plusieurs sortes de livres : des petits, des grands, des histoires courtes, des plus longues, dans différentes collections...

• Lorsqu'il vous réclame une histoire, invitez-le à aller chercher l'album tout seul. Pour développer chez lui une attitude active par rapport à la lecture.

• Quand vous lui lisez un récit, montrez-lui où se trouve le texte. Mais ne suivez pas non plus mot à mot avec votre doigt : c'est un peu scolaire. Puis, en fonction de son âge, identifiez les mots faciles qui lui tiennent à cœur (« maman », « papa »...).

• S'il part en vacances sans vous (chez les grands-parents, par exemple), écrivez-lui, même s'il ne sait pas lire.

– Les petits jeux :

• Entre 2 et 3 ans, on peut lui apprendre à reconnaître son nom. En l'affichant en lettres de bois, sur un mur de sa chambre. En l'écrivant sur un papier qu'il garde sur lui, en marquant ses affaires, et en lui montrant que c'est pareil.

• Quand il a bien intégré une lettre, invitez-le à la chercher et à la découper dans une page de journal. On peut aussi jouer oralement à chercher les mots commençant par la même lettre (d'abord les voyelles, puis les consonnes les plus simples) ou qui ont les mêmes sons.

• Plus tard, entraînez-le à reconnaître les mots désignant les produits qu'il aime : chocolat, lait... Puis, éventuellement, découpez-les sur des emballages et rangez-les ensemble dans une boîte à mots, par exemple.

• Vers 5 ans, bricolez avec lui un alphabet sous forme de petites cartes : sur chacune d'elle, inscrivez une lettre et faites, juste au-dessus, un dessin (ou collez une photo) d'objet commençant par la même lettre.

– Votre enfant est très motivé et a appris à lire tout seul ?

Cela arrive, même si c'est rare. Il s'agit, en général, d'enfants très précoces. Les parents doivent alors s'interroger sur le niveau d'acquisition et l'évolution de leur enfant dans d'autres domaines, notamment affectif et psychomoteur.

Parlez-en aux responsables pédagogiques de l'établissement scolaire. L'équipe jugera de l'opportunité d'une consultation chez le psychologue pour effectuer un bilan et envisager, le cas échéant, le passage anticipé dans une classe supérieure.

☐ **Les chiffres**
– Avant le CP, le raisonnement conceptuel n'est pas en place, laissez-le découvrir par lui-même.
– D'ici là, vous pouvez jouer à lui apprendre combien vous êtes dans la famille, dans combien de mois est son anniversaire, quel jour de la semaine est le mardi, etc. C'est beaucoup plus important que de lui apprendre les dizaines et les centaines qu'il découvrira en classe, lorsqu'il sera prêt.
– Quand il commence à montrer ses acquis, encouragez-le. S'il se trompe, ne vous moquez pas. Dites-lui : « C'était bien au début. »
– Pour lui donner des rudiments d'additions et de soustractions, ne passez que par des expériences concrètes, du genre : « Il y a trois bonbons sur la table, tu en prends un, combien en reste-t-il ? »
Conclusion : débiter des chiffres ou des lettres ne sert à rien. Cela crée des automatismes qui empêchent l'enfant de penser, de réfléchir. Il est utile de « jouer » aux chiffres et aux lettres. Mais il est tout aussi important de jouer à d'autres jeux très simples (voir chapitre 67 *Vous n'avez ni la force ni l'envie de jouer avec lui*).

POUR EN SAVOIR PLUS

Dès 3-4 ans
L'ABC Boa, Seuil jeunesse.
ABC magique, David Pelham, Albin Michel Jeunesse.

Dès 5-6 ans
Les livres de la collection *Tom et Tim* de chez Calligram dont les textes sont étudiés pour lire seul dès le début de l'apprentissage de la lecture.
Max n'aime pas lire, Dominique de Saint-Mars et Serge Bloch, Calligram.

Dès 6-7 ans
Les livres de la collection « Ratus Poche » dont les textes sont étudiés pour les jeunes lecteurs, Hatier.

Pour les parents
Aimer lire, Guide pour aider les enfants à devenir lecteurs, Bayard Jeunesse.
Il a du mal à apprendre à lire, Gérard Chauveau et Anne Lamy, Albin Michel, 2004.
Papa, Maman, laissez-moi le temps de rêver !, Etty Buzyn, Albin Michel, 2002.

51

Réussir le grand saut maternelle-CP

«À partir de maintenant, c'est du sérieux.» Cette petite phrase, votre enfant risque de l'entendre souvent, d'ici la rentrée. Comment l'aider à bien vivre cette année charnière?

Mesurez ce qui va changer

– L'école devient obligatoire, il y aura classe le samedi matin (dans certaines écoles)... Conséquences : plus question d'arriver en retard ou de manquer l'école pour convenance personnelle des parents.

– Votre enfant a désormais plusieurs professeurs : sa maîtresse, mais également des professeurs de musique, de dessin et de gymnastique.

– Il existe une exigence de résultat : à la fin du CP, l'enfant doit savoir lire, écrire, connaître la numération (jusqu'à 100) et la relativité des nombres (du plus petit au plus grand) et être capable de faire une addition. On a coutume d'entendre que les bons élèves savent lire à Noël.

Par ailleurs, votre enfant est désormais soumis à des petits contrôles (lecture, dictée, poésie...) et reçoit un livret scolaire à faire signer par les parents.

– Votre enfant a un cartable. Celui-ci contient notamment : un livre de lecture, des cahiers d'exercices, une trousse et un cahier de correspondance (pour assurer la communication entre l'école et vous).

Ce cartable est le premier signe tangible de l'évolution de votre enfant : il en a la responsabilité, il est devenu grand.

Comment le préparer ?

☐ Durant les années de maternelle

L'enfant doit accéder, progressivement, à une autonomie complète. Et, en entrant au CP notamment, savoir faire les choses suivantes :

– Aller aux toilettes tout seul ; s'habiller et se déshabiller entièrement ; prendre son repas, aider à mettre le couvert et à débarrasser ; prendre son bain et se laver seul.

– Affronter des petits moments de solitude, c'est-à-dire pouvoir compter un peu sur lui-même (voir chapitre 69 *Il s'ennuie*) et ne pas être obligé d'avoir toujours recours à un adulte pour s'occuper de lui et jouer avec lui (voir chapitre 68 *Il ne sait pas jouer seul*). Soyons clairs : il ne s'agit pas que votre enfant puisse rentrer tout seul de l'école ou rester à la maison sans surveillance. Cette forme d'autonomie, il ne pourra l'assumer que plus tard (voir chapitres 20 *Êtes-vous en train d'en faire un petit pacha ?* et 61 *Lui apprendre à se débrouiller seul dans la rue*). Pour l'instant, on lui demande d'être capable de s'occuper tout seul, pendant de courtes périodes.

– Savoir prendre des initiatives appropriées à son âge comme : accrocher son manteau, ranger son cartable, ne pas laisser traîner ses vêtements par terre, être capable de choisir ses habits du lendemain, bref être responsable de ses affaires.

L'accompagner et l'aider dans tous ces apprentissages est très important et gratifiant. Cela suppose, bien sûr, de s'y préparer avant l'été qui précède la rentrée.

Les enfants qui, pour des raisons de date de naissance, font quatre ans de maternelle, maîtrisent souvent toutes ces notions parfaitement. Au CP, ils sont très à l'aise, sûrs d'eux et totalement disponibles pour apprendre à lire. Par la suite, ils ont rarement besoin d'être « poussés ». En outre, ils récupèrent beaucoup plus vite que les autres d'un éventuel accident de parcours (maladie, déménagement, grosse fatigue…).

☐ Durant l'été qui précède la rentrée au CP

Interdisez-vous de faire faire à votre enfant des devoirs de vacances, « pour le préparer ». C'est le meilleur moyen de faire naître en lui un sentiment d'anxiété et de développer une crainte de l'échec… (voir chapitre 50 *Faut-il l'aider à apprendre à lire et à compter ?*).

Comment l'aider à s'adapter, l'année du CP ?

☐ Soyez prête à investir un peu de temps

Le CP est une année charnière : c'est l'année où votre enfant s'inscrit, en tant qu'élève, dans le scolaire ; c'est l'année qui lui servira de modèle et de référence pour les années à venir. C'est donc l'année qui, plus que les autres, vous demandera assiduité, patience et persévérance. Votre enfant, mais aussi vous-même, récolterez les fruits de cet « investissement » plus tard.

☐ **Concrètement quel est le bon rythme?**

Il n'est pas question de vous lancer dans une heure de devoirs tous les soirs, d'en faire plus que l'institutrice et de surstimuler votre enfant. La maîtresse vous demandera simplement de faire lire votre enfant un peu chaque soir et éventuellement de lui faire réciter une poésie. Il est réellement important de vous conformer à cette demande. Choisissez un moment calme, après le goûter ou le bain, par exemple.

☐ **Vous rentrez trop tard le soir?**

– Évitez de faire lire votre enfant le matin, avant de partir à l'école. Vous risquez de le rendre anxieux le reste de la journée. Si vous avez plus de temps le matin, profitez-en pour prendre un vrai petit déjeuner et parler avec lui de son environnement, de sa nouvelle vie (voir chapitre 46 *De l'école il ne raconte jamais rien...*). Mais ne consacrez pas ce moment à la vérification de ses acquis.

– Essayez de «prendre» sur le temps qu'auparavant vous consacriez à lui raconter une histoire ou à jouer avec lui. Votre enfant grandit, ses besoins évoluent. Aujourd'hui, ce qui compte le plus pour lui, c'est de se sentir accompagné dans son évolution.

– Ou déléguez la lecture quotidienne à une tierce personne (jeune fille, grand-mère...). Mais débrouillez-vous pour le faire lire vous-même (père ou mère), certains soirs et/ou le week-end.

Le plus important n'est pas le temps que vous y passerez. Ce qui compte, c'est de montrer à votre enfant l'intérêt que vous portez à sa vie scolaire. Il s'agit d'être attentive, de vous tenir au courant de son évolution, de repérer, le cas échéant, les difficultés qu'il pourrait rencontrer, pour en parler à la maîtresse et chercher une solution (voir chapitre 53 *Il est «mauvais» en classe*). Mais il s'agit surtout de témoigner à votre enfant votre fierté de le voir grandir et apprendre. C'est la meilleure garantie de sa réussite scolaire future.

Il est épuisé?

– C'est normal. Attendez-vous peut-être aussi à le voir légèrement régresser dans son autonomie. Soyez indulgente, tolérez la situation à certains moments, mais ne laissez pas votre enfant revenir en arrière (voir chapitres 20 *Êtes-vous en train d'en faire un petit pacha?* et 60 *Il refuse de s'habiller seul mais exige de choisir ses affaires*).

– Parlez-lui de son père et de vous lorsque vous étiez enfants, lorsque vous avez appris à lire. Encouragez-le toujours à persévérer dans son évolution. Les mots-clés : «Je suis très fière de sentir que tu apprends, je suis fière de toi.»

– Veillez à ne pas centrer toute sa vie sur ses acquisitions. Ménagez-lui des temps de loisirs, de rencontres avec des petits copains, en dehors de l'école. Inscrivez-le, éventuellement, à une (pas trois) activité extra-scolaire (sport ou atelier créatif).

POUR EN SAVOIR PLUS

Pour l'enfant

Lily adore l'école, Kevin Henkes, Kaléidoscope.

La Rentrée de la famille cochon, Marie Agnès Gaudrat, Bayard Poche.

Les livres de la collection « Vive la grande école » : *La Rentrée, Les Cabinets...* de Claude Gutman et Serge Bloch, Casterman.

Les livres de la collection « Tom et Tim » de chez Calligram dont les textes sont étudiés pour lire seul dès le début de l'apprentissage de la lecture.

Max n'aime pas lire, Dominique de Saint-Mars et Serge Bloch, Calligram.

Vivre ensemble à l'école, guide pour un enfant citoyen, Laura Jaffé et Laure Saint-Marc, Bayard.

Alice et Paul, copains d'école, Dominique de Saint-Mars et Bernadette Després, Bayard.

Pour les parents

Papa, Maman, laissez-moi le temps de rêver !, Etty Buzyn, Albin Michel, 2002.

52

Il n'aime pas sa maîtresse

Depuis la rentrée, vous sentez que le courant ne passe pas entre votre enfant et sa maîtresse. Chaque matin, il se plaint et rechigne à partir pour l'école. Comment calmer le jeu?

Evaluez l'étendue des dégâts

S'il se plaint – «elle crie trop», «elle a des chouchous»... – passez directement au point suivant. Mais s'il n'en parle pas et que son comportement a changé (il pleure le matin, est agressif, replié sur lui-même...), tentez d'en savoir plus. Interrogez-le calmement: «Peut-être qu'il se passe quelque chose à l'école?» Rassurez-le: «Tu sais que tu peux toujours m'en parler.»

Vos doutes se confirment, aidez-le

– Ne banalisez pas sa plainte en disant: «Ça va s'arranger» ou pire «mais voyons tous les enfants aiment leur institutrice!», vous risquez de le culpabiliser.

– Montrez-lui au contraire que vous êtes là pour l'aider. Dites: «Je comprends que ce soit difficile pour toi.» Le cas échéant, faites référence à une expérience semblable que vous avez connue étant enfant.

– Ne critiquez pas la maîtresse, cela déstabilise l'enfant. Il a besoin de penser qu'elle lui «apprend bien». L'enfant qui manque d'estime pour son institutrice est moins apte à suivre en classe. Contentez-vous d'une formule plus neutre, comme: «Elle est très différente de celle que tu avais l'année dernière. Chaque enseignant a sa méthode.»

– Dédramatisez: «Aimer sa maîtresse n'est pas obligatoire. La vie vous a mis sur le même chemin pour effectuer un travail ensemble, non pour devenir amis.» Au besoin, établissez une petite comparaison avec vos collègues: vous avez plaisir à travailler avec eux, sans pour autant vous recevoir à dîner ou partir en vacances ensemble.

Le malaise persiste?

– Prenez rendez-vous avec la maîtresse et informez-en votre enfant. Il a peur des représailles? Rassurez-le: «Il est normal que je cherche à savoir pourquoi, en ce moment, tu ne te sens pas bien en classe.»
– Le jour de l'entretien, venez si possible avec le père de l'enfant. Parlez du malaise de votre enfant en restant le plus neutre et prudente possible. Dites: «J'ai l'impression que mon enfant ne se sent pas très bien en classe, qu'en pensez-vous?» Puis, laissez l'institutrice s'exprimer et envisagez des solutions avec elle.

Plusieurs hypothèses:

• C'est l'institutrice qui traverse une période difficile. Vous n'y pouvez pas grand-chose. Contentez-vous de dire à votre enfant au retour: «Ta maîtresse traverse une mauvaise passe, tu n'y es pour rien, cela va s'arranger.» Si un mois plus tard, ce n'est pas le cas et que d'autres parents se plaignent, voyez les délégués de parents d'élèves : ils sauront régler le problème avec la direction.

• C'est votre enfant qui, en classe, est agité ou renfrogné. Le cas échéant, faites part à la maîtresse d'un éventuel changement dans la vie familiale (divorce, naissance d'un cadet...) qui peut expliquer son comportement. Prenez la difficulté au sérieux et envisagez avec elle des solutions. Peut-être devriez-vous revoir votre organisation à la maison : coucher votre enfant plus tôt, éviter l'étude en prenant une jeune fille pour le garder au chaud chez lui...

Convenez avec l'institutrice de vous revoir dans un mois pour faire le point. Informez l'enfant de tout cela. Et si les choses ne s'arrangent pas, n'excluez pas de consulter un psychothérapeute (voir chapitre 107 *Dans quel cas consulter un psy et comment ça se passe ?*).

– Dans les cas extrêmes (brimades, injustices...), demandez conseil au psychologue scolaire, puis cherchez une solution avec les délégués de parents d'élèves et la direction. Mais rassurez-vous: une telle situation est rare.

POUR EN SAVOIR PLUS

Dès 3 ans
   L'école, j'irai pas! et *La Maîtresse, elle m'a puni!*, Madeleine Brunelet,
   Actes Sud Junior.
   Quand ma maîtresse sera petite, Michel Boucher, Albin Michel.

Dès 6 ans
   Les livres de la collection Vive la grande école : *La Rentrée, Les
   Cabinets...*, Claude Gutman et Serge Bloch, Casterman.
   Je me marierai avec la maîtresse, Danielle Fossette, Nathan.
   La Maîtresse en maillot de bain, Béatrice Rouer, Nathan.

Pour les parents
   Moi, j'aime pas trop l'école, Gilles Vallet et Anne Lanchon, Albin Michel,
   2005.

53

Il est «mauvais» en classe

À peine un trimestre passé et déjà le couperet est tombé: «manque de participation», «travail insuffisant» est-il inscrit sur son carnet scolaire... La panique vous saisit: êtes-vous en train de fabriquer un futur chômeur?

Comment s'aperçoit-on qu'un enfant a des difficultés?

– Dès la maternelle, la maîtresse vous signale qu'il ne suit pas les activités en groupe, ne respecte pas les consignes, s'isole et reste renfermé, ne fixe pas son attention, est agressif, détruit son travail ou celui des autres...

– Dès le CP, vous êtes informée par le cahier de correspondance et/ou le livret scolaire sur lequel la maîtresse porte des appréciations sur le travail et le comportement de l'enfant.

Il a des difficultés, pourquoi?

Pour différentes raisons qui, évidemment, se conjuguent parfois:

– Des raisons qui viennent de votre enfant :

• Il est un peu plus jeune dans l'année scolaire que les autres : il manque de maturité ou d'autonomie, il est plus fatigable que ses camarades.

• Il est mal latéralisé ou mal coordonné: il n'a pas encore fait le choix définitif de sa main (gauche ou droite) pour écrire.

• Son langage n'est pas encore très élaboré ou il souffre d'un retard de parole, ou d'un trouble d'articulation (chapitres 37 *Il zozote* et 38 *Il bégaie*).

• Il n'est pas très à l'aise dans son corps, il est timide, inhibé et ne participe pas suffisamment aux jeux de groupe. Ou, à l'inverse, il est très «physique», agité, instable et peu attentif aux activités plus intellectuelles.

– Des raisons qui viennent de la période qu'il traverse:

Vous venez de déménager, il vient d'avoir un petit frère... Plus problématique pour lui, vous venez de divorcer ou son grand-père vient de mourir (reportez-vous aux chapitres concernés).

– Des raisons qui viennent de vous, sa mère et/ou son père :

• Vous faites peser (plus ou moins consciemment) sur cet enfant une pression liée à un idéal que vous possédez pour lui. Il le ressent et cela aboutit à l'effet exactement inverse à celui que vous recherchez. D'une étude publiée par des chercheurs américains dans le *Journal of Personality and Social Psychology*[1], il ressort que trop féliciter un enfant à propos de ses résultats scolaires et son intelligence peut être nocif. Cela l'amènerait à croire que les bonnes notes sont plus importantes que le fait d'apprendre et de comprendre quelque chose de nouveau. Cela le préparerait mal à faire face à des échecs. Il pourrait croire que l'échec est dû à son manque d'intelligence et non à un travail insuffisant. «Louanger les enfants pour leur intelligence, au lieu de renforcer leur amour propre, les encourage à adopter des conduites autodestructrices, telles que la crainte de l'échec ou la fuite devant les risques», écrit le principal auteur de l'article, le Dr Carol Dweck, de l'Université Columbia à New-York. Plaçant très haut la réussite, ces enfants deviennent très vulnérables devant l'échec, assure-t-elle. En revanche, poursuit le Dr Dweck, «en enseignant aux enfants la valeur de la concentration, de la stratégie et du travail pour obtenir de bons résultats, on les encourage à soutenir leur motivation et leur amour-propre, et à maintenir leurs réussites.» Ainsi, les écoliers félicités pour leurs efforts se concentrent sur le but de l'apprentissage et sur les stratégies à mettre en oeuvre pour parvenir au succès.

• Votre enfant est au centre d'un conflit d'éducation entre son père et vous, conflit qui ne le laisse pas disponible pour des acquisitions scolaires.

• Durant le temps extra-scolaire, vous avez mis en place pour votre enfant un agenda de ministre : piano, poney, informatique, anglais... Il a tellement à faire en dehors de l'école qu'il se repose... en classe.

Comment réagir ?

– Dédramatisez : ce n'est pas parce que votre enfant rencontre une difficulté passagère qu'il est promis à un avenir de cancre, puis de chômeur. L'enfant dispose de l'année entière pour assimiler le programme et faire les acquisitions nécessaires. Par ailleurs, il est tout à fait normal qu'un enfant jeune dans l'année civile ait un rythme plus lent que l'enfant plus âgé, même de quelques mois : les dés ne sont pas jetés à Noël et encore moins à la Toussaint.

---

1. *Le Figaro* d'après l'AFP, juillet 1998.

– Prenez un rendez-vous avec la maîtresse pour essayer d'en savoir un peu plus.

– Expliquez à votre enfant que vous allez rencontrer la maîtresse dans le but de collaborer avec elle, non de le contrôler, lui. Dites : « Nous allons voir ta maîtresse parce que, avec ton père, il nous semble que tu n'es pas très à l'aise et qu'il y a une petite mise au point à faire. »

– Le jour de l'entretien, venez sans votre enfant mais, si possible, avec son père. Faites le point avec la maîtresse sur :

• la participation de votre enfant aux tâches écrites et orales : y-a-t-il un décalage par rapport aux autres dans la lecture, l'écriture et/ou le langage ? Inverse-t-il certaines syllabes à l'oral ou à l'écrit ? A-t-il des difficultés de latéralisation, de coordination motrice : confond-il sa gauche et sa droite ?

• son comportement : respecte-t-il les consignes, a-t-il des amis, reste-t-il isolé et/ou collé à la maîtresse ?

– Entendez les observations de l'institutrice, mais n'en tirez pas des conclusions hâtives alarmistes du genre : « Son année est fichue ! » Si la maîtresse vous avertit, c'est pour vous permettre d'aider votre enfant, non pour l'enfoncer. De même, ne rentrez pas dans le discours culpabilisateur, lié à la société dans laquelle nous vivons. Ne lui dites pas : « Tu vas finir chômeur ! » ou pire, « Avec tout ce qu'on fait pour toi ! »

– Ne le punissez pas. Cela empêche l'enfant d'être heureux d'apprendre et le décourage.

– Trouvez les solutions qui s'imposent :

Votre enfant mène-t-il une vie suffisamment équilibrée et régulière sur le plan des horaires (repas, coucher) ? A-t-il suffisamment de contacts affectifs avec son père et vous ? Rencontre-t-il assez d'amis de son âge ?

S'il vous semble que non, essayez de changer quelque chose dans sa vie. Souvent, il suffit d'un petit changement pour améliorer la situation : organisation différente de la sortie d'école, suppression de la cantine certains jours dans la semaine… Réfléchissez. Intéressez-vous à ses apprentissages, ses connaissances, ses émotions, à leur contenu, à leur sens, plus qu'à la forme et aux résultats ponctuels.

Les choses ne s'arrangent pas ?

Les difficultés scolaires traduisent un malaise et peuvent nécessiter une prise en charge individuelle et/ou une rééducation. N'hésitez pas à consulter votre pédiatre, un orthophoniste pour les troubles du langage oral et écrit, un psychomotricien pour les troubles de coordination et de la latéralisation ou un psychothérapeute (voir chapitre 107 *Dans quel cas consulter un psy et comment ça se passe ?*). Ce professionnel saura faire le bon diagnostic et vous conseiller pour aider votre enfant.

Gardez en tête que toute période d'apprentissage est faite de réussites et d'échecs et que tous les enfants ne peuvent pas être des têtes de classe. Seulement 2,5 % de la population peut être qualifiée de très précoce, voire de «surdouée»... Les progrès de l'enfant ne sont pas linéaires: son développement et son épanouissement ne s'inscrivent pas sur une trajectoire rectiligne. Apprenez à féliciter votre enfant pour ses autres acquisitions (autonomie, activités extra-scolaires...), sa curiosité, son sens de l'observation et ses qualités humaines (sens de l'amitié, respect des autres, générosité...). Prenez conscience que l'enfant n'est pas une «machine à notes» et que son parcours scolaire et son avenir ne se résument pas à des notes et des appréciations.

POUR EN SAVOIR PLUS

Dès 3 ans
> *Parfaite la Princesse?*, Fanny Joly et Claude Lapointe, Bayard Poche.

Dès 5-6 ans
> *Nulle en calcul!*, Béatrice Rouer et Rosy, Nathan.
> *Bouboul Maboul*, Evelyne Reberg et Gérard Franquin, Bayard Poche.
> *Drôles de contrôles*, Fanny Joly et Roser Capdevila, Bayard Poche.
> *La Charabiole*, Fanny Joly, Claude et Denise Millet, Bayard Poche.
> *Nina la tortue*, Jérôme Ruillier, Albin Michel Jeunesse.

Pour les parents
> *La Grande Enfance, 6-11 ans*, Sylvette Desmeuze-Balland, Albin Michel, 2000.
> *L'Estime de soi – Mieux s'aimer pour mieux vivre*, Christophe André et François Lelord, Odile Jacob, 1999.
> *Papa, Maman, j'y arriverai jamais! Comment l'estime de soi vient à l'enfant*, Emmanuelle Rigon, Albin Michel, 2001.
> *Il a du mal à l'école – Un peu, beaucoup, trop... comment l'aider*, Brigitte Chevalier, Albin Michel, 2003.

VI.

SÉPARATION, AUTONOMIE, SENS DU DANGER

54

Il refuse de vous lâcher
quand vous partez travailler

Chaque matin, en entendant ses hurlements dans l'escalier, votre cœur se brise. Est-ce un calvaire que vous infligez à votre enfant?

Pourquoi refuse-t-il de se séparer?

Pour l'une et/ou l'autre des raisons suivantes:
− Il a moins d'un an: il traverse une étape normale et nécessaire du développement de l'enfant. Lorsque le bébé atteint l'âge de 8 mois environ, selon la théorie psychanalytique, il devient capable d'identifier clairement sa mère. Il prend conscience qu'il ne fait pas qu'un avec elle, qu'il est un être différent d'elle. Il passe d'un état de dépendance absolue à un état de dépendance relative : il fait l'expérience du passage de la fusion à la différenciation. Il se rend compte qu'il doit affronter des moments de solitude, que sa mère n'est pas toujours là pour s'occuper de lui, qu'elle s'absente: il redoute alors la séparation et peut se trouver dans un état de détresse quand il croit qu'elle ne va pas revenir. C'est la fameuse «angoisse de séparation» qui évolue doucement, s'atténue (avec des périodes plus ou moins sensibles) vers l'âge d'un an environ, puis disparaît lorsque l'enfant entre dans sa «phase œdipienne», entre 3 et 6 ans environ (voir chapitre 40 *Vous avez oublié − ou perdu − le doudou*).
− Il a 18 mois environ: il entame sa période du «non» (voir chapitre 1 *Vous n'arrivez pas à lui dire non*). Il dit non à toute proposition de ses parents, ce qui l'aide à se construire. S'il hurle lorsque vous partez, c'est pour protester, signifier son désaccord, s'opposer à vous.
− Vous rentrez de vacances ou reprenez le travail après un congé parental. Vous avez passé de longs moments avec lui. Ses pleurs traduisent sa peur de la solitude et son malaise devant ce brutal changement de rythme.

– Un événement dans sa vie a pu créer un choc affectif: voyage de votre mari et vous, sans lui, naissance d'un cadet… Il est renvoyé à son «angoisse de séparation» précoce.

– Cela vient peut-être de vous: vous êtes trop angoissée, triste et culpabilisée à l'idée de vous séparer de lui, de le laisser. Inconsciemment, vous vous sentez une bonne mère en étant anxieuse. Votre enfant le sait et s'il pleure au moment de la séparation c'est pour alimenter votre anxiété et vous permettre ainsi de continuer à vous vivre comme une bonne mère…

– C'est une question d'environnement. Sa nourrice n'est peut-être pas suffisamment chaleureuse? Peut-être n'avez-vous pas pris suffisamment le temps de faire le lien entre elle et vous?

Comment arranger la situation?

– Déculpabilisez: tout enfant doit apprendre à se séparer de sa mère et à supporter cette situation de frustration. Vous n'êtes pas une mauvaise mère en laissant votre enfant à la crèche ou avec une nounou pour aller travailler ou prendre du temps pour vous. Au contraire, vous l'aidez à se construire. Françoise Dolto disait: «La séparation est la base de toute relation vraie entre les individus.» L'enfant a donc besoin de faire l'épreuve de la séparation avec sa mère.

– Acceptez de reconnaître que, pour vous aussi, laisser votre enfant entre d'autres mains est un bouleversement. D'après le célèbre pédiatre américain T. Berry Brazelton, la mère qui décide de faire garder son enfant doit accomplir un vrai «travail de deuil»: elle doit renoncer à la proximité qui s'était établie avec son enfant durant ses premiers mois de vie et tirer un trait sur l'idée qu'elle nourrissait (plus ou moins consciemment) de s'occuper elle-même entièrement de son enfant. Même si on adore son métier, cela n'est jamais évident pour aucune mère. Prendre conscience de cela permet souvent d'améliorer les choses. Plus vous serez angoissée, moins votre enfant vous laissera tranquille.

– Revoyez peut-être la phase d'adaptation entre la crèche ou la nounou et vous. Un temps de préparation en paroles et en actes est absolument nécessaire pour que, ensuite, les choses se passent tranquillement.

• Quoi dire?

Prévenez votre enfant du changement qui va s'opérer: «Je vais reprendre mon métier, ce qui me rend très heureuse. Je ne serai pas avec toi toute la journée comme avant, mais tu ne seras pas seul, tu resteras avec Corinne, ta nounou (variante: les jeunes filles de la crèche). Je suis très contente de te confier à elle(s) et je suis sûre qu'elle(s) saura(ont) très bien s'occuper de toi.»

Prononcez devant votre enfant des paroles rassurantes à propos de la nounou, dites-lui que vous avez toute confiance en elle.

Rassurez-le : « Je reste ta maman, je suis toujours responsable de toi. En aucun cas, Corinne ne pourra être ta maman. Mais en mon absence, elle prendra soin de toi. »
Évitez absolument de faire étalage de tristesse, larmes et commentaires négatifs du genre : « Tu vas me manquer ». Loin d'être une preuve d'amour, cela empêche votre enfant de vivre paisiblement la séparation avec vous.

• Quoi faire ?

Si votre enfant est gardé à la crèche, il existe un programme d'immersion qu'il est important de respecter à la lettre, même s'il est contraignant pour vous, sur le plan professionnel.

S'il est gardé par une nounou, passez des moments tous les trois : jouez avec l'enfant toutes les deux, allez ensemble au parc, expliquez à la nounou les petits rituels de votre enfant. N'oubliez pas d'emporter son doudou et ses jouets préférés, s'il est gardé chez elle. Habituez-le, petit à petit, à rester seul avec elle. Au début ne partez qu'une heure, puis deux, puis la matinée et enfin toute la journée.

Le matin, pendant que vous l'habillez et lui donnez son petit déjeuner, préparez la séparation sur un ton apaisant. Même si vous avez l'impression de vous répéter, n'hésitez pas à lui énoncer tous les matins l'emploi du temps de la journée : « Je vais partir travailler, tu vas rester avec ta nounou (variante : à la crèche). Elle jouera avec toi, te donnera ton déjeuner. Tu feras la sieste, puis tu iras te promener (variante : tu joueras avec les autres enfants). Et ensuite, je te retrouverai. »

Malgré toutes vos précautions, il continue à hurler quand vous partez ?

– Ne soyez pas étonnée : il est normal et légitime qu'il manifeste sa désapprobation avec excès. Mais ne vous placez pas à son niveau en faisant preuve des mêmes débordements. Vous avez fait au mieux pour préparer cette séparation. À votre enfant, maintenant, de trouver en lui les ressources nécessaires pour faire face. Ne paniquez pas : il possède ces ressources, comme chaque enfant. Laissez-le les découvrir.

– Dédramatisez. Cet état devrait passer plus vite que vous ne le pensez. Demandez à la personne qui le garde, elle vous répondra sûrement que, cinq minutes après votre départ, tout rentre souvent dans l'ordre.

– Au moment où votre enfant pique sa crise, restez le plus sereine possible. Dites-lui tendrement mais fermement : « Je t'ai déjà expliqué le programme de la journée. Maintenant c'est l'heure où je m'en vais. Je te confie à Corinne, je suis tranquille : tout est en ordre. Tu vas jouer en m'attendant. Je reviendrai ce soir. Tu vas trouver en toi la force de surmonter cette situation. Je te fais très confiance. »

– Gardez-vous de partir en douce, mais abrégez les embrassades. Mettez-le dans les bras de la nourrice et si votre enfant continue malgré tout à hurler, n'en déduisez pas qu'elle est nulle.

– Demandez si possible à votre conjoint d'assumer quelques séparations dans la semaine. Cela provoque souvent des retournements spectaculaires.

Lorsque vous le retrouvez le soir

– Évitez de vous jeter sur lui en le matraquant de baisers. Cela revient à le traiter comme un objet qui vous appartiendrait totalement. Or on ne peut demander à un enfant d'accepter de se séparer de sa mère le matin, si on le replace, dès son retour, dans un corps à corps fusionnel. Apprenez, au contraire, à retrouver votre enfant comme une personne autonome par rapport à vous, qui a sa personnalité et sa vie propres.

– Adressez-vous à lui sur un mode de communication moins charnel, plus verbal, plus mature. Dites-lui : « Je reviens comme je te l'avais promis. J'ai pensé à toi.» N'exigez pas qu'il vous embrasse ou vous raconte sa journée en détail (voir chapitres 46 *De l'école, il ne raconte jamais rien* et 13 *Il ne dit jamais bonjour*), racontez-lui plutôt la vôtre.

– Il boude? Ne vous mettez pas en colère. Ne vous sentez pas vexée. Dites-lui : «J'ai l'impression que tu es un peu fâché parce que je t'ai laissé, mais c'était absolument nécessaire.» Continuez à lui parler. Puis, faites diversion en proposant un jeu ou une activité.

Ce qui doit vous alerter :

– Vous avez fait tout ce qui précède mais, au bout de trois semaines/un mois, le drame persiste.

– Les manifestations de votre enfant sont de plus en plus violentes et commencent de plus en plus tôt par rapport au moment où vous allez vous quitter.

Dans ces cas, il est peut-être souhaitable de consulter un psychothérapeute (voir chapitre 107 *Dans quel cas consulter un psy et comment ça se passe*).

POUR EN SAVOIR PLUS

Dès 18 mois-2 ans
> *La Crèche*, Dr Catherine Dolto, Gallimard Jeunesse.
> *À ce soir*, Jeanne Ashbé, Lutin poche, L'École des Loisirs.

Pour les parents
> *Crèche, nounou et Cie*, Anne Wagner et Jacqueline Tarkiel, Albin Michel, 2003.
> *Mon enfant me dévore*, Lyliane Nemet-Pier, Albin Michel, 2002.

55

Il ne veut pas que vous sortiez le soir

À chaque fois, c'est la même comédie : dès qu'il apprend que vous allez sortir, votre enfant passe de la joie de vivre à la consternation. Quand il ne se roule pas par terre en pleurant «Je veux maman-an-an...» Est-ce un trop grand sacrifice que vous lui imposez ?

Pourquoi pleure-t-il ?

Pour l'une et/ou l'autre des raisons suivantes :
– Il ne vous a pas vue de la journée, vous lui avez manqué, il est triste de vous voir repartir au lieu de vous occuper de lui.
– Il sent la culpabilité que vous avez peut-être à le laisser à nouveau et il en joue... plus ou moins consciemment.

Déculpabilisez

Il est non seulement normal mais souhaitable que les parents aient une vie extérieure à leurs enfants et donc une vie sociale. Voir ses parents inviter des amis, sortir dîner, aller à des fêtes, bref avoir des soirées qui ne se résument pas au plateau devant la télévision, c'est important pour un enfant. C'est signe de gaieté et de fête et l'enfant a besoin de ces sentiments pour s'épanouir. À l'inverse, il est très pesant pour l'enfant d'être l'unique source de joie et de plaisir de ses parents.
Bien sûr, tout est une question de mesure. Avoir des «parents courants d'air» n'est pas plus souhaitable que d'être doté de «parents esclaves». Les parents qui sortent tous les soirs, ne rentrent chez eux que pour prendre une douche, se préparer et repartir, finissent par ne plus du tout s'occuper de leur enfant. Ils fuient leurs responsabilités de parents, sans doute pour échapper à

l'épreuve des discussions et des caprices. L'enfant, lui, souffre d'un manque de considération, d'affection et de sécurité. Il a besoin de partager des moments avec son parent, sans être toujours confié à des baby-sitters. Attention donc à ne pas tomber dans ce piège.

Pour que tout se passe bien la prochaine fois

☐ La veille au soir

– Préparez votre enfant : « Demain soir, nous sortons, nous allons dîner chez les Dubol ». Dites un mot de ces amis : « Tu sais, le papa et la maman de Théo... » ou bien tout simplement « Ce sont de nouveaux amis que tu ne connais pas mais qui sont très sympas... »

– Rassurez-le : « Tout est organisé pour toi, tu ne resteras pas seul, c'est Aurélie qui te gardera. Je penserai beaucoup à toi. Avec ton papa, nous viendrons bien sûr t'embrasser quand nous rentrerons et que tu dormiras. » Ajoutez, le cas échéant : « Comme le fait ton papa quand il rentre tard. »

☐ Le matin du jour J

– Rappelez-lui la manière dont se déroulera la soirée, pour lui.

– Il proteste et se met à pleurer?

• Consolez-le : « Je comprends très bien que tu sois ému et triste. Mais j'ai besoin de sortir avec ton papa, mon mari. Toi, tu seras dans ta maison avec tes jouets et une jeune fille pour te garder. »

• Dédramatisez la situation : « Tous les parents sortent le soir, de temps en temps. Moi aussi, quand j'étais petite, mes parents sortaient. Quelquefois, j'étais triste aussi. Mais d'autres fois aussi, j'étais contente car cela me permettait de jouer plus tard ou de regarder un peu la télé... Toi aussi, quand tu seras grand, tu seras content de sortir le soir avec ton mari. » Si vous êtes bien sûre de vous, votre enfant devrait se calmer.

☐ Le soir du jour J

– Est-il préférable de repasser par la maison (avant de ressortir) en sortant du bureau?

Tout dépend du temps que vous avez devant vous. S'il s'agit de rester 30 minutes chez vous pour enchaîner douche-habillement-maquillage, c'est inutile. Cela ne fait qu'engendrer stress et précipitation et créer une frustration chez l'enfant. Au moment de vous voir repartir, il risque de s'accrocher à vous et de se mettre à hurler... Alors que si vous avez une baby-sitter bien habituée à votre enfant, bien rodée à son rituel du coucher (le doudou, le verre d'eau, la musique...), il est plus simple pour tout le monde de lui demander de venir un peu plus tôt et quant à vous de ne pas rentrer. Dans ce cas, prévenez votre enfant la veille. Ainsi, vous pourrez rester plus tard au bureau (quand le téléphone ne sonne plus…), aller chez le coiffeur ou faire un peu de sport (pour une fois!)… Dans tous les cas, vous arriverez plus détendue à votre dîner.

Bien sûr, le soir même, n'oubliez pas de passer un petit coup de fil à la baby-sitter pour demander des nouvelles de votre enfant. Mais évitez peut-être, s'il est petit (moins de 5 ans) et selon sa sensibilité, de lui parler : entendre votre voix pourrait décupler son émotion et lui donner envie de se serrer dans vos bras. Il est parfois préférable que la baby-sitter lui dise que vous avez appelé pour prendre de ses nouvelles, que vous l'aimez très fort et que, lorsque vous rentrerez, vous irez l'embrasser dans son lit.

– Peut-on faire appel à une baby-sitter que l'enfant ne connaît pas?

C'est souvent le cas, lorsque l'on fait appel à une agence. Il est alors préférable de rentrer à la maison, pour assurer la transition. Marche à suivre : faites-la venir un peu plus tôt que nécessaire. Proposez à votre enfant de lui faire visiter la maison, notamment sa chambre et ses jouets. Prenez le temps de faire le lien avec vous et d'expliquer à la jeune fille les rituels (heure du coucher, doudou, verre d'eau, veilleuse, porte ouverte…) de votre enfant.

Et bien sûr, interdisez-vous de filer en douce, comme si de rien n'était. Mais ne vous éternisez pas non plus dans les adieux et les étreintes à répétition. Dites : « Nous partons, nous t'en avons déjà parlé. Nous viendrons t'embrasser et te faire un câlin à notre retour. »

Dans tous les cas, n'oubliez pas de laisser à la jeune fille un numéro de téléphone – le vôtre ou celui d'une grand-mère ou d'une sœur qui reste chez elle ce soir-là.

POUR EN SAVOIR PLUS

Dès 18 mois-2 ans
Quand les parents sortent, Dr Catherine Dolto, Gallimard Jeunesse.

Dès 3 ans
Gudule garde bébé, Fanny Joly, Hachette Jeunesse.
Cette baby-sitter, j'en veux pas, Madeleine Brunelet, Actes Sud Junior.
Oscar et la baby-sitter, Claude Lapointe et Catherine de Lasa, Calligram.
Kevin n'aime pas la baby-sitter, Clara Le Picard, Albin Michel.
Une nouvelle amie, Frank Daenen, Magnard Jeunesse.

56

Il est invité à coucher chez un copain pour la première fois

Pour aller dormir chez sa grand-mère, il est déjà habitué à quitter son lit et ses parents. Mais pour passer la nuit chez son copain, vous vous dites que c'est une autre histoire...

À quel âge accepter l'invitation ?

C'est très variable d'un enfant à un autre. En principe, l'enfant ne profite pas réellement de l'escapade avant l'âge de 4 ans environ, mais cela dépend également de la place qu'il occupe dans la famille : les cadets sont souvent plus débrouillards, plus vite autonomes, donc enclins à se séparer.

Préparez l'aventure à l'avance

– Prévenez discrètement l'autre maman si votre enfant n'est pas parfaitement propre la nuit, elle mettra une alaise. Et ne paniquez pas : de ce côté-là, ce genre d'escapade produit parfois des retournements de situation spectaculaires.
– Demandez à votre enfant de faire son baluchon avec vous. Il veut emporter un jouet ? Laissez-le faire. Mais, inutile, s'il n'y pense pas tout seul, de lui rappeler qu'il a oublié son doudou (voir chapitre 40 *Vous avez oublié – ou perdu – le doudou*). S'il n'y pense pas, c'est qu'il est prêt à s'en séparer.
– Achetez avec lui un petit cadeau à offrir à son copain. Cela fait partie de la fête.

Au moment de vous séparer

– Vous êtes émue ? C'est normal. Mais ne jouez pas les mères éplorées : votre enfant va beaucoup s'amuser, ne lui gâchez pas ce plaisir. Et faites-vous une raison : il grandit et s'intéresse à d'autres choses que sa maison et sa maman. Pour lui c'est beaucoup mieux ainsi.

– C'est lui qui a un peu de vague à l'âme ? Ne banalisez pas, ne faites pas comme si cela n'existait pas. Mais ne dramatisez pas non plus. Les mots-clés ? « Je comprends que tu sois ému. Mais nous en avons déjà parlé. C'est formidable pour toi d'être invité. Et ton ami compte sur toi. »

Une heure plus tard, c'est le drame ?

La mère du petit copain vous appelle pour vous dire que votre enfant veut rentrer chez lui ? Ne cédez pas d'emblée. Donnez-lui une deuxième chance pour se calmer. Mais n'excluez pas, si le drame persiste, de partir le rechercher. Inutile d'être déçue et de vous lancer dans une épreuve de force : si votre enfant réagit ainsi, c'est qu'il n'était pas prêt ou n'avait pas été suffisamment préparé.

Cela n'est pas si grave. Plus tard, quand il aura mûri, les choses se passeront mieux. Gardez-vous d'imaginer que le drame va recommencer à chaque fois. Plus vous serez calme et détendue à l'idée de voir ainsi grandir votre enfant, plus il se sentira « autorisé » (symboliquement, s'entend) à vous quitter et à aller prendre du plaisir ailleurs qu'à la maison.

POUR EN SAVOIR PLUS

Dès 3 ans
Petit ours en visite, Else Holmenund Minavik, L'école des Loisirs.
Le meilleur ami de Tom, Marie-Anne Bawin et Colette Hellings, Mango Jeunesse.

Dès 5 ans
N'aie pas peur, Nic !, Caroline Ménola, Les 400 Coups.

57

Partir en vacances sans lui, mode d'emploi

Cette escapade en amoureux, vous en rêvez. L'hiver prochain, c'est décidé : vous vous échapperez tous les deux au soleil, loin des bacs à sable et des coquillettes-jambon. Mais déjà pointe la culpabilité... Cessez de vous torturer : vous allez tout organiser pour profiter pleinement de ce voyage.

Observez quelques précautions de base

– Évitez si possible, pour partir, la période où votre enfant a 8-10 mois environ. À cet âge, il réalise qu'il est un être humain distinct de sa mère et, lorsqu'il se sépare d'elle, il a peur de la perdre. C'est la fameuse «angoisse de séparation» qui frappe tous les bébés (voir chapitres 40 *Vous avez oublié – ou perdu – le doudou* et 54 *Il refuse de vous lâcher quand vous partez travailler*). Votre absence pendant cette phase critique risquerait de le faire souffrir.

– Tant que votre enfant a moins de 5 ans environ, ne partez pas plus de 8 à 10 jours. Le tour-opérateur ne propose qu'une semaine ou quinze jours? Pour le moment (jusqu'à ce que votre enfant ait atteint l'âge de 7 ans environ), ne vous laissez pas tenter par une deuxième semaine, même très bon marché : c'est trop long pour votre enfant. Au retour, vous risquez de le payer, par des réveils nocturnes intempestifs, une régression en matière de propreté ou d'autres troubles apparemment inexpliqués.

Préparez-vous dans votre tête

Partir à deux, en amoureux, est non seulement normal mais nécessaire. Pour vous, mais aussi pour votre enfant. Il est bon pour un enfant de sentir que ses parents sont heureux sans lui. Les «parents esclaves», ceux qui, en fait, ne comptent que sur l'enfant pour les rendre heureux, ne favorisent pas son épanouissement personnel. Alors, si vous avez décidé de partir, ne laissez surtout pas la culpabilité vous envahir. Celle-ci n'a absolument pas lieu d'être. Pour votre enfant, il est formidable d'avoir des parents qui s'aiment et désirent se retrouver à deux. Lorsque vous rentrerez en pleine forme, il sera le premier à profiter de votre bonheur. Alors, pour une fois, pensez aux délices de la vie à deux, sans horloge-dans-la-tête, comme avant...

Trouvez votre solution de garde

Cherchez une formule qui permette à votre enfant d'être familier des lieux où il sera gardé, mais surtout de la personne qui s'occupera de lui. Le plus important, c'est la confiance que vous avez en la formule choisie. Vous n'avez ni mère ni belle-mère sur lesquelles compter, l'esprit libre ? Votre meilleure amie ou une baby-sitter douce et gaie fera très bien l'affaire. Pensez aux solutions hybrides où la responsabilité (et la charge) de s'occuper de lui ne repose pas uniquement sur une seule et même personne. Ainsi, si votre enfant s'installe chez sa grand-mère ou une amie à vous, demandez à sa baby-sitter habituelle de venir régulièrement donner un coup de main. Ou si vous préférez le laisser chez vous, dans son cadre, avec une nounou qui dort là, demandez à une grand-mère – ou une amie qui connaît bien votre enfant – de passer de temps en temps chez vous, au moment du dîner, par exemple.

Préparez votre enfant

– Inutile de le prévenir trop tôt, il pourrait oublier. Ou s'angoisser, à force de vous entendre lui répéter, pendant des mois, que vous allez partir en voyage... Le prévenir deux semaines avant le départ semble un délai raisonnable. Mais l'essentiel est de trouver le moment qui vous semble le plus propice. D'ici là, veillez à ce qu'il ne vous entende pas en parler devant lui. Sinon, adressez-vous à lui : « Nous parlons d'un voyage pour plus tard. »
– Expliquez : « Nous avons besoin de nous retrouver en amoureux, c'est ainsi quand un papa et une maman s'aiment très fort. » Décrivez le voyage : la plage et les cocotiers, les lions dans la jungle, la marche en montagne... À partir de 4 ans environ, montrez-lui sur un atlas l'endroit où vous allez.
– Inutile d'évoquer votre émotion à l'idée de cette séparation (par exemple : « Je vais être triste de te quitter »). Cela ne fait qu'entretenir l'angoisse de votre enfant. Soyez attentive à sa tristesse à lui, mais n'en rajoutez pas. La phrase-clé ? « Je t'aime très fort, je suis responsable de toi. Même quand je ne serai pas là, je penserai à toi tous les jours. Je suis contente de partir avec ton papa, je sais que toi aussi tu feras des choses intéressantes pendant notre absence. »
– Précisez que vous reviendrez – ce qui n'est pas évident d'emblée, pour les petits – dans tant de jours. Et promettez de lui rapporter un souvenir.
– Lisez-lui des histoires sur le voyage : voir notre liste en fin de chapitre.

Briefez grand-mère, nounou ou «amie baby-sitter»

– Préparez, si nécessaire, une liste indicatrice du calendrier horaire, des habitudes (le doudou, le verre d'eau sur la table de nuit, la veilleuse pour dormir...) et des petites manies de votre enfant (exemple : il déteste porter les sweat-shirts à même la peau...). Mais laissez une marge de manœuvre à la personne qui aura la responsabilité de le garder. Inutile de batailler sur les jeux affligeants de la télévision. De toute façon, vous ne pourrez pas tout contrôler. Et il vaut mieux, pour tout le monde, que vous vous fassiez à cette idée.

– Expliquez que vous téléphonerez régulièrement pour prendre des nouvelles mais que vous n'insisterez pas pour parler à votre enfant. Pourquoi? Cela dépend de lui et de la fréquence avec laquelle vous le laissez, mais avant 5 ans (environ), l'enfant est souvent désorienté d'entendre la voix de ses parents, sans pouvoir les voir ni se précipiter dans leurs bras. Cela peut décupler son émotion. En revanche, savoir qu'on l'a appelé pour lui dire que tout va bien, qu'on pense à lui et qu'on l'aime, est très important pour l'enfant. À la baby-sitter de faire passer le message.

– Vous partez loin et ne pourrez téléphoner facilement? Écrivez-lui et envoyez-lui des e-mail et des fax sur lesquels vous ferez des dessins. Ainsi, le temps lui paraîtra moins long.

– Anticipez un éventuel coup de blues de votre enfant :

• Exigez de ne pas en être tenue informée lorsque vous appellerez. Expliquez que, de toute façon, vous ne pourrez pas rentrer. Et faites comprendre à votre mère (belle-mère, copine, nounou...) qu'apprendre au téléphone les réveils nocturnes et maux de ventre de votre enfant n'aura qu'un effet : vous gâcher vos vacances. Sans améliorer pour autant l'état de votre enfant. Dites-lui que vous comptez sur elle pour gérer le problème. Au besoin, faites-lui lire le chapitre 33 *Il a « mal au ventre » à la moindre contrariété* et laissez-lui le numéro de téléphone du pédiatre.

• Voici ce qu'elle pourrait lui dire, si cela devait arriver : «Je comprends que tu ne te sentes pas très bien. Peut-être que tu te fais du souci parce que ton papa et ta maman ne sont pas là. Mais nous en avons déjà parlé, ils vont rentrer bientôt. Je vais faire très attention à toi.» Ensuite, qu'elle regarde l'atlas (s'il est en âge de comprendre), lui raconte une histoire sur le voyage (voir notre liste) ou fasse diversion par un jeu ou une activité.

• Pas question, en revanche, qu'elle laisse votre enfant se coucher à n'importe quelle heure (voir chapitre 27 *Il ne veut pas se coucher*), le prenne la nuit dans son lit (voir chapitre 28 *Il veut venir dans votre lit*) ou l'habitue à réclamer un biberon de soda, de lait ou même d'eau sucrée pour dormir... Bref qu'elle change ses rythmes et ses habitudes, sous prétexte de le consoler (voir chapitre 78 *Chez Grand-père et Grand-mère, il est pourri gâté*). Encore plus en votre absence, votre enfant a besoin de ses repères.

Le jour J

– S'il est petit, laissez-lui un foulard imprégné de votre odeur (pour le rassurer), ses jouets préférés et son doudou (notamment s'il déménage chez une grand-mère ou une tante). Voir chapitre 40 *Vous avez oublié – ou perdu – le doudou*.

– Si vous êtes perfectionniste, installez dans sa chambre (à bricoler soi-même) une guirlande de «L'Avent», version moderne du calendrier, étudiée normalement pour faire patienter les enfants jusqu'à Noël. Il s'agit d'une succession de vingt-quatre petites bourses en tissus numérotées et reliées entre elles par une cordelette. On cache une bricole (bonbon et/ou petit jouet) dans le nombre de bourses nécessaires et on explique à l'enfant (et à la nounou) que chaque jour écoulé sans papa et maman donne droit à une petite surprise... Très efficace pour trouver le temps moins long.

– Enfin, interdisez-vous de partir en catimini, sans lui dire au revoir. Mais ne vous lancez pas non plus dans les adieux qui s'éternisent. Faites-vous aider par votre conjoint pour partir le plus détendue possible. Et une fois la porte fermée, sachez profiter de votre voyage.

POUR EN SAVOIR PLUS

Dès 2-3 ans
 Le Voyage de Babar, Jean de Brunhoff, Hachette Jeunesse.
 Le Voyage de Plume, Plume en bateau, Plume s'échappe et *Plume au pays des tigres*, Hans de Beer, Nord-Sud.
 Les Atlas : «de la nature», «des animaux», «des peuples», «des îles»...,
  coll. Mes premières découvertes, Gallimard Jeunesse.
 L'Imagerie des enfants du monde, Émilie Beaumont, Fleurus Enfants.

Dès 3-4 ans
 Garance n'aime pas les vacances, Sophie Maraval-Hutin et Marie-Laure Viney, Fleurus.

Dès 5 ans
 L'Atlas des enfants, Jane Delaroche et Colette David, Fleurus Enfants.
 La Grande Imagerie: «de la montagne», «des océans», «des avions»,
  «des mains», «des bateaux», Émilie Beaumont, Fleurus Enfants.

58

Il part en colonie

Jadis, les grands-mères emmenaient leurs petits-enfants au grand air, lors des vacances scolaires. Aujourd'hui, elle travaillent souvent... Conséquences : les colonies ouvrent leurs portes à des enfants de plus en plus jeunes. Comment y envoyer le vôtre sans le traumatiser?

Quand l'envoyer?

– En règle générale, pas avant 6-7 ans : avant cet âge, l'enfant est encore très dépendant de ses parents, il aura beaucoup de mal à supporter la séparation, dans un monde qui lui est complètement étranger. Contrairement à la classe de nature (ou de neige) où l'enfant connaît les personnes qui l'accompagnent (l'enseignant et ses camarades), en colonie, il ne connaît ni les lieux, ni les adultes, ni les enfants.

– N'y pensez pas non plus dans les moments délicats de la vie familiale (naissance d'un cadet, divorce, deuil...) : votre enfant se sentirait mis à l'écart et serait malheureux.

Dans quels cas?

– Vous ne supportez pas l'idée qu'il passe un mois d'août en ville, coincé entre le square et la télévision.

– Vous n'avez personne pour le garder.

– Vous voulez le rendre sociable (combien d'amitiés de trente ans se sont nouées en colonie?) et autonome (rien de tel pour apprendre à faire son lit et couper le cordon avec maman).

Comment faire pour que tout se passe bien?

☐ Demandez-lui son avis avant de l'inscrire

Il refuse d'y aller? Respectez impérativement sa décision. Il est incapable de décider? Testez sa motivation, en lui parlant des activités proposées. Il vous demande : «Et si j'aime rien?» C'est mauvais signe. Il n'est sûrement pas prêt. Dans ce cas, n'insistez pas, vous risquez de le fâcher purement et simplement avec la colonie. Et trouvez, pour cette année encore, une solution plus intime : faites-le, par exemple, inviter chez une sœur, une cousine ou une amie qui a un enfant du même âge, en proposant éventuellement (pourquoi pas?) de participer financièrement au séjour de votre enfant. Vous ne trouvez aucune âme charitable pour vous prendre votre enfant? Inscrivez-le au centre de loisirs de son école, sans vous traumatiser parce qu'il ne prendra pas l'air. Aucun enfant ne profite du «changement d'air» (prôné par les grand-mères) s'il est déstabilisé et désorienté affectivement : il est trop vulnérable.

☐ Il est enchanté à l'idée de partir? Observez quand même quelques précautions

– Respectez une durée maximum de séjour selon son âge : à 6-7 ans, pas plus d'une semaine; à 7-8 ans, s'il a déjà eu une expérience réussie, tentez la quinzaine. Mais jamais plus.

– La première fois, essayez de l'envoyer avec un cousin ou un copain qu'il aime bien, et bien sûr, laissez-le emporter doudou et jouets préférés.

– Préparez votre enfant à l'avance : «verbaliser» les raisons de l'expédition (par exemple : «Il fait chaud et beau, tu seras mieux à la montagne qu'à Paris au square»). Parlez-lui abondamment des activités au programme. Répondez à ses questions, mais s'il manque d'enthousiasme, au fur et à mesure que la date du départ se rapproche, ne lui rabâchez pas : «Tu verras, tu vas adorer.» C'est à lui de voir. Dites-lui plutôt : «Écoute. Je ne connais pas toutes les activités. Mais certaines te plairont sûrement plus que d'autres. Tu nous raconteras à ton père et à moi, lorsque tu rentreras.»

– Pendant son absence, communiquez avec lui aussi souvent que possible. Mais respectez strictement le règlement de la colonie concernant les coups de téléphone (vérifiez, avant de l'inscrire, que celui-ci vous convient), pour ne pas marginaliser votre enfant. Écrivez-lui souvent : même s'il ne sait pas lire, avoir du courrier est très important, *a fortiori* quand les autres en ont. Prévoyez même qu'une carte ou une lettre soit là dès le jour de l'arrivée. Mais ne lui écrivez pas qu'il vous manque, ce qui pourrait l'émouvoir, l'attrister et le culpabiliser. Racontez ce qui se passe à la maison ou parlez de ses activités à lui d'après ce que vous savez de l'emploi du temps que l'on vous a remis.

– La clé du succès? Votre propre capacité de parent à assumer cette décision, et à ne pas être, vous-même, trop angoissé ni traumatisé par la séparation.

POUR EN SAVOIR PLUS

Dès 6-7 ans
Max part en classe verte, Dominique de Saint-Mars et Serge Bloch, Calligram.

Pour les parents
Sont-ils heureux loin de nous?, Nicole Fabre, Fleurus.

59

Vous déménagez

Bien sûr, dans la vie, il y a des choses plus graves... Mais depuis que vous connaissez la date de votre prochain déménagement, vous avez réalisé que, pour votre enfant, cela signifiait aussi changer de maison, de chambre, d'école, de copains. Comment l'aider à passer le cap ?

Est-ce que ça va le traumatiser ?

Mal expliqué, le déménagement peut provoquer chez l'enfant le sentiment de perdre ses repères : son univers étant plus limité que celui de l'adulte, l'enfant peut souffrir de le voir disparaître totalement et brutalement et en être bouleversé. C'est pourquoi, quand on le peut, il vaut mieux éviter de faire changer l'enfant d'école en cours d'année scolaire et attendre la rentrée suivante pour l'inscrire dans une nouvelle école. Pour les adultes, le déménagement est une source de stress très importante. Votre enfant peut ressentir votre stress et s'en retrouver lui-même stressé.

Cela étant, suffisamment préparé, l'enfant peut surmonter l'épreuve.

Avant le déménagement

– Dès que vous le savez, parlez-en avec lui. Présentez ce changement de façon la plus positive possible. Plus vous serez convaincue du bien-fondé de cette décision pour l'amélioration de vos conditions de vie futures, plus votre enfant supportera et même appréciera ce changement.

– Expliquez-lui exactement quel sera son sort : aura-t-il une chambre pour lui tout seul ? Va-t-il changer d'école ? Si oui, à quelle date ? D'ici là, comment les trajets et les conduites se passeront-ils ?

– Écoutez-le: vous avez tout prévu, il retrouvera toutes ses affaires, tous ses jouets et pourra les installer comme il veut...

– Montrez-lui éventuellement la nouvelle maison, en tout cas des photos. Et, si possible, faites le tour du quartier avec votre enfant, à pied, à trottinette ou en voiture.

– Il proteste? Expliquez-lui que cette décision est absolument nécessaire et que ses pleurs ne pourront rien y changer. Mais soyez compréhensive. Évoquez les sentiments de tristesse et d'inquiétude qu'il peut ressentir: «Je comprends très bien que tu sois triste.» Mais soyez optimiste, vantez les mérites de cette nouvelle habitation. Est-elle plus près de votre travail? Vous rentrerez plus tôt le soir. Est-elle plus grande que l'ancienne? Votre enfant aura sa chambre à lui. Est-elle plus petite? L'école et les copains seront tout près. Partez-vous pour la campagne? Votre enfant aura une vie et des jeux de plein air et pourra pratiquer davantage de sport...

– Il s'inquiète parce qu'il va perdre ses copains, sa maîtresse? Répondez-lui: «C'est vrai. Mais de toute façon, chaque année, tu changes de maîtresse et tu connais de nouveaux copains. Et puis tu pourras toujours revoir tes copains de l'ancienne école. Tu les inviteras à la maison le mercredi ou le samedi.» Rassurez-le: il ne change pas de parents, ni de grands-parents, sa famille reste sa famille.

Le jour du déménagement

Peut-être préférez-vous éloigner votre enfant un jour ou deux chez des amis ou des parents? Ou au contraire, souhaitez-vous le garder près de vous, au milieu des cartons? C'est une question très personnelle. À vous de voir ce qui est le plus pratique pour vous et comment vous le sentez. Mais si vous faites garder votre enfant en dehors de la maison, soyez claire: expliquez pourquoi et dites-lui à quel moment vous viendrez le rechercher.

Dans les temps qui suivent le déménagement

– Restez à l'écoute des manifestations plus ou moins passagères des désarrois qui peuvent se produire chez votre enfant: repli sur soi, réveil nocturne, pipi au lit...

– Invitez assez vite un copain de l'ancienne école, même dans l'appartement pas encore installé. Sans cuisine, vous pouvez toujours organiser un «pique-nique Mac Do» qui ravira les enfants.

– D'une manière générale, montrez-lui que la vie continue comme avant. Soyez patiente, sachez qu'une nouvelle installation prend du temps pour construire de nouveaux repères. Laissez-lui le temps de s'habituer à son nouvel environnement. N'hésitez pas à lui demander de vous accompagner pour faire les courses.

POUR EN SAVOIR PLUS

Dès 2-3 ans
Oscar déménage, Catherine de Lasa et Claude Lapointe, Calligram.
Déménager ? Jamais !, Ati, Kaléidoscope.

Dès 3-4 ans
Tom Déménage, Marie-Aline Bawin et Christophe Le Masne, Mango Jeunesse.
Un bisou, c'est trop court, Carl Norac et Claude K. Dubois, Pastel.
Quand le déménagement fait suite à un divorce : *La nouvelle chambre d'Édouard*, Sally Grindley et Carol Thompson, Pastel.

Dès 5-6 ans
Émilie a déménagé, Dominique de Saint-Mars et Serge Bloch, coll. Ainsi va la vie, Calligram.

60

Il refuse de s'habiller seul, mais exige de choisir ses affaires

Chaque matin c'est le même scénario. Vous lui demandez de s'habiller et dix minutes plus tard vous le retrouvez... en pyjama (ou au mieux tout nu) en train de rêvasser sur son lit. À bout de nerfs, vous décidez de l'habiller vous-même. Et explosez lorsqu'il ose contester la tenue que vous choisissez.

Exiger quoi, à quel âge?

– Vers 2 ans, l'enfant doit pouvoir commencer à se déshabiller tout seul.
– Ce n'est que vers 3-4 ans qu'il a la maturité et la coordination motrice suffisantes pour apprendre à enfiler ses vêtements lui-même.
– À 5 ans, il doit être en mesure d'assumer complètement son habillement, à l'exception toutefois des lacets de chaussures qu'il ne saura véritablement nouer, seul, que vers 6 ans.

Comment en finir avec ce scénario infernal?

☐ La veille au soir
– Préparez ses affaires avec lui. Elle refuse de choisir cette robe qui vous a coûté une fortune («À l'école tout le monde va se moquer de moi!»)? Il trouve que ces chaussures (à lacets, pourtant) «font filles»? Calmez-vous, n'essayez pas de le convaincre et respectez son choix. Acceptez qu'il ait envie de s'habiller comme ses copains, c'est-à-dire dire un peu toujours pareil et pas forcément selon votre goût à vous. Faites-vous une raison si les assemblages de couleurs et de tissus qu'il aime vous font hurler intérieurement. C'est sa manière à lui d'affirmer sa personnalité, de vous montrer qu'il a une pensée autonome, distincte de la vôtre. De même que pour la nourriture (voir chapitre 25 *Il n'aime rien (à part les pâtes)*), il ne sert à rien de faire du vêtement

un enjeu de pouvoir. D'ailleurs, l'enfant (la petite fille notamment) à qui on n'aura pas imposé un genre qu'elle déteste aura peut-être moins tendance à chercher la provocation vestimentaire, à l'adolescence, quand elle pourra se rattraper… Rassurez-vous : ce n'est pas parce que vous céderez sur ses choix d'aujourd'hui (même les plus hideux) que, plus tard, votre enfant aura un goût atroce. Le modèle familial joue tout de même énormément.

– Avancez un peu l'heure de votre réveil de manière à être, vous-même, prête avant lui. C'est tout simple, mais cela change tout.

☐ **Le matin**

– Invitez-le à s'habiller près de vous. Dites-lui : « Ce serait formidable si tu y arrivais seul. » Ne branchez pas la télévision, évitez de lui donner un biberon en même temps. Cela détournerait son attention, lui éviterait de réaliser ce qu'il a à faire et l'empêcherait de se prendre en charge.

– Dix minutes plus tard, il est toujours en caleçon ? Deux explications possibles :

• Il fait peut-être partie de ces enfants plus lents que les autres. Ne vous lamentez pas : « Comme tu es lent ! » Vous l'installez dans son rôle de « lambin distrait ». Acceptez qu'il ait besoin de prendre son temps, surtout si vous êtes plutôt du genre rapide. Et le lendemain, réveillez-le plus tôt. Car plus vous serez stressée et adopterez un rythme « speedé », plus il se montrera lent (voir cas suivant).

• Il est peut-être en train de faire de la résistance passive. Dans ce cas, prenez conscience d'une chose : plus vous le harcèlerez, moins vous obtiendrez le résultat recherché. C'est énervant mais c'est ainsi. Calmez-vous, cessez de lui demander de se dépêcher et adressez-vous à lui : « Tu sais, je suis fière de toi quand tu prends tes responsabilités. Et là, je compte vraiment sur toi. »

À l'avenir

– Armez-vous de patience. Laissez-lui des délais avant qu'il n'arrive à une complète autonomie. N'oubliez pas, avec son père, de l'encourager et de le féliciter à chacun de ses progrès.

– Tolérez que, certains matins, il régresse. Mais montrez-lui qu'il s'agit d'une situation exceptionnelle et que vous n'êtes pas dupe. Dites-lui : « Pour une fois, nous pouvons jouer à comme si tu étais petit, quand c'était moi qui t'habillais complètement. Mais tu sais, dans la réalité, tu ne peux pas redevenir petit, comme avant. On ne peut jamais revenir en arrière. » Et veillez à ne pas l'installer dans la régression, même si celle-ci intervient juste après un changement dans sa vie (naissance d'un cadet, déménagement, changement d'école…). N'en profitez pas pour tout refaire à sa place (voir chapitre 20 *Êtes-vous en train d'en faire un petit pacha ?*).

POUR EN SAVOIR PLUS

Dès 18 mois-2 ans
Les Vêtements, coll. La Minimagerie, Fleurus Enfants.
Zoé se déguise, Isabelle Bonameau, L'École des Loisirs.

Dès 2-3 ans
Tes chaussettes, Bob !, Alex Sauder, L'École des Loisirs.
La Princesse Coquette, Christine Naumann-Villemein et Marianne
Barcilon, Kaléidoscope.

Dès 3-4 ans
Moi, je veux mettre mon short!, Madeleine Brunelet, Actes Sud Junior.
Les Chaussures rouges, Imme Dros, Pastel, L'École des Loisirs.
Petite Ouistitie et ses chaussures, Benoît Marchon, Actes Sud Junior.
Mastic met deux heures à s'habiller, Lucie Durbiano, Tourbillon.

Dès 5-6 ans
Lili veut choisir ses habits, Dominique de Saint-Mars et Serge Bloch,
Calligram.

61

Lui apprendre
à se débrouiller seul dans la rue

Les histoires de disparitions d'enfants vous traumatisent. Vous vous demandez à quel âge vous pourrez – sans danger – envoyer le vôtre chercher le journal tout seul...

À quel âge peut-on «lâcher» un enfant dans la rue?

– L'enfant sera prêt, plus ou moins tôt, selon qu'il habite un petit village ou une grande agglomération; selon qu'il est du genre dans la lune ou raisonnable; enfin selon que vous, ses parents, êtes très détendus ou complètement angoissés sur cette étape à franchir par votre enfant.

– Dès lors, même s'il est d'une nature assez responsable, l'enfant ne peut raisonnablement affronter d'être seul dans la rue avant l'âge de 7 ans environ. En effet, avant «l'âge de raison», tout peut encore être prétexte à jouer et l'enfant risque d'être dépassé par l'importance de la circulation. Il n'a pas encore la maturité suffisante pour assurer seul sa sécurité. Le champ visuel de l'enfant n'est identique à celui de l'adulte que vers 9-10 ans. Avant, il perçoit moins bien la distance et la profondeur, et sa vision sur les côtés est plus étroite. En outre, des études montrent qu'en situation d'improvisation, l'enfant n'est en mesure de vraiment bien réagir que vers 11-12 ans.

– Pourtant, certains parents n'hésitent pas à laisser leur enfant, plus jeune, faire de petits trajets tout seul. Ils disent que leur enfant est parfaitement à la hauteur, et de fait, il semble l'être. Mais il s'agit d'une exigence démesurée, qui répond probablement à un désir – plus ou moins conscient – d'avoir un enfant en avance. L'enfant, lui, a peur, mais il ne veut pas décevoir son parent. Cela développe chez lui insécurité et manque de confiance en soi. Deux sentiments qui contribuent à la perte de l'estime de soi et ne permettent pas à l'enfant de bien se construire. D'où l'intérêt de respecter une véritable progression dans cet apprentissage.

– Votre enfant (qui a moins de 7 ans) demande, de lui-même, à aller tout seul dans la rue? Il invoque le cas d'un garçon de sa classe qui va déjà ici et là tout seul? Restez ferme. Rétorquez : «Peut-être que les parents de cet enfant le laissent aller seul dans la rue, mais moi je décide autrement. Chaque famille a sa propre loi, c'est ainsi. Il ne sert à rien de comparer.»

Comment le préparer?

☐ Lorsqu'il est en maternelle

Profitez des trajets maison-école-commerçants-maison pour :

– Lui montrer le feu rouge, le petit bonhomme vert, les passages pour piétons.

– Édicter les règles : on marche sur le trottoir loin du bord, on regarde des deux côtés, on évite de courir...

– Lui montrer l'exemple. Évitez de traverser devant lui n'importe comment, en jurant contre les livreurs de pizza en scooter.

– Exiger qu'il donne la main pour traverser la rue, qu'il reste dans votre champ de vision sur le trottoir et qu'il ne parte pas se cacher sous les portes cochères.

☐ Lorsqu'il est plus grand, vers l'âge de 5-6 ans

– Répétez les messages précédents.

– Nommez l'interdit : «Il est interdit de parler à un inconnu dans la rue, qu'il soit bien ou mal habillé, qu'il ait l'air méchant ou gentil. Un adulte n'a pas à s'adresser à un enfant pour demander son chemin. Si cela t'arrive un jour, tu ne seras jamais impoli de ne pas répondre. C'est toujours l'adulte qui est impoli de s'adresser à un enfant. Il peut toujours demander son renseignement à une grande personne.» (voir chapitre 65 Comment – sans le traumatiser – lui apprendre à se protéger des pédophiles ?)

– Entraînez-le progressivement. Jouez avec lui à inverser les rôles. Demandez-lui qu'il vous explique comment vous devez traverser. Puis, petit à petit, faites-lui faire de petits exercices pratiques chez les commerçants. Dites-lui, par exemple «Je t'attends devant la boulangerie, achète une baguette tout seul. Voici de l'argent, rapporte-moi la monnaie.» Lorsqu'il ressort du magasin, faites-lui raconter son expérience et écoutez ce qu'il a éprouvé.

– Puis, au fur et à mesure, sans le brusquer, renouvelez l'expérience chez le boucher, le primeur, le marchand de journaux... Habituez-le aussi, petit à petit, à être laissé à quelques mètres de l'école, tout en ne le quittant pas des yeux jusqu'à ce qu'il pénètre dans l'enceinte. Dites lui : «Je reste là, finis le trajet tout seul.»

– Veillez à respecter une vraie progression, pour ne pas l'angoisser. Et n'oubliez jamais de le féliciter, de lui témoigner votre fierté. Les mots-clés : « Tu as compris, je suis très fière de te voir devenir grand. »
Ainsi, le jour arrivera où vous sentirez votre enfant capable d'aller faire une petite course tout seul.

Le grand jour

– Il est important pour votre enfant de sentir l'accord parfait qui existe entre son père et vous sur cette question. Si l'un de vous deux est trop angoissé à l'idée de lui donner l'autorisation de sortir dans la rue tout seul, inutile de forcer les choses. Donnez-vous un temps supplémentaire. Le jour J, pour s'acquitter parfaitement de sa mission et ne pas paniquer, votre enfant doit sentir que son père et sa mère lui font confiance.
– Donnez-lui une seule course à faire. L'enfant jeune n'est pas capable d'enchaîner plusieurs courses.
– Soyez très ferme : il est chargé de faire cette course-là et pas une autre, il n'est pas autorisé à dévier de sa trajectoire, encore moins à traîner dans la rue. Pas question non plus de suivre quiconque, même un copain rencontré à la boulangerie. La phrase-clé : « Nous sommes très fiers de toi, nous te faisons vraiment confiance, mais nous exigeons que tu rentres immédiatement à la maison après ta course. »
– Ne paniquez pas : dans la rue, lorsqu'il est tout seul, face à ses responsabilités, l'enfant adopte souvent un comportement beaucoup plus mature que celui qu'il affiche normalement devant les autres.

POUR EN SAVOIR PLUS

Dès 3 ans
  Jean-Loup, Antoon Krings, L'École des Loisirs.

Dès 5-6 ans
  Max et Lili se sont perdus, Dominique de Saint-Mars et Serge Bloch, Calligram.

62

L'argent de poche, mode d'emploi

L'argent de poche, ni votre enfant ni vous-même n'y aviez encore songé. Jusqu'au jour où il vous raconte que l'un de ses camarades a droit à sa pièce, dès qu'il aide à mettre le couvert...

À quel âge lui donner de l'argent de poche?

– Petit, vers 2-3 ans, l'enfant est toujours content de posséder une petite pièce. Il en est même très fier. Il faut le laisser en faire ce qu'il veut. Il a envie de la garder comme son trésor? Inutile de le conduire d'autorité chez la marchande de bonbons. C'est sa pièce, à lui de décider ce qu'il en fait. Mais il ne s'agit pas encore véritablement d'argent de poche.

– Vers 7 ans, au moment de ce qu'il est coutume d'appeler « l'âge de raison », l'enfant commence à savoir bien compter. Lui donner de l'argent de poche est alors une forme de reconnaissance de son statut de « grand » qui, en principe, ne croit plus ni au Père Noël, ni à la petite souris (voir chapitre 71 *Il ne croit plus au Père Noël, ou quoi?*). C'est une responsabilité qui l'aide à grandir et à devenir autonome.

Comment lui donner?

– Donnez-lui une pièce par semaine et non par quinzaine ou par mois (le temps lui semblerait trop long). À savoir : les enfants de 2 à 7 ans perçoivent 4 à 6 euros par mois en moyenne (selon l'étude Conso Junior 2006).

– Si possible, demandez au père de le faire : votre enfant recevra ainsi un signe de son autorité et de sa confiance et il en sera encore plus fier.

– Au début, réfléchissez avec lui sur ce qu'il a envie de faire de cet argent. Donnez-lui éventuellement des conseils, mais ne soyez pas trop directive. Et ne lui imposez surtout pas votre idée. Il rêve d'acheter une chose complètement farfelue, selon vous ? Ne vous en mêlez pas.

– Son côté Harpagon vous agace (il planque toutes ses pièces dans une tirelire sous son lit et s'amuse à les compter) ? Ou, au contraire, son penchant dépensier vous effraie ? Ne portez pas de jugement de valeur, laissez-le faire son expérience et ne paniquez pas : votre enfant ne va pas forcément devenir le pire des radins ou le plus dramatique des prodigues...

Les pièges à éviter

– Ne vous servez pas de l'argent de poche pour vous débarrasser de la tâche éducative qui consiste à dire «non» à votre enfant, lorsqu'il réclame des babioles (voir chapitres 1 *Vous n'arrivez pas à lui dire non* et 7 *Résister à ses demandes au supermarché*). Plutôt que de rétorquer «Tu n'as qu'à t'en acheter avec ton argent de poche», assumez de répondre franchement à votre enfant : «Je suis venue à la boulangerie pour acheter une baguette et non pour t'offrir des bonbons. Et de toute façon, tu vas dîner dans une heure, il est donc hors de question que tu avales encore des sucreries...»

– Ne faites jamais dépendre l'argent de poche des résultats scolaires et des services rendus dans la maison. Il est tout à fait normal que votre enfant participe gratuitement aux petites tâches ménagères (voir chapitre 20 *Êtes-vous en train d'en faire un petit pacha ?*). Et rétribuer ses résultats scolaires ne l'aide pas à prendre ses responsabilités d'écolier. Il doit travailler pour lui-même, pour le plaisir d'apprendre et pour mettre toutes les chances de son côté. En aucun cas pour vous faire plaisir et gagner de l'argent. Enfin, rétribuer les résultats scolaires peut s'avérer très injuste dans une famille de plusieurs enfants, où tous ne travaillent pas forcément avec autant de facilité et de bonheur.

– Ne lui supprimez jamais son argent de poche en guise de punition. La punition n'a pas pour but de dégoûter l'enfant de grandir (voir chapitre 3 *Faut-il vraiment parfois le punir ?*). Or, c'est à ce résultat que l'on aboutit, lorsqu'on prive l'enfant de sa «semaine».

– Ne donnez pas la même somme à tous les enfants. Une évolution, en fonction des âges, est à respecter.

N'oubliez pas de briefer aussi les grands-parents sur tous ces pièges.

Il rentre de chez ses grands-parents avec 15 euros d'un coup, alors que vous ne lui en donnez qu'un par semaine

Ces dons disproportionnés gâchent en partie la valeur éducative de l'argent de poche, qui consiste à apprendre à gérer un budget. S'ils vous posent problème, vous pouvez les traiter comme des étrennes, distinctes de l'argent de poche, qui correspondraient pour les adultes à des sommes placées sur un compte d'épargne. Proposez alors à votre enfant de ranger ses étrennes dans une tire-lire à part, différente du porte-monnaie où il place son argent de poche. Ainsi, il pourra puiser librement dans ce dernier pour ses dépenses quotidiennes, mais n'aura accès à ses étrennes qu'occasionnellement, pour des achats exceptionnels (gros jouet, cadeau...). Néanmoins, si à l'avenir ce genre de dons se reproduit trop souvent, intervenez auprès des grands-parents.

Il refuse votre argent de poche, dit qu'il ne voit pas à quoi ça lui servirait?

Cela existe effectivement chez certains enfants qui, souvent, manquent de confiance en eux ou sont trop dépendants de leurs parents. Refuser l'argent de poche revient alors à s'autopunir ou à vouloir rester petit (en préférant demander de l'argent à ses parents toutes les cinq minutes). Réfléchissez : peut-être exercez-vous un trop grand contrôle sur votre enfant? Peut-être avez-vous des difficultés à le voir devenir autonome? Avec son père, insistez pour qu'il accepte votre argent de poche. Valorisez-le dans son statut d'enfant grandissant. Dites-lui que vous êtes fiers de le voir grandir. Ne manquez jamais une occasion de le féliciter lorsqu'il fait des progrès dans son autonomie. Soyez attentifs à votre enfant: si son attitude se généralise (ex: il ne veut pas de cadeaux à Noël), cela peut traduire un état dépressif. Dans ce cas, n'hésitez pas à consulter un psychothérapeute (voir chapitre 107 *Dans quels cas consulter un psy et comment ça se passe?*).

POUR EN SAVOIR PLUS

Dès 3 ans
> *Calinours va faire ses courses*, Alain Broutin, L'École des Loisirs.

Dès 6-7 ans
> *Lili veut de l'argent de poche*, Dominique de Saint-Mars et Serge Bloch, Calligram.

Pour les parents
> Reportez-vous aux chapitres 22 *Faut-il vraiment lui parler d'argent?*, 23 *Le sensibiliser au gaspillage (sans tomber dans le discours culpabilisateur)* et 100 *Il est bouleversé par les SDF.*

63

Comment l'empêcher de grimper en haut des rochers?

Quand vous l'avez aperçu au sommet de ce rocher géant, votre sang n'a fait qu'un tour. Vous n'avez ni alerté les CRS ni hurlé hystériquement «Descends, descends!». D'ailleurs, il est redescendu sans encombre. Mais plus jamais ça... Comment lui donner le sens du danger sans en faire un trouillard?

Inculquer le sens du danger est vital

– Très tôt, l'enfant doit comprendre que l'on naît pour vivre et qu'il est interdit de se détruire, donc de se mettre en danger. Le parent doit nommer et répéter souvent cet interdit : «Il est interdit de se faire du mal. Je t'empêcherai toujours de le faire.» Le parent doit exiger de toujours savoir où se trouve son enfant, de l'avoir dans son champ de vision. Il n'a pas à tolérer que l'enfant parte se cacher ou s'échappe en pleine rue.

– En tant que parent, vous ne devez pas culpabiliser de dire non à certaines tentatives hasardeuses comme : escalader le balcon, sauter dans une piscine sans brassards... C'est en donnant clairement des limites à votre enfant qu'il apprendra à connaître le danger, à ne pas s'y exposer et à s'en protéger (voir aussi le chapitre 64 *Comment lui faire comprendre que Peter Pan ne vole pas?*)

– Ce n'est que vers 5 ans, une fois qu'interdits et limites seront intégrés, que parents et enfant pourront faire des compromis – par exemple : «Tu fais ton petit tour de vélo, je t'attends ici et je te fais confiance.» Ou : «Je te permets aujourd'hui de nager sans brassards, mais un tout petit peu et avec moi.»

– Le vôtre est un «authentique kamikaze»? Souvent, l'enfant qui se met perpétuellement en danger est à la recherche d'interdits que, tout petit, il n'a pas reçus assez clairement. Faites une autocritique. Vos commentaires : «Félix est un vrai casse-cou!» faussement navrés – et authentiquement flatteurs pour vous – le poussent peut-être à essayer de vous épater toujours plus. Dans les cas extrêmes (l'enfant qui se met dans des situations toujours plus dangereuses, qui s'échappe ou que l'on perd partout), il est souhaitable de consulter un psychothérapeute pour enfants.

Mais laisser l'enfant explorer le monde est aussi indispensable

– Tout parent doit se préparer à voir son enfant devenir autonome. En bloquant toutes ses initiatives, en ne lui faisant jamais confiance, on s'expose à fabriquer un empoté et un craintif.

– Tout enfant petit sent qu'il y a des explorations néfastes. Ou finit par le découvrir grâce à l'expérience (voir chapitre 9 *Il fait bêtise sur bêtise*). Françoise Dolto disait à l'enfant : «Je ferai tout pour t'aider, mais je ne peux pas t'éviter certaines épreuves.»

– Il est donc nécessaire de laisser votre enfant faire son expérience. Et d'attendre tranquillement qu'il vous demande de l'aide pour le sortir d'une situation qui le dépasse – exemple : il a grimpé en haut d'un portique dont il ne sait plus redescendre. Dans ce cas, plutôt que de lui dire : «Je te l'avais bien dit!», félicitez-le et encouragez-le : «Je te félicite d'avoir essayé, c'est très bien, je suis fière de toi. Mais ce mur d'escalade est très haut. Nous allons en chercher un autre, qui te convienne mieux. Et tu essaieras une autre fois.»

C'est en laissant votre enfant se cogner, se salir et même tomber parfois, que vous l'aidez à prendre conscience de son corps et de son rapport aux éléments extérieurs. Une attitude hyper-protectrice est aussi nuisible pour l'enfant qu'un comportement trop décontracté où aucune limite n'est posée. L'enfant a autant besoin de jeux moteurs, qui développent son équilibre, sa force et son bien-être physique que d'apprentissages scolaires et intellectuels.

Comment faire le tri entre le danger réel et ses propres angoisses d'adulte?

C'est parfois le plus difficile. Exemple? Vous, vous n'avez jamais pu mettre la tête sous l'eau, mais pour quelqu'un d'autre, ce n'est pourtant pas la noyade assurée… Pour opérer ce recadrage, observez les autres enfants du même âge. Ou accompagnez-le le jour où il demande à grimper en haut des rochers sur la plage.

POUR EN SAVOIR PLUS

Dès 3 ans
Cromignon, Michel Gay, L'École des Loisirs.

64

Comment lui faire comprendre que Peter Pan ne vole pas ?

Il est debout sur son lit superposé, un poignard en plastique en main, et vous annonce, exalté, qu'il va s'élancer dans les airs, «comme Peter Pan». Tout à coup vous vous demandez s'il joue vraiment. Comment réagir sans tuer pour autant son imaginaire fabuleux ?

Se prend-t-il vraiment pour ses héros ?

L'enfant a tendance à croire au pouvoir magique. Au départ, il croit possible et vrai tout ce qu'il entend dans les histoires ou voit dans les dessins animés. Dans un deuxième temps (entre 4 et 6 ans environ), au fur et à mesure qu'il fait connaissance avec les interdits et les limites, il acquiert le sens de la réalité.

Faut-il le laisser croire à ses héros ?

Il est important que ce monde magique ne se substitue pas totalement à la réalité. Il est aussi peu constructif pour un enfant de l'empêcher d'avoir accès à l'imaginaire et aux contes de fées (voir chapitre 70 *L'histoire du soir, pourquoi a-t-il tellement besoin de ce rite ?*) que de le laisser trop croire à ces histoires, de le laisser les vivre avec intensité. Il est donc fondamental de ne pas entretenir l'illusion indéfiniment, de lui apprendre les interdits (en l'occurrence de se mettre en danger) et de lui fixer des limites (c'est-à-dire : pas question de sauter du haut du lit superposé). Le faire quitter ce monde fantasmatique ne tue pas pour autant son imaginaire et sa créativité. Ne le laissez pas s'échapper et se réfugier constamment dans le factice et l'irréel.

Au moment où il vous annonce qu'il va s'élancer dans les airs

– Ne faites pas comme si de rien n'était.

– Ne pensez pas qu'il ne sautera pas réellement du haut de son lit, personne ne le sait. Mais ne paniquez pas non plus.

– Captez son regard, fixez votre enfant dans les yeux et dites-lui calmement : «Écoute. Tu peux jouer à Peter Pan mais tu ne peux pas le faire pour de vrai, c'est impossible. Dans la réalité, seuls les oiseaux volent dans les airs ; les humains eux ne volent jamais.» N'hésitez pas à répéter cette vérité régulièrement, à d'autres moments.

– Rappelez-lui l'interdit : «Tu te mets en danger, c'est interdit et moi, je t'empêcherai toujours de le faire» (voir chapitre 63 *Comment l'empêcher de grimper en haut des rochers ?*)

À l'avenir

Ayez confiance en votre enfant : si vous posez clairement les interdits et les limites, il saura très vite faire la part des choses entre jeu et réalité.

POUR EN SAVOIR PLUS

Dès 18 mois-2 ans
Bouger, Dr Catherine Dolto, Gallimard Jeunesse.

Dès 3 ans
Petit Bond veut voler, Max Velthuijs, Pastel, L'École des Loisirs.
Hugo le bébé lion, Hermann Moers, Nord-Sud.

Dès 4 ans
Léonard, drôle d'oiseau !, Hans de Beer, Éditions Nord-Sud.

Dès 5 ans
Tony-la-Frousse équilibriste, Hermann Moërs, Nord-Sud.

Dès 6-7 ans
La Prudence à petit pas, Sylvie Girardet, Actes Sud Junior.

Pour les parents
Te laisse pas faire, Des jeux et des exercices à faire avec les enfants de 4 à 12 ans pour leur apprendre à se protéger, Jocelyne Robert, Les Éditions de l'homme.

65

Comment – sans le traumatiser –
lui apprendre à se protéger des pédophiles ?

Ce n'est pas que ça vous obsède mais la chronique judiciaire vous fait froid dans le dos. Comment apprendre à votre enfant à repérer un acte anormal et répréhensible, à être l'acteur de sa propre protection ? Marche à suivre (pour les filles comme pour les garçons).

Vers l'âge de 12-18 mois, érigez une frontière entre votre corps d'adulte et son corps d'enfant

Trop de promiscuité dans la maison n'est pas souhaitable. Trop de contacts physiques non plus. Il n'est pas question de ne plus embrasser votre enfant, ni de cesser de le chérir. Mais votre enfant doit comprendre que le rapprochement du corps d'un enfant et d'un adulte est interdit. Les pédophiles s'attaquent, en général, à des enfants qui n'ont pas forcément intégré la nécessaire distance physique qui doit séparer les corps, qui ont moins de repères que les autres. Voici ce qui peut aider votre enfant à en avoir :
– Ne prenez pas votre enfant dans votre bain ou dans votre lit de façon régulière et répétée. Prenez l'habitude de mettre un peignoir en sortant de la salle de bains (voir chapitres 28 *Il veut venir dans notre lit* et 95 *Nudité dans la maison, quel est le «bon dosage»?*).
– Restez discret concernant votre sexualité (voir chapitre 99 *Et s'il vous surprenait en train de faire l'amour ?*).
– N'embrassez pas votre enfant sur la bouche, ne lui faites pas de câlins ou de chatouilles «tout nu»... Même si c'est lui qui réclame et que ça lui plaît (voir chapitre 96 *Il veut vous embrasser sur la bouche, vous toucher les seins...*).
– Temporisez, au fur et à mesure qu'il grandit, les jeux de caresses et de chatouilles, même tout habillé : cela procure un sentiment d'excitation à votre enfant, et peut l'inciter à rechercher ces moments, en pensant que vous

êtes d'accord et que vous-même y trouvez un certain plaisir. Ainsi, il pourrait se sentir autorisé à avoir ce genre de jeux avec d'autres adultes, sous prétexte que «si je le fais avec papa ou maman, je peux le faire avec d'autres grandes personnes...».

Aux alentours de 18 mois-2 ans, ces jeux devraient cesser, ou du moins commencer à s'espacer progressivement pour finir par disparaître complètement (vers 3-4 ans). C'est en effet vers 18 mois-2 ans que l'enfant commence à s'intéresser à son sexe. Il est donc préférable de mettre un terme à ces jeux de bébé «asexué».

Dès l'âge de 2-3 ans, apprenez à votre enfant que son corps n'appartient qu'à lui

– Profitez d'un moment où il se caresse pour «nommer» les sensations que ce geste peut lui procurer. Dites-lui : «Oui, c'est ton corps, c'est ton zizi (à adapter en fonction du vocabulaire maison). Il y a des parties, comme celles-là, qui donnent du plaisir lorsqu'on les touche. C'est comme ça pour tout le monde.» (voir chapitre 94 *Il n'arrête pas de se tripoter*). Pourquoi parler de cela à l'enfant? Selon les spécialistes de l'enfance maltraitée, qui s'occupent des petites victimes, on constate que les enfants abusés s'imposent la loi du silence parce qu'ils ont honte des sensations nouvelles, encore inconnues, qu'ils ont pu ressentir. Il est donc important, de ce fait, de dire à l'enfant quelque chose du plaisir que certaines parties de son corps peuvent lui procurer, afin qu'il n'en ressente pas de culpabilité.

– En fonction de son âge et de sa maturité, énoncez la règle : «Tu peux te toucher quand tu es tout seul, quand personne ne peut te voir, mais il n'est pas question que tu le fasses sur un autre ni qu'une autre personne te le fasse. Ton corps n'appartient qu'à toi. Ton corps n'est pas prêt pour partager ce plaisir avec un(e) autre.»

– Ne l'encouragez pas – par des sourires, des signes de fierté... – à se caresser devant vous. Dites-lui : «Tu peux le faire, ce n'est pas interdit. Mais moi, ça me dérange que tu fasses cela devant moi. Cela peut déranger les autres. Tu peux le faire tout seul dans ta chambre.»

– Enseignez-lui la pudeur petit à petit. Par des gestes simples, par exemple, en tirant le rideau lorsqu'il se déshabille, en ne le laissant pas tout nu sur la plage ou même dans l'appartement, en l'incitant à se déshabiller dans la salle de bains et pas forcément devant vous... Respectez aussi la pudeur qu'il développe naturellement en grandissant (parfois dès l'âge de 5 ans).

Dès l'âge de 4-5 ans, apprenez-lui à se méfier et à dire non

– Prévenez-le : «Tous les adultes ne sont pas forcément gentils.» S'il a 5 ans au moins, ajoutez que certains peuvent être «trop curieux».

– Nommez l'interdit : «Tu n'as pas à parler à des inconnus dans la rue ou au jardin, encore moins à donner la main ou accepter des bonbons.» Les mots-clés : «Une grande personne pourrait s'adresser à toi pour te toucher, te caresser et même voir ton sexe et te montrer le sien. Elle pourrait être particulièrement gentille avec toi, te promettre des tas de choses. Ne la crois pas. Tu dois lui dire non et tu dois être fier (fière) de pouvoir lui dire non.»

– Énoncez la loi : «Ce que font ces personnes est formellement interdit par la loi. Elles sont poursuivies par la police, condamnées par la justice, et peuvent même être enfermées en prison.»

– Il demande des précisions ? Avant 7 ans environ, nommez ces gens comme des «malades», des «dérangés». Plus tard, vous expliquerez ce qu'est un pédophile, c'est-à-dire : «une personne détraquée dans sa tête et dans sa sexualité, qui cherche à se faire plaisir avec des enfants.»

– Pour l'inciter, le cas échéant, à briser la loi du silence, dites-lui :

• «Si une grande personne te montrait son sexe ou te demandait de le caresser, ce ne serait absolument pas de ta faute. Tu ne serais jamais puni pour cela. Dans ces situations, c'est toujours l'adulte qui est coupable.»

• «Une grande personne n'a pas à te demander de garder un secret. Cela n'a rien à voir avec les secrets que tu peux avoir avec les amis de ton âge ou avec tes parents. Les autres enfants, plus grands ou de ton âge, n'ont pas à te demander de faire certaines choses, ni de garder certains secrets. Tu sens bien d'ailleurs que si un secret est lourd, il faut que tu en parles.»

• «Ton père et moi, nous sommes responsables de toi. C'est à nous de te protéger, de dénoncer ces faits aux représentants de la loi, à la police et à la justice. Il est très important que tu nous en parles. Je te fais très confiance et compte sur toi.»

• «Tu peux aussi te confier à ton grand-père (ta marraine...), à une grande personne en qui tu as confiance et que tu aimes beaucoup.»

– Soyez à l'écoute de votre enfant. Les signes qui doivent vous inquiéter ? Tout changement de comportement, mais surtout la tristesse et le repli sur soi. Dans ce cas, consultez un psychothérapeute pour enfants (voir chapitre 107 *Dans quels cas consulter un psy et comment ça se passe*).

Dès l'âge de 7 ans, lorsqu'il commence à se débrouiller seul dans la rue

– Voir chapitre 61 *Lui apprendre à se débrouiller seul dans la rue.*
– Martelez la règle : il n'a pas à répondre à un inconnu, jeune, vieux, en cos-

tume ou en guenilles, qu'il ait l'air méchant ou gentil. Rassurez-le : «Tu n'es pas impoli si tu ne réponds pas. C'est lui qui est impoli de te parler.»

– Incitez-le à se réfugier chez un commerçant qu'il connaît et qui pourra prendre contact avec vous (et jamais dans un immeuble), dès qu'il a peur. Rassurez-le : personne ne se moquera de lui. Veillez à ce qu'il ait toujours sur lui une pièce de monnaie ou une carte de téléphone.

– Apprenez-lui à ne pas traîner dans la rue, contrôlez ses allées et venues. Et exigez d'être toujours informée de l'endroit où il se trouve. La règle d'or : ne jamais improviser, suivre (même un proche) sans prévenir l'adulte responsable. Si on essaie de l'en dissuader, c'est mauvais signe. Quelqu'un qui lui veut vraiment du bien ne lui dira jamais «Ce n'est pas la peine de prévenir» (voir également chapitre 61 *Lui apprendre à se débrouiller seul dans la rue*).

POUR EN SAVOIR PLUS

Dès 2-3 ans
Jean-Loup, Antoon Krings, L'École des Loisirs.
Respecte mon corps, Dr Catherine Dolto, Giboulées Gallimard Jeunesse.

Dès 5-6 ans
Lili a été suivie, Dominique de Saint-Mars et Serge Bloch, Calligram.

Dès 7 ans
Max et Lili veulent des câlins, Dominique de Saint-Mars et Serge Bloch, Calligram.
Les Filles et les garçons (un petit livre pour se connaître et connaître les autres), Dominique de Saint-Mars et Serge Bloch, Bayard.

Pour les parents
Le Drame de la pédophilie, Liliane Binard et Jean-Luc Clouard, Albin Michel, 1997.
Vies privées. De l'enfant roi à l'enfant victime, Caroline Eliacheff, Odile Jacob, 1997.

Pour tous
– Numéros verts (appels gratuits, 24 h sur 24 h) :
• Enfance maltraitée : 119 et 0800 05 41 41
• Fil Santé Jeunes : 0800 235 236

– Inter-Service-Parents : COLMAR : 03 89 24 25 00; GRENOBLE : 04 76 87 54 82; LYON : 04 72 00 05 30; METZ : 03 87 69 04 56; PARIS : 01 44 93 44 93

◪ Pour connaître l'association spécialisée la plus proche de chez vous, adressez-vous aux services départementaux d'action sociale et de santé (coordonnées à la mairie).

VII.

JEU, HISTOIRES, CROYANCES, TÉLÉVISION

66

Sa façon de jouer vous désarçonne

Vous n'êtes pas du genre psychorigide, mais quand votre fils surgit déguisé en princesse, casse le garage tout neuf que vous venez de lui offrir ou pique sa crise parce qu'il vient de perdre au jeu des sept familles, votre sang ne fait qu'un tour.

Préambule : à quoi sert le jeu ?

À travers le jeu, l'enfant réalise partiellement ses désirs, maîtrise son angoisse, recherche le plaisir. Le jeu permet à l'enfant d'exprimer les sentiments contradictoires (d'amour et de haine) qu'il possède au fond de lui-même et de croire en sa toute-puissance : il s'identifie à ses héros et s'imagine que les choses peuvent arriver telles qu'il les met en scène. Pour se construire, l'enfant a besoin de ce sentiment de toute-puissance. Mais le jeu lui permet également d'accepter la réalité et d'atténuer peu à peu ce sentiment.

Il aime les jeux de fille, elle aime les jeux de garçons

Très tôt, les enfants ont des jeux de fille et des jeux de garçon, cela les aide à grandir avec le sentiment de leur identité sexuée. Mais ne vous étonnez pas que votre fils ait envie de jouer à la poupée et votre fille aux petites voitures. À tout âge, un enfant a besoin d'explorer ce qui est du côté du féminin et ce qui est du côté du masculin. C'est normal et banal.

Vous retrouvez votre garçon avec la robe de princesse et le rouge à lèvres de la petite voisine ? Avec son père, inutile de paniquer et de dramatiser. Ce n'est pas parce que vous le laisserez se déguiser comme ça une fois ou deux que votre fils est promis à un avenir de travesti ! Ne le traitez pas de « fillette ». Plus vous vous montrerez choqués et gênés, plus il aura envie de recommencer pour vous provoquer. Dites-lui calmement: «Écoute. Je comprends que tu aies envie de ressembler à une fille pour t'amuser et de te déguiser pour rire, mais nous sommes bien d'accord, cela reste un jeu.» Et s'il a pris des vêtements et du maquillage dans vos affaires, ajoutez: «Tu n'as pas à fouiller dans ma penderie, ni dans celle de ton père, je te l'interdis.»

De même, si votre fille préfère se déguiser en cow-boy et monter aux arbres, au lieu de jouer aux Barbies, inutile de paniquer. Ne lui collez pas d'étiquette de «garçon manqué». Bien sûr, si votre fils insiste vraiment pour se maquiller ou que votre fille ne veut jouer qu'au football, c'est sans doute pour exprimer quelque chose de plus profond. Dans ce cas, interrogez votre entourage pour savoir ce qu'il en pense. Et si cela vous angoisse trop, n'hésitez pas à consulter un psychothérapeute pour enfant (voir chapitre 107 *Dans quels cas consulter un psy et comment ça se passe?*).

Il casse ses jouets

Apprenez à distinguer:

– L'enfant qui casse dans un processus normal d'exploration de ses jouets. Par exemple: la petite fille veut voir ce qu'il y a à l'intérieur de sa poupée ou le petit garçon veut ouvrir la portière de son auto miniature... Dans ce cas, ne grondez pas votre enfant. Demandez-lui simplement ce qui s'est passé, puis aidez-le, si possible, à réparer son jouet. Gardez en tête qu'il s'agit du jouet de votre enfant (même si c'est vous qui l'avez payé) et qu'il en fait donc ce qu'il veut. Ne le culpabilisez pas avec des phrases du genre: «C'est honteux, quand on pense à tous ces enfants qui n'ont pas de jouets!» Votre enfant ne casse pas ses jouets parce qu'il est «trop gâté», mais parce qu'il recherche les mécanismes de fonctionnement.

– L'enfant qui détruit (détruire, ce n'est pas la même chose que casser) systématiquement ses jouets en les lançant, par exemple, contre les murs ou en les jetant par terre violemment. Ou celui qui est capable de saccager intégralement sa chambre de façon répétitive. Un enfant de ce type souffre d'une importante violence intérieure (parfois par crainte de l'agressivité des autres). De tels comportements très agressifs et destructeurs traduisent une angoisse extrême qui mérite d'être secourue. Dans ce cas, il peut être utile de consulter un psychothérapeute pour enfants. (voir chapitre 107 *Dans quels cas consulter un psy et comment ça se passe?*).

Il est mauvais joueur

– C'est une étape banale, en rapport avec la pensée magique. Le petit enfant pense que, s'il joue, il va gagner. Avant 7-8 ans, l'enfant a du mal à intégrer la notion de hasard. «Le jeu est toujours un espoir de plaisir», disait Françoise

Dolto. S'il se met en colère c'est parce qu'il trouve injuste de perdre. Les jeux à règles sont souvent trop longs pour l'enfant : jusquà 6 ans, l'enfant a tendance à vouloir tout tout de suite. C'est pourquoi, lors de l'apprentissage d'un nouveau jeu, il n'est pas scandaleux de le laisser gagner quelquefois. Ainsi, il aura envie d'y rejouer.

– Il quitte le jeu indigné, comment réagir ?

Dédramatisez : ce n'est pas le signe qu'il est en train de tourner « caractériel ». Ne hurlez pas, ne vous moquez pas de lui, ne le montrez pas du doigt en le traitant de « mauvais joueur ».

Faites-lui plutôt remarquer que le jeu se déroule selon des règles et qu'il est important de les respecter. Dites-lui : « Écoute, je comprends que tu aies très envie de gagner, mais dans les jeux de grands, il y a toujours un gagnant et un perdant. Il est très important que tu acceptes ces règles. De toute façon, ce n'est pas toujours le même qui gagne. Tu as le temps de gagner d'autres parties. »

Ne soyez pas déçue par sa colère. Soyez patiente : il faut du temps pour qu'un enfant acquiert le sens des jeux à règles. Et évitez de lui coller une étiquette sur le dos : ce n'est pas parce qu'il n'aime pas perdre aujourd'hui qu'il sera mauvais joueur toute sa vie. La prochaine fois que vous jouerez à ce jeu avec lui, laissez-le gagner.

Il triche au jeu

– C'est banal. L'enfant qui triche veut gagner pour se sentir fort, exercer un pouvoir sur les autres, épater la galerie. De plus, il trouve un certain plaisir à enfreindre les règles, pour tester jusqu'où il peut aller. C'est relativement normal, cela fait partie de la phase d'apprentissage du jeu. Lorsque l'enfant commence à jouer à des jeux à règle, il a besoin de gagner (voir plus haut).

– Vous le prenez en flagrant délit, comment réagir ?

• Dédramatisez : ce n'est pas parce qu'il planque des cartes dans ses manches aujourd'hui qu'il détournera des millions d'euros vers les paradis fiscaux...

• Ne riez pas, il pourrait penser que ce qu'il fait est acceptable et serait amené à recommencer.

• Ne le traitez pas de « tricheur », « arnaqueur », « magouilleur », cela l'installerait dans ce rôle.

• Interrogez-le : « Mais que se passe-t-il ? Es-tu sûr que tu as bien respecté les règles du jeu ? Cette forme interrogative permettra à l'enfant de se remettre en question sans ressentir une culpabilité excessive. Il nie, alors que la vérité saute aux yeux ? Dites-lui : « Tu sais bien que, quelquefois, tu peux me dire des choses pour de faux, mais nous avons beau être en train de jouer, je voudrais que tu me dises les choses pour de vrai. » Réénoncez la règle et faites diversion en continuant le jeu.

• Il recommence ? N'hésitez pas à tricher vous-même ostensiblement pour que votre enfant le remarque, comprenne que ça le pénalise et puisse vous en faire la remarque. Dans le jeu, parent et enfant se retrouvent au même niveau et on peut accepter une telle inversion des rôles puisqu'il s'agit d'un jeu dans lequel il y a fatalement un gagnant et un perdant.

À l'avenir, que votre enfant déteste perdre ou triche, ne renoncez pas à jouer avec lui et à le faire jouer avec d'autres. Proposez éventuellement d'autres jeux afin de lui permettre d'intérioriser cette fameuse règle du jeu « gagnant/perdant ».

POUR EN SAVOIR PLUS

Sur les jeux de filles et de garçons

DÈS 4-5 ANS : *La Chasse au Dragon*, Andréa Nève et Jean-Luc Englebert, Pastel, L'École des Loisirs.
Mademoiselle Zazie a-t-elle un zizi ?, Thierry Lenain et Delphine Durand, Nathan.

Sur l'enfant mauvais joueur ou tricheur

DÈS 5-6 ANS : *Max n'aime pas perdre*, Dominique de Saint-Mars et Serge Bloch, Calligram.

67

Vous n'avez ni la force
ni l'envie de jouer avec lui

Le samedi après-midi déjà, vous n'êtes pas follement emballée à l'idée de jouer à la dînette, à la poupée ou aux Beetles Borgs... Mais le soir, quand vous rentrez exténuée du bureau, c'est-au dessus de vos forces. Est-ce si important de jouer avec lui?

Pourquoi l'enfant a-t-il besoin de jouer avec ses parents?

– Jouer avec son enfant, c'est cesser de le considérer comme un nourrisson qui a surtout besoin d'être nourri et câliné. C'est lui donner un autre statut.

– À travers les jeux de manipulation et d'exploration, l'enfant apprend comment fonctionnent ses jouets. Cette phase d'initiation avec un adulte est indispensable. Elle lui permet de développer son esprit d'observation et sa curiosité. Sans cela, il sera moins apte à jouer seul ou avec un autre enfant, ce qui n'interviendra que vers l'âge de 2-3 ans, au moment où l'enfant développe des relations plus socialisées (voir chapitre 68 *Il ne sait pas jouer seul*).

– Cela conduit toujours l'adulte à régresser. Ce qui permet à l'enfant de comprendre que son parent n'a pas oublié la part d'enfant qui est en lui, qu'il n'a pas toujours été un adulte qui énonce des interdits et pose des limites. Une véritable communication parent-enfant peut s'installer à travers le jeu. Cet échange peut intervenir alors même que l'enfant est encore tout petit, ne maîtrise pas complètement la parole et ne sait pas jouer avec les autres enfants.

Vous n'aimez pas jouer avec lui, pourquoi ?

Pour l'une et/ou l'autre des raisons suivantes.

☐ Vous ne savez pas jouer

Peut-être de votre temps, les parents – à quelques rares et admirables exceptions près – ne jouaient-ils pas souvent avec leurs enfants. Dans certaines familles, les mondes des adultes et des enfants étaient très cloisonnés. D'aucuns estiment même que vous appartenez à la première génération de parents qui trouvent important de jouer avec leurs enfants et s'y essayent. Si vos parents, eux-mêmes, ne s'asseyaient jamais dans votre chambre pour encastrer des Lego, ne soyez pas étonnée de votre manque d'engouement actuel.

☐ Pour vous, il est peut-être difficile de jouer

Pour jouer, il faut pouvoir régresser un peu. Or la vie des femmes ne permet pas toujours de se mettre au niveau de l'enfant. De fait, les mères, plus que les pères, se plaignent de ne pas savoir jouer. Dans la maison, elles continuent à assumer quantités de tâches ménagères. Elles sont moins disponibles. C'est souvent à elles seules, dans la famille, que revient le «rôle du gendarme» : «Viens dîner, va te laver les mains, range ta chambre, brosse-toi les dents»... Au milieu de tant d'injonctions péremptoires, s'asseoir par terre pour jouer à la marchande ou sauter comme un cabri pour se glisser dans la peau de Batman n'est pas toujours évident...
Alors déculpabilisez, laissez votre enfant vous «éduquer».

Ne vous forcez pas et trouvez une activité qui vous plaise

– Inutile de vous forcer à jouer à Digimon ou aux Barbies si vous détestez ça. Votre enfant sentirait que ce n'est pas votre tasse de thé et se sentirait coupable de provoquer ainsi votre lassitude. Dites-lui : «Écoute. Ce jeu, moi, je ne le connaissais pas quand j'étais petite, ça ne m'amuse pas tellement d'y jouer. Je veux bien jouer à autre chose avec toi.»
– Essayez de trouver d'autres jeux qui vous conviennent mieux, dans lesquels vous prenez du plaisir. Il n'y a pas que les poupées, les Playmobil et Action Man. Il y a aussi des jeux :
• de pliages, découpages, collages, enfilage de perles ou modelage ;
• éducatifs : du puzzle au CD-Rom que l'on fait fonctionner ensemble... ;
• d'eau : laver sa poupée, sa dînette ou son garage dans l'évier, s'arroser avec un tuyau d'arrosage dans un jardin... ;
• de cuisine : faire un gâteau, sculpter des pommes de terre... ;
• à règles : jeux de dés, de société (de l'oie...), de dominos, de cartes et enfin d'adresse (mikado, billes, osselets...) ;

• de «colonies de vacances» : comme «Jacques-a-dit», cache-cache, la main chaude (on cache un objet, l'enfant s'approche : c'est chaud, il s'éloigne : c'est froid) ;

• de voyages (en train, en voiture...) : répondre à des questions sans jamais dire ni oui ni non, le petit bac (dire des noms d'arbres, de fleurs, de personnages célèbres qui commencent par un A, un B...), le jeu du portrait...

– Enfin, quand vous décidez de jouer avec votre enfant, jouez vraiment : adoptez une tenue de rigueur et concentrez-vous sur ce que vous faites. Le soir où vous êtes en panne d'inspiration, lancez un petit jeu «spécial maman sans idée». Il suffit d'inverser les rôles : vous êtes l'enfant qui ne veut pas se coucher, ne cesse de réclamer des babioles et n'arrête pas de faire des bêtises ; il est la maman ou le papa. Vous verrez, c'est très amusant. Et ultra-instructif de découvrir comment votre enfant vous perçoit...

– Rien de tout cela ne vous emballe? Déculpabilisez. Vous n'êtes pas obligée de vous transformer en moniteur de colonie de vacances pour avoir de bonnes relations avec votre enfant : l'essentiel est de trouver un terrain de rencontre (la cuisine, la lecture, la musique par exemple) qui vous plaise et vous convienne à tous les deux. La communication parent-enfant ne passe pas uniquement par le jeu, même si celui-ci apporte des mouvements de respiration très utiles dans un quotidien contraignant.

Enfin, si l'enfant a besoin de passer du temps avec ses parents, être ensemble ce n'est pas toujours faire des choses ensemble. Il est important également que l'enfant sache jouer et s'occuper seul pendant qu'il vous sent à côté (voir chapitres 69 *Il s'ennuie* et 68 *Il ne sait pas jouer seul*), afin de s'octroyer ces plaisirs nécessaires : imiter l'adulte, s'identifier à un héros, transgresser les interdits.

Le soir où vous n'avez aucune envie de jouer

– En rentrant du bureau, prévenez-le : «Écoute, ce soir, je suis fatiguée, j'ai fait beaucoup de choses importantes dans ma journée, je vais te raconter. Mais je ne suis pas prête à jouer avec toi. Ce week-end, je te promets, nous jouerons.»

– Il vous poursuit avec son château fort? Ne lui dites pas : «Je n'ai pas le courage» (votre état de fatigue n'a rien à voir avec une question de courage) ou «Ce soir, je n'ai pas le temps» ou encore «Tu m'embêtes» (un peu injuste, non?).

– Proposez-lui plutôt une alternative : «Je vais te raconter une belle histoire» ou «Tu vas faire la vaisselle dans l'évier» (installez-le devant, sur un tabouret, avec des Tupperware et du savon liquide) ou «Tu vas faire ton coloriage sur la table de la cuisine, pendant que je prépare le dîner.» Autre activité appréciée des enfants, sous les yeux de leurs parents : grimper en haut de l'escabeau, puis en redescendre et ainsi de suite...

POUR EN SAVOIR PLUS

☑ Reportez-vous au chapitre précédent.

Pour chanter avec vos enfants
Les trois tomes du *Livre des chansons de France*, Roland Sabatier, Gallimard Jeunesse.

Pour trouver de nouvelles idées de jeux
– Les catalogues de vente par correspondance pour enfants sont truffés de jouets et jeux intelligents : *Bien Joué* (08 03 02 60 27), *Si tu veux* (01 42 60 59 97), *Éveil et Jeu* et *Graine d'éveil* (08 03 87 68 76).
– Les livres

DÈS 2 ANS : *1000 jeux d'éveil pour les tout-petits*, Sylvia Horak, Casterman.

DÈS 6 ANS : *Mille ans de contes et histoires drôles* (histoires, devinettes et mots d'esprit pour faire rire les enfants), Milan.

68

Il ne sait pas jouer seul

*Sa chambre est remplie de petites voitures, de cubes et de jeux éducatifs...
Curieusement, lorsqu'un adulte n'est pas là pour jouer avec lui, tout ceci ne
l'intéresse plus.*

Pourquoi a-t-il besoin d'un adulte pour jouer?

– Jusqu'à 2 ans, les enfants ne savent pas jouer ensemble. Ils jouent tout seuls
en parallèle ou avec un adulte qui leur explique. Même s'ils apprécient déjà
beaucoup la compagnie d'autres enfants.

– Entre 2 et 3 ans, les relations sociales et les possibilités de communication
de l'enfant augmentent. Il peut alors commencer à jouer avec un autre.

– Passé ce cap, l'enfant qui ne sait pas jouer tout seul, est :

• Soit un enfant auquel on a fait sauter la phase indispensable d'interactivité
(qui, en principe, a lieu entre 12 et 18 mois) où l'adulte sert de guide à l'enfant, lui montre comment fonctionnent certains jeux (dits d'ailleurs «éducatifs»), notamment ceux où l'on apprend les formes et les couleurs (voir
chapitre 67 *Vous n'avez ni la force ni l'envie de jouer avec lui*).

• Soit au contraire, un enfant qui n'a pas du tout été habitué à «explorer» par
lui-même, à rester seul avec ses jouets dans sa chambre. Bénéficiant depuis
sa plus tendre enfance de la présence permanente de l'adulte, la moindre
minute de solitude l'angoisse (voir chapitre 69 *Il s'ennuie*).

Comment lui apprendre à jouer sans vous?

– Faites confiance à votre enfant. Autorisez-le (symboliquement, s'entend) à
jouer tout seul dans sa chambre. Lorsqu'il a l'âge de 2-3 ans, convainquez-
vous qu'il n'est pas en danger s'il n'est pas sous votre regard en permanence.

Cessez d'être inquiète à l'idée de le laisser seul : votre enfant ne va pas forcément avaler sa pâte à modeler... Enfin, déculpabilisez : vous n'êtes pas une mauvaise mère si votre enfant n'a, parfois, rien à faire. Au contraire, il est bon pour lui d'apprendre à supporter une certaine solitude (voir chapitre 68 *Il s'ennuie*).

– Dans un premier temps, laissez-le jouer près de vous, en le laissant traîner ses jouets avec lui. Si la solitude l'angoisse, cela le calmera. Mais expliquez-lui : « Tu joues tout seul, je suis occupée, je ne joue pas avec toi. »

– Dans un deuxième temps, dites-lui : « Je comprends que tu aimes rester à côté de moi, mais maintenant tu peux rester dans ta chambre pour jouer. » Invitez-le à aimer rester dans son coin à lui. Installez-le avec ses jeux préférés et veillez à ce que tous ses jouets soient facilement accessibles (voir chapitre 21 *Faut-il l'obliger à ranger sa chambre ?*).

– C'est le drame ? Assumez de le laisser pleurer un certain temps dans sa chambre. Il finira par s'habituer. Les mots-clés ? : « Dans la vie, on n'a pas toujours un programme très précis. »

À l'avenir

Le cas échéant, revoyez à la baisse le nombre d'activités extra-scolaires de votre enfant – judo, piano, peinture, etc. En effet, plus votre enfant sera ainsi occupé, moins il saura consacrer du temps à des jeux créatifs et imaginatifs. Vous n'êtes pas une mauvaise mère si votre enfant n'a pas un agenda de ministre. Au contraire, en le laissant s'ennuyer un peu, vous lui rendez service en le rendant créatif (voir chapitre 69 *Il s'ennuie*).

POUR EN SAVOIR PLUS

Dès 3 ans
Oscar aime jouer avec Papa, Claude Lapointe et Catherine de Lasa, Calligram.

Dès 4 ans
L'Invitation, Olga Lecaye, L'École des Loisirs.

Pour les parents
L'Éveil de votre enfant, Chantal de Truchis, Albin Michel, 1996, 2002.
Papa, Maman, laissez-moi le temps de rêver!, Etty Buzyn, Albin Michel 2002.

69

Il s'ennuie

«Maman, je m'ennuie...» Cette petite phrase, en vacances, vous en faites votre affaire. Promenades, baignades, peinture et coloriage, en «bonne mère coupable» (de travailler le reste de l'année), vous déployez des trésors d'énergie pour l'occuper. Mais aujourd'hui, vous êtes moins disponible et sa litanie vous énerve...

S'ennuyer, ça veut dire quoi ?

– Vous venez de rentrer de vacances, il cherche (plus ou moins consciemment) à vous culpabiliser de moins vous occuper de lui, de recommencer à travailler...

– Il vous sent débordée, affairée, voire stressée. Par réaction, il s'enferme dans l'image d'inactivité et d'isolement que vous lui renvoyez de lui-même.

– Vous ne lui faites pas assez confiance. Êtes-vous sûre que vous n'êtes pas un peu trop sur son dos dans la maison : «Fais pas ci, fais ça et attention, tu vas renverser ce vase...»? Lorsque vous jouez avec lui, n'êtes-vous pas un peu trop directive? Le laissez-vous, parfois, explorer tout seul ses jouets, trouver la solution lui-même? (voir chapitre 68 *Il ne sait pas jouer seul*).

– Il a un emploi du temps de ministre (peinture et judo le mercredi, anglais et foot le samedi, sans oublier l'atelier du musée et l'initiation à l'informatique...) : il est habitué à enchaîner activité sur activité. Il se sent déstabilisé dès qu'il n'a rien à faire.

S'ennuyer n'est pas mauvais

– Ne rien avoir à faire, cela permet d'être disponible pour la rêverie, de «baguenauder» (selon l'expression de Françoise Dolto), c'est-à-dire de

233

mettre son esprit en éveil, de développer son imagination, d'observer, de se reposer.

– Dans la vie, on est parfois seul ou désœuvré. Un enfant qui s'ennuie apprend à affronter cette réalité. Il devient créatif pour trouver, par lui-même, une occupation. Contrairement aux petits stakhanovistes dont les agendas sont surbookés.

Comment réagir lorsqu'il se plaint?

– Dédramatisez : «Tu t'ennuies parce que tu n'as pas d'activités? Moi aussi, ça m'arrive, mais c'est bien parfois de n'avoir rien à faire. Dans la vie, on n'a pas toujours un programme très précis.»

– Interrogez-le : «Et puis, est-ce que tu t'ennuies vraiment? Peut-être que tu es en train de réfléchir, d'observer, de sentir ou d'entendre quelque chose?»

– Restez ferme : «Je suis occupée. Pour le moment, je ne peux pas jouer avec toi. Tu vas sûrement trouver, par toi-même, une idée pour ne plus t'ennuyer. Tu peux venir m'en parler, si tu veux.»

– Évitez de le renvoyer à ses Polypockets ou à sa Gameboy, laissez-le trouver tout seul, l'activité dont il a envie. Et gardez-vous de le culpabiliser : «Avec tous les jouets que tu as, c'est honteux de t'ennuyer!» Variante : «Si tu t'ennuies, je flanque tous tes jouets à la poubelle...»

– Il insiste : «J'sais pas quoi faire, maman, je m'ennuie vraiment...»? Rétorquez : «Écoute : moi, ça ne me gêne pas du tout que tu t'ennuies. Je te fais confiance, tu vas sûrement trouver une chose épatante à faire.»

Combien de temps peut-il s'occuper tout seul?

Qu'il ait 3 ou 6 ans, il est normal qu'il s'interrompe souvent (toutes les 20-30 minutes environ) pour venir vous voir. À vous aussi de lui témoigner votre présence quand vous ne l'entendez plus depuis un moment.

Il revient toutes les cinq minutes? («J'sais pas quoi fai-ai-re...»)

Les mots-clés : «Je te l'ai déjà dit, je suis occupée, je ne peux pas jouer avec toi. Dès que j'aurai terminé, nous pourrons faire quelque chose ensemble.» Restez ferme, ne comblez pas le vide, vous ne lui rendriez pas service. Vous encourageriez sa dépendance par rapport à vous. Il serait gêné dans son autonomie et sa confiance en lui. Ne soyez pas déçue par votre enfant, ni découragée par l'éducation que vous lui donnez. Ce n'est pas parce qu'il s'ennuie parfois que vous vous y prenez mal. Au contraire : plus vous agirez sur ce mode, plus vous constaterez les progrès de votre enfant pour s'occuper tout seul. Dans ce cas, n'oubliez jamais de le féliciter : «C'est formidable, tu as trouvé tout seul à t'occuper. Tu es grand, je suis fière de toi. Et toi, es-tu content d'avoir trouvé ce passe-temps?»

POUR EN SAVOIR PLUS

Dès 2-3 ans
Oscar aime jouer avec Papa, Catherine de Lasa et Claude Lapointe, Calligram.
Pomelo rêve, Ramona Badescu et Benjamin Chaud, Albin Michel Jeunesse.
Je m'ennuie !, Christine Scheiner et Hervé Pinel, Albin Michel Jeunesse.

Dès 4 ans
Teuteu et Zeuzeu, Alan Mets, L'École des Loisirs.

Pour les parents
Solitude, Françoise Dolto, Gallimard, 2001.
Papa, Maman, laissez-moi le temps de rêver!, Etty Buzyn, Albin Michel, 2002.

☑ Reportez-vous également aux bibliographies des chapitres 67 *Vous n'avez ni la force ni l'envie de jouer avec lui* et 68 *Il ne sait pas jouer seul.*

70

L'histoire du soir,
pourquoi a-t-il tellement besoin de ce rite?

« Dis, Maman, tu me lis une histoire ? » Cette petite phrase, vous l'entendez au moins une fois par jour. Et en général, même éreintée, vous répondez présente au rendez-vous. Quitte à ajouter aussitôt : « Bon d'accord, mais une toute petite alors »...

En quoi est-ce si important pour lui?

– C'est un moment propice au calme et à la détente, nécessaire avant de se coucher. La tension familiale est en effet à son niveau zéro. L'histoire du soir, début du rite du coucher, aide l'enfant à trouver sa tranquillité pour s'endormir.
– Cela permet de s'asseoir à côté de son enfant et de le reconnaître dans son statut d'enfant grandissant. Cela crée une relation différente de celle des jeux de chatouilles excitantes qui rappellent le bébé sur la table à langer (voir chapitre 96 *Il veut vous embrasser sur la bouche, vous toucher les seins...*).
– Lorsque le parent raconte ou lit l'histoire avec plaisir, cela aide l'enfant à retrouver des sentiments qu'il éprouve dans la vie quotidienne : l'amitié, la haine, la colère, la joie...
– Enfin, les contes aident l'enfant à élaborer des rêves, à développer son imagination. L'enfant auquel on ne raconte jamais d'histoire, auquel on ne dit que des choses « pour de vrai », est un enfant qu'on prive de créativité : on appauvrit son imaginaire.

Quelles histoires pour quel âge?

– Tout petit, l'enfant a besoin de livres d'histoires avec des images. Ce n'est que vers 6 ans qu'il pourra apprécier des récits non illustrés.
– Le petit enfant (surtout avant 3-4 ans) aime beaucoup les histoires qui met-

tent en scène des animaux et des objets. À cet âge-là, en effet, il prête aux animaux et aux choses qui l'entourent une âme et des sentiments. Ce pouvoir magique, cette toute-puissance l'aide à accepter son manque de pouvoir dans la réalité. Ce n'est que plus tard qu'il pourra intégrer que, « pour de vrai », les animaux et les objets ne pensent pas et ne parlent pas.

– Le vocabulaire de ce livre vous semble compliqué ? Si un mot vous paraît semer le doute en lui, donnez-lui rapidement le sens. Mais ne vous interrompez pas sans arrêt pour lui expliquer le texte, mot à mot. Votre enfant a besoin d'entendre l'intonation de votre voix et d'être bercé par la mélodie de l'histoire. Tant pis si un ou deux mots lui échappent.

– Il réclame toujours la même histoire ? C'est normal. L'enfant adore qu'on lui raconte indéfiniment la même histoire, même s'il la sait par cœur. Cela fait partie du rite.

– Il corrige quand vous changez les mots ? Il s'assure ainsi de la validité, de la permanence de l'écrit, ces signes mystérieux auxquels il ne comprend encore rien.

Il est passionné par les « histoires de méchants » ?

– C'est normal. Tout petit, l'enfant prête aux personnages méchants qu'il rencontre dans les contes toutes les pulsions contradictoires, ambivalentes (par rapport aux interdits et limites qu'il apprend, par ailleurs, tous les jours) qu'il peut reconnaître en lui (la colère, la vengeance, la haine, la violence, la destruction...) et cela le soulage. L'enfant a besoin que ces histoires se terminent bien ; cela lui permet de comprendre que l'on peut dominer ces sentiments violents et l'aide à garder son optimisme.

– Lorsque l'enfant réclame surtout des histoires d'ogres, de sorcières et de loups, c'est probablement qu'il traverse une phase où il a, en lui, beaucoup de sentiments très violents. C'est tout à fait normal et banal. Il convient de répondre à sa demande sans s'en inquiéter. Cela lui permet de s'identifier inconsciemment au méchant de l'histoire. Et l'aide, du même coup, à canaliser ses pulsions.

Certaines histoires un peu tristes le bouleversent ?

Votre enfant est sûrement très sensible. Calmez-le. Dites-lui : « C'est pour de faux. Tu n'es absolument pas responsable de ce qui se passe dans cette histoire. C'est seulement une histoire que l'on raconte. Si tu veux, on ne la raconte plus pendant quelque temps. » Mais inutile de chercher à gommer sa tristesse en « brodant », voire en fabulant, pour essayer de rendre l'histoire plus gaie. Laissez-le affronter la réalité. Dans la vie, il connaîtra d'autres moments de tristesse qu'il ne pourra éviter. Et les histoires sont justement là pour lui permettre d'affronter la réalité.

Pour en savoir plus

Pour tous les âges

Mille ans de contes : de superbes anthologies de contes où puiser des histoires fabuleuses. Au début de chaque histoire, figure l'âge de l'enfant requis pour apprécier l'histoire, le sujet (sorcières, roi, ogres, animal...) de l'histoire et le temps nécessaire pour la raconter : de 3 à 30 mn (Éditions Milan).

Dès 3-4 ans

Papa, raconte-moi une histoire qui fait peur!, Caroline Gregoire, Pastel, L'École des Loisirs.

Raconte-moi un conte, Charlotte Rœderer , Véronique Mazière *et al.*, Tourbillon.

Des comptines à faire peur, Karine-Marie Amiot et Claire Renaud, Fleurus.

Dès 4-5 ans

Le grand livre abracadabrant des sorcières, Jakob et Wilhelm Grimm, Claire Clément *et al.*, Bayard Jeunesse.

Pour les parents et les enfants

Petites Histoires pour devenir grand, Sophie Carquain, Albin Michel.

Pour les parents

Papa, Maman, laissez-moi le temps de rêver!, Etty Buzyn, Albin Michel, 1995.

Qui lit petit, lit toute la vie, Rolande Causse, Albin Michel, 2005.

71

Il ne croit plus au Père Noël, ou quoi?

«Et bien moi d'abord, je le sais : le Père Noël, il n'existe même pas! C'est un grand du CP qui me l'a dit à l'école...» Devant une telle protestation indignée, vous êtes désarmée...

Pourquoi a-t-il eu besoin d'y croire jusqu'ici?

– Le Père Noël, c'est le mythe du don gratuit et absolu. Ce personnage légendaire (apparu en Europe au début du XIXe siècle), chargé de distribuer jouets et bonbons pendant la nuit de Noël, répond à la pensée magique.
– Ce mythe permet à l'enfant de...
... réaliser ses désirs les plus fous : un jour par an, il a le droit de laisser s'exprimer son désir (voir les chapitres sur l'autorité, la discipline et les limites). Un enfant qui ne voudrait pas de cadeaux à Noël est un enfant qui souffre, s'autopunit et dont il faut prendre la difficulté au sérieux (voir chapitre 107 *Dans quel cas consulter un psy et comment ça se passe?*).
... stimuler son imagination par la préparation de la fête : commandes, longues lettres, descente par la cheminée, houppelande, traîneau...
– Pour vous aussi, parent, le mythe a un sens. La crédulité infantile que fait naître cette légende vous attendrit. Le jour où votre enfant n'y croira plus, peut-être ressentirez-vous alors un pincement au cœur.

Il fait des réflexions, pose sans arrêt des questions?

«Et par où il passe quand il n'y a pas de cheminée comme chez nous? Et comment il fait pour aller dans toutes les maisons, il a beaucoup d'enfants?», etc. La litanie de votre enfant ne s'arrête pas?

– Ne soyez ni triste ni déçue : il met en doute l'existence du Père Noël, il est prêt à entrer dans le monde des grands. Vous pouvez être fière de lui.

– Dans un premier temps, laissez-le décider s'il est prêt à entendre la vérité. Chaque enfant traverse, en effet, une phase où il «sait» la vérité sans pour autant avoir envie d'abandonner sa croyance. Répondez à ses questions, en posant à votre tour une question : «Et qu'est-ce que tu en penses, toi?» Selon sa réponse, vous saurez s'il est décidé à entendre la vérité :

• Il coupe court à la discussion et part jouer dans sa chambre? Ou bien change carrément de sujet de conversation? Dans ce cas, inutile d'insister. Respectez cette phase de maturation.

• Il pose de plus en plus de questions et veut la vérité? Avouez : «Eh bien oui, pour de vrai, le Père Noël n'existe pas.» Mais témoignez-lui aussitôt votre fierté : «Tu as compris que c'est une histoire. Tu es devenu grand, je suis fière de toi.» Et, le cas échéant, ajoutez : «Mais pour ta petite sœur, qu'est-ce que tu en penses? Elle est encore petite. Elle peut y croire encore n'est-ce pas?»

– Il est révolté, triste, vous en veut de lui avoir menti?

Vous avez peut-être entretenu le mythe trop longtemps. Dites-lui : «Écoute. Le Père Noël existe pour tous les enfants du monde, dans tous les pays. Et comme tous les parents du monde, cela m'a fait très plaisir de te raconter cette histoire. L'histoire du Père Noël, c'est comme un conte de fées, comme ceux que je te raconte, le soir avant que tu n'ailles te coucher.»

Rassurez-le : «Maintenant, tu sais que Noël, c'est la fête des enfants et des parents. Et même si tu n'y crois plus pour de vrai, on continuera à le fêter, chaque année, à la même date. Et il y aura toujours des cadeaux pour tous.»

Votre enfant, lui, n'a jamais posé aucune question. Jusqu'à quand le laisser croire à cette fable?

Cela vous semble peut-être cruel, mais il n'est pas souhaitable qu'il continue à croire au Père Noël au delà du CP. C'est durant cette année scolaire que cette croyance devrait d'ailleurs cesser naturellement.

☐ Pourquoi lui dire la vérité?

– Pour l'aider à se sentir grand et responsable de lui-même. On ne peut pas demander à un enfant de grandir, de prendre des responsabilités d'écolier, de développer de la curiosité intellectuelle, tout en le maintenant dans des croyances infantiles (voir chapitre 51 *Réussir le grand saut maternelle-CP*). Les besoins de l'enfant évoluent. D'ailleurs, si les enfants y croient encore après le CP, c'est souvent pour se conformer au désir de leurs parents qui font tout ce qu'ils peuvent pour entretenir l'illusion.

– Pour ne pas l'inciter à mentir et à tricher lui aussi. Entretenir le leurre trop longtemps encourage l'enfant, lui aussi, à s'arranger avec la vérité (voir chapitre 11 *Il ment*). Et le pousse à développer de la méfiance vis-à-vis de l'adulte. En effet, à l'âge de 6-7 ans, il «sait». Votre enfant comprend parfaitement lorsque vous laissez échapper, devant lui, des petites phrases du genre : «Je l'ai eu à Noël, c'est mon mari qui me l'a offert» pour rectifier aussitôt : «Euh, pardon! je veux dire : le père Noël de mon mari me l'a offert»... De même, le soir de Noël, si, comme dans la plupart des familles, vous avez l'habitude de vous faire des cadeaux entre adultes, votre enfant, même occupé à déballer ses propres paquets, vous voit et vous entend très bien vous congratuler bruyamment. Tout cela ne peut lui échapper.

☐ **Comment lui dire la vérité?**
Il n'est pas question de lui asséner la vérité brutalement. Mais plutôt d'essayer, peu à peu, de lui faire prendre conscience de la réalité. Lisez-lui des histoires (voir notre liste). Posez-lui des questions : «Qu'est-ce que tu en penses, toi, de ce bonhomme qui vient par la cheminée?...» Très vite, votre enfant vous interrogera à son tour et/ou vous déclarera qu'il n'y croit plus. Vous pourrez alors observer sa fierté d'avoir grandi et de partager le secret des grands.

POUR EN SAVOIR PLUS

Tant qu'il y croit encore (dès 3 ans)
Le Noël de Max, Rosemary Wells, L'École des Loisirs.
La Lettre du Père Noël, Yukiko Tanno, L'École des Loisirs.
Vite Père Noël ! et *Silence Père Noël !*, Julie Sykes et Tim Warnes, Mijade.
La Véritable Histoire du Père Noël, Colette Siègue et Téo Puebla, Milan.

Pour faire naître le doute

Dès 6-7 ans : *Quand je serai grand, je serai le Père Noël*,
Grégoire Solotareff, L'École des Loisirs.
Le Vrai Père Noël c'est moi, Ingrid Ostheeren, Nord-Sud

Pour les parents
Papa, Maman, dites-moi pour de vrai, Gérard Sévérin, Albin Michel,
2000.

72

Il est scotché à la télévision

Chaque jour, les petits Français regardent la télévision deux heures. Et lorsqu'ils possèdent un ordinateur ou une console de jeux vidéo, 70 % d'entre eux la regardent quand même autant qu'avant[1]. Quelques propositions pour que ça change.

Trop de télévision, ce n'est pas souhaitable, pourquoi ?

☐ Sur le plan physique
La télévision transforme le plus énergique des enfants en véritable momie. Les parents sont, souvent, les premiers ravis de cet ensorcellement. En particulier le dimanche matin ou les après-midi pluvieuses... Sans tomber dans les excès des anciennes générations qui, parfois, diabolisaient les images, il est utile de savoir que ces moments de tranquillité ont un prix : la surstimulation de bruits et d'images se traduit, à terme, par une augmentation d'irritabilité, d'agressivité et d'instabilité ; mais aussi par une plus grande fatigue (voire, en cas d'excès, par un surcroît pondéral, notamment à l'adolescence). Or l'enfant a besoin de se dépenser physiquement pour développer tout son potentiel.

☐ Sur le plan psychologique
Bien qu'il soit désormais admis par des spécialistes que l'image n'empêche pas l'enfant de penser, trop de télévision – des études australiennes et américaines l'ont prouvé – rend l'enfant de plus en plus vulnérable aux images et finit par le plonger dans un état hypnotique.

---

1. Étude Conso Junior 2006.

Or la télévision est violente et parfois sans intérêt. Les enfants regardent souvent des émissions qui ne sont pas pour eux.

La télévision n'est pas forcément un frein à l'imaginaire mais elle empêche de prendre des initiatives et des risques, ce qui est indispensable à l'épanouissement de chaque enfant. Elle évite de s'ennuyer, ce qui est pourtant également nécessaire (voir chapitre 69 *Il s'ennuie*). Un enfant qui dessine ou construit des Lego dans sa chambre est un sujet qui assume davantage la solitude que celui qui allume la télévision, dès qu'il n'a rien à faire. En revanche, contrairement à la télévision, «le magnétoscope et sa télécommande apprennent à l'enfant à dominer les images (en avançant et en reculant la bande vidéo) ce qui, à l'époque où nous vivons, est indispensable. C'est pourquoi, devant un film vidéo, il faut laisser l'enfant manipuler la télécommande à sa guise.[1]» L'ordinateur et les CD-ROM, quant à eux, permettent à l'enfant de rester actif. En «cliquant» sur la souris il peut agir sur ce qu'il fait, voit ou entend. «Le CD-ROM additionne la liberté du livre, la force des images (et les images sont parfois irremplaçables).[2]»

Quel est le bon dosage?

– Si votre enfant est petit (entre 2 et 3 ans), évitez de le laisser plus de vingt minutes devant l'écran. Au bout de ce délai, le cerveau entre dans la phase qui précède le sommeil et l'enfant tombe dans l'état hypnotique décrit plus haut. «Par ailleurs, avant 3 ans, un enfant ne peut suivre le fil général d'un récit d'une heure et demi du type de ceux produits par Walt Disney. Sa mémoire découpe alors le scénario en séquences qu'il ne parvient pas à relier entre elles. Le risque est donc qu'il reste figé sur un ou deux passages pénibles – au moment où son héros tombe à l'eau, par exemple –, sans pouvoir appréhender le scénario complet, lequel est quand même construit pour que les bons soient récompensés et les méchants punis.[3]» Pour éviter de «couper» au milieu d'une histoire, vous pouvez utiliser les vidéocassettes séquencées en plusieurs petites histoires de quelques minutes. Il en existe de très jolies dans le catalogue Graine d'éveil (tél.: 08 92 35 07 77).

– À partir de 3-4 ans environ, vous pouvez l'autoriser, une fois de temps en temps (et non quotidiennement), à regarder une cassette entière (qui dure

---

1. Serge Tisseron, psychanalyste qui s'est rendu célèbre pour ses recherches sur Tintin, et auteur de *Enfants sous influence, Les écrans rendent-ils les jeunes violents?* (Armand Colin), une étude sur les enfants et les images, fruit du travail, pendant trois ans, d'un groupe de recherche chargé par le gouvernement d'étudier l'impact des images sur les enfants et les adolescents.
2. Extrait de *Les écrans dévorent-ils vos enfants?*, Monique Brachet-Lehur, Fleurus, 1997.
3. Selon Sylviane Giampino, psychanalyste, membre du groupe de recherche de Serge Tisseron.

entre une heure et une heure et demie) ou un reportage (sur les animaux, la terre…) correspondant à ses goûts et à son niveau de développement intellectuel. Mais avant 5 ans, il est toujours préférable[1] de rester près de l'enfant la première fois qu'il visionne une cassette vidéo, afin de lever les éventuels malentendus.

– Quel que soit son âge, pensez à contrôler ce que regarde votre enfant. Et évitez de laisser la télévision devenir un rite quotidien. Pensez à regarder avec lui, pour être au courant de ce qu'il voit et pour en reparler avec lui.

Liste, non exhaustive, des pièges à éviter

– Allumer la télévision dès votre retour à la maison, le soir.
Même si vous croulez sous les corvées à accomplir, votre enfant doit apprendre à s'occuper autrement qu'en regardant la télévision (voir chapitres 69 *Il s'ennuie* et 68 *Il ne sait pas jouer seul*). À vous aussi d'accepter des activités de remplacement – coller des haricots, enfiler des perles ou laver son baigneur dans l'évier – qui salissent ou dérangent davantage que de rester sagement assis devant la télévision…

– Installer plusieurs postes de télévision dans la maison.
Et, en particulier, dans des pièces dites à risque. La télévision dans la chambre à coucher est un piège : la regarder dans le lit est confortable ; du coup, au moindre coup de fatigue, on est tenté de se glisser allongé sous la couette, télécommande et tablettes de chocolat en main.
La télévision allumée pendant les repas est, quant à elle, le moyen le plus sûr de couper toute communication dans la famille.

– Laisser la jeune fille au pair décider d'installer votre enfant devant l'écran.
Réservez la télévision à des moments qui vous rendent service, à vous. Mais, mieux encore, dans ces cas-là, proposez d'écouter une cassette audio racontant une histoire. Cela laisse plus de liberté à l'imaginaire.
Expliquez à la jeune fille au pair qu'il n'est pas question que votre enfant regarde la télévision en votre absence. Donnez-lui des idées (dessins, collages, découpage, pâte à modeler, gâteaux…) pour occuper votre enfant autrement (voir chapitres 67 *Vous n'avez ni la force ni l'envie de jouer avec lui*, 69 *Il s'ennuie* et 68 *Il ne sait pas jouer seul*). Et si vous n'avez pas confiance, optez pour une télécommande à verrouillage.
Par contre, lorsque vous confiez votre enfant à ses grands-parents, soyez tolérante (voir chapitre 78 *Chez Grand-père et Grand-mère, il est pourri gâté*).

– Autoriser votre enfant à allumer tout seul la télévision, à regarder « ce qu'il y a » et à zapper. C'est à vous, et uniquement à vous, de décider si votre enfant peut regarder la télévision et si l'émission ou le dessin animé vous

---

1. Selon Sylviane Giampino.

convient. En bas âge, évitez le zapping, école de déconcentration. Éventuellement, si vous êtes abonnés au câble, permettez à votre enfant de zapper quelques minutes entre les différentes chaînes jeunesse, sans danger pour lui. Votre enfant tombe, par erreur, sur un reportage sanglant au journal télévisé? Au lieu d'éteindre ou de changer de chaîne de manière phobique, n'hésitez pas à mettre des mots sur ce qui a pu le choquer. Ainsi, vous ne le laisserez pas dans une situation de trouble, voire de panique. Dites-lui : «Dans certains pays il se passe des choses terribles, et là, ce soir, il s'agit de la guerre» (voir chapitre 102 *Comment répondre à ses questions sur la guerre?*).
– Laisser votre enfant trop longtemps seul devant la télévision. Au contraire, essayez de rester à ses côtés, pour lui apprendre peu à peu à devenir un téléspectateur conscient et critique. Vers 6-7 ans, quand vous l'autorisez à regarder autre chose que des dessins animés, enseignez-lui quelques données de base :
• Apprenez-lui, par exemple, à repérer les effets cinématographiques, à distinguer la fiction de la réalité : «Le sang qui est là, c'est du ketchup», «Les gens qui se battent ils font semblant», «Tout ça, c'est faux, comme les contes de fées que je te lis le soir»...
• Expliquez-lui que la publicité est faite pour nous influencer et nous donner envie d'acheter. Démontrez-lui que ce que l'on y dit n'est pas toujours vrai. Exemple? «Tu te souviens des Corn Pop que tu voulais que je t'achète parce que, dans la publicité, ça avait l'air délicieux? Eh bien rappelle-toi : finalement, tu n'as pas aimé, non? Tu vois : ce qu'ils disent dans la pub, ce n'est pas toujours vrai»...

POUR EN SAVOIR PLUS

Livres
DÈS 3 ANS : *Fini la télévision!*, Philippe Dupasquier, Folio Benjamin.
La Télévision, Dr Catherine Dolto, Giboulées Gallimard Jeunesse.

DÈS 6 ANS : *Les Pâtacolors, j'adore!*, Fanny Joly, Claude et Denise Millet, Bayard Poche (pour les enfants «victimes de la pub»).
Lili regarde trop la télé, Dominique de Saint-Mars, Calligram.

DÈS 7 ANS : *Oukele la télé?*, Susie Morgenstern, Folio Cadet bleu.

Pour les parents
La Télévision buissonnière, l'enfant et la télévision, René Blind et Michael Pool, Éditions Jouvence, 1995.
Les écrans dévorent-ils vos enfants?, Monique Brachet-Lehur, coll. Le métier de parents, Fleurus, 1997.
Y a-t-il un pilote dans l'image?, Serge Tisseron, Aubier, 1998.
Qu'est-ce qu'il y a à la télé?, Aider nos enfants dans leurs choix, Claude Allard et Cécile Dollé, Albin Michel, 2005.

73

Il est fou de jeux vidéo

Depuis qu'il possède une Gameboy, son château fort et ses bateaux de pirates ne l'intéressent plus. Et quand vous l'appelez alors qu'il se trouve au milieu d'une partie, il ne vous entend pas. N'est-ce pas un peu excessif ?[1]

Petit rappel

– Il existe plusieurs types de jeux vidéos. Les jeux d'arcade sont des jeux de combat : il y en a pour tous les âges, mais pour les tout-petits, on les nomme jeux de plate-forme. Les jeux d'aventure et de stratégie s'adressent aussi à tous les âges mais, comme les jeux de simulation (exemple : piloter un avion...), ils sont souvent assez complexes et requièrent beaucoup de capacités de raisonnement et d'anticipation. Lorsque vous achetez, respectez bien l'âge indiqué sur l'emballage. Pour les enfants de moins de 10 ans, le choix est assez restreint.

– Les jeux vidéo remplacent de nombreux jeux de notre enfance. Certains jeux d'arcade correspondent aux petits soldats, certains jeux d'aventure aux jeux de hasard et certains jeux de stratégie, à ceux de construction.

Pourquoi votre enfant a-t-il l'air si «accro»?

– Quand il joue, il est aussi concentré qu'un chercheur qui plancherait sur les œuvres complètes de Karl Marx. Il est donc normal qu'il n'entende pas quand vous l'appelez.

– Mais contrairement à ce que vous pouvez croire, votre enfant n'est pas

---

1. Chapitre réalisé avec l'aimable collaboration de Serge Tisseron, psychanalyste et auteur de *Enfants sous influence, les écrans rendent-ils les jeunes violents ?* (Armand Colin).

isolé quand il joue : dans les jeux vidéos, l'enfant rencontre des difficultés qu'il ne peut pas résoudre tout seul. C'est en en parlant avec ses copains qu'il y parvient. Loin d'isoler l'enfant, les jeux vidéos peuvent lui permettre, au contraire, de se socialiser.

Comment l'aider à distinguer le vrai du faux ?

– Dédramatisez. Quand vous étiez enfant, vous passiez du temps à jouer avec des personnages en bois, en plomb ou en plastique, à les tuer, leur construire des maisons... Les jeux vidéo ne sont rien d'autre qu'un perfectionnement technologique des jeux de votre enfance. C'est votre inquiétude devant une nouveauté qui vous dépasse qui peut créer un doute chez votre enfant. Il pourrait se dire : « Si cela inquiète mes parents », c'est qu'il y a peut-être du vivant là-dedans. Il risque alors de s'engager dans une voie erronée, celle de la confusion entre le « comme si » et le réel.

– Ne prenez pas ses jeux trop au sérieux, comme le font certains parents. Lors de la mode des Tamagochi, ces petits animaux virtuels, les enfants s'étaient réapproprié le jeu en s'amusant à les faire mourir le plus vite possible. Affolés, certains parents sont allés jusqu'à inviter leurs enfants à organiser des mini-enterrements. Ici, ce sont plutôt les adultes qui confondent le vrai et le faux !

– Dites plutôt à votre enfant que les jeux vidéo sont un peu comme de la pâte à modeler, mais qui serait « numérique ».

Quand le laisser jouer de préférence ?

Plutôt le mercredi et/ou le week-end. Mais pas le matin avant l'école : l'écran crée une tension émotive qui rend l'enfant non réceptif aux apprentissages scolaires. Évitez qu'il joue dans un coin retiré de la maison. Il risque de se sentir très seul et d'enfouir tout ce qu'il éprouve au fond de lui-même, ce qui est néfaste : ces émotions peuvent ressortir sous une autre forme, à un moment où on s'y attend le moins. Il risque aussi de penser qu'il ne peut pas s'appuyer sur vous. Laissez-le jouer, mais plutôt dans un lieu de la maison où vous passez souvent.

Combien de temps le laisser jouer ?

– Ce qui importe, c'est le temps global passé devant un écran (télévision, ordinateur, Gameboy, console). Deux heures d'affilée sont un maximum.

– N'arrêtez jamais votre enfant au milieu d'une partie : c'est comme si on vous interrompait en train de faire l'amour ! Vous pouvez poser des limites, mais en respectant la progression du jeu : l'enfant ne peut s'arrêter en douceur qu'après avoir gagné plusieurs parties ; avant cela, il est trop tendu vers son objectif.

– Vous voulez qu'il cesse ? Dites : «Quand tu as terminé ta partie, sauvegarde-la et appelle-moi pour me montrer ton score.» Quand il a fini, félicitez-le et demandez-lui d'éteindre.

– Enfin, avant d'enchaîner sur une autre activité, laissez-lui un sas de décompression : quand l'enfant joue longtemps, il sort du jeu un peu énervé car il a éprouvé des émotions intenses.

Comment l'aider à prendre de la distance ?

Demandez-lui de vous montrer un de ses jeux vidéo auquel vous pourriez jouer à deux et laissez-le vous guider. Puis commentez ses jeux ensemble, instaurez-vous en interlocuteur privilégié. Sachez enfin que le meilleur moyen de détourner un enfant d'un jeu vidéo solitaire est encore de lui proposer une autre activité tout aussi passionnante, par exemple de jouer à deux, vous et lui.

Il a l'air vraiment «accro»?

– Dédramatisez. Le danger de l'enfant replié sur l'ordinateur ou la console existe, mais entre 11 et 14 ans surtout. Et contrairement à ce qu'on croit, le danger n'est pas dans la machine, mais dans la relation que l'enfant établit avec elle. Cette relation dépend au premier chef de l'histoire de l'enfant et de son environnement. Un enfant qui, il y a vingt ans, se serait désocialisé dans la philatélie, peut aujourd'hui y être conduit par les jeux vidéo. Mais dans tous les cas, il s'agit d'enfants qui désespèrent de pouvoir communiquer avec les adultes ou même avec leurs camarades. C'est l'isolement relationnel qui crée le repli sur le jeu, et non l'inverse. Il ne faut donc pas confondre l'effet avec la cause.

– Votre enfant est vraiment trop replié sur ses jeux vidéo ? Suscitez une petite conversation : «Peut-être as-tu l'impression qu'on ne parle pas assez ensemble?» Même s'il vous répond par la négative, il comprendra le message et en tiendra compte. Si les choses ne s'arrangent pas, n'hésitez pas à consulter un psy (voir chapitre 107 *Dans quels cas consulter un psy et comment ça se passe ?*). Ce professionnel mettra au jour les raisons qui conduisent votre enfant à se focaliser ainsi sur ses jeux vidéos.

POUR EN SAVOIR PLUS

Pour les parents
Reportez-vous à la bibliographie du chapitre précédent.

Pour les enfants
Max est fou de jeux vidéo, Dominique de Saint-Mars et Serge Bloch, Calligram.

VIII.

FRÈRES ET SŒURS, GRANDS-PARENTS, ONCLES ET TANTES

74

Il va avoir un petit frère

Jusqu'ici, il occupait tout l'espace dans votre cœur et régnait en monarque absolu sur sa chambre et ses jouets. Dans quelques mois, il va devoir partager avec le cadet qui s'annonce. C'est une grande joie, mais vous craignez sa réaction...

C'est votre décision, uniquement la vôtre

Avoir un autre enfant est une décision d'adultes, qui ne regarde que votre conjoint et vous-même. Certes, pour un aîné, la situation est toujours délicate car jusqu'ici, il avait une expérience d'enfant unique. Mais que votre enfant soit content ou mécontent n'est pas le problème. Il n'a pas à donner son consentement sur une décision qui n'est pas de son ressort. Et vous n'avez pas à lui poser la question : «Est-ce que tu voudrais un petit frère ou une petite sœur?», pas plus qu'à lui demander, une fois que le bébé est là, «Tu es content, hein?» Votre enfant s'adaptera à ce changement de vie et finira même par s'en réjouir avec vous.

Quand lui annoncer?

☐ Ni trop tôt...

L'enfant vit dans le temps présent, ce délai de neuf mois sera long. En lui parlant du bébé qui va arriver, vous lui donnerez envie de le voir dans son berceau tout de suite. Il vaut mieux être certaine que la grossesse soit assurée pour l'annoncer. On peut raisonnablement attendre la fin du premier trimestre de grossesse pour en parler. Mais si, comme c'est fréquent, (en particulier avec les tout-petits), l'enfant le devine, inutile de (dé)mentir. Dites-lui : «Oui, tu as raison, mais le bébé n'est pas prêt, il le sera dans très longtemps, quand les feuilles des arbres commenceront à tomber (variante : quand on cherchera les œufs de Pâques). C'est parce que c'est dans si longtemps que nous ne t'en avons pas encore parlé.»

☐ ...ni trop tard

Faites-vous partie de ces couples qui préfèrent garder plus longtemps leur secret? Libre à vous. À condition, toutefois, de ne pas attendre que votre état ne trompe plus personne pour l'annoncer à votre enfant. Et de rester vraiment discret, lorsque vous vous trouvez avec son père devant votre enfant. Votre enfant vous surprend en train d'en parler au téléphone? Ne faites pas comme si de rien n'était. Il se culpabiliserait d'avoir entendu une nouvelle qu'il ne connaît pas. Profitez au contraire de l'occasion pour lui annoncer la venue d'un frère ou d'une sœur.

Comment lui annoncer?

– Dites-lui les choses simplement : «Papa et moi, nous avons fait un bébé» (voir chapitre 92 *Il demande comment on «fabrique» les bébés*), «J'attends un bébé dans mon ventre», «Tu vas avoir un petit frère ou une petite sœur, dans quelque temps, après les vacances (Noël, ton anniversaire…). Ce sera assez long.»
– Évitez de l'emmener avec vous assister à une échographie. L'échographie est une affaire médicale et une affaire d'adulte. L'enfant n'y a pas sa place. Faire assister l'enfant à l'échographie, c'est lui imposer une image, l'empêcher de «rêver», d'imaginer le bébé. Enfin, sans dramatiser, il faut être réaliste : certaines échographies se passent mal. On regrette alors toujours d'y avoir amené l'enfant.

Durant la grossesse

☐ Vous êtes épuisée?

Ne lui dites pas : «Je suis fatiguée, il va falloir que tu sois sage…» C'est trop culpabilisant pour l'enfant. Plus vous lui répéterez que vous êtes fatiguée, plus votre enfant aura envie de vous retrouver en forme et vous sollicitera. Dites-lui plutôt : «J'ai besoin de sommeil, de repos, mais toi tu n'y es pour rien.» Et invitez-le à s'occuper avec son père.

☐ Il est agressif, fait des réflexions («Ce bébé, je vais le mettre à la poubelle»…), voire tente de vous donner des coups dans le ventre?
– Déculpabilisez, c'est normal et c'est banal. Vous n'êtes pas une mauvaise mère, vous n'avez pas à regretter d'avoir osé «lui faire ça», c'est votre décision de parent, votre désir (voir plus haut).
– Mais à l'inverse, comprenez que votre enfant n'est pas «méchant» en manifestant bruyamment son opposition. Il exprime sa jalousie. Il perçoit que ce

bébé va vous accaparer, vous et son père. Ce sentiment de jalousie est légitime. Le fait que votre enfant s'autorise à l'exprimer est plutôt de bon augure.
– Réagissez tranquillement mais fermement : «Écoute. Je comprends très bien que tu te fasses du souci. Mais vois-tu : ce bébé qui va naître, c'est notre enfant à ton papa et à moi. Tu ne seras pas obligé de l'aimer. C'est toi qui choisiras, quand il sera là, si tu veux l'aimer et t'entendre avec lui.» Ainsi vous laissez votre enfant libre. Vous ne le forcez pas à être transi d'amour pour ce nouveau venu qu'il n'a pas choisi. Cette idée vous choque? C'est en laissant votre enfant libre de ses sentiments, en ne lui imposant pas votre désir à vous qu'il aime son frère ou sa sœur, que vous verrez croître son affection. Plus vous le déculpabiliserez d'éprouver des sentiments violents à l'égard du bébé, plus vous lui permettrez de l'aimer. Vous devez accepter toutes les réactions de votre enfant : les positives, mais aussi les négatives.

Vers la fin de la grossesse

– C'est peut-être le moment de l'installer dans un grand lit, s'il en a l'âge (dès 2 ans, c'est possible). Lorsque le bébé sera là, vous aurez plus de mal à le convaincre que devenir grand est formidable... Prévoyez un délai de transition durant lequel les deux lits (le grand et le petit) resteront dans la chambre; et si, certains soirs, il décide de retourner dans celui à barreaux, laissez-le faire. Ainsi, quand naîtra son frère ou sa sœur, cette étape sera franchie.
– Acceptez les petits moments de régression. Votre enfant aura besoin de plus de câlins, plus de douceur qu'habituellement. Ne soyez pas étonnée s'il se remet, occasionnellement, à faire pipi au lit ou à sucer son pouce... Dans ce cas, ne le grondez pas. Mais profitez de ces petits retours en arrière pour lui raconter (à l'aide d'albums de photos et de films vidéo le concernant) l'histoire de sa naissance à lui. Ainsi, il pourra reconnaître la joie que vous avez connue en l'attendant, lui aussi.
– Prévenez-le des débuts avec le bébé : «Il sera tout petit. Il aura besoin de calme et de repos. Il ne pourra pas marcher, ni parler, ni jouer»... Parlez-lui des aspects positifs, pour lui, de la venue de ce bébé : «Si tu le souhaites, tu pourras le tenir dans tes bras, lui faire des sourires, lui apprendre des choses de grand...» Mais anticipez aussi sur les sentiments ambivalents qu'il pourra ressentir : «Peut-être parfois, tu n'auras pas envie qu'il soit là, il te dérangera...» Rassurez-le et mettez-le en garde : «Nous pourrons toujours en parler ensemble. Je t'empêcherai toujours de lui faire du mal. De toute façon, tu auras des tas de choses, de grand, très intéressantes à faire...»
– Attendez les dernières semaines de grossesse, quand vous commencerez à préparer les affaires du bébé, pour le prévenir, le cas échéant, qu'il devra partager sa chambre. Dans ce cas, arrangez-vous pour individualiser au maxi-

mum les espaces de l'un et l'autre : couvre-lit bleu pour l'un, jaune pour l'autre ; patère de Tintin pour l'un, de Babar pour l'autre... Le tout est que chacun puisse avoir des petits coins (étagère, coffre à jouets, tiroirs...) uniquement à lui. Et que les hochets et peluches du petit ne cohabitent pas avec les poupées et les dînettes de la grande.

– Même si votre enfant est un garçon, offrez-lui un baigneur : lorsqu'il aura envie, lui aussi, de changer le bébé, vous serez heureuse de le renvoyer à son « bébé » à lui. Il pourra aussi le malmener à son idée...

Au moment de la naissance

Choisissez pour votre aîné la solution de garde la plus confortable pour vous : chez sa grand-mère, chez sa marraine, à la maison avec une jeune fille et son père le soir... L'important est de ne pas changer de formule, au cours du séjour à la maternité.

Mais attention : si vous faites garder votre enfant en dehors de la maison, ne l'éloignez pas trop longtemps. Et organisez-vous, si possible, pour qu'il soit déjà là lorsque vous rentrerez avec le bébé. Il est préférable qu'il participe à l'installation du retour et qu'il ne vous trouve pas à la maison avec le bébé déjà installé dans sa chambre.

Lors de votre retour à la maison

– Laissez le bébé dans son berceau, vous serez plus disponible pour lui, le grand.

– Offrez un jouet à l'aîné pour lui faire plaisir, et non « de la part du bébé » (il se sentirait floué). La jalousie qu'il ressentira devant tous les cadeaux du bébé s'en trouvera atténuée. Mais inutile de dévaliser le magasin de jouets, un seul cadeau suffit. Il trouve injuste que le bébé reçoive tous ces présents ? Expliquez : « Je te comprends très bien. Mais toi aussi, quand tu es né, tu as reçu beaucoup de cadeaux. » Soyez indulgente et patiente, acceptez de le gâter un peu plus que d'habitude, mais ne cédez pas à tous ses caprices. Petit à petit, tout se mettra en ordre.

Dans les jours qui suivent

☐ Il veut prendre le bébé dans ses bras ?
Même s'il est tout petit, vous pouvez l'installer, le dos bien calé dans un canapé, et lui déposer le bébé dans les bras. En restant à côté. Félicitez-le de s'en occuper. Ne vous formalisez pas si au bout de deux minutes, il veut déjà mettre fin à l'expérience. C'est en le faisant participer que vous lui permettez de faire connaissance et de créer un contact avec son frère ou sa

sœur. Mais soyez ferme : «Ce bébé est très fragile. En aucun cas, tu ne peux le sortir seul de son berceau.»

☐ **Il est hyper-agressif?**
Restez vigilante. Ne le laissez pas seul avec le bébé. Apprenez à repérer les moments d'hostilité. Son agressivité (contre le bébé mais aussi contre vous) est une manifestation de son désarroi. Rassurez-le : «Ce que tu ressens est normal.» Au lieu de lui demander, l'air consterné : «Tu n'es pas content d'avoir un petit frère?» ou «Tu ne l'aimes pas cette nouvelle petite sœur?», dédramatisez : «Je comprends que tu n'aies pas envie d'aimer ce bébé pour le moment. Cela n'est pas grave. Je ne te force pas. C'est mon bébé et je l'aime. Et de toute façon, ton papa et moi avons un cœur suffisamment grand pour vous aimer tous les deux. En ce moment, tu trouves peut-être que je m'occupe plus du bébé. Mais tu sais, on en a déjà parlé : il est fragile, il ne sait rien faire tout seul. Moi, je t'aime toujours autant et je suis fière que tu sois devenu le plus grand de mes enfants.»

☐ **Vous le surprenez en train de jeter toutes ses peluches dans le berceau du bébé ou en train de recouvrir la tête du bébé d'une couverture?**
Grondez-le, faites-lui les gros yeux. En saisissant son bras fermement, conduisez-le éventuellement dans sa chambre. Mais n'en rajoutez pas dans la punition : il aurait encore plus peur que le bébé ne lui vole sa place. Ne lui demandez pas non plus pourquoi il a fait cela? Il ne le sait pas consciemment. Expliquez-lui : «Ce bébé est trop petit pour jouer.» Rappelez l'interdit : «Je t'empêcherai toujours de lui faire du mal, de le mettre en danger et de te mettre, toi aussi, en danger avec lui.» Ainsi, il sentira que vous le protégez contre ses pulsions hostiles et agressives. Puis faites diversion en proposant un jeu ou une activité (pas forcément avec vous).
En règle générale, ne laissez jamais un enfant petit avec un bébé sans surveillance. Les manifestations d'affection sont parfois un peu trop vigoureuses et belliqueuses.

Par la suite

– Demandez à son père de l'emmener faire des sorties (cinéma, autotamponneuses, musée en herbe…) «de grands».
– Acceptez, même si cela vous surprend et vous chagrine un peu, que votre aîné devienne soudain très indépendant et autonome. Dans certains cas, l'arrivée d'un petit frère ou d'une petite sœur produit des évolutions spectaculaires : l'enfant refuse les couches la nuit, cesse de réclamer un biberon le matin… Dans ce cas, sautez sur l'occasion et félicitez tendrement votre enfant qui décide de devenir grand.

POUR EN SAVOIR PLUS

Dès 18 mois-2 ans
Attendre un petit frère ou une petite sœur et *Un bébé à la maison*,
   Dr Catherine Dolto-Tolitch, Gallimard Jeunesse.
Le Petit Frère de Zoé, Lucy Cousins, Albin Michel.
Maman, pourquoi tu m'aimes?, Stéphanie Blake, Albin Michel Jeunesse.
Quand j'étais dans le ventre de ma mère, Didier Lévy et Yves Got, Albin
   Michel Jeunesse.

Dès 2 ans
Un petit frère pour Nina, Marianne Barcillon et Catherine Naumann-
   Villemin, L'École des Loisirs.
Une petite sœur pour Fenouil, Brigitte Weniger et Ève Tharlet, Éditions
   Nord-Sud.
La Petite Reine, Émile Jadoul et Catherine Pineur, Pastel.

Dès 3-4 ans
Moi, je connais bien les bébés, Myriam Szejer et Monique Czernicki,
   Albin Michel Jeunesse.
Un bébé quelle aventure!, Marie-Agnès Gaudrat et Roser Capdevila,
   Bayard Éditions.
Et moi?, Mireille d'Allancé, L'École des Loisirs.

Dès 4-5 ans
Maman a besoin de moi, Mildred Pitts Walter, Bayard Jeunesse.
La Chambre de Romarin, Lydia Devos et Marcelle Geneste, Grasset
   Jeunesse.

Pour les parents
On attend un nouveau bébé, L'accueillir dans la famille, Bernard
   Geberowicz et Florence Deguen, Albin Michel, 2007.
Les Étapes majeures de l'enfance, Françoise Dolto, Gallimard Folio,
   1998.
T. Berry Brazelton vous parle de vos enfants, T. Berry Brazelton, Stock,
   1988.

▧ Vous pouvez aussi vous reporter à la bibliographie du chapitre 92
   Il demande comment on «fabrique» les bébés.

75

Ils sont jaloux l'un de l'autre

«Marc, il a eu un camion rouge, pas moi», «Pourquoi, c'est toujours Charles qui est assis à côté de toi à table?»... À entendre leurs protestations indignées, vous vous demandez si vous êtes injuste.

Se croire moins aimé que l'autre, cela fait souffrir mais c'est banal

– Vous n'êtes pas une mauvaise mère si vos enfants sont jaloux l'un de l'autre. La jalousie entre frère et sœur est normale. Plus vous la reconnaîtrez et l'admettrez comme quelque chose de naturel, mieux elle se canalisera. En revanche, sans vous en rendre compte, vous pouvez l'attiser et l'exacerber, surtout si vous en faites un tabou.

Le sentiment de rivalité est souvent supérieur chez l'enfant aîné, car il est le seul à avoir été unique dans la famille. Ce n'est pas une raison pour laisser le plus grand prendre le pouvoir sur son frère ou sa sœur. Mais, s'efforcer, à l'inverse, de toujours penser en terme d'égalité ne fait bien souvent qu'attiser la rivalité. Il est important de lutter contre les injustices, mais surtout contre celles des parents envers les enfants. Entre enfants, il faut les laisser faire leurs expériences et cesser d'intervenir dans leurs histoires. Il est beaucoup plus important de veiller à donner à chacun sa place dans la famille. Ainsi, lorsque l'aîné commence à bénéficier de certains avantages de «grand» (aller chercher le pain tout seul, avoir de l'argent de poche...), il est nécessaire de le laisser en profiter tout seul, pendant quelque temps. Le cadet trouve ça injuste? Soyez ferme: «Je trouve très satisfaisant que tu montres tes sentiments. Mais maintenant ta sœur a 7 ans, elle peut faire certaines choses qui sont encore impossibles pour toi. Un jour, ton tour viendra.»

– Il dit qu'il déteste son frère? L'enfant qui ne montre pas du tout de sentiments de rivalité est un enfant qui n'ose pas s'exprimer par peur de perdre l'affection et l'approbation de ses parents. Que le vôtre s'autorise à crier sa haine est donc plutôt bon signe. Répondez-lui : «Ça ne me dérange pas que tu le détestes. Tu as le droit de ne pas l'aimer. Je comprends que tu le détestes en ce moment pour ce qu'il a fait. Mais il n'a pas vraiment besoin que tu l'aimes puisque nous ses parents, nous l'aimons. Et nous sommes bien d'accord : tu dois le respecter, comme il doit te respecter. C'est ainsi : pour le moment, vous faites partie de la même famille et vous habitez la même maison. Quand vous serez plus grands, vous choisirez avec qui vous voulez habiter.» Et ne paniquez pas : ce n'est pas parce qu'ils se détestent aujourd'hui qu'ils se haïront adultes.

– Votre enfant donne un coup à son frère par pure jalousie? Dites-lui : «On dirait que tu es fâché. Moi, ça ne me dérange pas que tu sois jaloux : ce n'est ni bien ni mal. Ce qui est inacceptable, en revanche, c'est que tu te bagarres et que tu mettes ton frère en danger.»

Il doit comprendre que tous les sentiments sont possibles mais que les façons de les exprimer ne sont pas toutes acceptables (voir chapitre 76 *Ils se bagarrent sans arrêt*).

Cela étant, il existe des facteurs atténuant et d'autres aggravant la jalousie dans la fratrie.

Ce qui peut aggraver leur jalousie

– Demander à l'aîné d'être un modèle pour son petit frère. Cela confère au petit une place moins importante que celle de son grand frère. Et cela impose au plus grand une responsabilité trop lourde qui peut lui coûter et donc aggraver la jalousie. C'est à vous, parents, de donner l'exemple et non à votre enfant, même aîné. Au lieu de lui répéter : «Tu dois donner l'exemple», dites-lui plutôt : «Si tu veux, tu pourras montrer à ton frère comment on fait.»

– Offrir systématiquement un cadeau à celui dont ce n'est pas l'anniversaire sous prétexte d'équité : «Le pauvre! Son frère va être couvert de cadeaux et lui n'aura rien!». Ainsi, vous croyez réparer une injustice. Alors que celui dont ce n'est pas l'anniversaire doit accepter cette frustration, qui fait partie de l'apprentissage de la vie en société et enseigne à se réjouir pour l'autre. Par ailleurs, en agissant ainsi, vous ne laissez pas toute sa place à l'enfant dont c'est la fête : vous ne le respectez pas comme un être unique, fêté ce jour-là par ses parents, sa famille et ses amis. À sa date anniversaire, ce sera le tour du petit jaloux.

– Élever vos enfants dans une fusion totale : même chambre, mêmes jouets, mêmes activités, mêmes copains… Certes, le «groupisme» simplifie les questions logistiques. Lorsqu'on est parents de deux ou plusieurs enfants du même sexe, très rapprochés en âge, ce système d'éducation s'avère tentant. Mais leur acheter systématiquement les mêmes vêtements au même moment, les inscrire au même cours de judo ou de danse, faire une seule et même fête pour leurs deux

anniversaires... ne reconnaît pas leur altérité, leur individualité. La jalousie est alors le moyen de se faire entendre par ses parents et d'affirmer sa personnalité.
– Craindre d'affronter les reproches de l'un parce que vous faites quelque chose pour l'autre et uniquement pour l'autre. Exemple : vous rachetez un pyjama à votre aîné mais ne rapportez rien pour le cadet. La vie est ainsi faite : votre enfant doit s'y adapter... Expliquez-lui les choses calmement mais fermement : «Ton frère avait besoin de ce pyjama, pas toi, c'est comme ça. La prochaine fois, c'est peut-être toi qui aura besoin d'un vêtement ou d'une paire de chaussures...» Il proteste ? Trouve la situation injuste ? N'hésitez pas à mettre les pieds dans le plat : «Écoute. On dirait que tu voudrais être le seul enfant de la famille ? Tu sais, ce n'est pas possible, tu as un frère, c'est comme ça la vie.» Et dédramatisez si possible, en parlant de votre enfance : «Moi aussi, quand j'étais petite, j'étais très jalouse de ma sœur. Cela arrive à tout le monde.» Variante : «Je comprends très bien ce que tu peux ressentir, cela arrive à tout le monde d'être jaloux de ses frères et sœurs. Mais tu sais : moi je ne connais pas ce sentiment car je n'avais ni frère, ni sœur. Demande à ton père, je suis sûre que, lui, il pourra te parler de ça.»

Ce qui peut atténuer la jalousie

Vous convaincre et convaincre vos enfants qu'ils sont chacun des êtres uniques. Le secret ? Souligner au maximum, voire accentuer les différences de l'un par rapport à l'autre. Voici une liste non exhaustive de petits riens qui peuvent vous aider :
– Ils partagent la même chambre ? Ménagez-leur des coins à chacun (voir chapitre 74 *Il va avoir un petit frère*).
– Habillez-les différemment. Vous trouvez cette doudoune formidable et plus pratique de prendre la même pour les deux ? Dans ce cas, faites l'effort de varier les couleurs.
– Réservez-leur à chacun des petits moments seul avec vous et avec leur père. Vous manquez de temps ? Il suffit parfois de peu de choses. Exemples :
• Ne les emmenez pas renouveler leur garde-robe forcément ensemble. Et dites à celui dont ce n'est pas le tour que, la prochaine fois, ce sera le sien.
• Veillez à ne pas figer les conduites d'école et de garderie dans un seul et même schéma, pour l'année entière. Voyez s'il n'est pas possible, parfois, d'inverser l'ordre de «récupération» du cadet et de l'aîné.
• Quand vous prenez rendez-vous chez le pédiatre, apprenez à vos enfants à respecter leur intimité entre eux et dès qu'ils sont en âge de comprendre, exigez que, pendant la visite de l'un, l'autre attende tout seul, dans la salle d'attente avec des jouets... Mieux, si votre emploi du temps vous le permet, essayez d'avoir un rendez-vous pour chacun.
• Vous organisez un goûter d'enfants pour l'anniversaire de l'un ? Envoyez

l'autre au cinéma avec son père ou au parc avec sa marraine. Ainsi, celui dont c'est la fête sera vraiment le roi de la fête. Si c'est le cadet, cela lui évitera de se faire voler la vedette par son grand frère. Si c'est l'aîné, il pourra faire des «jeux de grands» avec ses copains, sans être empêtré de sa petite sœur qui le suit partout...

• Ils sont toujours envieux l'un de l'autre? Parlez-leur de l'envie et apprenez-leur à la reconnaître en eux. Essayez de leur faire comprendre que, s'ils s'enferment dans cette émotion négative, ils risquent d'être toujours malheureux. Qu'ils regardent ce qu'ils ont, plutôt que ce qu'ils n'ont pas, ce qu'ils font, plutôt que ce qu'ils ne font pas. Ainsi, la morsure de l'envie sera moins douloureuse. Et si vraiment certaines situations font trop mal, qu'ils trouvent alors le moyen de grandir pour accéder à ces choses tant enviées.

Pour en savoir plus

Dès 3 ans
Moi, Paprika, Michel Van Zeveren, Pastel.
C'est trop injuste!, Anita Harper, Folio Benjamin.
Et moi?, Mireille d'Allancé, L'École des Loisirs.
Hugo est jaloux, Hermann Moërs, Nord-Sud.
Chut, chut, Charlotte, Rosemary Wells, Gallimard Jeunesse.
Et moi alors?, Alex de Wolf, Pastel, L'École des Loisirs.
Dur, dur d'être un grand frère, Erica Frost, Kid Pocket.
Balibar et les oursonnes, Martine Beck et Marie H. Henry, Pastel, L'École des Loisirs.

Dès 4 ans
Le Tournoi des jaloux, Christine Naumann-Villemin et Marianne Barcillon, L'École des Loisirs.
Parfaite et Rouspète, Jo Hoestland et Alex Langlois, Actes Sud Junior.

Dès 5-6 ans
Max est jaloux et *Lili se dispute avec son frère*, Dominique de Saint-Mars et Serge Bloch, Calligram.

Pour les parents
La Force des émotions, Christophe André et François Lelord, Odile Jacob, 2001.
La Jalousie, Danielle Dalloz, Bayard, 2003.

76

Ils se bagarrent sans arrêt

Vous avez beau crier, répéter : « Il est interdit de taper, de faire mal » et les séparer à chaque fois que ça dégénère, il n'y a rien à faire : vos enfants n'arrêtent pas de se battre...

Pourquoi ils se battent ?

Tout enfant, fille ou garçon, a en lui un potentiel d'amour mais aussi de haine. Et tous les frères et sœurs ont besoin d'exprimer ce potentiel. C'est la rivalité entre frère et sœur : elle existe dans toutes les familles (voir chapitre 75 *Ils sont jaloux l'un de l'autre*). Il vaut mieux l'autoriser à éclater que l'empêcher. La bagarre est aussi très souvent un jeu, notamment pour les petits garçons. Si vous en parlez avec eux, ils vous le disent : « Mais nous, on s'amuse beaucoup en se bagarrant »...

Pourquoi ça vous met si mal à l'aise ?

□ **Interrogez-vous et repérez ce que ces bagarres provoquent chez vous**
La violence et le bruit, ajoutés à votre fatigue, vous renvoient peut-être au sentiment d'être un mauvais parent qui n'arrive pas à maîtriser l'agressivité de ses enfants. Soyez réaliste et renoncez à l'idée d'être une mère parfaite avec des enfants parfaits. Vos enfants ne sont pas des paquets-cadeau dont on défait la ficelle quand on en a envie. D'ailleurs, des enfants toujours sages, vous vous demanderiez si c'est normal...

□ **Plus profondément, pourquoi ces coups et cette hostilité vous bouleversent-ils ?**
Plongez dans vos souvenirs d'enfance. Le spectacle de vos enfants qui

s'agressent vous renvoie peut-être à des souvenirs pénibles pour vous, où se mêlent violence et injustice. C'est souvent par crainte de voir ses enfants répéter sa propre histoire qu'on se sent si mal en les voyant se battre. Enfant, vous vous faisiez systématiquement tabasser et humilier par votre grand frère ou votre grande sœur? Personne – en tout cas pas vos parents – ne vous venait jamais en aide? C'est peut-être la cause de votre malaise actuel. Prenez un peu de distance par rapport à votre propre enfance. Mettez de côté votre angoisse : non, votre cadet ne va pas forcément se faire martyriser par l'aîné comme vous l'étiez par votre grand frère! En revanche, plus vous guetterez vos enfants, plus vous risquerez – inconsciemment – de reproduire ce schéma.

Pourquoi ne faut-il pas intervenir systématiquement?

– Si vous vous précipitez systématiquement tout de suite, cela ne permet pas au jeu de s'élaborer.

– Se battre entre frères et sœurs, sans la présence d'un adulte au milieu, est un moyen de construire ses relations avec autrui. En se bagarrant, l'enfant apprend à contrôler son agressivité, ce qui s'avère impossible quand on n'a pas l'occasion de l'exprimer. Empêcher d'emblée vos enfants de manifester leurs pulsions agressives, c'est finir par créer une tension permanente. Car plus vous intervenez, plus vous créez une frustration qui pousse l'enfant à se battre tout le temps. À trop réprimer leurs bagarres, vous élevez vos enfants dans la passivité ou la peur devant la violence des autres. En les laissant se battre un peu, vous leur permettez de canaliser et socialiser leur agressivité.

– Les laisser se faire un peu mal leur permet de mesurer leur force et celle des autres. Cette expérience est nécessaire. C'est comme découvrir que l'on a mal quand on se coince les doigts dans la porte. Intervenir immédiatement, c'est priver l'enfant de faire l'épreuve de la réalité. C'est comme installer des coins en liège et des bloque-portes partout chez soi (voir chapitre 9 *Il fait bêtise sur bêtise*).

Sur le moment comment réagir?

– Ils sont dans leur chambre, se tirent les cheveux et se griffent? Dédramatisez : ils vont peut-être se faire un peu mal, mais pas forcément très, très mal, et si vous demandez qui a commencé, vous risquez de vous tromper de responsable.

– L'un des deux débarque devant vous en hurlant : «Antoine, il m'a tiré les cheveux…» Dites-lui : «Écoute. Je ne sais pas exactement ce qui s'est passé.

Mais je veux bien croire qu'il t'a fait mal. Essaie d'arranger le problème avec ton frère.» Veillez à ne pas donner systématiquement raison à l'un contre l'autre. Et gardez-vous de penser que l'un (en général le plus jeune) est forcément et toujours la victime de l'autre. Les deuxième ou troisième enfants, en général plus dégourdis que les aînés, ont souvent des ressources que l'on ne soupçonne pas.

– Mais ne les laissez pas franchir le seuil au-delà duquel ils vont vraiment se mettre en danger. Et dans ce cas, évitez de hurler : «Arrêtez, mais arrêtez donc! Vous allez vraiment vous faire mal!»... Au contraire, dites plutôt calmement : «Écoutez : vous savez que j'aime bien que vous jouiez à la bagarre. Mais là, ça devient une trop grande bataille, ça a assez duré. Vous avez bien joué, nous allons faire autre chose.» Et faites diversion en proposant une autre activité : peinture, pâte à modeler, bain...

– L'un donne un coup à l'autre par pure jalousie; exemple : son frère vient de recevoir un cadeau, pas lui. Dites-lui : «On dirait que tu es mécontent, que tu es en colère. Tu sais, moi, ça ne me dérange pas que tu sois jaloux. Ce n'est ni bien ni mal. Mais ce qui est inacceptable, c'est de mettre ainsi ton frère en danger. Je t'en empêcherai toujours.» Votre enfant doit comprendre que tous les sentiments sont possibles mais qu'il est interdit de les exprimer ainsi (voir chapitre 75 *Ils sont jaloux l'un de l'autre*).

– Cessez de vous plaindre devant eux en disant : «Ils se battent tout le temps, je n'en peux plus...» Cela vous soulage peut-être, mais cela les installe dans leur rôle de perturbateurs insupportables. Attachez-vous plutôt à valoriser leurs autres bons côtés. Dites-leur, au moment où ils jouent calmement à autre chose : «Vous faites un train en Légo? J'aime beaucoup vous voir jouer ensemble tranquillement. Vous êtes des enfants ingénieux et inventifs. Vous êtes formidables. Je suis très fière de vous.»

À l'avenir

– Édictez et répétez les interdits : «Il est défendu de mettre les autres en danger, il est interdit de se battre avec les poings...», mais ne le faites pas forcément quand ils sont justement en train de s'écharper. Signifiés dans les moments plus calmes, les messages passent mieux.

– Apprenez à vos enfants à «penser» et à réagir avec leur intelligence et leur finesse et non avec leurs poings, leurs ongles ou leurs dents... (voir chapitre 49 *Il est le bouc émissaire d'un autre enfant à l'école*).

– Faites confiance à vos enfants et soyez patient. Ce n'est pas parce qu'ils se bagarrent souvent qu'ils sont promis à un avenir fait de violence et de haine... Ils se battent aussi par jeu, pour s'amuser et non pour se faire mal. Et puis, gardez espoir : ces bagarres à répétition finiront, sinon par cesser complètement, du moins par s'espacer.

– Les jours où vous n'en pouvez plus, ayez le bon réflexe : au lieu de hurler et d'exacerber la tension familiale, faites venir une baby-sitter et allez au cinéma en amoureux ou avec une amie.

POUR EN SAVOIR PLUS

Dès 3 ans
La Brouille, Claude Boujon, L'École des Loisirs

Dès 5-6 ans
Lili se dispute avec son frère; *Max se bagarre*, Dominique de Saint-Mars et Serge Bloch, Calligram.

Pour les parents
Arrêtez de vous disputer ! Faut-il intervenir dans les conflits des enfants ?, Nicole Prieur et Isabelle Gravillon, Albin Michel, 2005.

◪ Reportez-vous également aux bibliographies des deux chapitres précédents.

77

Il a du mal à comprendre qui est qui dans la famille

« Est-ce que j'étais né quand Papa était petit ? », « Et mon frère, c'est le fils de Grand-père ? »… Votre enfant se mélange un peu dans son arbre généalogique. Est-ce si important de le lui expliquer ?

Savoir « qui est qui » permet d'intégrer sa filiation…

Il est fondamental pour un enfant de savoir qui il est, d'où il vient. Tous les enfants jeunes ont des difficultés à imaginer que leurs parents ont été, eux aussi, des enfants. Aucun enfant ne connaît d'emblée sa filiation. Il convient d'expliquer à votre enfant, en verbalisant, qui est sa grand-mère, son grand-père, ses oncles, ses tantes et ses cousins et quels liens de famille ils entretiennent entre eux. Pour faciliter l'explication, on peut multiplier les analogies avec l'enfant : « Marie est ma petite sœur, comme Marc est ton petit frère »…, et faire référence aux lieux de vie et de vacances : « Tu sais, Tante Zoé qui habite à la campagne, chez qui nous allons souvent en été… » Savoir tout cela aide votre enfant à se structurer et lui donne un sentiment de sécurité. Laisser l'enfant dans le flou revient à ne pas nourrir sa curiosité naturelle, à ne pas développer son intérêt dans d'autres domaines. On peut redire souvent ces informations, sans craindre de se répéter, jusqu'à ce que l'enfant soit en mesure de les restituer lui-même.

… de comprendre les différences de générations…

Il est important de nommer à l'enfant, même bébé, les générations, de les marquer et de les identifier devant lui. Il y a les parents, les grands-parents et, éventuellement, les arrière-grands-parents. Il est préférable que les grands-parents portent un nom de grand-parent plutôt que leur prénom – même si une «jeune» grand-mère, de moins de 50 ans, éprouve quelques réticences à se faire appeler «mamie» ou «grand-mère» (voir chapitre 78 *Chez Grand-père et Grand-mère, il est pourri gâté*). Cela aide l'enfant à se construire, à trouver ses repères, à comprendre la trajectoire de la vie : on naît, on vit, on meurt / on est bébé, puis enfant, puis adulte / on est parent, puis grand-parent... Chaque membre de la famille a un statut dans la vie de l'enfant. La confusion des générations («mes enfants sont mes amis», «les amis de mes enfants sont mes amis», etc.) amène l'enfant à confondre les statuts, les rôles et les responsabilités de chacun vis-à-vis de lui. De même, les faire-parts de naissance, les cartes de vœux et les messages de répondeurs téléphoniques où parents et enfants sont placés au même niveau avec une succession de prénoms entretiennent la confusion. Veillez à ne pas rester dans le flou.

... et d'accéder à l'histoire (aux histoires ?) de la famille

Selon l'âge de l'enfant, il est opportun de lui énoncer aussi les particularités de sa famille (divorces, deuils, fâcheries, secrets...). Ne rien dire, faire comme si de rien n'était, n'est pas avantageux : l'enfant ne peut se construire que sur du vrai, sur une sincérité partagée. Mais inutile de noyer l'enfant sous un flot d'explications trop détaillées pour lui. Dire quelques mots de la vérité, sans pour autant dire toute la vérité, est suffisant.

☐ **Les deuils, les brouilles, les fâcheries**
Si un parent proche est mort ou que vous êtes fâchée avec lui, il est bon que votre enfant sache qu'il a existé ou existe encore. Si vous avez coupé les ponts, dites à votre enfant : «Tu sais, je ne suis pas toujours d'accord avec lui (elle), mais je ne peux pas tout t'expliquer maintenant. Plus tard, je te promets, je t'en reparlerai. En tout cas, il y a une chose qui est sûre : tu n'es pour rien dans cette fâcherie.» Ainsi, vous éviterez qu'il se sente rejeté ou coupable.

☐ **Les éventuels secrets de famille**
Parler de la filiation permet aussi à l'enfant d'avoir accès aux éventuels secrets de famille : adoption de votre conjoint, divorce de vous-même avant d'épouser son père, etc.
Il s'agit d'éviter qu'il l'apprenne par la bande, s'interroge sur les raisons qui vous ont conduit à cacher la vérité, à ne pas lui faire confiance, et s'attribue la responsabilité de ce secret. L'enfant qu'on laisse ainsi dans un malaise (à la suite de questions sans réponse) ne s'autorise plus à interroger ses parents et développe, ensuite, des inhibitions et éventuellement des blocages scolaires ou des problèmes de comportement.
Il y a des secrets trop compliqués à dire dans votre famille ? À ses questions difficiles à supporter, ne lui dites pas : «Tu es trop petit, tu ne peux pas com-

prendre ou tu n'as pas besoin de savoir», ce qui pourrait le dévaloriser. Mais si vous ne vous sentez pas prête (ou ne le sentez lui-même pas prêt), vous pouvez répondre : «Je vois que cela t'intéresse. Mais pour l'instant, c'est un peu difficile pour moi de te parler, de te raconter. Je te promets que, plus tard, je t'en parlerai.» Et d'ici là, n'hésitez pas à consulter un psychothérapeute pour enfants, qui vous aidera, selon l'âge et la maturité de votre enfant, à trouver les mots justes.

☐ Les divorces, les remariages

Il est également préférable de dire quelque chose à l'enfant des divorces et des remariages passés ou en cours dans la famille. Dans les familles recomposées, il est souhaitable de ne pas entretenir l'illusion que l'on est tous frères et sœurs. Cela est source de confusion dans l'esprit de l'enfant : il pourrait croire que la famille recomposée dans laquelle il vit a toujours été comme elle se trouve aujourd'hui. Dès lors, il convient de nommer les membres de la famille par leur nom, même si cela apparaît moins sympathique et moins chaleureux. Ainsi, n'est pas le «frère» de votre enfant son demi-frère et encore moins son quasi-frère (le fils d'un autre lit de votre deuxième mari ou de la nouvelle épouse de votre ex-mari). Sans infliger à votre enfant une «piqûre de rappel» («Ce n'est pas ton frère!») à chaque fois qu'il dit «mon frère» pour parler de son demi-frère, on peut lui rappeler, de temps en temps : «Paul est ton demi-frère, car il a le même papa que toi, mais pas la même maman.» De même, ne laissez pas votre enfant appeler «papa» son beau-père ou «maman», sa belle-mère. À la rigueur, mettez-vous d'accord sur un petit nom avec lequel l'enfant peut appeler ses beaux-parents (voir chapitre 90 *Comment lui faire accepter son beau-père ?*).

POUR EN SAVOIR PLUS

Dès 4-5 ans
Raides morts, Babette Cole, Seuil Jeunesse.

Pour les parents
Les Grands-parents, ces inconnus, Yvonne Castellan, Bayard, 1998.
Secrets de famille, mode d'emploi, Serge Tisseron, Marabout.
Quels pères ? Quels fils ?, Évelyne Sullerot, Fayard, 1992.

☑ Reportez-vous aussi aux bibliographies des chapitres 74 et 92 sur la naissance ; 78 sur les grands-parents ; 79 à 91 sur le divorce et la famille recomposée.

78

Chez Grand-père et Grand-mère, il est pourri gâté

À chaque fois c'est la même histoire : lorsqu'il rentre de chez eux, il trouve vos légumes « beurk », exige de regarder des jeux débiles à la télévision – «avec Mamie, je les regardais tous les jours!» – et refuse de s'endormir sans un bibe-ron de coca-cola...

Quel rôle jouent les grands-parents ?

– Ils donnent de l'amour à leurs petits-enfants, les valorisent, leur montrent qu'ils sont fiers d'eux. Leur rôle est de chérir et, si nécessaire, de consoler.

– Ils transmettent à l'enfant l'idée d'une trajectoire de vie : de bébé, on devient enfant, puis adulte, parent, grands-parents et arrière-grands-parents (voir chapitre 77 *Il a du mal à comprendre «qui est qui» dans la famille...*). Albums de photos sur les genoux, ils enseignent à l'enfant les histoires de la famille, les souvenirs d'enfance de son parent : ainsi ils l'aident à comprendre que ses parents ont été des enfants.

– Ils n'ont sur l'éducation de l'enfant aucune «obligation de résultat». Ils se sentent libérés de cette pression pédagogique qui pèse sur les parents. Ils ont souvent des relations plus souples avec leurs petits-enfants. Certaines personnes sont meilleurs grands-parents qu'ils n'ont été parents.

– Ils ne voient pas leurs petits-enfants tous les jours. Quand ils les reçoivent chez eux, ils les invitent : l'accueil est à la fête et à la joie.

– Être reconnu comme «grand-parent», cela procure des sentiments de paix, de sérénité, voire de béatitude. Prendre de temps à autre ses petits-enfants, les garder et s'en occuper, c'est avoir une chance formidable, disent les inté-ressés : c'est accéder à son statut de grand-parent, prendre une place à part dans la vie de l'enfant. C'est un véritable bonheur.

– Aujourd'hui, les grands-parents sont souvent occupés. Ils sont moins disponibles que par le passé. On peut difficilement compter sur eux à l'improviste. Ils exercent souvent leur rôle sur rendez-vous : cela permet davantage de respect et d'indépendance entre les uns les autres. Cela autorise notamment à ne pas se sentir redevable en permanence et assure que les grands-parents ne se substituent pas aux parents dans l'éducation de l'enfant.

Les visites chez les grands-parents contrarient votre éducation ?

Dédramatisez. La prochaine fois que vous leur confierez votre enfant, vous baliserez le terrain. D'ici là, apprenez à distinguer les situations peu tolérables – qu'il est important, pour votre enfant, de ne pas laisser perdurer – et celles qui peuvent vous agacer mais qui sont, pour votre enfant, sans conséquence et qu'il vaut mieux laisser passer.

☐ Les situations peu tolérables
– Ils changent votre enfant de pied en cap, dès que vous avez le dos tourné, pour les habiller à leur goût.
– Ils le prennent dans leur lit, parce qu'il fait des cauchemars ou même sans raison (voir chapitres 28 *Il veut venir dans votre lit* et 29 *Il enchaîne cauchemar sur cauchemar*).
– Ils lui remettent des couches alors que chez vous cette étape est franchie. Même si chez eux, votre enfant mouille son lit deux fois de suite, ils ne devraient pas changer ses habitudes (voir chapitre 42 *Il a 5 ans et fait toujours pipi au lit*).
– Ils lui donnent un biberon pour dormir alors que chez vous, il n'en a jamais été question. Ou lui en redonnent un, alors que vous êtes en train de l'aider à s'arrêter (voir chapitre 35 *Biberon, tétine, tototte, comment le faire décrocher ?*).
– Ils changent ses rythmes et ses habitudes : sieste, heure du coucher (voir chapitre 27 *Le soir, il ne veut pas se coucher*).
– Ils sont trop sévères, punissent et donnent des fessées.
– Et tous les excès du même type qui, consciemment ou inconsciemment, visent de la part des grands-parents…
• à s'approprier l'enfant et, du même coup, à ne pas vous reconnaître dans votre statut de parent, sous-entendu : « J'en ai élevé quatre, sa mère elle, ne sait pas » ;
• à compenser ou rattraper tout ce qu'ils n'ont pas pu ou pas su faire avec vous, leur propre enfant
Vis-à-vis de l'enfant, ces dérives – que l'on rencontre d'ailleurs aussi, parfois, chez d'autres personnes amenées à s'occuper de l'enfant (de la baby-sitter à la voisine) – ne sont pas souhaitables : elles ont pour effet d'ébranler sa sécu-

rité intérieure. Au contraire, l'enfant doit sentir que ses grands-parents vous respectent en tant que parents.

☐ Ce que vous pouvez faire

Expliquez précisément, si nécessaire, les rythmes et les habitudes de votre enfant. Demandez aux grands-parents de limiter au maximum les tapes et les punitions. Mais autorisez-les à prendre leur place de grands-parents : ne tolérez pas que vos enfants leur manquent de respect.

En cas de critiques ou de réflexions sur vos méthodes éducatives, n'hésitez pas à répondre : «C'est moi qui élève mon enfant.» Et si on ne vous comprend pas, prenez-en acte en limitant et en cadrant les rencontres.

☐ Ce qui ne doit pas vous inquiéter

En revanche, inutile de batailler sur le nombre de cassettes vidéo et la quantité de bonbons que les grands-parents «infligeront» à votre enfant. Quand vous leur confierez votre enfant, vous ne pourrez pas tout contrôler. Et pour que les choses se passent bien, il est préférable de laisser une certaine autonomie aux grands-parents : ils doivent sentir que vous leur faites confiance (voir chapitre 57 *Partir en vacances sans lui, mode d'emploi*). Retour chez vous, votre enfant se plaint de ne pas regarder la télévision «comme chez grand-mère»? Contentez-vous d'expliquer fermement : «Eh bien oui, chez grand-père et grand-mère, c'est comme ça peut-être, mais à la maison nous faisons autrement.» Les enfants ne sont pas déstabilisés par ces petites différences.

POUR EN SAVOIR PLUS

Livres

DÈS 2-3 ANS : *Des grands-parents, quelle aventure!*, Anne-Laure Fournier Le Ray et Roser Capdevila, Bayard.

DÈS 5-6 ANS : *Lili découvre sa mamie*, Dominique de Saint-Mars et Serge Bloch, Calligram.

Pour les parents
Les Grands-parents, ces inconnus, Yvonne Castellan, Bayard, 1998.
Les Grands-parents, la famille à travers les générations, Claudine Attias-Donfut et Martine Segalen, Odile Jacob, 1998.
Petit Manuel à l'usage des grands-parents qui prennent leur rôle à cœur, Étienne Choppy et Hélène Lotthé-Covo, Albin Michel, 2005.

Adresses
École des grands-parents européens : 01 45 44 34 93 – À noter l'existence d'une ligne ouverte pour partager inquiétudes, réflexions et bonheurs : 01 45 49 91 91.

IX.

DIVORCE,
FAMILLE RECOMPOSÉE

79

Vous attendez qu'il grandisse
pour vous quitter

Vous deux, ce n'est plus vraiment ça. Et pour être honnête, si cet enfant n'existait pas, il y a longtemps que la procédure serait lancée. Mais divorcer alors qu'il est si petit... Vous craignez d'hypothéquer son avenir psychologique. Alors vous attendez. Qu'il atteigne un âge plus favorable ou moins défavorable...

Y a-t-il un âge moins défavorable qu'un autre?

– Il n'y a pas d'âge idéal pour supporter le divorce de ses parents. Quel que soit l'âge de l'enfant, le divorce de ses parents est vécu comme un traumatisme. Mais si les parents se donnent un peu de mal, parlent beaucoup avec leur enfant (voir chapitre 81 *Vous divorcez, comment lui dire?*) et se comportent entre eux de façon civilisée (voir chapitre 82 *Réussir votre divorce, mode d'emploi*), l'enfant surmontera cette épreuve même si elle lui arrive tout petit, même s'il ne sait encore ni parler ni marcher. Certains enfants s'en sortent même incroyablement bien. On les sent capables de s'adapter à n'importe quelle situation. Ils donnent l'impression de garder toujours cette force que, tout jeune, ils ont su trouver au fond d'eux-mêmes pour surmonter l'épreuve.

– À l'inverse, il est vraiment dommageable pour l'enfant de vivre dans le «faire semblant», de grandir au milieu de parents qui se déchirent, sont malheureux ensemble, mais restent unis à cause de lui. Découvrir tardivement (à l'adolescence ou même à l'âge adulte) le mensonge ou l'hypocrisie des parents est un traumatisme parfois supérieur à celui de la vérité du divorce.

Rester ensemble «pour les enfants», cela veut dire quoi?

Souvent, on utilise les enfants comme un prétexte, on s'en sert comme d'un alibi. On n'a pas vraiment le courage ou l'envie de divorcer, alors on se raconte des histoires, on se cache la vérité. Cela mérite de se poser sérieusement de vraies questions :

– Ai-je la volonté, la force, le courage, de divorcer, avec tout ce que cela implique de renoncement à un foyer qui a l'air uni, même s'il ne l'est pas vraiment, à une famille à laquelle je suis habituée, une situation matérielle confortable, un statut social respectable…?

– Si je m'en vais alors que mon enfant est si petit, suis-je prête à affronter le jugement des autres, à supporter les regards réprobateurs et les commentaires hostiles?

Quand on ne peut répondre sincèrement oui à ces deux questions, il faut cesser de s'abriter derrière la crainte de «traumatiser» son enfant. Ce n'est pas «à cause de lui» que l'on ne divorce pas.

Rester ensemble «à cause des enfants», ça implique quoi?

– C'est élever son enfant en lui faisant croire qu'on s'aime encore alors que c'est faux. C'est l'élever dans l'illusion, dans le mensonge. Lorsqu'il devient grand, c'est lui faire subir hypocrisie et injustice. À l'adolescence, cela se traduit le plus souvent par de véritables révoltes, et presque toujours par la tentation – puisque l'adulte n'a pas respecté la règle de la confiance – de se placer en dehors de la règle, hors norme, d'adopter des comportements inadaptés qui peuvent dépasser le simple échec scolaire.

– C'est faire porter à son enfant le poids d'un sacrifice. Au lieu de regarder la vérité en face – je n'aime plus cet homme, mais je n'ai clairement pas le courage de faire mes valises – on se dit que l'enfant ne le supportera pas. On renonce donc à son désir propre. Et on finit toujours – plus ou moins consciemment – par reprocher à son enfant de s'être «sacrifié pour lui», par le rendre responsable d'avoir gâché sa vie. L'enfant, lui, ressent forcément ces sentiments négatifs. Il porte cette culpabilité qui le conduira à souffrir d'un manque d'estime de soi. Au contraire, il est très constructif pour un enfant d'avoir des parents qui assument leur désir. Plus tard, s'il pose des questions sur le divorce de ses parents intervenu lorsqu'il était petit, on peut lui dire : «J'avais le choix entre faire semblant, faire comme si j'étais heureuse avec ton père alors que je ne l'étais pas et rester avec lui; ou bien dire la vérité et m'en aller. Je pense qu'il valait mieux dire la vérité que mentir.» C'est en agissant ainsi qu'on respecte son enfant.

80

Vous vous séparez pour faire le point

Disputes, tensions, injures verbales… Vous allez vous séparer quelque temps, pour faire le point. Bien sûr, il n'est pas question de tout expliquer à votre enfant. Mais comment l'informer un minimum de la situation ?

Première situation : votre conjoint décide de s'en aller

Qu'il ait ou non rencontré quelqu'un, vous ne pouvez pas y croire. Vous vous sentez bafouée, humiliée, blessée. Vous vous dites que votre mari ne peut pas vous faire ça, qu'il ne peut pas faire ça à votre enfant.

☐ Ne mentez pas…
Ne cédez pas à la tentation de dire : « Ton papa est parti en voyage, il a beaucoup de travail… » et d'inventer d'autres fables, en imaginant que votre enfant n'y verra que du feu. Votre anxiété, votre tristesse, votre émotion ne peuvent lui échapper. Il les ressent de toute façon. Et même si votre homme finit par revenir, si vous reprenez la vie commune et que tout redémarre comme avant, votre enfant aura, désormais, moins confiance en vous. En n'osant pas lui dire une part de vérité, vous ne le rassurez pas, vous augmentez son anxiété et son insécurité.

☐ … mais n'en dites pas trop
Contentez-vous d'une brève explication : « En ce moment, c'est compliqué entre ton papa et moi. Mais je ne souhaite pas t'en parler, pour l'instant. Ça m'est difficile. Dès que j'aurai compris un peu mieux, je te promets que je t'en parlerai. En attendant, ton père va aller habiter ailleurs. Nous allons faire le point, cela va sûrement prendre du temps. » Ainsi, vous prenez en considération la souffrance de votre enfant, vous « nommez » une situation de

277

crise, vous dites un mot de votre tristesse, mais vous ne révélez pas l'issue de cette crise, que vous ne connaissez pas encore.

☐ **Ne vous épanchez pas**
Votre enfant n'est ni votre confident, ni votre thérapeute. À vous de trouver une autre épaule pour pleurer et une autre oreille pour vous écouter. De toute façon, pour surmonter la crise, vous n'échapperez pas à une certaine solitude. Vous êtes tentée de dire «Ton papa veut nous abandonner»? Vous pouvez le penser, ne le dites pas. Votre enfant serait enclin à essayer de faire revenir son père (c'est ce qu'il souhaite et ce que vous cherchez inconsciemment) par tous les moyens, y compris en se rendant malade. Ce n'est pas le rôle de votre enfant de vous réconcilier. Investir votre enfant de cette mission (même inconsciemment), c'est faire peser sur lui la culpabilité du départ de son père et la responsabilité de son retour à la maison. C'est beaucoup trop lourd pour lui et plutôt illusoire pour l'avenir. S'il est tentant et facile de jouer sur la culpabilité de celui qui part, en s'abritant derrière les «valeurs» de la famille et la morale, il est totalement irréaliste de reprendre la vie commune «à cause» des enfants. Reconstruire votre couple, retrouver un équilibre familial, relève de votre seule responsabilité à vous, parent.

☐ **Vous n'en pouvez plus de chagrin?**
N'excluez pas de confier, quelques jours, votre enfant à une grand-mère, une tante ou une amie que vous aurez prévenue et qui le gâtera un peu. Expliquez-lui : «En ce moment, avec ton papa, on ne sait pas très bien où l'on en est. Je crois que c'est très difficile pour toi. Tu vas aller passer quelques jours chez mamie (variantes : tante Hortense ou Delphine, la maman de ton amie Jeanne). Elle est au courant de la situation. Si tu veux, tu peux lui parler. Elle t'écoutera.» Choisissez, bien sûr, une personne qui ait suffisamment de tact pour ne poser aucune question à l'enfant, mais lui signifier qu'elle sait qu'il traverse une période difficile. Qu'elle lui dise simplement : «Je sais que ce n'est pas facile, à la maison, entre ton papa et ta maman. Si tu veux m'en parler, tu le peux. Je t'écouterai toujours.» Mais à chaque question que posera l'enfant, qu'elle reste discrète et réponde : «Écoute : ta maman m'a parlé, je comprends très bien que tu sois inquiet, mais cette question, je ne peux pas y répondre. Tu pourras en reparler avec elle.»

☐ **Votre conjoint revient?**
Dites à votre enfant : «Ton père et moi, nous avons beaucoup réfléchi. Ce n'était pas facile mais maintenant, nous avons décidé de reprendre notre vie de mari et de femme ensemble.» Inutile d'en dire davantage, encore moins de vous justifier.

☐ Il ne revient pas?
Reportez-vous au chapitre 81 *Vous divorcez, comment lui dire?*

Deuxième hypothèse : c'est vous qui avez envie de partir

Vous vous disputez tout le temps, vous vous ennuyez beaucoup ou vous avez rencontré quelqu'un d'autre... Qu'importent les raisons, vous songez à partir, quelque temps, «pour faire le point», sans votre enfant.

☐ Votre enfant se doute forcément de quelque chose (peut-être même avant que vous en ayez parlé à votre conjoint)
Dites-lui «En ce moment, c'est compliqué entre ton papa et moi. Mais, pour l'instant, ça m'est difficile de t'en parler. Je ne souhaite pas le faire. Dès que j'en saurai un peu plus, je te promets de t'expliquer.»

☐ Quelle que soit l'issue de vos réflexions et tant qu'aucune décision définitive n'est prise, prenez vos responsabilités de parent :
– Décuplez vos efforts pour être disponible pour votre enfant. Votre état de crise le fragilise. Plus que jamais, il a besoin de se sentir sécurisé par vous.
– Respectez ceux qui vous entourent, votre enfant, mais aussi votre conjoint. Ainsi que votre lieu familial. N'humiliez pas le père de votre enfant. Interdisez-vous, par exemple, les visites ou les coups de fil – même secrets – de votre amant chez vous. Ne vous affichez pas avec lui devant quiconque et encore moins devant votre enfant (sous le mauvais prétexte qu'il est petit et ne comprend pas). Permettez à votre conjoint de garder son honneur intact, alors même que vous envisagez de le quitter. Ne sombrez pas dans les histoires sordides de romans de gare. Quelle que soit l'issue de cette crise (vous vous quittez définitivement ou vous reprenez la vie commune), vous ne regretterez jamais – pour vous mais aussi pour votre enfant – d'avoir pris des précautions. Comprenez bien : il ne s'agit pas d'être en phase avec une morale quelconque, mais de conserver, malgré le drame, le respect (et pourquoi pas l'estime) du père de votre enfant. Il faut de la considération entre un père et une mère pour élever un enfant, même après un divorce. Il est très difficile en revanche de conserver des relations harmonieuses (même si celles-ci ne concernent que l'enfant) avec une personne qui vous a humiliée. Y penser maintenant est très important pour la suite de vos relations de parents.

☐ Vous décidez de partir pour «faire le point» sans les enfants?
Consultez un avocat spécialisé dans les questions de divorce. La justice française regarde encore d'un très mauvais œil les mères qui quittent le domicile conjugal (même pour réfléchir), en laissant leur enfant. Elle n'hésite pas, ensuite, à priver la «fautive» du droit de vivre avec son enfant. Et à le confier

définitivement au père. Si, malgré tout, vous vous décidiez à partir, voici ce que vous pourriez dire à votre enfant : «Ton papa et moi, ta maman, nous avons besoin de réfléchir. Pour un petit moment, je ne vis pas complètement avec vous.» Essayez d'obtenir du père la garantie qu'il vous laisse revenir chaque jour au domicile conjugal, pour donner le bain, faire travailler, faire dîner ou coucher votre enfant. Bien que très pénible pour l'enfant, cette situation reste moins traumatisante que celle qui consiste à partir en larguant les amarres. Réfléchissez.

Dans tous les cas

Si vous n'arrivez plus à vous parler calmement, même pour les questions qui concernent les enfants, sachez qu'une à deux séances tous les deux, chez un psychothérapeute spécialiste de l'enfance, vous aidera considérablement à dédramatiser. Et vous permettra de retrouver un dialogue, à propos de votre enfant.

POUR EN SAVOIR PLUS

Dès 18 mois-2 ans
Les Chagrins, Dr Catherine Dolto, Gallimard Jeunesse.

Dès 3-4 ans
Ferréol et Hortensia, Taram et L. Henno, Mijade (sur les difficultés de la vie de couple).
Kulbut n'aime pas les disputes, Jean-Charles Sarrazin, Albin Michel Jeunesse.

Dès 5-6 ans
Les Parents de Max et Lili se disputent, Dominique de Saint-Mars et Serge Bloch, Calligram.
Tempête à la maison, Jo Hoestlandt et Serge Bloch, J'aime lire-Bayard Poche.

Pour les parents
Quand les parents se séparent, Françoise Dolto, Seuil, 1988.

◪ Se reporter également à la bibliographie du chapitre 81, *Vous divorcez, comment lui dire ?* et au chapitre 107 *Dans quel cas consulter un psy et comment ça se passe ?*.

81

Vous divorcez, comment lui dire?

Ce fut long, difficile et douloureux, mais c'est décidé. Entre cet homme et vous, il n'y a pas d'autre issue que la séparation. Reste à prendre votre courage à deux mains et à le dire à votre enfant. Quelques conseils pour trouver les mots.

Il «sait» déjà

Quel que soit son âge, même tout petit, il sait. Même si cela vous bouleverse, il «sait» qu'entre son père et vous, rien ne va plus. Même si vous vous êtes toujours efforcés de ne pas vous disputer devant lui, il a automatiquement senti les tensions dans votre couple, il a forcément perçu la modification du climat familial. *A fortiori*, s'il a glané des bribes de conversations téléphoniques ou s'il a pu vous entendre et vous voir vous déchirer.

Quand en parler?

☐ Ni trop tôt...
Ne prononcez le mot «divorce» qu'une fois la décision irrévocable, la procédure lancée, la date du déménagement (de votre mari et/ou de vous-même) fixée. Inutile de le tenir informé de vos atermoiements (en cas de séparation «pour faire le point», voir le chapitre précédent).

☐ ...ni trop tard
N'attendez pas, non plus, que les cartons de déménagement s'entassent dans l'appartement pour lâcher «au fait nous divorçons». Et, par respect pour votre enfant, informez-le avant tout le monde. C'est à vous de le lui dire et non aux autres (grands-parents, amis, maîtresse...) de lui apprendre la situation par les commentaires qu'ils font devant lui.

□ **Au «bon» moment**

Le «bon» moment, c'est – si possible – quand son père et vous êtes prêts, tous les deux, à affronter cette discussion, ensemble devant l'enfant, de façon unie. Ce qui implique d'avoir préparé la discussion auparavant. Irréaliste quand on nage en plein règlement de comptes? Non, pas si vous commencez, dès maintenant, à considérer votre futur ex-conjoint comme un parent et non plus comme un mari. Vous ne vous aimez plus, vous ne pouvez plus vivre ensemble, vous vous détestez parfois? En tant qu'homme et femme, c'est votre droit le plus strict. Et personne ne peut vous juger. Mais en tant que parents, face à votre enfant, prenez vos responsabilités. Comprenez que si vous tendez vers la concertation, la vie future sera beaucoup plus agréable. Pour vos enfants, mais aussi pour vous (voir chapitre 82 *Réussir votre divorce, mode d'emploi*).

Trop tôt pour faire ami-ami? De toute façon, vous êtes «condamnés» à vous voir et à vous parler, à propos de vos enfants, pendant plusieurs années... Alors autant rendre les armes dès maintenant. Quitte, au besoin, à aller vous asseoir tous les deux, juste une fois, dans le cabinet d'un tiers, psychothérapeute ou médiateur. Afin de retrouver un peu de communication et de «bétonner» ce qui va suivre. Impossible en l'état de tenter une telle démarche ensemble? Autorisez-vous à consulter toute seule. Cela vous donnera la force de parler à votre enfant et d'affronter ses questions. Essayez tout de même de convaincre son père de lui parler, après vous, dans un délai assez proche. Dans tous les cas, choisissez un moment calme, asseyez-vous près de lui, entourez-le de votre bras affectueusement, tendrement, et regardez-le dans les yeux quand vous lui parlez.

Quoi dire?

Il faut s'adresser à lui en disant des choses vraies, même si on ne lui dit pas tout. Quel que soit l'âge de l'enfant (même si c'est un nourrisson), il est indispensable de lui faire passer les messages suivants.

□ **Le lien conjugal est rompu**

Les mots-clés : «Nous ne nous aimons plus comme mari et femme et nous n'allons plus vivre ensemble. Nous aurons chacun une maison. Tu auras ta place dans la maison de ta maman et dans la maison de ton papa. Tu vivras plus souvent dans celle de ta mère mais tu iras régulièrement, le samedi et le dimanche, dans celle de ton père.»

Le choc passé, rassurez-le sur les détails purement matériels (ses vêtements, ses jouets, son doudou...) de sa vie future (avant, lisez chapitre 84 *Gérer les transitions quand il va chez son père*). Mais n'entretenez pas de fausses illusions. Prévenez-le : «Nous savons bien que ce sera compliqué, quelquefois.»

☐ **Le lien parental subsiste, il est inaltérable**

Il faut lui dire et lui redire : «Tu conserves ta place dans le cœur de ton papa et de ta maman, comme avant. Moi, je resterai toujours ta mère et je t'aimerai toujours et ton père restera toujours ton père et continuera à t'aimer, comme avant. Nous continuerons toujours à nous parler et à nous voir à ton sujet et nous nous respecterons toujours en tant que parents» (sur cette notion de «respect» du père de ses enfants, voir le chapitre suivant *Réussir votre divorce, mode d'emploi*).

Pour que les choses soit bien claires dans sa tête, rappelez-lui qu'il est né d'un amour très fort entre son père et sa mère et que vous êtes responsables de lui. Ajoutez aussi que vous êtes fiers de lui.

☐ **Il n'est pour rien dans ce divorce**

Tout enfant confronté au divorce de ses parents se sent responsable et coupable. Plus ou moins consciemment, il s'imagine qu'il n'a pas été un enfant assez parfait pour empêcher la rupture du lien entre son père et sa mère. Il faut le déculpabiliser. Comment? En martelant, plus encore que d'habitude, qu'il est un enfant formidable, qu'il est l'enfant que vous vouliez avoir avec cet homme-là. Il demande pourquoi vous divorcez? N'entrez pas dans les détails, il n'a pas à connaître vos raisons et de toute façon, il serait insupportable, pour lui, de les entendre (surtout si elles sont très intimes). Répondez simplement : «Parce qu'entre ton papa et moi, ta maman, ce n'est plus comme avant.» Et répétez-le autant de fois qu'il vous pose cette question.

☐ **Il n'y a aucune chance que, grâce à lui, vous changiez d'avis**

Il faut, dès maintenant, lui faire comprendre que ses tentatives de vous rabibocher seront vaines. Dites-lui gentiment, mais fermement : «Tout ce que tu pourras faire (colères, pleurs, caprices…) ne changera rien. C'est une décision d'adultes, irrévocable.» En étant bien sûrs de vous, vous l'aidez à ne pas se leurrer.

☐ **Il peut en parler quand il veut**

À vous ses parents, mais aussi à d'autres personnes de son choix. Pour qu'il se sente autorisé à se confier, proposez-lui : «Tu peux m'en parler quand tu veux. Mais peut-être voudrais-tu en parler à quelqu'un d'autre (à ta maîtresse, à Théophile, ton meilleur copain), à ta grand-mère?» Le but est également de le rassurer sur votre propre capacité et celle de son père à supporter ses questions.

Il proteste ? Pleure ? Fait une colère ?

C'est normal et il va mettre du temps à assumer cette réalité. En attendant, restez ferme : « Je comprends très bien que tu ne sois pas d'accord, que tu sois triste, malheureux, en colère… mais tu ne pourras rien y changer. » Plus vous serez sûre de vous, plus il retrouvera vite un sentiment de sécurité et moins il sera tenté de vous faire revenir sur votre décision.

Il vous dit que son père va être triste de se retrouver tout seul ? Répondez : « Oui, peut-être. Mais écoute : on a mis du temps, ton père et moi, pour comprendre qu'en vivant ensemble, on était encore plus malheureux. » Il doit réaliser que vous avez mûrement réfléchi avant de vous décider.

Vous pleurez ?

☐ Déculpabilisez…
Vous n'êtes pas un robot. Vous avez le droit d'avoir des larmes devant votre enfant. Dites-lui : « Comme toi, je suis très triste et très émue de ce changement de vie, mais ton père et moi nous allons divorcer et c'est comme ça. » Évitez d'argumenter plus en détail.

☐ … mais ne le laissez pas vous consoler
Tout enfant cherche à consoler son parent malheureux. Et il est tentant pour un parent en désarroi de prendre son fils ou sa fille pour confident. En le laissant faire, vous le placez dans une position qui n'est pas la sienne et le plongez dans une confusion de rôles et de statuts. À terme, vous l'empêchez de se construire comme sujet autonome et responsable. Pour que chacun reste à sa place, répondez fermement : « Je suis ta mère, tu n'es pas responsable de moi, tu n'as pas à me protéger. Ce n'est pas ton rôle. C'est moi qui suis responsable de toi et qui te protège. » Et efforcez-vous de trouver quelqu'un d'autre pour vous proposer une oreille amicale ou professionnelle, attentive et bienveillante.

Une fois que c'est dit

– Réitérez ces messages, surtout s'il est petit. Et ce, même après la séparation physique. Il pourra faire semblant d'oublier.
– Pensez à sécuriser votre enfant en l'entourant d'une présence particulièrement réconfortante. En respectant au maximum les rituels et les emplois du temps (le vôtre, le sien, celui de son père).
– Surveillez bien les signes de souffrance qui peuvent s'exprimer de différentes façons : réveil nocturne, pipi au lit, somatisations (mal au ventre…). Et

n'hésitez pas à demander une aide psychologique ponctuelle (voir chapitre 107 *Dans quels cas consulter un psy et comment ça se passe?*).

– Protégez votre enfant du discours bien-pensant, moralisateur et culpabilisant de l'entourage. Ainsi que des tentatives éventuelles d'appropriation de l'enfant par les grands-parents (« pauvre petit! »).

– Laissez lui du temps pour mûrir, faire son deuil du couple uni de ses parents et se reconstruire des repères.

POUR EN SAVOIR PLUS

Dès 18 mois-2 ans
Les Chagrins, Dr Catherine Dolto, Gallimard Jeunesse.

Dès 2 ans
Cet hiver-là, Bénédicte Quinet et Colette Hellings, Pastel, 1996.

Dès 3 ans
C'est une histoire d'amour, Thierry Lenain et Irène Schoch, Albin Michel Jeunesse.
Lucas et Maria ont deux maisons, Clara Le Picard et Julie Baschet, Albin Michel Jeunesse.
Camille a deux familles, Ophélie Texier, L'École des Loisirs.

Dès 5-6 ans
Les Parents de Zoé divorcent, Dominique de Saint-Mars et Serge Bloch, Calligram.
La Séparation, Pascale Francotte, Alice Jeunesse.

Pour les parents
Quand les parents se séparent, Françoise Dolto, Seuil, 1988.
Mes parents se séparent, Comprendre ce que ressent l'enfant, Maurice Berger et Isabelle Gravillon, Albin Michel, 2004.
Séparons-nous, mais protégeons les enfants, Stéphane Bourcet, Albin Michel, 2005.

◪ Reportez-vous aussi à la bibliographie du chapitre 89 *Pourquoi – pour votre enfant – c'est une bonne chose de refaire votre vie?*

82

Réussir votre divorce, mode d'emploi

Sans aller jusqu'à passer vos vacances ensemble, vous souhaitez tout de même «réussir» votre divorce, c'est-à-dire être capable de vous voir, vous parler et vous faire confiance à propos de votre enfant.

Réussir son divorce, pourquoi?

– Pour sécuriser votre enfant. Pour qu'il sente qu'il peut s'appuyer sur ses deux parents. Tout enfant dont les parents divorcent se sent déstabilisé, ne sait plus où il en est. Lui aussi doit faire le deuil du couple que formaient ses parents. Il y arrivera d'autant mieux qu'il sent que ses parents continuent à se respecter en tant que parents. Cela lui permettra de restaurer son sentiment de sécurité intérieure, de reconstruire ses repères. Au contraire, si ses parents continuent à se déchirer – témoignant, par là, qu'ils n'arrivent probablement pas à faire leur deuil de la relation conjugale – il aura plus de mal à accepter la séparation. Et souffrira davantage.

– Pour lui laisser la possibilité – offerte, au départ, naturellement à chaque enfant – de se construire de façon autonome et responsable. Un enfant dont les parents continuent, malgré la séparation, à s'insulter, à se mépriser et à se critiquer, se sent en dette par rapport à ses parents. Il a le sentiment de coûter trop cher. Il sent qu'au fond, s'il n'était pas là, ses parents n'auraient aucune raison de continuer à se faire du mal, qu'ils ne seraient pas obligés de se voir, ni de se parler. Dans les cas graves, la culpabilité de l'enfant peut le rendre dépressif, dans les cas extrêmes, elle peut aller jusqu'à lui faire perdre le goût de vivre. Sans en arriver là, tout enfant confronté au déchirement perpétuel de ses parents ne peut développer, de façon adéquate, son autonomie et son sens des responsabilités. À l'inverse, on constate souvent que les divorces «réussis» font des enfants très autonomes, dotés d'un grand sens de l'adaptation, capables d'une étonnante maturité sociale.

– Pour témoigner à l'enfant que l'on respecte la partie de l'autre parent qui est en lui et, donc, qu'on le respecte lui-même. Pour grandir de façon épanouie, tout enfant a besoin d'être doté d'un fort sentiment d'estime de soi. Respecter le père de son enfant, c'est signifier à l'enfant : «J'accepte ton père, en tant que père pour toi, j'accepte la part du père qui est en toi.» Au contraire, lorsqu'on ne cesse de batailler contre son ex-conjoint, que l'on saute sur tous les prétextes (une couche mise de travers, une façon «vulgaire» d'habiller l'enfant…) pour faire un incident, on signifie à son enfant que, depuis le divorce, son père ne reste pas son père. On lui fait comprendre que tout ce qui vient de son père, on n'en veut rien savoir, on n'en veut pas. En définitive, on «n'autorise» pas (symboliquement, s'entend) l'enfant à aimer son autre parent.

– Pour préserver les capacités de son enfant à être, un jour, parent lui-même. Un enfant qui n'a jamais connu que la haine entre ses parents éprouvera des difficultés à se dégager de ce modèle. Au contraire, un enfant dont les parents auront «réussi» leur divorce sera davantage armé pour vaincre sa peur d'être parent, trouver en lui l'élan nécessaire au désir de donner lui-même la vie et assumer cette responsabilité.

Réussir son divorce comment?

☐ Ne confondez et ne mélangez pas tout
Ne pas vous déchirer ne signifie pas non plus tout mélanger. N'oubliez pas que tout enfant de parents divorcés souhaite – plus ou moins consciemment – que ses parents reforment à nouveau un couple. N'entretenez pas chez lui de fausses illusions. Les ex-conjoints qui s'invitent sans cesse, jouent ensemble aux cartes et partagent la même maison de vacances – comme on en voit dans les téléfilms – ne sont pas au clair avec eux-mêmes. Sous des airs de «on est moderne et on rigole», ils entretiennent la confusion dans l'esprit de leurs enfants. Sans aller jusque-là, d'autres situations moins caricaturales sont ambiguës pour l'enfant. Ainsi, recréer le couple mari et femme pour passer les fêtes de famille ensemble est souvent un faux-semblant qui revient à nier (quelques jours par an) la réalité du divorce. Sans compter le nombre d'incidents diplomatiques auxquels cela peut donner lieu avec les nouveaux conjoints. Souvent, le petit enfant s'en trouve très troublé. C'est normal : plus il est petit, plus il a besoin que les choses soient claires. Pour s'y retrouver, il doit sentir que les vies de l'un et l'autre de ses parents sont bien distinctes. Même si cela n'exclut pas de se respecter.

☐ Gardez du respect l'un pour l'autre
– La vie d'homme de votre ex-conjoint ne vous regarde plus.
Aussi difficile que cela puisse vous sembler, vous n'avez aucun commentaire

à faire, du moins devant votre enfant, sur la vie de votre ex-conjoint. Qu'il décide d'aller habiter ici ou là, de partir en vacances à tel endroit plutôt qu'à tel autre, de voir Dubol ou Duclou, cela ne vous regarde pas. Aujourd'hui, la seule question qui vous importe est la manière dont il respecte ses obligations de parent, et au premier chef, celles indiquées dans la décision de justice. À l'inverse, s'il n'est pas question de faire des commentaires devant votre enfant, sur la manière dont votre ex-conjoint conduit désormais sa vie, il ne s'agit pas non plus de faire de lui un tabou. En prenant par exemple – même involontairement – l'air consterné, triste ou furieux dès que votre enfant parle de son père avec vous. Votre enfant doit se sentir autorisé, même quand il est chez vous, à aimer son autre parent. Il faut trouver un juste milieu.

– Sachez maintenir une vraie communication entre vous.

Soyez capables de vous mettre d'accord sur les décisions concernant l'enfant. Faites l'effort de vous expliquer calmement tous les deux (et non devant l'enfant ou vos nouveaux conjoints), lorsqu'une question vous oppose. Soyez attentifs à ne pas utiliser votre enfant (*via* les décisions le concernant) pour régler vos comptes personnels. Sachez écouter le point de vue de l'autre, en n'oubliant jamais qu'il s'agit aussi du parent de l'enfant. Apprenez à négocier, quitte, parfois, à vous incliner.

– Ne laissez pas votre nouveau conjoint semer la zizanie entre vous.

L'avis de votre nouveau conjoint mérite considération puisqu'il s'agit de la personne qui partage désormais votre vie. Rien ne vous empêche de vous en servir pour vous forger votre propre opinion. Mais c'est à vous, parent, de prendre, ensuite, la décision avec votre ex-conjoint. Comprenez bien : votre nouveau partenaire a parfaitement le droit de protester si, par exemple, votre ex-conjoint arrive systématiquement en retard pour prendre les enfants ou s'il annule un week-end au dernier moment ; et vous pouvez même faire passer le message à votre ex. Mais il ne doit pas outrepasser son rôle, se mêler de tout ce qui concerne l'enfant, au point de prendre votre place ou celle de votre ex-conjoint. Il doit pouvoir se faire une place dans la vie de l'enfant autrement (voir chapitre 90 *Comment lui faire accepter son beau-père*).

☐ Quelques «trucs» qui ont fait leur preuves

Voici une liste non exhaustive de petites concessions et d'attentions qui témoigneront à votre enfant que vous éprouvez du respect pour lui-même et son père. Et dédramatiseront la situation.

– Accrochez, avec votre enfant, dans sa chambre, une photo de son père.

– Proposez à votre enfant, lorsqu'il est chez vous, de téléphoner à son père ; et laissez-le parler (sans faire de commentaires) à la nouvelle partenaire de son père qu'il connaît. N'écoutez pas la conversation.

– Acceptez d'aller conduire votre enfant ensemble, le jour de la rentrée des classes.

– Laissez le numéro de téléphone de votre ex-conjoint quand vous sortez (sans pouvoir être jointe) et que vous laissez votre enfant avec une baby-sitter.

– Soyez capable de faire front uni devant votre enfant pour le gronder fortement lorsqu'il fait une grosse bêtise (voir tous les chapitres sur l'autorité, la discipline et les limites).

– Acceptez d'intervertir un week-end de temps en temps, pour arranger votre ex-conjoint ; mais ne changez pas, non plus, tout le temps : votre enfant a besoin de règles stables.

– Demandez à son père, qui ne vit pas avec lui, d'accompagner votre enfant à l'école, si vous avez un rendez-vous très tôt un matin.

– Faites téléphoner votre enfant à son père pour lui souhaiter la fête des pères, son anniversaire…

– Habillez-le de jolis vêtements lorsqu'il est invité avec son père, dans la famille ou chez des amis.

– Empêchez-vous de remiser, au fond d'un placard, dès le retour de votre enfant, l'ensemble jogging du plus pur mauvais goût – selon vous – que son père lui a offert ce week-end.

– Emmenez-le se faire couper les cheveux parce que vous sentez que votre ex-conjoint – auquel cette tâche incombe normalement – n'a pas le temps, en ce moment.

– Rachetez-lui un manteau si vous sentez que votre ex-conjoint – à qui cela revient – est un peu à court d'argent actuellement.

– Achetez un cadeau de naissance de la part de votre enfant pour son petit frère qui vient de naître chez son père.

Toutes ces propositions ne sont pas destinées à « faire plaisir » à votre ex-conjoint, mais à permettre à votre enfant de se sentir reconnu et apprécié comme votre enfant à tous les deux. En effet, présenter votre enfant coquet et soigné le soir de l'anniversaire de son père, c'est bien sûr faire plaisir à ce dernier, qui sera fier de son enfant. Mais c'est avant tout permettre à votre enfant de se sentir à l'aise et fier de lui-même. Et c'est cela le plus important. C'est toujours l'enfant qui bénéficie de vos petites concessions et attentions.

POUR EN SAVOIR PLUS

Dès 6-7 ans
La Ronde des familles, Virginie Dumont, Actes Sud Junior.

☑ Reportez-vous aussi à la bibliographie du chapitre 81, *Vous divorcez, comment lui dire ?* et du chapitre 84 *Gérer les transitions quand il va chez son père*.

83

Faut-il opter pour une garde alternée?

La garde alternée gagne du terrain. De plus en plus de parents la réclament, et certains juges n'hésitent plus à l'ordonner. Surtout depuis que la loi reconnaît officiellement ce mode de garde. Reste cette question : est-ce une bonne solution pour l'enfant ?

Qu'est-ce que la garde alternée ?

La garde alternée est un partage égal du temps de l'enfant entre le père et la mère. Plusieurs possibilités sont envisageables : l'enfant vit trois jours et demi par semaine chez son père et le reste du temps chez sa mère. Ou bien il s'installe une semaine chez sa mère, puis une semaine chez son père. Ou encore, quinze jours chez l'un et quinze jours chez l'autre. En théorie, toute formule est possible, dés lors que le partage du temps est relativement égalitaire.

Pourquoi a-t-elle été condamnée pendant des années ?

Psys, magistrats, avocats brandissaient la menace d'un enfant sans cesse ballotté, toujours une valise à la main, transformé en «SDF du divorce» par l'inconscience des adultes. «Jusqu'à douze ou treize ans, la garde alternée est très néfaste pour les enfants», affirmait Françoise Dolto elle-même dans «Quand les parents se séparent» (Seuil, 1988). Mais elle entendait par «garde alternée» une situation dans laquelle l'enfant changeait non seulement de domicile toutes les semaines, mais aussi d'école. Un cas très rare, loin des pratiques d'aujourd'hui.

Pourquoi n'est-elle plus forcément condamnée ?

Les pères revendiquent de plus en plus le droit de s'occuper de leurs enfants autant que les mères, lesquelles sont de plus en plus nombreuses à réclamer un partage égalitaire de l'éducation des enfants. Par ailleurs, les spécialistes ont évolué. Dans une étude publiée en 1994, le sociologue Gérard Neyrand concluait au bénéfice pour les enfants de la résidence alternée. En 1997, une autre étude réalisée dans le département de l'Isère, par le professeur de psychologie Gérard Poussin a contribué à faire changer les mentalités. Réalisée sur un échantillon de 470 enfants du divorce dont 18 en garde alternée, l'enquête relevait que ces derniers possédaient une estime de soi supérieure à celle des enfants élevés au domicile d'un seul de leurs parents.

Quels sont les avantages avancés de la garde alternée ?

– «Cette formule est la seule qui permette réellement à l'enfant d'être élevé conjointement par son père et par sa mère, ce qui est fondamental pour son développement, affirme Gérard Poussin. Elle évite aussi à l'enfant d'être pris en otage entre ses deux parents et de se retrouver au cœur d'un conflit de loyauté.»
– La garde alternée impose aussi aux parents une obligation de disponibilité. «Comme on sait qu'après, on n'a plus ses enfants pendant une semaine, on se sent obligé de vraiment bien s'en occuper quand on les a», résume un père.
– Enfin, elle permet aux enfants de voir leurs deux parents évoluer dans leurs rythmes professionnels et de loisirs.

À quelles conditions ce système peut-il fonctionner ?

– Votre enfant doit avoir un âge minimum de 2 ans, 2 ans et demi. Chez les nourrissons, la garde alternée est un danger. «On sait de manière scientifique, que le bébé éprouve de l'angoisse et de l'insécurité quand on le change d'endroit de manière fréquente, explique le professeur Maurice Berger, chef du service de pédopsychiatrie au CHU de Saint-Etienne. Il garde une angoisse flottante. Par ailleurs, on sait qu'un bébé est incapable de garder en tête l'image de sa mère plus d'un certain temps : 2 à 3 jours pour un bébé de quelques mois est un maximum. Après cela, il peut avoir le sentiment d'avoir perdu sa mère. Pendant cette période, le père a beau être attentif à son enfant, il n'est pas à égalité avec la mère – parce qu'il n'a ni la capacité d'être enceinte, ni celle d'allaiter, ni un fonctionnement psychique maternel. Les choses deviennent différentes lorsque l'enfant devient plus grand.» Pour Gérard Poussin, «plus l'enfant grandit, plus sa notion du temps se rapproche de celle de l'adulte : il lui est alors moins nécessaire de voir souvent ses parents. »

– Avec votre ex-conjoint, vous devez vous entendre le mieux possible. Les parents doivent apprendre à maîtriser leur haine et les reproches qui accompagnent inévitablement la période du divorce. La résidence alternée suppose que chaque parent ait confiance dans les capacités éducatives de l'autre. Si elle est imposée à l'un des deux parents par l'autre, l'enfant se retrouvera au centre de conflits de plus en plus nombreux. Au lieu de voir ses parents se disputer tous les quinze jours, il les verra s'affronter toutes les semaines, voire tous les trois jours ! « La résidence alternée donne aux parents des munitions pour se déchirer », prévient Gérard Poussin.

– Plus que dans un système classique, la garde alternée suppose que la mère accepte que la belle-mère de son enfant (la nouvelle compagne de son conjoint) participe davantage à l'éducation de ce dernier. Lorsqu'un enfant partage véritablement son temps entre deux maisons, la belle-mère joue un rôle beaucoup plus important dans sa vie. Elle fait complètement partie du quotidien de l'enfant. La mère doit alors accepter de déléguer l'éducation à une autre femme, ce qui n'est pas toujours facile. Si vos relations sont trop conflictuelles, ce mode de garde n'est peut-être pas adapté.

– Les parents doivent habiter le plus près possible l'un de l'autre. Car même entourée de précautions, la garde alternée a ses inconvénients, le plus souvent matériels. Presque tous les enfants qui vivent ainsi se plaignent de perdre sans cesse leurs affaires, d'oublier toujours LE manuel scolaire dont ils ont besoin au moment où ils sont dans l'autre maison. Par ailleurs, habiter tout près permet à l'enfant de garder concentrées au même endroit ses activités scolaires et extrascolaires : des goûters d'enfants aux cours de danse.

Concrètement, comment mettre en place une garde alternée ?

– N'hésitez pas à essayer différentes formules pour trouver le rythme adéquat. Changer de maison tous les trois jours peut se révéler très fatigant pour certains enfants et impeccable pour d'autres, notamment les petits pour lesquels une semaine sans voir leur mère est souvent trop long. En revanche, dès le CP, le rythme une semaine/une semaine mérite d'être tenté. Néanmoins, tout dépend de chaque enfant, de chaque parent, de chaque famille. Enfin, gardez en tête que chaque équilibre est précaire : tel rythme peut fonctionner à merveille une année et s'avérer une catastrophe l'année suivante. La garde alternée, ce n'est jamais la même alternance une fois pour toutes.

– Pour les tout-petits, essayez de partager avec votre ex-conjoint la même nounou qui suivra votre enfant dans ses va-et-vient entre les deux domiciles.

– Efforcez-vous, si vous avez opté pour un rythme une semaine/une semaine, de vous « échanger » votre enfant le vendredi ou le samedi, après la classe.

Ainsi, il aura tout le week-end pour reprendre ses marques dans la maison et pourra aller rechercher les affaires oubliées dans l'autre maison.

– Tolérez que votre enfant perde ou oublie un peu plus ses affaires que les autres enfants du même âge. Mais lorsqu'il a besoin de revenir chercher quelque chose chez vous, exigez d'être prévenue avant.

– N'oubliez pas que la garde alternée est un partage de la garde, non de l'enfant. Autrement dit, ne vous sentez pas trop déresponsabilisé de votre enfant. A l'inverse, n'oubliez pas que votre enfant est un sujet à part entière et ne tombez pas dans le piège qui consiste à revendiquer votre « moitié d'enfant » comme s'il s'agissait d'un objet.

POUR EN SAVOIR PLUS

Pour les parents
L'Enfant face à la séparation des parents, Une solution : la résidence alternée, Gérard Neyrand, La Découverte, 2004.
Enfants du divorce, Gérard Poussin, Dunod.
L'Enfant et la souffrance de la séparation, Maurice Berger, Dunod.
Réussir la garde alternée, Gérard Poussin et Anne Lamy, Albin Michel, 2004.
Le Livre noir de la garde alternée, Jacqueline Phélip, Dunod, 2006.

84

Gérer les transitions
quand il va chez son père

Chaque dimanche soir, votre enfant vous fend le cœur: quand son père le ramène, il se met à hurler et refuse de quitter ses bras. Comment l'aider à s'habituer à sa nouvelle vie?

Ce qui est difficile pour l'enfant

☐ **Sur le plan matériel**
Transporter ses affaires un week-end sur deux en plus de son cartable (dès le CP) est pesant, dans tous les sens du terme. Et ce, même si le papa joue les porteurs. De même, changer souvent de cadre et de lit peut être perturbant.

☐ **Sur le plan affectif et relationnel**
Tout enfant petit, même de parents non divorcés, éprouve de l'émotion, voire de la souffrance, au moment de la séparation d'avec son parent. Ces sentiments sont d'autant plus vifs lorsque l'enfant ressent la tristesse du parent qu'il laisse derrière lui. Il a alors le sentiment de l'abandonner (en le laissant seul et malheureux) et de le trahir (en ayant plaisir à retrouver son autre parent).
Mais si l'on prend conscience de tout cela, que l'on en parle et que l'on met au point des solutions, la souffrance peut vraiment s'atténuer.

Ce qui peut aider l'enfant

☐ **Sur le plan matériel**
– Acceptez qu'il ait des affaires à lui chez son père (au moins des sous-vêtements, des pyjamas, des pantoufles et des affaires de toilette).
Afin qu'il ne se retrouve pas en situation d'invité (comme chez sa grand-mère ou chez son copain) ou de voyage (comme en colonie), mais se sente

chez lui. Cette formule présente, en outre, l'avantage de permettre au père d'exister en tant que père. En voyant chez lui des affaires de son enfant, il se sent moins dépossédé de son enfant. Enfin, un tel système diminue les risques d'exaspération liée aux chaussettes dépareillées et aux sacs de linge sale... Pour votre enfant c'est sécurisant.

– Faites le deuil des armoires impeccables et des jouets entiers.
C'est indispensable. Car, malgré la meilleure organisation et la plus grande concertation avec votre ex-conjoint, les chaussettes se perdront et les jouets se dépareilleront. Pour une raison simple : votre enfant aura besoin de faire circuler des objets entre ses deux maisons. Souvent, au moment de partir, il attrapera, en plus de son doudou, un jouet (ou un morceau de jouet) qui traîne ou qu'il ira rechercher au fond de son coffre à jouets. Il faut le laisser faire, c'est le moyen pour lui de conserver son unité, malgré ses deux maisons. Ne vous énervez pas si vous ne revoyez pas ce jouet de sitôt. Soyez philosophe. Rien ne vous empêche, une fois de temps en temps, de proposer à votre enfant ainsi qu'à son père, de reconstituer certains jouets (voir chapitre 21 *Faut-il l'obliger à ranger sa chambre ?*).

☐ **Sur le plan affectif et relationnel**
– Expliquez-lui que ces allers et retours résultent d'une décision de justice.
Les mots-clés : «Avec ton père, nous avons rencontré un juge aux affaires familiales dont le métier est de faire appliquer et respecter la loi. Dans son jugement, il est écrit que tu vis principalement chez moi, ta mère. Mais que tu vois ton père régulièrement les...» Il est important que l'enfant comprenne que cette situation dépasse la simple transaction entre son père et vous. Que son cas personnel, son emploi du temps a été réglé par un juge, au-dessus de ses parents, qui a cherché la solution la plus juste pour lui. Et devant lequel la famille pourra revenir un jour, en cas de difficultés.
– Préparez avec lui, à l'avance, ces allers-retours.
Même si l'enfant est tout petit, même s'il n'a pas encore la notion du temps, ces allers et retours doivent être énoncés et préparés. Il est bon d'en parler avec lui à plusieurs reprises, quelques jours à l'avance.
– Respectez les horaires, les emplois du temps et la parole donnée.
La régularité apporte la sécurité. Il est très déstabilisant pour un enfant d'attendre à chaque fois son parent avec son manteau sur le dos ; ou pire, de renoncer à son week-end, au dernier moment. Le parent empêché doit prendre ses responsabilités et donner une explication à son enfant. L'autre parent, quant à lui, devrait ravaler son énervement et s'efforcer de ne pas se laisser aller à des commentaires négatifs (voir chapitre 87 *Comment « gérer » un père défaillant ?*).
– Évitez de le harceler de questions à son retour.
Le parent qui retrouve son enfant après un séjour chez l'autre parent devrait

éviter de questionner son enfant. Si ce dernier a envie de raconter, soyez à l'écoute. Mais ne le soumettez pas à un interrogatoire intrusif et culpabilisant.

Il pleure lors de la séparation?

☐ **Au moment de partir, il refuse de vous lâcher**
Outre sa propre émotion, votre enfant ressent peut-être le caractère pénible pour vous de la situation. Essayez autant que possible de prendre sur vous, de ne pas vous effondrer ni vous mettre en colère. Le chagrin de votre enfant en serait décuplé. Évitez les embrassades qui s'éternisent. Les mots-clés : «Je comprends très bien ton chagrin, mais je te l'ai déjà dit : ton père et moi sommes divorcés, nous avons chacun notre maison, mais nous restons tes parents. Ton père compte sur toi pour aller chez lui. Moi, je t'attends dimanche, tu peux compter sur moi.»
Le drame persiste? Interrogez-vous. Peut-être votre enfant ressent-il que :
– vous, sa mère, avez du mal à vous séparer de lui, parce que vous allez rester seule;
– la simple idée qu'il puisse avoir du plaisir dans son autre maison vous fait du mal;
– l'idée que ce soit une autre femme (la nouvelle compagne de votre ex-conjoint) qui lui enfile son pyjama et le borde vous insupporte.
S'il s'agit de cela, ne vous étonnez pas que votre enfant fasse un drame à chaque fois que son père vient le chercher. Pour partir tranquille, votre enfant doit sentir que vous, sa mère, «l'autorisez» (symboliquement, s'entend) à vous laisser seule, à prendre du plaisir avec son père et sa nouvelle compagne, même si cela vous paraît «dur à avaler» et injuste.
Pour que la situation s'arrange, organisez vos week-ends à l'avance, remplissez votre agenda d'occupations et de rendez-vous qui vous font plaisir... bref, apprenez à profiter pleinement de ces week-ends sans enfant. C'est la première des choses à faire.
Vous détestez la belle-mère de votre enfant? Ce dernier n'y est pour rien. Permettez-lui de dédramatiser. Nommez-la par son prénom et non par des qualificatifs plus ou moins hostiles, voire grossiers... Laissez-le vous parler d'elle, sans lui donner l'impression qu'il jette un froid à chaque fois qu'il prononce son nom à la maison. Mieux : faites-la intervenir naturellement dans les conversations avec votre enfant, prononcez sur elle des paroles apaisantes, adressez-vous à elle poliment quand vous appelez chez votre ex-conjoint, serrez-lui la main – même juste une fois –, devant votre enfant. Mais comprenez la nuance : il ne s'agit pas de questionner, d'interroger votre enfant sur sa belle-mère, de chercher à tout savoir sur sa façon de s'occuper de votre enfant : sauf exception grave, vous n'avez pas à savoir ce qui se passe chez le père de votre enfant (voir chapitres 82 *Réussir votre divorce, mode d'emploi*

et 88 *Parent célibataire, comment vous comporter avec votre enfant ?*). Le but est simplement de démontrer à votre enfant que sa belle-mère n'est pas un tabou pour vous (voir chapitre 91 *Ça ne se passe pas bien avec sa belle-mère*). Vous ne parvenez pas à vous faire à cette réalité ? Allez en parler à un psychothérapeute (voir chapitre 107 *Dans quels cas consulter un psy et comment ça se passe ?*). Dans votre intérêt, mais aussi, surtout, dans celui de votre enfant.

☐ Au retour, il refuse de lâcher son père ?

Abrégez les adieux. Dites-lui que vous comprenez sa peine, témoignez-lui votre joie de le retrouver. Et faites diversion pour lui permettre de reprendre rapidement sa place dans la maison : entraînez-le dans sa chambre, jouez avec lui, donnez-lui son bain...

Enfin gardez-vous de penser que le drame va recommencer à chaque fois, c'est la meilleure façon de l'entretenir. Au contraire, si vous êtes bien sûre de vous et capable de vous montrer sereine, votre enfant s'adaptera très bien à ces allers-retours.

Les choses ne s'arrangent pas ? N'excluez pas, si c'est possible, de demander à son père de ramener votre enfant directement à l'école le lundi matin. La journée de classe ménagera à votre enfant une transition entre son père et vous. Cela lui permettra d'intégrer ses nouveaux repères plus facilement.

POUR EN SAVOIR PLUS

Dès 6-7 ans
La Ronde des familles, Virginie Dumont, Actes Sud Junior.

▨ Voir aussi la bibliographie du chapitre 81, *Vous divorcez, comment lui dire ?*.

85

Gérer les différences de vie et d'éducation entre son père et vous

Chez son père, pas un livre ne traîne alors que chez vous, on « croule » sous les bouquins. Chez vous, pas question de rémunérer les bons livrets scolaires, mais chez son père, c'est un petit billet à chaque bonne note... Comment votre enfant s'y retrouve-t-il ?

Entre ex-époux, les différences de vie sont fréquentes

Contrairement à ce qui est décrit dans les magazines, les films et les romans - qui présentent souvent une vision idyllique des rapports entre ex-conjoints – lorsqu'un couple se sépare, c'est qu'il n'est plus d'accord sur des choses essentielles. Que ces différences s'accentuent après le divorce n'a donc rien d'étonnant. Les recompositions familiales jouent aussi leur rôle dans ce processus. Le nier serait nier la réalité du divorce et de ses lendemains. Par ailleurs, si certaines choses sont permises chez le père alors qu'elles sont interdites chez la mère, c'est aussi parce que, dans le cas d'un droit de garde classique (un week-end sur deux), le père voit peu son enfant. Il se dit, et c'est légitime, qu'il voit trop peu son enfant pour passer le week-end à le réprimander.

Comment l'enfant fait-il son affaire des différences entre ses parents ?

Au moins, cela a pour mérite de lui présenter une vision du monde plus large que dans une famille classique. C'est aussi une richesse. Si les différences sont vécues dans le respect de l'ex-conjoint, ce n'est sans doute pas un problème. Si au contraire, ces anciens époux passent leur temps à se dénigrer mutuellement, c'est sûrement assez toxique.

Comment réagir ?

– Dédramatisez. Même dans un couple, il est utopique de penser que l'homme et la femme seront d'accord sur tout. De plus, on ne peut pas élever un enfant sans conflit. De ce conflit, peut d'ailleurs naître, dans certain cas, une certaine combativité de l'enfant.

– Comprenez et respectez le point de vue de votre ex-conjoint : s'il ne voit son enfant qu'un week-end sur deux, il est assez compréhensible qu'il le gâte plus que vous.

– L'enfant doit pouvoir s'autoriser à parler de tout cela en posant des questions et en recevant des réponses honnêtes. N'hésitez pas à expliquer votre point de vue. Mais dites-lui aussi : « Chez ton père, ce n'est pas pareil, ton père a ses raisons et je les respecte. Mais ici, c'est comme ça. C'est difficile, mais tu dois respecter les règles en cours dans tes deux maisons. »

– Dans le cas de différences d'éducation complètement contradictoires, voire incohérentes, n'hésitez pas à en parler avec le père de votre enfant. Expliquez-lui qu'un tel décalage peut être source de souffrance pour votre enfant et essayez de trouver un compromis, quitte à changer, vous aussi, de point de vue.

Quelques exemples fréquents de divergences et comment les gérer

☐ **Chez son père, il reçoit 8 euros d'argent de poche ; chez vous, 2. Chez son père, il a tous les jouets qu'il réclame ; chez vous, il attend une occasion...**
Ce genre de différences est souvent assez difficile à supporter pour les enfants. Il est important d'expliquer à votre enfant que ces dons n'ont rien à voir avec l'affection. Si vous ne le lui expliquez pas, il pourra développer l'illusion qu'on l'aime moins, quand on lui donne moins. Dites : « Tu sais très bien que je n'ai pas la même situation que ton père et que même si je l'avais, je ne serais pas d'accord pour te donner tout ça. Mais je comprends très bien le point de vue de ton père qui ne vit pas beaucoup avec toi et qui a envie de te gâter quand il te voit. Moi, je suis contente de partager des moments avec toi, sans acheter forcément de nouveaux jouets. »

☐ **Certaines choses sont permises chez son père et interdites chez vous**
Dites : « Tu sais très bien que nous n'avons pas toujours la même façon de voir ou de réagir. Mais chez ton père, tu fais comme il veut et chez moi, comme je veux. C'est peut-être difficile, mais c'est ainsi. » Si les points de vue sont énoncés clairement, l'enfant trouvera ses repères. Ainsi, il aura peut-être une ouverture d'esprit, une maturité, qui renforceront son sens de l'adaptation. Il saura

faire la part des choses et pourra acquérir une certaine discrétion sur les habitudes et les règles de chaque foyer.

☐ À l'avenir
À d'autres moments, rappelez à votre enfant que vous respectez son père, même si vous avez évolué différemment.

86

Entre votre ex-conjoint et vous, ça devient trop conflictuel

Après la séparation, ce n'était pas le bonheur, mais ça se passait bien. Aujourd'hui, avec le père de votre enfant, c'est presque la guerre...

Pourquoi cette dégradation ?

– Contrairement à ce que l'on voit au cinéma, dans la vraie vie, divorcer n'est jamais idyllique. D'ailleurs, si vous avez pris cette décision, c'est bien que vous n'étiez pas d'accord sur des choses essentielles, y compris concernant l'éducation des enfants.

– Plus le temps passe après le divorce, plus les chemins des ex-conjoints divergent. Les recompositions familiales jouent un rôle important dans ce processus. Les rails mis en place six mois après la séparation sont souvent très différents quelques années plus tard. C'est peut-être triste, mais c'est ainsi : chacun évolue à son rythme et dans son propre environnement avec les contingences de sa nouvelle vie. C'est normal, mais ce n'est pas rédhibitoire.

Comment réagir ?

– Si c'est la fin d'une belle entente qui vous désole, mais que globalement votre ex-conjoint respecte ses engagements vis-à-vis de son enfant, dédramatisez. Le plus important est assuré.

– Si votre ex-mari ne respecte pas ses obligations (il prend moins son enfant, le ramène plus tôt, arrive toujours en retard, ne paie plus la pension...) ou que sa nouvelle compagne ne reste pas à sa place...

• Réfléchissez à ce qui, selon vous, a conduit à cette situation.

• Prenez rendez-vous avec votre ex-conjoint seul à seul. Exprimez vos griefs, mais ne tombez pas dans le piège qui consiste à critiquer sa personne ou celle de sa femme, cela le braquerait et conduirait à l'échec de cet entretien. Pour que cette discussion soit constructive, énumérez des faits, rien que des faits, en vous efforçant d'être la plus précise possible. Rappelez-lui les engagements qu'il avait pris et démontrez-lui qu'il ne les tient pas. Énoncez quelques situations ou commentaires qui vous ont blessée de la part de sa nouvelle compagne. Demandez-lui d'exprimer son point de vue et ses critiques éventuelles à votre encontre. N'excluez pas de revoir vos accords pour les adapter à vos vies actuelles.

• En cas d'échec, faites éventuellement appel à un tiers qui vous a aidée au moment de votre séparation (avocat, psy, médiateur…), cela vous permettra de retrouver un dialogue.

• Par la suite, efforcez-vous de ne pas critiquer votre ex-conjoint et sa compagne devant vos enfants, mais soyez réaliste : des remarques acides et des plaintes pourront vous échapper… C'est regrettable mais ce n'est pas forcément une catastrophe pour les enfants : dans les couples unis, également, il y a des crises.

• Reportez-vous au chapitre 85 *Gérer les différences de vie et d'éducation entre son père et vous.*

Pour en savoir plus

Pour les parents
Comment gérer les personnalités difficiles et *La Force des émotions*, Christophe André et François Lelord, Odile Jacob.

87

Comment «gérer» un parent défaillant?

Qu'il s'agisse de payer la pension alimentaire ou de prendre son enfant le week-end, le père ou la mère de votre enfant ne respecte pas ses obligations.

Un parent «défaillant», cela veut dire quoi?

Un parent qui se comporte de cette façon ne respecte pas la loi. Il se met au niveau d'un enfant, exactement comme s'il jouait. D'ailleurs, en faisant cela, il se joue de son enfant. Il cherche à retrouver un sentiment de liberté totale, comme celui d'un adolescent. Il souhaite inconsciemment devenir un parent-enfant. En agissant ainsi, le parent exprime également le désir (plus ou moins conscient) d'oublier son échec, donc sa vie d'avant la séparation.

Pourquoi faut-il, malgré tout, s'empêcher de le critiquer?

Pour aider votre enfant à conserver une bonne image de son parent. C'est indispensable pour lui permettre de grandir en conservant sa propre estime et le respect de lui-même. Votre enfant porte en lui une part de son parent, c'est la réalité, c'est ainsi. Quoi que vous puissiez en penser aujourd'hui, vous ne pouvez changer cette évidence. Votre enfant a besoin que cette partie du père ou de la mère qui est en lui ne soit pas annihilée. S'il ne cesse d'entendre que son parent est un «nul», un «bon à rien» ou un «dégueulasse», votre enfant ne pourra pas s'estimer, ni se respecter lui-même. Insulter sans cesse son ex-conjoint, devant l'enfant, c'est insulter la partie de l'enfant qui correspond à son parent, c'est donc insulter son enfant. Dites-lui plutôt : «Écoute. Le père (ou la mère) que j'ai choisi(e) pour avoir un enfant, pour t'avoir toi, cet homme (ou cette femme), je l'aimais très fort. Ce père avec lequel je suis fière de t'avoir eu, c'est un homme formidable! C'est à cet homme que tu ressembles. »

Comment réagir sur le moment?

Tout dépend de la nature de la défaillance du parent. Il existe «grosso modo» trois types de parent «défaillant» :
– celui qui ne peut (ne veut?) jamais prendre son enfant, mais qui paie la pension alimentaire;
– celui qui prend son enfant, qui ne paie jamais la pension, mais qui se débrouille pour le couvrir de cadeaux le week-end;
– celui qui ne fait rien (ni prendre son enfant, ni payer une pension).

☐ **Il ne vient pas, mais paie la pension alimentaire**
– Il est important que votre enfant sache que son parent paie pour lui. Tout enfant qui vit seul avec l'un de ses parents éprouve un sentiment de dette vis-à-vis de celui-ci. Il a souvent l'impression de «coûter» trop cher à ce parent qui l'élève seul (voir chapitre 88 *Parent célibataire, comment vous comporter avec votre enfant?*). Cela réduit l'estime qu'il a de lui-même et ne l'aide pas à grandir de façon totalement épanouie. C'est pourquoi il est bon de dire à l'enfant que son parent absent verse quelque chose pour lui. Cela aura pour effet de l'aider à se libérer de ce sentiment de «dette». Les mots-clés : «En donnant cette somme d'argent, ton parent contribue à ton entretien et à ton éducation. Même s'il ne vient pas te voir, il m'aide à t'élever. Et de cette façon-là, il pense à toi. »
– Son parent s'engage à venir, il ne vient pas? Restez calme. Prenez sur vous, même si cela relève de l'exploit. Évitez les commentaires excédés devant votre enfant. Dites-lui : «Tu attendais ton papa mais pour des raisons que j'ignore, il est empêché de te voir. Je comprends que tu aies de la peine. Peut-être que ton père ne se rend pas compte que c'est très important pour toi.» Et faites diversion par un jeu, une activité ou une sortie avec votre enfant.

☐ **Il ne paie pas la pension alimentaire, mais lorsqu'il prend son enfant, il le couvre de cadeaux inutiles**
– En faisant cela, le père bouleverse les repères de son enfant. Il se place dans une position d'enfant, c'est un «parent-enfant». Face à un tel parent, l'enfant aura peut-être des difficultés à développer son sens des responsabilités, à devenir adulte.
– Dites à votre enfant : «Ton père ne se rend pas compte qu'il est important de contribuer à ton éducation et ton entretien. Je vais donc demander au juge de m'aider, pour que la loi soit appliquée.»

– Votre enfant a une adoration pour son parent qui le «pourrit»? Dites-lui : «Tu as parfaitement raison d'aimer ton parent, je ne t'en empêcherai jamais. Mais en préférant t'offrir des bonbons plutôt que m'aider à t'élever, ton parent ne t'aide pas à grandir. Moi, je ne suis pas d'accord.»

– Profitez-en pour rappeler la règle : «Lorsque nous avons divorcé (nous nous sommes séparés), nous sommes allés voir un juge aux affaires familiales qui a décidé que ton père devrait payer une certaine somme d'argent pour m'aider à t'élever. C'est aussi pour cela que je n'accepte pas que ton père ne paie pas la pension.» Ainsi, votre enfant sentira que cette affaire déborde le simple conflit entre ses parents, qu'elle dépend aussi de la loi, de la justice et donc de la société dans laquelle il vit.

– Évitez d'aborder le sujet devant l'enfant. Et gardez-vous de faire du chantage à votre ex-conjoint : «Si tu ne paies pas, tu ne verras pas ton enfant ce week-end.» Refuser de confier votre enfant à son parent, alors qu'une décision de justice lui donne ce droit, est puni par le code pénal (article 227-5) d'une peine d'un an d'emprisonnement et de 15 000 euros d'amende. De plus, vous livrer à ce genre de marchandage, c'est prendre votre enfant en otage, faire de lui une monnaie d'échange entre votre ex-mari et vous, entre ses parents. Pour vous aussi, c'est un piège. Car vous renforcez la culpabilité de votre enfant, son sentiment de dette vis-à-vis de vous.

☐ Son parent a totalement démissionné

Épargnez à votre enfant vos jugements catégoriques et vos lamentations auprès de votre entourage devant lui. Dites-lui : «Pour certaines raisons que je ne connais pas et d'autres que je ne comprends pas, ton parent est empêché de te voir. Plus tard, lorsque tu seras grand, tu pourras rechercher ces raisons. En attendant, ton père (ou ta mère) ne se rend pas assez compte que toi, tu es malheureux.» Parlez à votre enfant de son parent d'avant, du temps où vous l'aimiez suffisamment pour faire un enfant avec lui. Répondez aux questions de votre enfant sur son parent. Dites-lui : «Je comprends que tu aies l'envie et le désir de le rencontrer.» Développez autour de votre enfant des contacts avec d'autres hommes (son oncle, son parrain, le père de son petit copain...). Essayez, si possible, de garder un contact avec la famille de votre ex-mari, notamment ses parents. Mais cherchez à préserver votre enfant du commentaire social («Le pauvre chéri, son père l'a complètement abandonné!») toujours culpabilisant et dévalorisant.

Dans tous les cas, n'hésitez pas à consulter un psychothérapeute pour enfants (voir chapitre 107 *Dans quel cas consulter un psy et comment ça se passe?*). Et/ou tentez une médiation familiale.

POUR EN SAVOIR PLUS

Livres
La Médiation familiale, Jocelyne Dahan, Bernet-Danilo.

Pour trouver un médiateur familial
Association pour la promotion de la médiation familiale (APMF) :
03 81 44 35 31
Association père-mère-enfant médiation (APME) : 01 30 21 75 55
Centre d'information et de documentation des femmes et de la famille
(CIDFF) : 01 42 17 12 34 ou 12 00
Centre d'études et de recherches d'accompagnement familial et de
formation (CERAF médiation) : 01 42 63 05 00
Les services sociaux des mairies.

88

Parent célibataire, comment vous comporter avec votre enfant?

Quelle qu'en soit la cause, vous n'êtes pas prête à renoncer à votre vie de mère célibataire. Voici quelques conseils pour gérer au mieux cette situation, avec votre enfant[1].

Essayez d'éviter les situations suivantes

– Le prendre dans votre lit ou dans votre bain. Vous promener, sans cesse, nue devant lui (voir chapitres 28 *Il veut venir dans votre lit* et 96 *Il veut vous embrasser sur la bouche, vous toucher les seins...*)

– Lui faire (et le laisser vous faire) trop de câlins. Surtout lorsqu'il devient grand. Au fur et à mesure qu'il grandit, c'est à vous d'espacer, en douceur, caresses et rapprochements physiques.

– Le laisser vous consoler. Et lui raconter vos états d'âme. Même s'il n'en montre rien, c'est insupportable pour votre enfant. Le piège, c'est que tout enfant, même très jeune, est naturellement disposé à jouer le rôle de confident de ses parents. Parfois, il donne même l'impression de pouvoir « assumer » les problèmes de son parent malheureux ou les secrets de son parent heureux. En réalité, une telle situation est dangereuse : l'enfant ne sort jamais indemne d'une telle confusion des rôles. À l'âge adulte, il lui faut parfois des « années de divan », pour se remettre. Et cela finit, quelquefois, par une rupture totale avec le parent « responsable », qui l'a trop mêlé à sa vie privée, qui ne l'a pas laissé à sa place d'enfant... Autant dire que c'est à vous, parent, d'être vigilant, de ne pas rentrer, le cas échéant, dans le jeu de votre enfant, de ne pas en faire votre complice. Et si néces-

---

1. Que ce soit une fille ou un garçon, qu'il soit tout petit ou plus grand.

saire, d'aller trouver ailleurs une épaule réconfortante ou une personne à qui parler.

– Entretenir avec lui (et pas seulement si vous êtes du sexe opposé à lui) des rapports de séduction. Par le regard, le ton de la voix, des gestes trop proches ou trop insistants (par exemple : une main dans les cheveux par-ci, un bras à la taille par-là…). Trop de promiscuité, trop de connivence, même entre une fille et sa mère ou entre un garçon et son père, n'est pas souhaitable (voir chapitre 96 *Il veut vous embrasser sur la bouche, vous toucher les seins…*).

Toutes ces choses vous semblent anodines? Détrompez-vous : elles installent votre enfant dans un rôle (symbolique) de partenaire. Plus encore que si vous viviez avec un homme, soyez vigilante à laisser votre enfant à sa place d'enfant. Et n'hésitez pas à l'y remettre, dès qu'il cherche à «faire couple» avec vous. Dites-lui : «Je suis ta mère, je suis responsable de toi, tu n'as pas à me protéger et tu ne peux pas remplacer ton père. Plus tard, je rencontrerai peut-être un amoureux qui sera mon homme, dans ma vie.» Attention : faites comprendre à votre enfant que ces règles n'ont rien à voir avec des questions de gentillesse. Expliquez-lui qu'il peut rester «gentil» avec vous, sans pour autant vous protéger. Dites-lui : «Je t'aime comme mon enfant. Tu restes mon fils (ma fille). J'apprécie ta délicatesse, même si tu ne me protèges pas.»

Ce que vous pouvez essayer de faire

– Étayer les repères de votre enfant en maintenant, dans votre vie, la présence de la référence masculine. Ainsi, efforcez-vous de ne pas annuler l'image et le rôle de son père. Parlez de son père, comme père. Autorisez votre enfant à parler de lui, sans encourir vos foudres. Cessez, même s'il y a lieu, d'accabler votre ex devant votre enfant (voir chapitres 82 *Réussir votre divorce, mode d'emploi* et 87 *Comment «gérer» un père défaillant?*). Enfin, essayez de l'entourer d'hommes, en lui faisant rencontrer son parrain, son oncle, un baby-sitter…

– L'inciter à se séparer de vous. En le laissant, si possible, aller chez son père, sans le soumettre à son retour à un questionnaire abusif. Sauf exception grave, vous n'avez pas à savoir, s'il n'en parle pas lui-même, ce qu'il y fait et comment son père s'occupe de lui. En contrôlant son emploi du temps, vous l'empêchez d'être, chez son père, un sujet à part entière qui existe en dehors de vous, sa mère. En revanche, s'il a spontanément envie de vous raconter (c'est rare, mais cela arrive), soyez prête à l'écouter (voir chapitre 84 *Gérer les transitions quand il va chez son père*).

Invitez-le aussi à côtoyer des familles où le père et la mère vivent sous le même toit, à aller dormir chez des petits copains (voir chapitre 56 *Il est invité à coucher chez un copain pour la première fois*), à partir en colonie (voir chapitre 58 *Il part en colonie*). Enfin, inscrivez-le à une activité sportive ou artistique.

L'idée qui doit vous guider : il vous faut «autoriser» (symboliquement, s'entend) votre enfant à prendre du plaisir ailleurs qu'à la maison et avec d'autres personnes que vous.

POUR EN SAVOIR PLUS

Dès 18 mois-2 ans
Vivre seul avec papa ou maman, Dr Catherine Dolto, Gallimard Jeunesse.

Pour les parents
Un seul parent à la maison, Assurer au jour le jour, Jocelyne Dahan et Anne Lamy, Albin Michel, 2005.

☑ Reportez-vous aussi à la bibliographie du chapitre 90 *Comment lui faire accepter son beau-père ?*.

89

Pourquoi – pour votre enfant – c'est une bonne chose de refaire votre vie ?

Vous n'osez pas vous engager dans une relation amoureuse sérieuse, sous prétexte que votre enfant ne supporterait pas l'arrivée d'un homme dans votre vie ? Et si vous vous trompiez ?

Pourquoi avez vous peur de «traumatiser» votre enfant en lui «imposant» un homme ?

Pour l'une ou l'autre des raisons suivantes :
– Vous avez déjà vécu la réaction hostile de votre enfant devant l'arrivée d'un homme dans votre vie. Vous l'aviez alors senti tellement malheureux que, depuis, vous n'avez plus le courage de «lui faire ça».
– Le simple récit que vous ont fait quelques amies de la situation vous a dissuadée de tenter une expérience qui ne marche, croyez-vous, que rarement, «aucun homme n'étant réellement à la hauteur de la situation».
– Au fond, vous êtes très bien comme ça et l'idée de rompre l'équilibre que vous avez trouvé avec votre enfant vous déplaît. Vous vous persuadez que vous referez votre vie plus tard, lorsqu'il sera grand.

De toute façon, tout partenaire qui débarque est vécu comme un intrus

Quel que soit l'âge de votre enfant et quelles que soient les qualités du partenaire (même s'il s'agissait de Superman en personne), son arrivée dans votre vie, de toute façon, sera mal vécue par votre enfant. C'est classique : votre enfant, qui jusqu'ici jouait au petit couple avec vous, se sent menacé. Votre homme lui apparaît comme un intrus.
Les débuts sont toujours tendus. L'enfant n'en reste pas pour autant «traumatisé».

Il est nécessaire qu'un homme s'interpose entre votre enfant (fille ou garçon) et vous

– Il n'est pas sain pour votre enfant que vous prolongiez indéfiniment la fusion maternelle, même si vous l'appréciez, voire l'entretenez. Or, un homme peut vous permettre à tous les deux de couper le cordon qui vous relie symboliquement. Cette étape est très importante pour permettre à votre enfant de grandir de façon autonome. À défaut, votre enfant sera trop proche de vous, il se sentira investi de la mission de vous protéger. Plus tard, il ne se sentira pas autorisé à prendre du plaisir ailleurs qu'à la maison.

– Aujourd'hui, vous vivez tous les deux dans l'harmonie et le calme ? Dans la petite enfance, l'osmose peut être agréable, voire délicieuse. Mais à l'adolescence, la situation peut devenir très compliquée, voire violente. Intérieurement, votre enfant risque de se retrouver aux prises avec de nombreux conflits : son désir inconscient d'être tout pour vous (désir qui n'aura pas été suffisamment frustré, dans la petite enfance), les interdits (notamment celui de l'inceste) imposés par la réalité familiale et sociale, ses désirs (conscients, ceux-là) pour d'autres partenaires… Votre enfant pourra alors éprouver le besoin de se séparer de vous de façon très violente. En se mettant en échec scolaire, en multipliant les expériences sexuelles précoces ou inadéquates, en développant une grande agressivité vis-à-vis de vous.

Il peut être pesant pour un enfant de vivre seul avec sa mère

L'enfant a l'impression que sa mère ne compte que sur lui pour lui apporter la joie de vivre. Il se sent responsable d'elle, il a le sentiment de la porter. Il éprouve un sentiment de dette par rapport à elle. Ceci est valable, même si la femme a une vie active et qu'elle est entourée d'amis. Ce sentiment ne disparaît pas à l'âge adulte. En effet, le parent seul, même complètement indépendant et autonome, fait peser sur son enfant le poids d'un sacrifice (réel ou imaginaire) qu'il s'est imposé pour l'élever. L'enfant devenu grand peut éprouver alors (plus ou moins consciemment) une sorte de «honte à être heureux». Ce ne sera pas le cas s'il sent que sa mère a d'autres objets de désir et de plaisir que lui, qu'elle va vivre avec un homme qu'elle aime.

90

Comment lui faire accepter son beau-père ?

Il n'a pas pris la fuite lorsqu'il a su que vous aviez un enfant. Mieux, mainte-
nant que vous vous connaissez davantage, il aurait envie de vivre avec vous...
Reste à le faire accepter par votre enfant.[1]

Prenez conscience que cela dépend beaucoup de vous

La réussite de cette nouvelle famille dépend beaucoup de votre désir réel de
vivre avec cet homme. Et réciproquement, du désir de cet homme de vivre
avec vous, «malgré» votre enfant. Il faut beaucoup d'amour, de respect, de
confiance en soi et de (bonne) volonté, des deux côtés. Mais il faut aussi du
temps. La réussite dépend de la tolérance de chacun à respecter une progression, une évolution. Afin que chaque personne concernée puisse envisager, avec tranquillité, cette nouvelle forme de vie.

Laissez le temps à votre enfant et à votre partenaire
de «s'apprivoiser» mutuellement

☐ Ne présentez pas d'emblée votre partenaire comme un beau-père
Présentez-le plutôt comme «un ami» qui vient vous rendre visite, déjeuner,
passer la journée avec vous. Cela permettra à votre «ami» de faire l'expérience d'une période probatoire, sans se sentir embarqué dans une situation
trop lourde à assumer pour lui. Cette période est d'un temps variable selon

---

1. Toutes ces propositions peuvent être adaptées par le père qui referait sa vie et voudrait faire
accepter sa nouvelle compagne. Le fait que l'enfant réside principalement avec sa mère et ne
passe que les week-ends chez son père rend les choses plus difficiles et plus longues, mais ne
change rien sur le fond.

chacun, mais elle doit être suffisamment longue pour permettre à l'enfant de s'habituer au nouveau venu ; et pour donner à ce dernier un véritable aperçu de ce que sera sa vie si vous vivez, un jour, vraiment ensemble.

☐ **Durant cette période, invitez-le à la maison les week-ends où votre enfant est là**
Demandez-lui de vous accompagner au parc, prenez vos repas tous les trois, incitez-le à jouer avec votre enfant, à lui raconter des histoires. C'est le meilleur moyen de faire connaissance. Mais aussi de mesurer ce que représente la vie avec un enfant.

☐ **Au début, demandez à votre « ami » de rentrer dormir chez lui**
C'est indispensable pour permettre à votre enfant de nouer une bonne relation avec lui. Consolez-vous : comme vous le faisiez jusqu'ici, vous passerez des nuits ensemble, les week-ends où votre enfant est chez son père. Vous pensez qu'il est possible de dormir avec votre amant « incognito », en le faisant partir, au petit matin ? Détrompez-vous. Votre enfant s'en apercevrait. Il sentirait que vous n'êtes pas dans votre état naturel. Et s'efforcerait de rester « aux aguets », sans que, sur le moment, vous vous en aperceviez forcément. Il pourrait vous faire payer votre manque de patience et vous pourriez le regretter. Vous craignez que votre amoureux s'enfuie à toutes jambes ? S'il veut réellement vivre avec vous, il comprendra le sens et l'importance (pour l'avenir) de cet « apprivoisement ». Votre enfant doit sentir le respect que cet homme lui porte et vous porte.

☐ **Rassurez votre « ami » : jusqu'ici, vous vous en sortiez très bien toute seule**
Lorsque vous vivrez ensemble, vous ne le mettrez pas à contribution à tout moment, il ne sera pas contraint de passer ses week-ends dans les jardins publics : vous irez aussi seule ou avec vos amies, votre mère, votre sœur… Il ne sera pas davantage obligé de se lever dès potron-minet tous les samedis et dimanches : vous lui ménagerez des moments pour récupérer… Et puis, il y aura toujours les week-ends et les vacances où votre enfant ira chez son père… Mais pour l'instant, il s'agit de se faire aimer de votre enfant, donc de partager, avec lui, des moments de vie.

Vous sentez que la période « probatoire » a assez duré ?

Si vous sentez votre enfant prêt à entendre la vérité, dites-lui : « Maintenant, Jules est désormais plus qu'un ami, il est devenu mon amoureux, je l'aime très fort. Et il m'aime très fort. » Assurez votre enfant que ce choix n'est pas contre lui. Mais soyez très claire : ce n'est pas à lui de décider. Il proteste ? Martelez :

«Je comprends très bien que tu ne sois pas content mais ce n'est pas à toi de décider. Ce n'est pas pour cela que je t'aimerai moins ou que je m'occuperai moins de toi.» Plus vous serez sûre de vous, plus les choses s'arrangeront vite.

Les premières nuits que vous passez officiellement ensemble

– Prévenez votre enfant tout simplement, sans détour.

– Mettez éventuellement un verrou à votre porte : cela vaudra beaucoup mieux que le traumatisme qu'il connaîtrait s'il vous surprenait en train de faire l'amour (voir chapitre 99 *Et s'il vous surprenait en train de faire l'amour ?*).

– Attendez-vous à connaître quelques nuits agitées. Jusqu'ici votre enfant et votre «ami» semblaient les meilleurs «copains» du monde? Votre progéniture va désormais tout mettre en œuvre pour faire fuir votre amoureux, au besoin en pleurant la nuit. C'est normal : votre enfant rage de ne plus vous avoir pour lui tout seul. C'est ultra-classique, surtout si l'enfant est en pleine «phase œdipienne» (entre 3 et 6 ans environ, selon la théorie psychanalytique) : le fait qu'un tiers s'interpose dans sa relation avec vous a encore plus de raisons de lui déplaire. Cela ne doit pas vous inquiéter : si vous restez ferme, les troubles vont cesser.

– Votre enfant hurle au beau milieu de la nuit, tambourine à la porte de votre chambre?

• Levez-vous aussitôt, ramenez-le immédiatement dans son lit et soyez très ferme : «Écoute, ma place est auprès de Jules, mon homme, et non auprès de toi. C'est comme ça. Que cela te plaise ou non. Tu peux trouver cela injuste. Mais tu dors seul, c'est ainsi. Je te verrai demain matin et nous parlerons.»

• Rassurez l'homme (probablement un peu inquiet) près de vous : cela va durer quelques jours, tout au plus; ensuite, tout rentrera dans l'ordre.

• Rassurez-vous : c'est en ne cédant pas que vous exercez votre rôle de parent. Mais aussi que vous témoignez à votre amoureux que c'est vous et vous seule – et non votre enfant – qui êtes maître de votre vie de femme. Il se sentira soutenu par vous et prendra confiance en lui. Vis-à-vis de votre enfant, déculpabilisez : avoir un beau-père est souhaitable pour lui (voir chapitre 89 *Pourquoi – pour votre enfant – c'est une bonne chose de refaire votre vie ?*).

Lorsqu'il habite avec vous, autorisez votre nouveau conjoint à jouer son rôle

Une fois que votre amoureux a passé le cap des bacs à sable, petit pois-jambon et nuits en pointillé, vous devez lui permettre d'accéder à son statut de «beau-père». Être beau-parent, ce n'est pas être copain, ce n'est pas non plus être parent, c'est être le nouveau partenaire du parent. Il peut quand même résulter de cette relation un attachement réciproque très fort. À condition d'autoriser votre partenaire à se faire respecter et à donner son avis sur ce qui se passe dans la maison, y compris sur certains points qui concernent votre enfant (ses jouets dans le salon, la manière dont il vous parle, l'heure à laquelle il se couche…). Ne craignez pas de traumatiser ce dernier. Les mots-clés : « Il n'est pas ton père, je ne te forcerai jamais à l'aimer, c'est toi qui décidera. En revanche, tu es obligé de vivre avec lui et il est ici chez lui. Il a donc son mot à dire sur ce qui se passe dans la maison. Il m'accepte comme femme et comme mère de mon enfant. »

Votre enfant insulte son beau-père, essaye de le frapper ?

Que votre homme le conduise immédiatement dans sa chambre, en lui tenant le bras fermement. Mais qu'il ne lui donne pas de tape. Quant à vous, marquez le coup en ajoutant : « Je t'interdis de manquer de respect à mon homme. C'est inacceptable. Je ne le supporte pas. »

Il dit : « D'abord, tu n'es pas mon père » ?

C'est tout à fait classique, même si cela fait toujours mal. Cela signifie plusieurs choses, à la fois :
• L'enfant cherche à provoquer son beau-père et le mettre à l'épreuve. Qu'il réponde : « C'est vrai, je ne suis pas ton père. Mais, ici, je suis chez moi, et avec ta mère c'est nous qui décidons, toi tu ne peux pas faire ta loi, c'est comme ça. Moi, j'ai mon mot à dire sur ce qui se passe dans cette maison. »
• Il cherche à être rassuré sur le fait que son beau-père ne va pas évincer son père dans son rôle de père. À son beau-père de le tranquilliser en lui signifiant qu'il ne veut pas prendre la place de son père. Les mots-clés : « Ton père reste ton père et restera toujours ton père, je le respecte comme ton père et je ne souhaite pas le remplacer dans ton cœur et dans ta vie. Cela ne m'empêche pas de t'aimer très fort. » Au beau-parent de mettre, ensuite, son discours en application et de ne jamais intervenir, devant l'enfant (et *a fortiori* devant le parent en titre), dans les décisions cruciales qui le concernent exclusivement comme : le système de garde, le choix de l'école, l'enseignement d'une religion… Évitez aussi, bien sûr, les critiques, les lamentations et les sous-entendus sur le père, devant l'enfant.

Malgré tout, votre enfant ne parvient pas à aimer son beau-père ?

Pour aimer son beau-père en toute quiétude, il est souhaitable que l'enfant se sente « autorisé » (symboliquement, s'entend) à le faire par son père. Il ne doit pas avoir l'impression de trahir son père en aimant son beau-père. Il doit sentir que les deux hommes éprouvent du respect l'un pour l'autre. Cela suppose que l'enfant n'ait pas l'impression de jeter un froid chez son père, à chaque fois qu'il prononce le nom de son beau-père et inversement. Cela passe par des paroles paisibles des deux hommes, l'un sur l'autre. Mais aussi par une bonne poignée de mains des deux intéressés devant l'enfant. Faute de quoi, l'enfant risque de se perdre dans des conflits de loyauté – si je l'aime lui, je ne pourrais plus aimer papa et papa ne m'aimera plus… – d'autant plus perturbants et cruels qu'ils sont souvent alimentés, plus ou moins consciemment, par le parent jaloux. Certes, il est toujours difficile pour un père d'accepter qu'un autre que lui borde son enfant le soir. Mais le parent raisonnable, celui qui voit réellement l'intérêt de son enfant, finit par accepter la réalité. À condition, bien sûr, que le « beau-parent » n'en fasse pas trop, ne le détrône pas de son rôle de parent, sache rester à sa place. C'est ainsi que le beau-parent peut gagner le respect du parent et donc l'amour de l'enfant.

Il y a une telle harmonie entre tous, qu'il dit à son beau-père : « Je voudrais que tu sois mon papa » ?

– C'est sa manière d'exprimer que vous êtes très heureux, tous ensemble. Avec votre conjoint, n'entretenez pas l'illusion. À son beau-père de lui dire et de lui répéter : « Je t'aime comme l'enfant de ma femme. Je t'aime comme un papa, mais tu sais bien que je ne suis pas ton papa. Ton père c'est Untel et il sera toujours ton papa. »
– Votre enfant repose toujours la même question ? Peut-être cherche-t-il aussi à être rassuré sur l'amour que lui portera son beau-père le jour où il aura un enfant à lui… À son beau-père de le rassurer en l'entourant de beaucoup d'affection. Mais veillez aussi à ne pas leurrer l'enfant, à ne pas entretenir de flou sur les liens de famille (voir chapitre 77 *Il a du mal à comprendre « qui est qui » dans la famille*). En se faisant (ou en se laissant) appeler « papa », par exemple. Même si l'enfant, de lui-même, effectue, l'air de rien, des tentatives. Dans ce cas, il convient de le reprendre gentiment mais immuablement. Enfin, si ce beau-père tellement aimé est prêt à se faire appeler autrement que par son prénom, à lui de proposer à l'enfant : « Est-ce que tu aimerais m'appeler par un petit nom ? » Et d'aider l'enfant à trouver un nom qui ne soit pas trop proche de celui de « papa »…
– Se laisser appeler « papa » est tolérable si le vrai père a disparu. Et encore est-il préférable que « papa » soit suivi du prénom du beau-père. Afin de laisser l'exclusivité aux autres enfants dont ce beau-père est peut-être déjà – ou sera peut-être un jour – le père. Même dans ce cas exceptionnel, dites à l'enfant : « C'est un papa dans la vie mais ce n'est pas ton papa de naissance. »
– Devant les autres, il a tendance à « oublier » que son beau-père n'est pas son père ? C'est normal – en particulier dans les lieux publics – et cela ne doit pas vous inquiéter. Sans lui faire une « piqûre de rappel » (« Tu sais bien

que je ne suis pas ton père») à chaque fois, il est important de ne pas entre-tenir cet oubli. Que son beau-père lui dise, une fois qu'ils sont seuls tous les deux : «Je suis comme ton papa pour certaines choses, dans la vie de tous les jours, mais je ne suis pas ton père de naissance.»

– Dans tous les cas, inutile de polémiquer des heures en vous justifiant par des formules du genre «Si tu m'appelais papa, cela ferait de la peine à ton vrai père». Coupez court à ses autres questions par un «c'est comme ça» ferme et définitif.

Vous allez vous remarier, il vous demande si vous allez à nouveau divorcer?

– Que votre enfant pose une telle question est le signe d'une grande sensibi-lité et la preuve du très bon dialogue qu'il a avec vous. Sa question est, en effet, judicieuse, logique et réaliste. C'est d'ailleurs pour cela qu'elle vous met si mal à l'aise.

– Répondez-lui : «C'est une question très judicieuse. Je comprends que tu puisses te la poser, mais c'est notre choix de vie pour maintenant. Nous nous entendons très bien, nous nous aimons très fort. Nous pensons que nous ne nous trompons pas.»

– Il vous demande : «Avec papa tu t'étais trompée?» Inutile de vous lancer dans trop d'explications. Dites : «Oui, on pourrait dire qu'avec ton papa, nous nous étions trompés. Mais avec Jules, je ne peux pas te répondre main-tenant pour plus tard. Tout ce que je peux te dire c'est que, pour l'instant, je suis fière de faire ce choix avec cet homme que j'aime, qui m'aime, qui t'aime et qui respecte ton père.»

POUR EN SAVOIR PLUS

Dès 2-3 ans
   Cet hiver-là, Bénédicte Quinet et Colette Hellings, Pastel, L'École des Loisirs.
   Pas si vite Marguerite!, Nila Palmer, Pastel, L'École des Loisirs.

Dès 4 ans
   La première fois que j'ai perdu mon chat, Véronique M. Le Normand et Nathalie Lété, Albin Michel Jeunesse.

Dès 6-7 ans
   La Ronde des familles, Virginie Dumont, Actes Sud Junior.

91

Ça ne se passe pas bien avec sa belle-mère

« Elle est méchante », « elle m'aime pas », « elle aime que ses enfants »… Quand votre enfant rentre de chez son père, il n'a pas de mots assez durs pour parler de sa belle-mère…

Pourquoi cela se passe-t-il mal ?

Pour des raisons à la fois objectives et subjectives, pratiques et psychologiques.

☐ Du côté de la belle-mère
– Être belle-mère est une des choses les plus difficiles qui soit. Déjà, quand on met au monde son propre enfant, il ne correspond pas forcément à l'idée qu'on s'en faisait avant l'accouchement. Alors quand il s'agit de « l'enfant de l'autre »… Par définition, une belle-mère n'a pas porté cet enfant. Elle ne peut pas l'adopter complètement, puisqu'il a une mère qui s'occupe de lui. Enfin, comme la plupart des gardes ont lieu un week-end sur deux, il est très difficile de créer un lien de qualité avec un enfant qu'on voit si peu. Dans ce contexte, la belle-mère est forcément vécue comme « intrusive », c'est-à-dire se mêlant de ce qui ne la regarde pas. La plupart des belle-mères le disent : « Quand on commence à s'habituer l'un à l'autre, l'enfant repart chez sa mère. Et comme il y a une grande interruption entre le moment où il repart et celui où il revient, il faut recommencer à s'apprivoiser à chaque fois. »
– Quand votre enfant arrive chez son père un week-end sur deux, ce dernier est souvent prêt à passer sur beaucoup de choses : il voit déjà peu son enfant, il ne va pas passer son temps à le torturer. Mais cette attitude a souvent pour effet d'agacer la belle-mère de votre enfant. D'où des tensions, voire des disputes.
– Quand votre enfant est là, sa belle-mère a forcément moins de liberté.

– Les allers-retours sont souvent sources de conflit pour des raisons purement matérielles. Même dans les familles les mieux organisées, le linge, par exemple, pose toujours des problèmes (oubli, perte, propreté…).

– La belle-mère de votre enfant est vraiment injuste avec lui. Oui, il existe encore des marâtres, même si l'espèce, heureusement, est en voie de disparition. En général, les mauvaises belle-mères souffrent d'une jalousie excessive à l'égard de l'ex-compagne de leur homme. Alors, plus ou moins consciemment, elles se vengent à travers « l'enfant de l'autre », preuve vivante de ce passé qui ne passe pas.

☐ **Du côté de l'enfant**

– Un enfant de parents divorcés peut être fragilisé par la séparation et les rythmes qui s'ensuivent pour lui. Il est parfois moins disponible pour entrer dans une relation affective. Mais l'inverse est aussi vrai.

– Si la belle-mère a elle-même des enfants qui vivent avec elle, ces derniers sont donc élevés, en grande partie, par le père de votre enfant. Il n'est pas étonnant que votre enfant en conçoive une certaine jalousie et que sa place soit plus compliquée à trouver chez son père. D'autant plus qu'il est normal que la belle-mère préfère ses enfants : le lien qui l'unit à votre enfant est forcément différent.

– Plus ou moins consciemment, vous « n'autorisez pas » votre enfant à créer un lien affectif avec sa belle-mère. Encore plus si vous l'estimez responsable de votre séparation. Si vos relations se sont envenimées au point que vous vous insultez devant votre enfant, il n'est pas étonnant que la « mayonnaise » ne prenne pas entre votre enfant et sa belle-mère. C'est ainsi : si vous n'autorisez pas votre enfant à respecter et – pourquoi pas ? – à aimer sa belle-mère, le lien affectif ne se créera pas. Celle-ci aura beau faire le maximum, si vous ne donnez pas votre « bénédiction », votre enfant aura l'impression de vous trahir en aimant sa belle-mère. Il aura tellement peur de vous perdre qu'il ne s'y risquera pas.

Comment faire baisser la tension ?

– « Autorisez » symboliquement votre enfant à avoir une relation affective avec sa belle-mère. Pour cela, vous devez vous efforcer d'éprouver du respect pour cette femme, à défaut de ressentir de l'affection. Cela suppose que votre enfant n'ait pas l'impression de jeter un froid chez vous chaque fois qu'il prononce le nom de sa belle-mère. Cela passe par des paroles paisibles de vous sur la belle-mère. Mais aussi par une bonne poignée de mains de vous deux devant votre enfant. Faute de quoi, votre enfant risque de se perdre dans des conflits de loyauté d'autant plus perturbants et cruels qu'ils sont souvent alimentés, plus ou moins consciemment, par le parent jaloux. Réfléchissez. Certes, il est souvent difficile pour une mère d'accepter qu'une autre qu'elle borde son enfant le soir. Mais la mère raisonnable, celle qui voit réellement l'intérêt de son enfant, gagne à accepter la réalité. À condition, bien sûr, que la belle-mère n'en fasse pas trop et ne la détrône pas de son rôle de mère.

– Réduisez au maximum les sources de problèmes matériels. Vérifiez plutôt deux fois qu'une que votre enfant a bien pris son sac de piscine ou sa tenue de judo. Limitez au maximum les échanges de linge entre les deux maisons et fixez-vous une ligne de conduite : ne jamais rendre du linge sale. Faites votre deuil des vêtements qui se perdent sans accuser systématiquement la belle-mère de votre enfant.

– Dédramatisez le plus possible quand la belle-mère de votre enfant lui a fait adopter une coupe de cheveux horrible, selon vous. Et surtout n'en dites pas un mot à votre enfant.

– Renoncez à contrôler ce qui se passe chez votre ex-conjoint le week-end. Evitez d'appeler à tout bout de champ pour savoir ce qu'il a fait, quel a été le menu de son déjeuner et à quelle heure il s'est couché. Pour une belle-mère, ce genre de contrôle à distance est insupportable. Contentez-vous d'un coup de téléphone par jour s'il est tout petit et d'un pendant le week-end s'il est plus grand.

Que faire quand la belle-mère est vraiment injuste ?

(Elle fait sentir à votre enfant qu'il est de trop, pratique les différences avec ses propres enfants…)

– Félicitez-vous que votre enfant en parle et autorisez-le à le faire quand il veut avec vous : il se sentira compris et reconnu.

– Assurez votre enfant que vous ne vous en mêlerez pas. Mais proposez-lui éventuellement d'en parler, lui-même, à son père.

– Renoncez à intervenir, vous risquez d'envenimer une situation déjà compliquée. En attendant, si celle-ci s'avère vraiment difficile à vivre pour votre enfant, n'hésitez pas à le conduire chez un psychothérapeute, où il sera plus libre d'en parler qu'avec vous (voir chapitre 107 *Dans quels cas consulter un psy et comment ça se passe ?*)

– Consolez-vous en vous disant que, plus tard, une fois devenu adulte, votre enfant fera la part des choses. Les enfants ont la mémoire longue.

– Si vraiment la situation tourne à la maltraitance, intervenez, au besoin en saisissant le juge.

POUR EN SAVOIR PLUS

D'abord, t'es pas ma mère !, *Quelle place pour une belle-mère ?*, Marie-Claude Vallejo et Mireille Fronty, Albin-Michel, 2006.
L'Enfant de l'autre, Edwige Antier, J'ai lu.

X.
SEXUALITÉ, NUDITÉ, AMOUR

92

Il demande
comment on « fabrique » les bébés

« Dis maman, comment on fabrique les bébés ? » demande votre petite fille de
sa voix haut perchée. Vous n'êtes pas du tout opposée à l'idée de lui répondre.
Mais, là, tout de suite, vous êtes à la boucherie, en train d'hésiter entre gigot et
rôti...

Quand lui en parler ?

☐ **Ni trop tôt...**
Avant 3 ans, s'il n'en parle pas lui-même, inutile de précéder ses interrogations. Mais s'il pose des questions, il vaut mieux lui répondre (voir plus
loin). Par ailleurs, tout dépend de l'enfant, de son évolution, de sa maturité
et de sa place dans la famille (aîné, cadet ou benjamin). À vous de sentir le
moment.

☐ **... ni trop tard**
Il est constructif pour l'enfant d'apprendre la vérité petit à petit, avec les
paroles de ses parents.
Si vers 4-5 ans environ, l'enfant ne manifeste aucune curiosité, ne pose
aucune question lui-même, il est préférable d'aborder le sujet. Il est structu-
rant pour un enfant que ses parents lui expliquent qui il est et d'où il vient
(voir chapitre 77 *Il a du mal à comprendre « qui est qui » dans la famille*). Si les
parents ne disent rien, l'enfant risque d'entendre parler du sujet dans la cour
de récréation ou dans son entourage. Il pourrait apprendre des informations
erronées. Il pourrait s'imaginer enfin que la sexualité est une chose honteuse
et tabou, puisque même ses parents n'en parlent pas... Il vous en voudrait de
ne pas lui avoir fait confiance. Il est important de repérer ses questions dégui-
sées ou « muettes », comme disait Françoise Dolto.

☐ **Au bon moment**
– Profitez d'une occasion pour aborder la question : il va avoir un petit frère ou une petite sœur, il semble intrigué par le gros ventre de cette amie invitée chez vous...
– Il vous questionne au moment pile où vous entrez dans la boulangerie et vous prend au dépourvu? Dites-lui : «Ce que tu me demandes est très important. Bien sûr je vais te répondre, mais une fois que nous serons à la maison, tous les deux. Ce sont des affaires sérieuses, je préfère t'en parler en privé.» (voir aussi chapitre 16 *Il enchaîne gaffe sur gaffe*).

Comment en parler?

☐ **Quel que soit son âge**
Même s'il est tout petit, ne lui dites pas : «Tu es trop petit pour comprendre. Je t'interdis de parler de ça»... Proscrivez toutes ces formules d'un autre temps, qui infantilisent et culpabilisent l'enfant, et rendent la sexualité tabou. S'il vous en parle, dites-lui, au contraire : «Ce sont des questions qui concernent la vie. C'est l'histoire de ta vie. Je suis fière que tu sois au courant. Tu peux m'en reparler quand tu veux.» Ainsi, votre enfant comprendra que la question peut être posée. Et s'il entend des notions déformées à l'école, il s'autorisera à vous interroger.
Ce mode de réponse est applicable dans bien des situations délicates : dire quelque chose de la vérité, dire des choses vraies, ce n'est pas tout dire. Ce n'est pas noyer l'enfant dans un flot d'explications trop longues et trop élaborées pour lui.

☐ **À partir de 3 ans**
Saisissez ses interrogations au vol pour le questionner à votre tour : «Et toi, est-ce que tu sais comment on fait les bébés?» Il vous répond par l'affirmative? Amenez-le à vous en dire plus. Puis, s'il vous parle de cigogne, de choux, ou d'autres fables du même genre, dites-lui : «Moi, je peux te dire les choses pour de vrai.» Mais inutile de vous perdre dans les détails anatomiques et scientifiques. Racontez simplement : «Le papa et la maman s'aiment beaucoup. Le papa dépose une graine de vie dans le ventre de la maman, où se trouve déjà une autre graine de vie. Ces deux graines se rencontrent et forment un œuf qui, neuf mois plus tard, deviendra un bébé prêt à naître.» Il est important que, dès son plus jeune âge, l'enfant connaisse le rôle du père dans la procréation : ce n'est pas la maman, toute seule, qui fait son bébé. Pour l'instant, ces explications suffisent amplement. À cet âge-là, l'enfant a surtout besoin des paroles rassurantes de ses parents qui le traitent en sujet. Un peu plus tard, en fonction de sa maturité et de sa place dans la famille (les cadets réclament, en général, plus d'information, plus vite), vous

pourrez vous appuyer sur un petit livre avec des images (voir l'encadré en fin de chapitre).

☐ **Vers 5-6 ans**
Vous pouvez commencer à donner quelques précisions anatomiques, sans pour autant vous lancer dans un cours exhaustif, par exemple : «Avec son zizi (à adapter en fonction du vocabulaire maison), le papa dépose une graine de vie appelée "spermatozoïde" dans la fente de la maman (à adapter *idem*), où se trouve une autre graine de vie appelée "ovule". Ces deux graines de vie vont se rencontrer dans le ventre de la maman et former un œuf qui deviendra un fœtus, puis un bébé.»
Et si, selon votre sensibilité, vous souhaitez lui communiquer des éléments plus élaborés, appuyez-vous sur des livres et encyclopédies qui traitent de la question de façon précise mais pudique (voir notre liste en fin de chapitre).
Le message à faire passer : la procréation est «un moment d'amour entre deux personnes, entre un homme et une femme, un papa et une maman qui se sont choisis.» C'est cela le plus important.

☐ **Vers 7 ans**
À «l'âge de raison», on peut dire à l'enfant : «Quand un homme et une femme font l'amour, ce n'est pas seulement pour faire un bébé, c'est aussi pour être bien ensemble.»
Si ses questions se font plus précises («Et on est tout nu quand on fait l'amour? Et c'est vrai que le sexe du papa, il devient tout dur?»)? Il est important que ce soit le parent du même sexe que l'enfant qui réponde. Pourquoi? Pour ménager sa pudeur qui se développe spontanément. Pour lui apprendre la discrétion et lui faire comprendre, dès à présent, que son intimité ne vous regarde pas si c'est un garçon, et ne regarde pas son père si c'est une fille. Cela permet aussi un rapprochement, entre le petit garçon et son père, entre la petite fille et sa mère. Cela aide l'enfant à se sentir reconnu dans son sexe, à se poser dans la société comme sujet masculin ou féminin (voir chapitre 94 *Il n'arrête pas de se tripoter*).
– Votre garçon pose des questions plus précises?
• Répondez-lui : «Je vois que tu sais déjà beaucoup de choses. Peut-être veux-tu en savoir un peu plus? Mais voilà : moi, ta mère, j'ai un corps de femme, je ne suis pas dans un corps d'homme, je ne peux pas répondre à toutes tes questions. Je te conseille d'aller parler de tout cela à ton père.»
• Vous élevez seule votre fils (qui n'a plus de père)? Invitez-le à s'informer auprès d'un autre homme de la famille dont il est proche (son oncle, son parrain, son grand-père...) ou son pédiatre. À partir de cet âge, c'est à lui de chercher seul des explications plus élaborées. Rassurez-vous : l'important est de savoir un minimum de choses et ce minimum, il le connaît déjà. Pour le reste, qu'il se débrouille.

De même si son père existe mais ne veut ou ne peut lui répondre. Ce n'est pas à vous de pallier la carence du père.

• Son père voudrait bien l'aider mais se sent bloqué? Il peut lire une petite encyclopédie avec son fils, cela suffira. Le sujet sera abordé, l'enfant aura appris quelque chose de la vérité.

• Son papa est complètement décontracté pour aborder la question avec son fils? Attention, donnez-lui discrètement ce conseil : de ne pas laisser la conversation dévier sur la sexualité de votre couple, de parler d'une femme, d'un homme, mais jamais de vous deux. La sexualité des parents doit rester inaccessible, c'est nécessaire à l'épanouissement de l'enfant (voir chapitre 99 *Et s'il vous surprenait en train de faire l'amour?*). Les livres sont encore très utiles.

– Votre fille veut en savoir plus?

Elle vous pose des questions très précises : « Et comment il fait Papa pour mettre son zizi dans le tien? » Même recommandation que pour le père et son fils : appuyez-vous sur un livre pour enfants.

Et plus tard, si elle vous demande : « Est-ce que ça fait mal? » Répondez-lui tendrement : « Mais non, ça ne fait pas mal. Quand ton corps sera prêt et que tu aimeras beaucoup ton homme, tu verras au contraire que c'est un grand bonheur. Maintenant, tu sais suffisamment de choses et tu sais des choses vraies. Plus tard, quand tu seras plus grande, les réponses que je te donnerai t'intéresseront davantage. » À l'âge de votre enfant, vous lancer dans des explications plus précises lui imposerait une réalité trop crue.

Et s'il demande « comment on fait les jumeaux »?

Dites-lui : « La graine du papa s'est séparée en deux et a rencontré deux graines de la maman. C'est ce qu'on appelle les vrais jumeaux, qui se ressemblent beaucoup. Ou alors, le papa a déposé deux graines qui ont rencontré deux graines de la maman. Ce sont les faux jumeaux, qui se ressemblent seulement comme des frères et sœurs. »

Et pour expliquer la procréation médicalement assistée?

S'il a été conçu ainsi, il est souhaitable, le moment venu, de lui en dire quelque chose : « En principe, on fait les bébés comme je te l'ai expliqué. Mais pour toi, le docteur nous a aidés, papa et moi, afin que la petite graine soit assez solide pour pousser et se développer. » Il veut savoir « comment » le médecin vous a aidé? Répondez-lui : « C'est une question très importante et très sérieuse. Je t'en reparlerai plus tard. »

Enfin, dans les situations plus compliquées (insémination avec donneur, par exemple), prenez le temps de consulter un psychothérapeute pour enfant avant de lui en parler. En principe, ces questions sont abordées dans les consultations psychologiques disponibles dans les centres d'aide médicale à la procréation.

Il demande : « Comment le bébé sort du ventre ? »

☐ **Ce que vous pouvez dire sur la grossesse**
Dès 3 ans, l'enfant peut entendre une explication assez simple : « La maman porte le bébé pendant neuf mois dans son ventre. Il est dans une poche spéciale prévue pour ça. Cette poche est reliée au sexe de la maman (à adapter selon le vocabulaire maison) et c'est par là que sort le bébé. Le corps de la maman est fait pour ça. Au bout de neuf mois, le bébé est fini, le corps de la maman est prêt pour la naissance. » Ainsi, votre enfant comprendra que l'accouchement est un événement naturel, que ce n'est ni une maladie, ni un accident.

☐ **Ce que vous pouvez dire sur l'accouchement**
Dès 3 ans, vous pouvez lui dire : « Au bout de neuf mois, quand le bébé est prêt à naître, la maman va dans une maternité. Là, elle se fait aider par un docteur dont c'est le métier de mettre l'enfant au monde. Le papa peut être là. »
Votre enfant, lui, est né par césarienne ? S'il n'en parle pas lui-même, attendez qu'il ait 6 ans environ pour expliquer : « Dans ton cas particulier, comme cela arrive parfois, le docteur a aidé un peu plus que pour les autres mamans. Il a dû intervenir, cela s'appelle une césarienne. Tu es sorti sur le dessus de mon ventre et il y a une petite cicatrice. Mais toi tu n'y es pour rien. » Il s'agit d'une particularité de sa naissance, il est préférable qu'il l'apprenne par vous-même, plutôt qu'il en entende parler par sa grand-mère ou par vous (chez le médecin, par exemple) sans comprendre de quoi il s'agit. Il veut en savoir plus ? Dites-lui simplement : « Le docteur a fait ça avec de petits instruments, c'est son métier. Mais je ne peux pas t'en dire plus. L'important, ce jour-là, était de te voir pour la première fois. »

Il demande : « C'est quoi être adopté ? »

Expliquez-lui : « Parfois, un papa et une maman ne peuvent pas faire un bébé ensemble, alors ils "adoptent" un enfant. Cet enfant est né d'un autre papa et d'une autre maman qui ne peuvent pas l'élever, pour des raisons que l'on ne comprend pas toujours, que l'on ne connaît pas. Ces personnes décident de donner leur enfant en adoption et le conduisent dans une pouponnière. C'est là que l'enfant attend que ses parents adoptifs viennent le chercher. »
Vous pouvez faire référence à quelqu'un de votre entourage qui a connu l'adoption. Et s'il veut en savoir plus, vous pouvez vous aider des livres (voir notre liste) qui traitent du sujet.

POUR EN SAVOIR PLUS

La conception, la grossesse et l'accouchement

DÈS 18 MOIS-2 ANS : *Attendre un petit frère ou une petite sœur*, Dr Catherine Dolto, Gallimard Jeunesse.
L'Imagerie des tout-petits : le corps, Émilie Beaumont et Sylvie Michelet, Fleurus Enfants.

DÈS 3 ANS : *L'Imagerie du corps humain*, Émilie Beaumont, Fleurus Enfants.

DÈS 4 ANS : *Petite encyclopédie de la vie sexuelle (4-6 ans)*, Isabelle Fougère et Buster Bone, Hachette Jeunesse.
L'Imagerie du corps humain, Émilie Beaumont, Fleurus Enfants.
Dans le ventre des dames, des fois il y a un bébé, Malika Doray, Didier Jeunesse.
Et dedans il y a et *Et après, il y aura*, Jeanne Ashbé, Pastel.

DÈS 5 ANS : *Questions d'amour – 5-8 ans*, sous la direction de Virginie Dumont, Nathan.

DÈS 7 ANS : *Les Filles et les Garçons*, Dominique de Saint-Mars et Serge Bloch, Bayard.
Max et Lili veulent tout savoir sur les bébés, Dominique de Saint-Mars et Serge Bloch, Calligram.

L'insémination artificielle avec donneur

DÈS 3 ANS : *Mon histoire à moi*, Fédération française des CECOS. Sur commande, au CECOS de l'hôpital Necker, tél. : 01 44 49 46 52.

L'adoption

DÈS 2 ANS : *Une maman pour choco*, Keiko Kassa, Lutin Poche, L'École des Loisirs.

DÈS 4 ANS : *L'Adoption de Litchi*, Lydia Devos et Marcelle Geneste, Grasset Jeunesse.

DÈS 5-6 ANS : *Nina a été adoptée*, Dominique de Saint-Mars et Serge Bloch, Calligram.

93

Il dit qu'un couple qui s'embrasse sur la bouche, c'est «dégoûtant»

Ce n'était pourtant pas le baiser du siècle... Mais la première fois qu'il a dit ça, vous veniez d'embrasser votre homme devant lui. Depuis, il ne cesse de répéter : «Les bisous sur la bouche, c'est dégoûtant»...

Pourquoi dit-il ça?

Pour l'une et/ou l'autre des raisons suivantes :
– Il se pose des questions sur la sexualité. Il sent que vos effusions ont à voir avec une relation particulière dont il est exclu. Il se demande ce que vous faites «d'encore plus», le soir dans votre lit. C'est une façon masquée de vous interroger.
– Il est en pleine «phase œdipienne» ainsi nommée par les psychanalystes (entre 3 et 6 ans, environ) : il est en train d'apprendre qu'il ne pourra jamais se marier avec vous. Vous lui répétez qu'il ne peut pas vous embrasser sur la bouche (voir chapitre 96 *Il veut vous embrasser sur la bouche, vous toucher les seins...*). Fille ou garçon, votre enfant est jaloux de votre intimité. Il emploie le mot «dégoûtant», mais il voudrait dire «injuste» («moi enfant, je n'y ai pas droit»).
– Il est très pudique, comme la plupart des enfants : vous voir vous embrasser avec son père, devant lui, le dérange peut-être. Il a besoin de distance.
– Peut-être a-t-il surpris une scène d'amour à la télévision. Ou vous a-t-il surpris, sans que vous vous en aperceviez, en train de faire l'amour. Réfléchissez : est-ce possible? Si oui, reportez-vous au chapitre 99 *Et s'il vous surprenait en train de faire l'amour?*

Comment réagir ?

☐ Sur le moment

– Prenez la chose avec le sourire. Dites-lui : « Ce n'est pas dégoûtant. Cela nous fait plaisir. On se montre qu'on s'aime et qu'on s'entend bien. On a besoin de tendresse entre mari et femme. »
– Répondez à sa demande d'affection et de communication en proposant éventuellement une activité à faire ensemble (gâteau, promenade, jeu...).

☐ À l'avenir

– Soyez attentive au développement intellectuel et affectif de votre enfant. Plus il grandit, plus il a besoin de pudeur, de distance, par rapport à vous. Il vous témoigne que votre intimité le gêne. Ne le placez pas, malgré lui, en position de « voyeur ». Il n'est pas question de ne plus vous embrasser devant lui. Mais attention de ne pas vous exhiber.
– Ne lui dites plus : « Allez, viens avec nous. Nous aussi, on va te faire des câlins. » Un enfant qui fait ce genre de réflexion, quel que soit son âge, n'a plus besoin de câlins, sous forme de papouilles et de chatouilles (voir chapitre 96 *Il veut vous embrasser sur la bouche, vous toucher les seins...*).
– Informez votre enfant sur la manière dont on fait les bébés. C'est déjà fait ? Ses réflexions soulignent qu'il a besoin que vous lui reparliez du sujet. Si vous vous esquivez devant ses réflexions, sans lui fournir les informations qu'il attend, vous l'incitez à pousser plus loin ses explorations (voir chapitre 99 *Et s'il vous surprenait en train de faire l'amour ?*). Au contraire, veillez à calmer son questionnement avec des réponses claires et rassurantes (voir chapitre 92 *Il demande comment on « fabrique » les bébés*).
– Édictez à nouveau l'interdit de l'inceste : « Peut-être que tu trouves cela injuste, mais c'est ainsi : il est interdit, impossible de se marier avec sa mère ou avec son père. Plus grand, tu choisiras ta femme (ton homme). »

POUR EN SAVOIR PLUS

Dès 3 ans

Un amour de bisou !, Virginie Lou, Actes Sud Junior.
L'Art des bises, Michelle Nickly et Jean Claverie, Albin Michel Jeunesse.

Dès 5-6 ans

Max et Lili veulent des câlins, Dominique de Saint-Mars et Serge Bloch, Calligram.
Questions d'amour (5-8 ans), Virginie Dumont, Nathan.

Reportez-vous aussi à la bibliographie du chapitre 96 *Il veut vous embrasser sur la bouche, vous toucher les seins...*

94

Il n'arrête pas de se tripoter

Tout petit déjà, quand vous changiez ses couches sur la table à langer, vous aviez constaté de petites érections. Aujourd'hui, vous êtes mal à l'aise quand, dans son bain, vous le voyez se tripoter à pleines mains...

C'est normal, c'est banal

– Tout petit, le bébé – fille ou garçon – éprouve des sensations lorsqu'on lui fait sa toilette intime.

– Entre 18 mois et 3 ans, l'enfant prend conscience qu'il est fille ou garçon, ses parents le lui disent, il a peut-être un frère ou une sœur et voit d'autres enfants, à la crèche ou à la halte-garderie. Il adopte des comportements spécifiques à son sexe et en est fier. À cet âge, la petite fille commence à jouer à la poupée et le petit garçon au cow-boy. En même temps, l'enfant s'intéresse aussi à son corps. Il l'explore en regardant et en touchant. Il acquiert ainsi, peu à peu, le sens de son intégrité corporelle. Le petit garçon comprend qu'il a un sexe apparent, il a peur de le perdre et en éprouve de la crainte. La petite fille connaît des sentiments ambivalents : elle voudrait être un garçon pour avoir un sexe de garçon, un sexe que l'on voit, avec lequel on peut faire pipi debout. Elle comprend un peu plus tard que son sexe (même si on ne le voit pas) a autant d'importance qu'un sexe de garçon. La masturbation est banale. Sauf si elle devient excessive et compulsive. Dans ce cas (rare), il est souhaitable de consulter un psychothérapeute pour enfants.

Comment réagir ?

☐ Ce qu'il ne faut pas faire
– Interdire à votre enfant de se tripoter, lui dire : « Tu n'as pas le droit », « Ton

zizi va tomber» et toutes ces formules d'un autre temps. Cette découverte de soi est indispensable et contribue à l'épanouissement de l'enfant. Elle est d'autant plus constructive qu'elle n'est pas défendue. L'enfant prend conscience que certaines parties de son corps lui procurent du plaisir. Se mêlent des sentiments d'inquiétude et de curiosité.

– Porter des jugements négatifs. Ne dites pas : «C'est sale, c'est dégoûtant», comme autrefois. Plus vous associerez ce geste (et donc la sexualité dans sa globalité) à une idée de saleté, plus votre enfant se sentira culpabilisé. La sexualité n'est ni honteuse ni défendue.

☐ Ce qu'il faut essayer de faire
– Tant qu'il est petit (avant 3 ans)
• Ne pas vous alarmer, ne pas le brusquer, laisser faire. Qu'il soit fille ou garçon, votre enfant a besoin de sentir que vous, son parent, le reconnaissez dans son identité – qu'il est en train de découvrir par lui-même – et que vous êtes fière qu'il soit fille ou garçon.
• Trouvez un petit mot différent pour le sexe des filles (mimi, foufoune, nénette...) et celui des garçons (zizi, kiki...). Puis, si cela ne vous est pas trop difficile, essayez de nommer le plaisir qu'il ressent.
Si c'est un garçon, dites-lui toujours en privé, jamais devant les autres : «Je vois que tu tripotes ton zizi (à adapter, en fonction du vocabulaire maison). Peut-être, tu trouves cela agréable. C'est comme ça pour tous les petits garçons qui deviennent ensuite des papas.»
À votre petite fille qui se tripote le sexe, dites : «Je vois que tu touches ton mimi (à adapter...). Peut-être, tu trouves cela agréable. C'est comme ça pour toutes les petites filles qui deviennent ensuite des mamans.»
• Profitez-en pour expliquer à votre enfant que son corps n'appartient qu'à lui : «Ton zizi fait partie de ton corps à toi. Pour le moment, tant que tu grandis, c'est ton affaire à toi. Personne d'autre que toi ne peut toucher ou jouer avec ton zizi. Et tu ne dois pas toucher celui des autres non plus.» (voir chapitre 65 *Comment – sans le traumatiser – lui apprendre à se protéger des pédophiles ?*).
• Puis, faites diversion avec les canards en plastique qui flottent dans la baignoire.
Vous vous demandez pourquoi il est nécessaire de nommer les sensations de votre enfant? Il y a plusieurs raisons. D'une part, cela permet à l'enfant d'accepter son corps dans son intégrité et dans sa différence. En lui parlant de son sexe, vous l'autorisez à être reconnu en tant que fille ou garçon et non comme un enfant asexué. D'autre part, en nommant le plaisir que votre enfant peut ressentir, vous rassurez votre enfant sur les nouvelles sensations qu'il découvre. Vous lui signifiez que ce qu'il ressent est normal et ne doit pas lui faire honte. Vous calmez son agitation et ses sentiments ambivalents.

– Dès l'âge de 3-4 ans

Lorsque la masturbation devient pour votre enfant une manière de vous provoquer – il exhibe son sexe – le moment est venu de lui apprendre à développer sa pudeur. Dites-lui : «Écoute. Tu sais très bien que je ne t'interdis pas de te caresser, que je ne t'en empêche pas. Mais moi, cela me dérange que tu le fasses devant moi et cela peut gêner les autres. Tu sais que tu peux le faire quand tu es tout seul.» Cela participe du même apprentissage que celui qui consiste à lui dire de se déshabiller dans sa chambre ou dans la salle de bains et non au beau milieu du salon (voir chapitre 95 *Nudité dans la maison, quel est le bon dosage ?*).

POUR EN SAVOIR PLUS

Dès 4 ans

Mademoiselle Zazie a-t-elle un zizi ?, Thierry Lenain et Delphine Durand, Nathan.

Dès 7 ans

Les Filles et les Garçons, Dominique de Saint-Mars et Serge Bloch, Bayard.

☑ Reportez-vous à la bibliographie du chapitre 92 *Il demande comment on «fabrique» les bébés.*

95

Nudité dans la maison, quel est le bon dosage?

Entre la génération de vos grands-parents pour lesquels la nudité des corps était un péché... et celle de vos parents qui, par réaction – mai 1968 était passé par là – se montraient nus, il vous semble qu'un équilibre est à retrouver.

Les attitudes extrêmes sont néfastes à l'enfant

☐ Faire du corps des parents un tabou, c'est dépassé...
S'offusquer devant la moindre parcelle de corps dénudée, comme autrefois, c'est associer la nudité des corps (et donc la sexualité en général) à l'interdit. Encore plus lorsque le vocabulaire employé tourne autour de l'idée de saleté (« Petit cochon!», «Gros dégoûtant!»...). C'est générateur d'inhibitions.
Depuis, l'observation du nouveau-né (par les pédiatres, les psychiatres, les psychologues et les éthologues notamment) nous a appris que le tout petit bébé a besoin de sentir l'odeur de ses parents et de connaître un certain corps à corps avec ses parents, surtout avec sa mère qui l'a porté. La nudité comme un tabou, c'est priver le bébé de ce contact charnel indispensable avec sa mère. Ce n'est pas compatible avec la relation parent-enfant telle qu'elle existe aujourd'hui.

☐ ... mais banaliser la nudité n'est pas plus souhaitable
Afficher sa nudité devant son enfant (à partir de l'âge de 12-18 mois), au-delà de certaines limites – par exemple, devant la télévision, dans le salon... – nuit autant à l'épanouissement de l'enfant qu'une pudibonderie excessive. L'impudeur ainsi imposée entraîne une absence de repères clairs chez l'enfant.
Le corps nu du parent (celui de la mère comme celui du père) «agresse» l'enfant (la petite fille comme le petit garçon). Le corps du parent apparaît à

l'enfant disproportionné. À côté, l'enfant se sent minuscule, impuissant, inférieur. Il n'est pas respecté dans son altérité, dans son individualité. Trop de nudité des parents peut devenir « encombrant » pour l'esprit de l'enfant, son imaginaire et sa pensée.

Entre pudibonderie et indécence, un équilibre existe

En observant certaines règles en famille :
– Cessez de prendre le bain de façon régulière et répétée avec votre enfant. Changez d'habitude dès que votre enfant (fille ou garçon) atteint l'âge de 12-18 mois environ, qu'il prenne son bain avec son père ou avec vous. Un rapprochement des corps entretient une relation trop fusionnelle et une promiscuité trop grande avec l'enfant. Ce corps à corps crée chez l'enfant un état d'excitation exagérée, qui peut l'assaillir et le freiner dans l'accès à l'autonomie. Il est souhaitable d'ériger une frontière entre son corps et le vôtre en particulier (voir chapitre 96 *Il veut vous embrasser sur la bouche, vous toucher les seins...*), et celui des adultes en général (voir chapitre 65 *Comment – sans le traumatiser – lui apprendre à se protéger des pédophiles ?*).
– Réservez la nudité au moment de la toilette, dans la salle de bains. Si votre enfant entre dans la salle de bains alors que vous êtes sous la douche, ne le grondez pas. Il s'imaginerait avoir transgressé un interdit et se sentirait coupable. Apprenez-lui plutôt à frapper avant d'entrer. Et faites-lui comprendre qu'il est préférable pour tout le monde, dans la famille, de préserver une intimité à chacun et d'apprendre les uns et les autres à la respecter. Comment ? En adoptant une manière d'être générale : ne pas laisser votre enfant vous réciter sa poésie ou vous raconter ses malheurs, alors que vous êtes dans votre bain. Dans ce cas, dites-lui : « Pour le moment, je fais ma toilette, j'ai besoin de ma tranquillité. Laisse-moi seule. Je viendrai te voir dans un moment. »
– Prenez l'habitude d'enfiler un peignoir quand vous sortez de la salle de bains. De même, évitez de laisser votre enfant se déshabiller dans le salon et courir tout nu dans l'appartement. Cela ne vous empêche pas, à l'âge où votre enfant apprend à s'habiller seul, de lui proposer quelquefois de s'habiller en même temps que vous (si c'est une petite fille) ou votre conjoint (si c'est un petit garçon). Voir chapitre 60 *Il refuse de s'habiller seul, mais exige de choisir ses affaires.*
– Apprenez-lui à fermer les portes de la salle de bains et des toilettes et à frapper avant d'y pénétrer. S'il est petit, contentez-vous de pousser la porte, quand il est sur son pot. Ne l'installez pas sur le pot en plein milieu de l'appartement. Votre enfant doit apprendre qu'il y a un certain nombre de lieux et de moments où on est seul. Quant à vous, bien sûr, fermez aussi les portes et prenez l'habitude de frapper avant d'entrer.
– Respectez sa pudeur à lui. À partir d'un certain âge (vers 5-6 ans), il est nor-

mal qu'un enfant commence à devenir pudique. S'il a besoin de s'isoler dans la salle de bains pour se déshabiller, s'il souhaite prendre son bain tout seul, s'il refuse d'être lavé par une autre personne... ne vous moquez pas. Respectez ses nouvelles exigences et, le cas échéant, faites passer le message à la baby-sitter. Demandez simplement à votre enfant de ne pas s'enfermer à double tour – s'il y a un risque qu'il ne puisse pas ressortir tout seul des toilettes ou de la salle de bains. Enfin, si, vers l'âge de 7 ans, il réclame une clé de sa chambre et sait la faire fonctionner, n'excluez pas de la lui donner.

– Vous vous demandez pourquoi prendre toutes ces précautions alors que tout le monde se promène nu (ou presque) l'été sur les plages ? Sur la plage, les voisins de serviettes servent de rempart entre les corps des parents et des enfants. On n'est pas dans la même intimité. D'ailleurs, sur la plage, outre les simples considérations d'hygiène (sable qui s'infiltre), il n'est pas souhaitable d'exhiber le corps nu du petit enfant : il a le droit, comme toute personne, de cacher son sexe et de faire respecter son intimité.

Votre garçon ricane comme un idiot dès qu'il vous voit nue ? Ou votre fille pose des regards insistants sur le sexe de son père ?

Votre enfant est peut-être un peu troublé, voir «attiré» par votre nudité. En tout cas, sa réaction prouve qu'il n'y est pas insensible. Il est probablement excité à l'idée de dépasser les limites que vous lui avez fixées. Voici ce que vous pouvez faire.

☐ Sur le moment

– Dites-lui : «Écoute : ce n'est pas interdit que tu me vois toute nue. Mais tu sais très bien que ce n'est plus possible. Maintenant, tu n'es plus un bébé, tu as grandi. Et cela me dérange. Alors laisse-moi seule.» Le père peut dire la même chose à sa fille.

– Ne vous amusez pas de la curiosité de votre enfant : être confronté à votre nudité le dérange dans son épanouissement personnel. Au contraire, si vous lui témoignez clairement votre besoin de solitude pendant la toilette ou l'habillement, vous l'aidez à comprendre la nécessité d'avoir chacun son intimité, et à bien se construire.

☐ À l'avenir

Rappelez-lui à nouveau les règles de votre intimité. Et essayez d'anticiper davantage. Prévenez-le : vous allez faire votre toilette (vous changer), vous voulez être tranquille quelques minutes (voir chapitre suivant).

96

Il veut vous embrasser sur la bouche, vous toucher les seins...

À 2 ans et demi, il réclamait des «bisous sur la bouche», à 3 ans, il trouvait follement drôle d'attraper vos seins «pour faire pouet!» et depuis la semaine dernière, quand vous sortez de la douche, il réclame des «câlins toute nue»... Et puis quoi encore?

C'est normal, c'est banal...

– Entre 3 et 6 ans environ, tout enfant traverse la période dite œdipienne, selon les critères de la théorie psychanalytique. L'enfant voue alors une passion exclusive à son parent du sexe opposé. Il rêve de le posséder, de l'épouser et de prendre la place du parent du même sexe que lui. Celui-ci devient un rival à éliminer. L'enfant est agressif avec lui : il souhaite inconsciemment sa mort, tout en cherchant à l'imiter. Le petit garçon est très tendre avec sa mère, il recherche ses caresses, se love contre elle, lui fait des clins d'œil, joue au «petit mec». La petite fille, elle, fait du charme à son père, cherche à l'accaparer, le regarde comme s'il était un dieu. Embrasser sur la bouche, toucher les seins, réclamer sans cesse des câlins : tous les gestes intimes que votre enfant recherche auprès de vous sont des manifestations de ses désirs inconscients.
– Parallèlement, l'enfant découvre les plaisirs que peut lui procurer son corps (voir chapitre 94 *Il n'arrête pas de se tripoter*). Il a envie de les partager avec vous.

... mais il vous appartient de ne pas le laisser faire

Comprendre les désirs de son enfant n'est pas synonyme de «laisser faire». Les propositions et explications qui suivent concernent la mère et son fils, le père et sa fille.

337

☐ **Pourquoi ne pas le laisser faire ?**

– Dès les premières manifestations, il est possible de nommer devant votre enfant l'interdit de l'inceste. C'est l'interdit fondamental à enseigner. En laissant votre enfant vous embrasser sur la bouche ou vous faire des caresses, vous entretenez un leurre. Vous lui laissez croire qu'entre vous et lui quelque chose est possible, vous le laissez s'imaginer qu'il est en son pouvoir d'éliminer votre conjoint, ce qui est source d'une grande anxiété.

Le laisser faire, vous en amuser, en être flattée, cela l'encourage à recommencer, puis à vous solliciter sans cesse. Vous croyez faire du bien à votre enfant ? Vous avez peur de le frustrer ? Vous prenez plaisir vous-même à toutes ces papouilles ? Vous entretenez la confusion des sentiments et augmentez l'anxiété de votre enfant. En énonçant l'interdit, en posant des limites et en ne vous faisant pas le complice de votre enfant, vous le rassurez et jouez pleinement votre rôle de parent. C'est une frustration nécessaire

– Vous entraînez l'enfant dans une confusion des rôles et des statuts dans la famille. Et l'empêchez, du même coup, de se construire en sujet autonome. En le laissant vous faire ces papouilles, vous ne reconnaissez pas votre enfant dans son statut d'enfant grandissant : il ne peut plus être câliné comme un bébé (voir plus loin).

– Entre un enfant et un parent, l'amour, la compréhension et la considération ne s'expriment pas sur le même mode qu'entre un homme et une femme.

☐ **Comment ne pas le laisser faire ?**

– Ne faites pas comme si de rien n'était, comme si vous ne vous rendiez compte de rien. Les désirs de votre enfant existent, il est préférable de les reconnaître et de les nommer. Sinon, pour attirer votre attention, votre enfant poussera plus loin ses tentatives de séduction et de provocation. Au contraire, il vous appartient de canaliser la passion qu'il éprouve pour vous.

– Signifiez à votre enfant que vous comprenez ses sentiments d'amour et ses désirs. Dites-lui : « En ce moment, tu m'aimes très fort. Je comprends très bien. Mais tu ne peux pas m'embrasser sur la bouche. Je ne permets qu'à l'homme (la femme) de ma vie de le faire. »

– Nommez l'interdit à chaque fois qu'il réclame un « bisou sur la bouche » ou « un câlin tout nu » : « Il n'est pas question que tu sois mon amoureux (se). Tu ne peux pas être mon mari (ma femme). C'est interdit. C'est comme ça la vie : entre un parent et son enfant, ce n'est pas possible de s'aimer comme un homme et une femme. C'est comme ça entre tous les membres d'une même famille. »

– Mais rassurez votre enfant : « Je suis ton parent. Je t'aime très fort, je t'apprécie beaucoup et je fais attention à toi, parce que tu es mon enfant. Ce n'est pas identique entre un mari et une femme. »

– Et laissez-lui une issue : «Plus tard, quand tu seras grand(e), toi aussi tu pourras choisir ta femme (ton homme).» Ainsi, votre enfant ne se sentira ni culpabilisé d'éprouver ces sentiments pour vous, ni dévalorisé d'être ainsi éconduit.

Il insiste ?

– C'est le propre de l'enfant de faire comme s'il avait oublié. Soyez ferme et sûre de vous et énoncez à nouveau l'interdit, à chaque fois que c'est nécessaire.

– Ne lui dites pas : «Laisse-moi tranquille!», «Va jouer» ou encore «Ça ne m'intéresse pas»... Ces paroles laissent planer un doute : peut-être, plus tard, ce sera possible.

– Au contraire, regardez-le tendrement dans les yeux, posez votre main sur son bras et réexpliquez : «Il n'en est pas question, tu ne peux pas le faire et tu ne pourras jamais le faire.» Mais inutile d'être agressive ou de vous mettre en colère. Contentez-vous de capter son regard et cherchez – si possible – un jeu à faire avec lui.

– Demandez la coopération de votre conjoint. Incitez-le à intervenir, à chaque fois qu'il surprend votre enfant en train de chercher à avoir un geste intime avec vous. À lui aussi de répéter l'interdit et de poser des limites. À lui de se montrer assez ferme et sûr de lui pour faire comprendre à votre enfant qu'il est l'homme de sa mère : jamais, il ne lui laissera sa place auprès de vous.

– De même, venez à la rescousse de votre conjoint, si votre enfant se montre capricieux, agressif, voire violent avec lui. Et réprimandez l'enfant : «Je t'interdis de traiter mon homme (ma femme) de cette façon. Je ne le permettrai jamais.» Préférez dire «mon homme» ou «mon mari» (ma femme). Pour lui faire comprendre que son parent est déjà pris, le message passera mieux que si vous dites «ton père» ou «ta mère».

À l'avenir

– Apprenez à être fière de votre enfant qui grandit. Regardez-le comme un sujet autonome, doté d'une pensée propre et non plus un bébé qui a besoin des câlins et de l'odeur de sa maman (de son papa).

– Espacez, petit à petit, les câlins sous la couette le dimanche matin. Renoncez peu à peu aux caresses, papouilles et autres chatouilles jusqu'à les faire disparaître complètement. Ainsi qu'à tous ces petits gestes de séduction (main dans les cheveux pour les garçons, tape sur les fesses pour les filles...), qui peuvent vous sembler anodins, mais qui peuvent troubler l'enfant.

– «Et la tendresse, dans tout ça?» vous dites-vous? Il ne s'agit pas de ne plus embrasser ni chérir votre enfant. Mais vous devez comprendre qu'il y a des limites et que ces limites n'empêchent pas la tendresse entre un enfant et son parent. Vous pouvez être un parent aimant, compréhensif, bienveillant, affectueux et même très chaleureux, sans maintenir indéfiniment un «corps à corps» avec votre enfant. Quand l'enfant grandit, les parents ont à faire le deuil de ce contact physique et à apprendre à faire preuve d'affection autrement. Le prendre par l'épaule, alors qu'il est assis, tout habillé, près de vous, vous adresser vraiment à lui quand vous lui parlez, vous montrer attentive à ce qu'il vous raconte… c'est témoigner à l'enfant toute votre considération. Il arrive un moment où la tendresse parent-enfant passe par le regard, l'écoute et le dialogue.

POUR EN SAVOIR PLUS

Dès 18 mois-2 ans
  Les Câlins et *Filles et Garçons*, Dr Catherine Dolto, Gallimard Jeunesse.

Dès 3-4 ans
  Mademoiselle Zazie a-t-elle un zizi ?, Thierry Lenain et Delphine Durand, Nathan.
  Mon papa, Anthony Brown, L'École des Loisirs.

Dès 5 ans
  Questions d'amour (5-8 ans), Virginie Dumont, Nathan.
  Max et Lili veulent des câlins, Dominique de Saint-Mars et Serge Bloch, Calligram.

Pour les parents
  Pourquoi j'ai mangé mon père, Roy Lewis, Pocket.

97

Si petit et déjà amoureux!

Il a l'air canaille et une allure de petit caïd. Elle ne l'a vu que deux heures, mais à 5 ans à peine, elle en est folle. Au point de vous demander de prendre sous la dictée un billet enflammé...

Que ressent votre enfant?

– Il éprouve certainement des sentiments d'amour, mais il cherche aussi probablement à imiter les adultes.

– Votre enfant a surtout compris qu'il ne pouvait pas se marier avec vous ou son père et qu'il pouvait faire des rencontres privilégiées, en dehors de la maison. Il est en train de se détacher de vous ou son père : à son âge, cela est normal et souhaitable (voir chapitre 96 *Il veut vous embrasser sur la bouche, vous toucher les seins...*). Qu'il recherche une amoureuse est donc plutôt bon signe.

Comment réagir?

☐ Reconnaissez les sentiments de votre enfant...

– S'il vous en parle de lui-même, dites-lui : « Oui, je comprends que tu l'aimes beaucoup. C'est ça la vie avec les autres. » Ainsi, il s'autorisera à continuer à éprouver des sentiments d'amour et à vous en parler.

– Respectez votre enfant. Ainsi, ne racontez pas à d'autres personnes, devant lui, le secret qu'il a bien voulu vous confier. Évitez de vous moquer de lui. Ou encore de le rabaisser si votre fils est amoureux d'une de vos amies : « Olivia? Mais elle est beaucoup trop grande pour toi! » Il pourrait avoir honte de ses sentiments. Il se sentirait humilié.

☐ ... mais essayez de canaliser ses sentiments afin de laisser votre enfant à sa place d'enfant

– Ne vous pâmez pas devant ses exploits amoureux – en répétant fièrement «Ça promet!». Vous le pousseriez à vouloir grandir trop vite pour vous satisfaire. Il chercherait à imiter de trop près les adultes et à brûler les étapes.

– Inutile d'exacerber sa passion en l'incitant à écrire des lettres ou en accrochant des photos de son «amoureuse» au mur de sa chambre, s'il ne demande rien lui-même. Vous n'avez pas à anticiper sur son désir. C'est à lui de décider.

Il a un chagrin d'amour : «C'est affreux : elle ne veut plus être mon amoureuse!»

– Rassurez votre enfant. Dites-lui : «Je comprends que tu sois triste, que tu aies de la peine. Mais c'est ainsi la vie avec les autres.»

– Puis faites diversion. Dites-lui : «Tu sais, dans la vie, on a des chagrins d'amour parfois, mais on a toujours des amis sur lesquels on peut compter. Sur qui peux-tu compter à présent dans ta classe?»

– C'est le drame? Prenez, vous-même, la chose avec calme. Plus vous serez angoissée à l'idée qu'il est très malheureux, plus il sera triste pour répondre à votre attente. Au contraire, s'il vous sent sûre de vous, sûre de lui et peu affligée par cette nouvelle, il réussira à surmonter cette crise.

– Déculpabilisez : vous pouvez faire au mieux pour aider votre enfant, mais vous ne pouvez pas lui éviter certaines épreuves, comme disait Françoise Dolto.

Elle vous dit : «J'ai envie qu'il m'embrasse sur la bouche, il ne veut pas!»

– Répondez-lui : «Ça ne l'intéresse pas pour l'instant : vous avez bien le temps tous les deux. Embrasser quelqu'un sur la bouche, c'est très sérieux et très beau. Et pour l'instant, ni ton corps ni celui de ce petit garçon n'est prêt. Ce sera pour plus tard, quand ton corps sera prêt et que tu choisiras un homme.»

– Elle vous rétorque : «Et bien avec mes copines, on va l'embrasser de force sur la bouche!» Soyez très ferme : «Il n'en est pas question. On ne peut forcer personne à embrasser sur la bouche, c'est interdit.» Et répétez : «S'embrasser sur la bouche ce n'est pas un jeu, c'est très beau, c'est quand un homme et une femme s'aiment très fort et en ont très envie. Pour s'aimer, il faut toujours être deux. C'est pour cela que l'on ne peut forcer personne à aimer.»

Ils jouent à «faire l'amour»?

Reportez-vous au chapitre suivant.

POUR EN SAVOIR PLUS

Dès 18 mois-2 ans
Les Câlins et *Les Chagrins*, Dr Catherine Dolto, Gallimard Jeunesse.
Petit Bond est amoureux, Velthuijs, Lutin poche, L'École des Loisirs.

Dès 3-4 ans
L'Art des bises, Michelle Nickly et Jean Claverie, Albin Michel Jeunesse.
Un amour de bisou!, Virginie Lou, Actes Sud Junior.
Mon petit lapin est amoureux, Grégoire Solotareff, Lutin poche, L'École des Loisirs.
Tom est amoureux, Marie-Aline Bawin et Colette Hellings, Mango Jeunesse.
Le Monstre amoureux, Marie-Hélène Delva et David Parkings, Bayard Jeunesse.

Dès 5-6 ans
Lili est amoureuse, Dominique de Saint-Mars et Serge Bloch Calligram.
Monsieur Leloup est amoureux, Frédéric Stehr, Éditions Milan.
Max a une amoureuse, Dominique de Saint-Mars et Serge Bloch, Calligram.
Questions d'amour (5-8 ans), Virginie Dumont, Nathan.
C'est mon amoureux!, Béatrice Le Rouer et Rosy, Nathan.

Dès 7 ans
Les Filles et les Garçons, Dominique de Saint-Mars et Serge Bloch, Bayard.

98

Ils jouent à «faire l'amour»...

Vous n'êtes pourtant pas rétrograde. Mais le jour où vous trouvez votre fille de 5 ans sous sa couette, avec son petit invité, vous expliquant : «On fait l'amour!», vous vous sentez très mal...

Pourquoi votre enfant joue-t-il à ça?

– Ils jouent «à faire l'amour», comme autrefois les enfants jouaient «au docteur» ou au «papa et à la maman». C'est un jeu sexuel, comme il en a toujours existé. Aujourd'hui, les enfants sont mieux informés et plus libres de parole et l'appellation est autre.

– La sexualité de votre enfant s'éveille (voir chapitre 94 *Il n'arrête pas de se tripoter*). Il est un peu excité à l'idée que son jeu est osé et défendu.

– L'un des deux enfants concernés (ou les deux) est peut-être élevé de façon plus laxiste, sans interdits ni limites clairement posés par ses parents. Peut-être les parents sont-ils permissifs (par exemple : ils laissent leurs enfants les embrasser sur la bouche)? Peut-être manquent-ils parfois de pudeur avec leur enfant (par exemple : ils le font venir avec eux dans le lit, alors qu'ils sont nus)? Peut-être sont-ils les premiers à raconter partout, l'air faussement gêné – et authentiquement flatté –, que leur enfant «est vraiment porté sur la question»? Reportez-vous aux chapitres 94 *Il n'arrête pas de se tripoter*, 95 *Nudité dans la maison, quel est le «bon dosage»?* et 96 *Il veut vous embrasser sur la bouche, vous toucher les seins...* Et si, entre ces deux enfants, il existe une différence d'âge (même de trois-quatre ans), et/ou de personnalité (l'un des enfants exerce un ascendant sur l'autre), reportez-vous au chapitre 65 *Comment – sans le traumatiser – lui apprendre à se protéger des pédophiles?*

– À l'inverse, l'un des deux enfants (ou les deux) souffre peut-être d'une éducation plus rigide et stricte. Son éveil sexuel provoque peut-être une gêne et un malaise chez ses parents ? L'enfant manque-t-il de paroles de ses parents sur ces questions (voir chapitre 92 *Il demande comment on « fabrique » les bébés*) ? Peut-être ressent-il alors le besoin de s'informer tout seul, *via* la télévision, l'école et... l'exploration personnelle ?

Comment réagir ?

Selon la scène à laquelle vous assistez.

☐ Ils vous racontent : « On s'est embrassé sur la bouche, on s'est fait des câlins tout nus, on a fait l'amour »...
– Ne les punissez pas, ne les grondez pas et ne portez aucun jugement de valeur sur leurs activités. Évitez les : « Petits cochons », « Bande de dégoûtants ! » et autres « C'est sale ! » répressifs et néfastes des adultes d'autrefois. Une trop grande coercition peut développer sa honte et gêner l'épanouissement sexuel futur de l'enfant.
– Ne ricanez pas. Prenez la chose sérieusement, sans dramatiser. Interrogez-les deux enfants : « Que se passe-t-il ? Vous vous êtes fait des baisers d'amoureux ? » Et posez la règle calmement : « Ces baisers-là sont réservés aux grandes personnes. Ce n'est pas un jeu, ce n'est pas une activité pour les enfants. Pour l'instant, votre corps n'est pas prêt. Je ne vous autorise pas à avoir ces activités-là. »
Vous trouvez cette attitude excessive ? Une chose est de porter un jugement de valeur (« c'est sale, c'est dégoûtant ! ») comme les personnes d'autrefois, ce qui entraîne une attitude répressive au détriment de toute discussion ou explication. Une autre est d'admettre qu'il peut exister un excès de curiosité sexuelle chez certains enfants et de poser que, pour l'instant, ils ne peuvent avoir accès à la sexualité, leur corps et leur affectivité n'étant pas prêts pour en profiter pleinement.

☐ Vous les surprenez carrément dans un lit ?
– Ne prenez pas un air horrifié ou catastrophé (pour les mêmes raisons que celles expliquées plus haut). Interrogez votre enfant – « Que se passe-t-il ? » – pour le laisser expliquer lui-même, à sa façon.
– Mettez fin à la scène en énonçant fermement : « Écoutez. Il n'en est pas question. Ce n'est pas une activité ni un jeu d'enfant. On ne peut pas jouer à ça. Ce n'est ni bien ni mal, ça ne se fait pas pour les enfants. C'est tout. » Mais ne vous fâchez pas. Et ne le punissez pas.
– S'ils jouent à ça entre frères, ajoutez : « Non seulement, vous êtes trop jeune pour faire l'amour, mais de plus c'est formellement interdit dans les pays du monde entier de le faire entre membres de la même famille, parents-enfants, frères-sœurs, etc. »

345

Il proteste : «Mais avec Papa, vous le faites bien?»

– Rétorquez : «Oui, c'est vrai, cela existe pour les grandes personnes. C'est très beau et très important quand on devient grand et que l'on se choisit un compagnon ou une compagne pour de vrai. Mais pour le moment, ce n'est pas possible pour toi : ton corps n'est pas prêt. Tu trouves peut-être cela injuste mais c'est comme ça.»

– Puis, mobilisez-vous pour proposer une histoire ou un jeu qui fera diversion (voir chapitre 67 *Vous n'avez ni la force ni l'envie de jouer avec lui*).

Par la suite

– N'en rajoutez pas, ne dramatisez pas, n'en faites pas des gorges chaudes avec son père, ni avec les parents du petit invité. Ces deux enfants n'ont pas enfreint un interdit vital, ni réalisé un «exploit».

– Vous trouvez cette histoire vraiment drôle et avez du mal à ne pas rire? Surprendre votre enfant en train de singer la sexualité des adultes, ce n'est pas du même ordre que de le voir enfiler les chaussures de son père ou de l'entendre vous imiter quand vous parlez. En plaçant le jeu sexuel au même niveau que ses activités ludiques, vous ne le laissez pas à sa place d'enfant, vous l'incitez à brûler les étapes... Devenu adulte, votre enfant pourrait avoir des difficultés à se respecter lui-même et sa propre estime risquerait d'en être altérée.

POUR EN SAVOIR PLUS

Dès 4 ans
    Mademoiselle Zazie a-t-elle un zizi?, Thierry Lenain et Delphine Durand, Nathan.

Dès 5 ans
    Questions d'amour (5-8 ans), Virginie Dumont, Nathan.

◪ Reportez-vous également aux bibliographies des chapitres précédents.

99

Et s'il vous surprenait
en train de faire l'amour?

Vous n'y pensez pas à chaque fois, mais certains soirs, vous vous demandez ce qui arriverait si votre enfant entendait vos ébats amoureux, pire s'il déboulait dans votre chambre...

Que se passerait-il?

Votre enfant assisterait à ce que Sigmund Freud a appelé la «scène primitive», c'est-à-dire la scène durant laquelle il a été conçu. Or la scène primitive est tabou. Pour l'enfant, la sexualité des parents doit rester de l'ordre de l'imaginaire. Il est souhaitable que l'enfant sache que ses parents ont besoin de se retrouver à deux, sans lui (voir chapitre 57 *Partir en vacances sans lui, mode d'emploi*). Mais il n'a pas à en savoir davantage sur la sexualité des parents (voir chapitre 92 *Il demande comment on «fabrique» les bébés*).

Serait-ce une catastrophe?

– Cela peut être traumatisant, si cela se produit régulièrement. Vous pouvez expliquer à votre enfant comment on fait les bébés, néanmoins il a besoin de garder en lui une part d'inconnu sur le sujet. Il faut lui laisser la possibilité d'aménager sa rêverie avec ce qu'il sait «pour de vrai» (que vous lui avez appris) et les contes de fées auxquels il croit encore (voir chapitre 70 *L'histoire du soir, pourquoi a-t-il tellement besoin de ce rite?*).
– En surprenant ses parents en train de faire l'amour, l'enfant peut croire à une bagarre, penser que ses parents se font mal. Le réalisme auquel l'enfant est confronté interrompt sa rêverie. Il peut aussi s'attribuer la responsabilité de cette «bagarre» et se sentir coupable. Il est confronté à une violence et peut réagir de différentes façons: soit par un manque de curiosité à apprendre, soit,

à l'inverse, en se jetant dans le monde de la connaissance de façon trop intel-
lectualisée pour son âge.
– Quelles qu'en soient les conséquences, l'enfant n'est pas laissé à sa place
d'enfant. À l'adolescence et à l'âge adulte, il risque de connaître des inquiétudes quant à son propre épanouissement sexuel.

La solution : apprenez le plus tôt possible à votre enfant à respecter votre intimité

– Tenez compte de votre intimité à préserver, lorsque vous choisissez votre
premier appartement avec enfant. Certains lofts sont formidables pour des
couples sans enfants, mais ne ménagent aucun endroit clos aux futurs parents.
– Apprenez à fermer la porte de votre chambre systématiquement. Votre enfant
a peur la nuit? C'est sa porte à lui qui peut rester éventuellement ouverte; la
vôtre, elle, doit être fermée – sauf, bien sûr, si votre enfant est malade.
– Ne prenez pas votre enfant, la nuit, dans votre lit. Et répétez-lui, avec votre
conjoint, que vous avez besoin « de moments de calme et d'intimité tous les
deux », c'est-à-dire sans lui (voir chapitre 28 *Il veut venir dans votre lit*).
– Apprenez-lui à respecter votre chambre comme un lieu sacré, dans lequel
on ne déboule pas comme ça, en sautant sur le lit… Au contraire, signifiez à
votre enfant que cette chambre est votre endroit à tous les deux et qu'il n'a
pas à y entrer sans frapper ni – selon son âge – sans avoir obtenu une
réponse favorable. Prenez, vous-même, l'habitude de toquer à la porte de la
chambre de votre enfant avant d'y entrer : il apprendra plus vite le respect
des espaces de chacun.
– Votre enfant est habitué à débarquer sans prévenir dans votre chambre? Il
n'est jamais trop tard pour édicter des interdits et poser des limites. Si vous le
voulez, si, avec votre conjoint, vous êtes bien sûrs de vous, vous pouvez parfaitement apprendre à votre enfant à respecter votre intimité.
– N'excluez pas d'installer un verrou à la porte de votre chambre. Si vous êtes
suffisamment ferme, votre enfant ne devrait pas en avoir besoin… Mais si cela
vous rassure et aide votre enfant à apprendre le respect de votre intimité – et
fait que vous vous sentez plus libre dans votre sexualité –, réfléchissez.
– Quoi qu'il en soit, restez discrets. Sinon, essayez de prendre des vacances
sans votre enfant (voir chapitre 57 *Partir en vacances sans lui, mode d'emploi*) ou confiez-le, le temps d'un week-end, à une âme charitable…
– En vacances avec votre enfant, essayez d'avoir au moins deux chambres.
Même s'il est tout petit et que c'est une affaire de trois semaines par an : il est
préférable de partir moins longtemps, moins loin ou dans d'autres conditions
que de partager la même chambre que votre enfant. Tenter l'expérience
alors que votre enfant est endormi? Il y a toujours un risque qu'il se réveille.
Avec votre conjoint, vous êtes persuadés que votre enfant ne perçoit rien?

Même s'il dort à poings fermés, une telle promiscuité n'est pas souhaitable : elle ne respecte pas l'enfant dans son altérité, dans son individualité.

– Plus vous respecterez votre enfant dans son altérité et son individualité, plus vous le considérerez comme un sujet autonome, plus il apprendra à respecter votre intimité d'adultes. Et moins il risquera de vous surprendre au «mauvais» moment. Plus vous agirez ainsi, plus il se respectera lui-même et respectera les autres.

Il vous surprend par accident, que faire ?

– Ne cédez pas à la panique... Avant tout : rhabillez-vous et concertez-vous rapidement avec votre conjoint sur la réaction que vous allez adopter. Puis, allez tous les deux vers votre enfant.

– Ne le grondez pas : s'il vous a surpris, c'est peut-être que vous avez manqué de discrétion ou que, dans votre famille, les limites de votre intimité ne sont pas clairement édictées et posées. Inutile de lui en vouloir.

– Ne vous lancez pas dans des explications fantaisistes du genre : «Nous jouions comme des enfants... C'est comme la bagarre que tu peux avoir avec d'autres enfants. C'est un jeu d'amoureux.»

Cela reviendrait à placer au même niveau les relations sexuelles des adultes entre eux et les jeux des enfants. Votre enfant doit comprendre, au contraire, que l'amour entre son père et sa mère est unique, différent en tout cas de celui qu'il peut surprendre à la télévision.

– Dites-lui quelque chose de la scène à laquelle il a assisté :

• «Peut-être que tout à l'heure, quand tu t'es levé, tu nous as vus ou entendus et que tu n'as pas compris ? Tu n'aurais pas dû être là. Nous n'avions pas pris assez de précautions.» Inutile, cependant, de vous excuser et d'implorer le pardon de votre enfant.

• Contentez-vous de dédramatiser au maximum la violence qu'il a pu percevoir de la scène : «C'était un moment d'amour et de passion entre ton père et moi, et non une bagarre. Cela se passe toujours comme ça quand un papa et une maman s'aiment très fort et se font des câlins».

• Mais inutile d'encombrer votre enfant d'explications anatomiques. Le message à faire passer : c'est un acte d'amour, ce n'est pas interdit entre un homme et une femme.

POUR EN SAVOIR PLUS

☑ Reportez-vous à la bibliographie du chapitre 92 *Il demande comment on «fabrique» les bébés.*

XI.

QUESTIONS DÉLICATES OU GRAVES (MORT, MALADIE, CHÔMAGE, PAUVRETÉ, GUERRE)

100

Il est bouleversé par les SDF

«Bonjour m'sieur dames, j'ai perdu mon travail, mon logement, j'ai faim et je suis obligé de faire la manche. Pourriez-vous me dépanner d'une petite pièce ou d'un ticket-restaurant pour manger ?» Devant ce mendiant, votre enfant écarquille les yeux...

Que comprend votre enfant de cette scène?

☐ **S'il a moins de 4 ans environ**
L'enfant perçoit quelque chose d'insolite, mais il ressent surtout votre gêne, votre culpabilité éventuelle et votre angoisse – plus ou moins consciente – d'avoir à affronter un jour une situation aussi dramatique.

☐ **S'il a plus de 4 ans**
Il perçoit la différence avec lui, avec vous. Il saisit le sens des paroles prononcées : «perdu maison», «rien à manger», «pas de travail», «rester propre»... Ce spectacle le choque d'autant plus que son schéma, son monde à lui, se résume à une école, une maison, un lit douillet, des repas chauds, et un papa et une maman.
Conséquence : il se sent déstabilisé par cette scène qui fait trembler ses repères. Il peut appréhender le risque qu'un de ses parents ou quelqu'un qu'il connaît ressemble à ce mendiant.

Comment réagir?

☐ **Jusqu'à l'âge de 4 ans environ**
Inutile de vous lancer dans des explications trop élaborées pour votre enfant. Le premier message à faire passer : «Ce monsieur n'est pas un méchant.»

Pour le reste, essayez de lui dire quelque chose de la vérité, sans pour autant lui dire toute la vérité : « Ce monsieur est malheureux. Tu as entendu : il a dit que la vie est difficile pour lui, en ce moment. » En posant ainsi des mots sur ses interrogations, vous calmez son questionnement et prévenez son éventuel malaise. Vous lui témoignerez que vous n'êtes pas insensible à ses réactions ni à votre environnement.

☐ S'il a plus de 4 ans

Vous pouvez en dire un peu plus, sans pour autant tout dire. Le but est de sécuriser votre enfant, sans banaliser.

– Sécurisez votre enfant :

Dites-lui : « C'est très difficile pour moi de t'expliquer cela. Ce que je peux te dire c'est que moi, ton parent, je t'empêcherai toujours de devenir comme lui et que moi, je ne me sens pas menacée par cette situation. Ton papa et moi ne sommes pas en danger. » Vous pensez que personne n'est à l'abri d'une telle situation ? Ne lui dites pas : « C'est trop affreux, c'est trop grave ! » Efforcez-vous, au contraire, d'adopter un discours le plus rassurant possible et d'expliquer que vous ferez tout pour empêcher que ça arrive. Le but est d'induire chez votre enfant une dynamique de lutte pour surmonter certaines épreuves et ne pas l'inciter à tomber dans la résignation. Il doit comprendre que l'on peut toujours essayer de se battre, tenter d'améliorer les choses pour soi, mais aussi pour les autres.

– Ne banalisez pas :

Ne dites pas : « Ce n'est pas grave, il y a toujours eu des gens comme ça. » Adoptez un discours constructif qui enseigne la solidarité à votre enfant, qui lui apprenne à lutter contre les injustices. Parlez-lui de « ces personnes qui, dans notre société, font un travail formidable, ces bénévoles qui donnent du temps pour aider les gens en difficulté ». Expliquez-lui qu'il s'agit « de personnes responsables qui ne veulent pas que les choses restent comme ça et qui se battent pour les faire changer ». Parlez-lui, si vous le souhaitez, « des personnes du gouvernement qui cherchent des solutions, même si elles n'en trouvent pas toujours ». Et dites-lui : « Toi aussi, plus tard, quand tu seras plus grand, que tu auras un métier, tu pourras, si tu veux, réfléchir et essayer de trouver des solutions. »

– Il veut donner sa pièce ou son pain au chocolat ? Laissez-le faire et félicitez-le : « C'est ta façon à toi d'aider. Je suis fière de toi, de ta générosité : tu as bon cœur. »

– Il vous dit : « Avec la maison de campagne (variante : le studio à la montagne), on a deux maisons, on n'a qu'à en donner une au monsieur ? » Répondez : « C'est une question très judicieuse. Je reconnais que tu es sensible et que tu raisonnes. Je comprends que tu proposes cela. Mais ce n'est pas si simple. Car si on lui donnait notre maison, ce serait une solution pour un moment. Cela ne changerait pas sa vie pour toujours à ce monsieur : il se sentirait en dette par rapport à nous, il ne serait pas libre. Ce monsieur doit trouver par lui-même un sens à donner à sa vie. » Mais dites à votre enfant : «Ton papa et moi, cela nous préoccupe, nous participons à des actions collectives. Nous payons aussi des impôts dans lesquels une part sert à aider les gens malheureux : ce n'est pas parfait, c'est sûrement insuffisant mais cela existe. Tu sais, ni toi, ni ton papa et moi, ne pouvons aider en particulier tous les malheureux que nous voyons tous les jours dans la rue. »

POUR EN SAVOIR PLUS

Dès 3-4 ans
L'Intrus, Claude Boujon, Lutin poche, L'École des Loisirs.

101

Vous vous retrouvez au chômage

La décision est tombée comme un couperet : vous êtes dans la prochaine char-
rette de licenciement de votre entreprise. Vous allez devoir vous inscrire à
l'ANPE et rechercher un autre emploi. Vous passerez aussi plus de temps à la
maison.

Faut-il absolument lui en parler ?

Oui. Car c'est un bouleversement grave dans votre vie. Il vaut mieux apprendre une vérité douloureuse qu'être confronté à un mensonge. L'enfant a
besoin de sincérité et de confiance pour se construire. Mais être sincère avec
son enfant, cela ne signifie pas tout lui dire et le noyer sous des explications
trop élaborées pour lui.

Quand lui en parler ?

Dès que la décision est prise. Ainsi, votre enfant aura tout le temps du préavis
pour s'habituer à l'idée de ce changement. Durant cette période où vous
continuerez à travailler, il sera nécessaire d'en reparler avec lui.

Comment lui en parler ?

– Évitez les formules du style : « J'ai perdu mon travail », « Je vais devenir chômeur », « On n'a plus besoin de moi »... et tout ce vocabulaire un peu dramatique, qui culpabilise l'enfant et risque de l'inquiéter à l'excès.
– Essayez plutôt : « Écoute. Dans quelque temps, je ne vais plus avoir mon
travail comme avant. L'entreprise dans laquelle je suis ne correspond plus à
mes goûts, à mes aspirations (c'est plus neutre et moins dévalorisant que

«n'a plus besoin de moi»). Il faut que je trouve un autre travail.» Mais rassurez-le : «Avec mon patron, nous avons trouvé un arrangement : j'ai du temps pour trouver un autre travail, c'est organisé. Je serai à la maison plus souvent qu'avant. Mais j'aurai aussi beaucoup de rendez-vous.» Ainsi, vous lui montrez que vous ne vous retrouverez pas sans ressources du jour au lendemain et que vous ne resterez pas inactive.

Vous allez devoir réduire votre train de vie?

– Évitez de dire immédiatement à votre enfant : «Comme je suis au chômage (variante : ton père est au chômage), il n'y aura plus de manège (ou de vacances).»

– Mais ne cherchez pas non plus à vous sacrifier pour continuer à le couvrir de Barbies et de dînettes. Les difficultés se partagent en famille (voir chapitre 22 *Faut-il vraiment lui parler d'argent?*). Déculpabilisez : votre enfant s'adaptera d'autant mieux à cette situation que vous saurez l'expliquer progressivement et avec nuances. Et de toute façon, il est beaucoup plus sensible à votre tranquillité intérieure qu'a votre situation matérielle.

Dans les temps qui suivent, vous êtes angoissée, désemparée?

– Évitez de «craquer» devant votre enfant, même si vous avez l'impression qu'il peut très bien comprendre la situation et votre désarroi. Selon son âge et sa maturité, il pourrait s'imaginer que son parent va devenir comme les SDF qu'il croise tous les jours dans la rue (voir chapitre 100 *Il est bouleversé par les SDF*). Ne tombez pas dans le piège de le prendre pour confident, même s'il vous offre une écoute attentive et bienveillante. Tout enfant qui voit son parent en difficulté est naturellement enclin à le secourir, ce qu'il ne doit et ne peut pas assumer. Voir son parent ainsi «défaillant» altère sa sécurité intérieure. Trouvez, si nécessaire, une autre épaule pour vous épancher et une autre personne à qui parler. Au besoin, le temps de traverser cette période difficile, demandez de l'aide à un psychothérapeute ou à un coach, si vous bénéficiez des services d'un cabinet d'outplacement.

– Même si vous vous efforcez de n'en rien montrer, il ressent forcément votre peur et votre tristesse. Il est donc préférable – si possible avec votre conjoint – de lui dire quelques mots de votre inquiétude : «C'est un moment difficile pour moi, mais j'ai des projets, je prends des contacts et j'ai des rendez-vous.» Vos paroles rassurantes le tranquilliseront.

– Évitez que votre enfant ne vous sente dévaluée brutalement et complètement déstabilisée par cette nouvelle. Au besoin, demandez à votre conjoint de prononcer des paroles rassurantes sur vous devant votre enfant: «J'aime ta mère, j'ai choisi de vivre et de fonder une famille avec elle parce que c'est ma femme et non parce qu'elle occupe le poste de...». Ainsi, il comprendra que la valeur d'une personne ne se résume pas à son métier. Dans la vie quotidienne, gardez un rythme le plus actif possible. Le matin, conservez vos horaires de lever. Dans la journée, déployez toute votre imagination pour vous occuper. Et répétez-lui : «Tu n'es pour rien dans cette situation.»

POUR EN SAVOIR PLUS

Dès 5-6 ans

Le Père de Max et Lili est au chômage, Dominique de Saint-Mars et Serge Bloch, Calligram.

Pour les parents

Surmonter le chômage en famille, Ginette Lespine et Sophie Guillou, Albin Michel, 2004.

L'Estime de soi – Mieux s'aimer pour mieux vivre (1999) et *La Force des émotions* (2001), Christophe André et François Lelord, Odile Jacob.

La Reconquête d'un emploi, une affaire de famille, Fanny Barbier, Éditions Garon Bonvalot. Par correspondance contre un chèque de 6 euros à l'ordre de Garon Bonvalot, à envoyer à AFP, Atelier Blanqui, 9, boulevard Auguste-Blanqui, 75013 Paris.

102

Comment répondre à ses questions
sur la guerre?

À la télévision, à la radio... partout il est question de «guerre», «terrorisme».
Encore plus depuis les attentats du 11 septembre 2001. Votre enfant n'en perd
pas une miette.

Vers 4-5 ans, quelle vision a-t-on du monde?

L'enfant a une compréhension toute manichéenne de l'existence. Pour lui, les hommes sont séparés en deux grandes catégories : d'un côté les gentils, de l'autre les méchants. Il sait que, dans la vie, il y a des choses permises (par exemple : se bagarrer pour jouer) et des choses interdites (par exemple : faire mal à l'autre, se mettre en danger). Il est rassuré de savoir qu'il existe des policiers pour arrêter les voleurs.

Comment calmer son questionnement?

En lui donnant une explication assez simple de la guerre. Dites-lui, par exemple : «Dans le monde, il y a des méchants qui veulent envahir des pays et chasser leurs habitants, ce sont des voleurs de pays. Les habitants chassés sont alors obligés de se défendre. Chaque pays a une armée pour défendre ses habitants, c'est leur métier de défendre les autres. Ils sont très courageux. Ils font la guerre pour obtenir la paix et empêcher les méchants de gagner. Il existe aussi d'autres formes de guerre, comme attaquer un pays pour semer la peur chez ses habitants. On appelle ça du terrorisme. Pour faire croire qu'ils sont les plus forts, les terroristes posent des bombes dans le RER, comme à Paris en 1995, ou font tomber des avions sur des tours, comme c'est arrivé à New York en septembre 2001.»

Il vous demande : «La guerre, c'est méchant, c'est triste?»

Rassurez-le : «C'est difficile, c'est triste et dur à supporter. Et ça fait souvent peur. Mais la guerre a toujours existé. Des pays ont toujours voulu s'agrandir, peut-être parce que tous les pays n'ont pas la même taille, qu'il y a des pays plus petits que d'autres, des pays plus riches que d'autres... Aujourd'hui, heureusement, les hommes réfléchissent à des moyens d'établir la paix dans le monde. Il y a même des organisations pour la paix. Quant aux terroristes, on finit presque toujours par les arrêter et les mettre en prison.»

Il veut en savoir plus et ses questions vous mettent mal à l'aise?

Inutile de vous noyer dans des explications métaphysiques et philoso-phiques. Répondez : «Je te dis ce que je sais, mais je ne sais pas tout sur ce sujet. Plus tard, si tu veux, nous pourrons lire ensemble des livres d'histoire, tu pourras aussi en parler à ton arrière-grand-père (s'il vit encore) qui a connu la guerre. En tout cas, tu peux m'en reparler quand tu veux.» En atten-dant, lisez avec lui des petits livres qui traitent du sujet (voir notre liste).

POUR EN SAVOIR PLUS

Dès 2-3 ans
> *Babar et le Wouly-Wouly*, Laurent de Brunhoff, Hachette Jeunesse.
> *Le Voyage de Babar*, Jean de Brunhoff, Hachette Jeunesse.

Dès 3-4 ans
> *Le Gâteau de paix*, Didier Lévy et Tiziana Romarin, Sarbacane.

Dès 4-5 ans
> *Flon Flon et Musette*, Elzbieta, Pastel, L'École des Loisirs.
> *Wahid*, Thierry Lenain et Olivier Balez, Albin Michel Jeunesse.
> *L'Oiseau Bonheur*, François David et Laurent Corvaisier.
> *Le Printemps des ocarinas*, Sukeyuki Imanishi, Bayard.

Dès 7 ans
> *Moun*, Sophie Rascal, L'École des Loisirs.
> *Pourquoi?*, Nikolaï Popov et Géraldine Elschner, Nord-Sud.
> *Otto*, Tomi Ungerer, L'École des Loisirs.

103

Comment répondre à ses questions sur la mort?

*« On va où quand on est mort ? », « Il va aller au ciel le hamster de Margaux ? »,
« Et le corps, il devient quoi après ? »... Sa litanie n'en finit pas, les réponses
vous manquent et vous êtes désarmée.*

Quelle perception votre enfant a-t-il de la mort?

Tout dépend de son âge. Il existe différentes étapes de maturation qui se présentent plus ou moins de la façon suivante.

☐ **Vers 2-3 ans**
L'enfant commence à parler de la mort dans son jeu. Il joue à « Pan! Pan!
T'es mort!» Mais pour l'heure, la perception qu'il a de la mort a à voir avec
l'immobilité, et non avec l'idée d'une disparition définitive. En fait, il se sert
de ce jeu pour s'assurer de son pouvoir magique : il s'amuse à faire sortir
l'autre (ou à sortir lui-même) de l'immobilité par un simple baiser ou une
simple phrase : «T'es plus mort!». À cet âge, c'est sans angoisse que l'enfant
parle de la mort, il ne sait pas que la mort est inéluctable, il ne peut se la
représenter.

☐ **Vers 3 ans**
Au moment de l'entrée en maternelle, il est sensible aux séparations, aux
départs. Parallèlement, il découvre que les fleurs se fanent, les feuilles tombent (les feuilles « mortes », comme on lui dit) et qu'il peut écraser les
insectes : il comprend que, parfois, c'est fini. Mais il ne se sent pas atteint,
lui, directement. Quand il voit la mort à la télévision, il croit à une fiction ou
à un départ.

☐ **Vers 5-6 ans**

L'enfant prend conscience que la mort est irréversible, qu'un mort ne revient jamais. Il en a entendu parler et a une certaine idée des causes de la mort : la vieillesse, la guerre, la violence... C'est l'âge des premières questions et angoisses. Mais ce n'est que vers 8-9 ans qu'il réalisera que la mort est universelle et prendra conscience de sa propre mort. Il aura alors la même compréhension que l'adulte : la mort est irréversible et inéluctable, c'est la destinée de tout un chacun, sans qu'elle soit nécessairement due à une cause extérieure.

☐ **Quel que soit son âge**

L'enfant (même avant 5 ans) qui perd un être cher (son grand-père par exemple) projette l'idée sur ses parents : il a peur qu'eux aussi disparaissent. Il faut alors l'aider à faire son deuil (voir chapitre 106 *Son grand-père est mort*) et répondre aux questions qu'il se pose sur la mort.

Comment répondre à ses questions ?

☐ **Quelle que soit la question, ne l'éludez pas**

Il pourrait s'imaginer que « parler de la mort » vous met en danger. Il doit au contraire se sentir autorisé à aborder le sujet avec vous sans crainte de vous faire mourir pour autant. Ses questions vous gênent, vous embarrassent et vous effraient ? Il vous prend au dépourvu ? N'hésitez pas à lui dire : « C'est très sérieux, tu as raison de te poser ces questions, mais c'est difficile pour moi de tout t'expliquer. Plus tard, je veux bien en reparler avec toi. »

☐ **Il regarde son assiette avec dégoût et s'insurge « pauvre petit agneau ! »**

Reportez-vous au chapitre 25 *Il n'aime rien (à part les pâtes)*.

☐ **Il vous dit : « Pan ! Pan ! T'es mort ! »** (en général vers 2-3 ans)

Répondez-lui : « Tu joues à Pan ! Pan ! T'es mort ! Mais maintenant je ne suis plus morte, c'était pour de rire. »

☐ **Il gratifie sa grand-mère d'un « T'es vieille, tu vas bientôt mourir ? »**

– Qu'elle ne s'offusque pas et réponde : « Oui bien sûr, je mourrai un jour, mais quand j'aurai fini ma vie. Et pour l'instant, il me reste beaucoup de choses à faire dans ma vie. »

– De même, si son grand-père vient de mourir et qu'il s'angoisse sur votre propre mort, répondez dans ce sens. Ne parlez jamais d'un « long voyage », ni d'une absence pour quelque temps (voir chapitre 106 *Son grand-père est mort*).

☐ **Il vous demande : «Et toi, quand est-ce que tu auras fini ta vie?»**
Répondez : «Je ne sais pas. Personne ne sait quand il finit sa vie. Mais c'est un sujet important, tu peux m'en parler quand tu veux.»

☐ **Il demande (en général vers 5 ans) : «On va où quand on est mort?»**
La réponse peut-être nuancée, selon qu'on est croyant ou non-croyant.
– Vous êtes croyante : expliquez votre croyance et votre foi. Et sachez anticiper sur les explications que votre enfant demandera, lorsqu'en avion il cherchera son arrière-grand-mère à travers le hublot au milieu des nuages, vous demandera de quelle couleur sont les âmes au paradis et s'il y a le téléphone... Attention aux paroles : «Il est monté au ciel», anodines en apparence...
– Vous êtes athée : voici ce que vous pouvez dire à votre enfant : «Tu sais, on n'existe pas seulement dans son corps, on existe aussi dans le cœur des autres, de ceux qui nous aiment. C'est pourquoi les personnes qui meurent continuent à exister tant que leur famille, leurs amis, ceux qui les connaissaient pensent à elles. Les morts continuent à exister par le souvenir. C'est un bonheur formidable par rapport aux animaux qui n'ont pas de souvenir (voir chapitre 104 *Son hamster vient de mourir*). Seuls les êtres humains, comme nous, peuvent ainsi garder le souvenir des morts, continuer à penser à eux et à parler d'eux. C'est en te souvenant des bons moments passés avec ceux qui sont morts, en te rappelant les sentiments que tu as éprouvés pour eux, que tu les gardes vivants en toi.».

☐ **Il demande : «Et le corps comment il devient quand il est mort?»**
– Dites-lui : «Il devient immobile pour toujours.» Mais s'il veut en savoir plus, faites référence – même si c'est une vision un peu édulcorée de la vérité – à l'idée de sécheresse plutôt qu'à la notion d'humidité et de pourriture qui affole l'enfant. Répondez[1] : «Le corps devient tout sec, il se parchemine comme chez les pharaons. Tu sais ce que c'est une momie? Oui? Eh bien, c'est un peu pareil.» S'il ne sait pas, c'est le moment de lui expliquer.
Vous pouvez, si ses questions portent sur son hamster enterré dans le jardin (voir chapitre 104 *Son hamster vient de mourir*) ajouter une petite explication sur les cycles de la nature[1]. Dites-lui : «Par la suite, d'autres petits animaux – des vers de terre ou des scarabées – vont venir en prendre un petit morceau pour le porter aux fourmis.» L'enfant apprécie ce genre d'explication qui laisse croire que tout est utile à tout et qu'une vie en autarcie est possible.

---

1. Comme le suggère Marie-Frédérique Bacqué, psychologue et directrice de l'association «Vivre son deuil».

☐ **Votre enfant vous dit vers 7 ans : «Il paraît qu'il y a une vie après la mort, est-ce que c'est vrai?»**
– Évitez de lui répondre si vous n'avez aucune croyance : «Je n'y crois pas, mais j'aimerai bien y croire.» Ne lui dites pas non plus : «On est peu de chose, on est rien sur terre, tu n'es rien du tout...» Ces formules négatives malmènent la propre estime de l'enfant et le rendent plus vulnérable.
– Préférez lui dire : «C'est vrai, il y a des personnes qui croient à une vie après la mort. Mais moi, je ne sais pas. Plus tard, lorsque tu seras grand, tu pourras t'informer et chercher par toi-même comment répondre à toutes ces questions.»

☐ **S'il est précoce, peut-être vous demandera-t-il, un jour : «Si on meurt tous, pourquoi tu m'as fait naître alors?»**
Et vous pourrez répondre : «Je t'ai fait naître parce qu'avec ton père, j'ai souhaité donner la vie. Nous avons voulu fonder une famille et "tu es né, tu es l'enfant que nous voulions" (comme l'a écrit Françoise Dolto). Je t'ai fait naître pour que tu accomplisses ta vie, c'est formidable d'essayer de faire quelque chose de sa vie.» Pour illustrer votre propos, parlez-lui des peintres, sculpteurs, musiciens, poètes... qui, même après leur mort, laissent des œuvres qui peuvent continuer à se voir, à s'entendre ou à se lire. Dites-lui : «Dans la vie, tout le monde ne devient pas Van Gogh, Rodin, Mozart ou Baudelaire. Mais chacun a un talent pour accomplir sa vie. Et je te l'ai déjà dit, même quand on ne laisse rien de visible après sa mort, on laisse toujours des souvenirs à ceux qui nous ont aimés et que l'on a aimés.»

☐ **Vous ne savez pas d'où il sort cela, mais il vous demande : «C'est quoi un suicide?»**
– S'il vous prend au dépourvu, utilisez le principe de la réponse en différé : «C'est une question très importante, très sérieuse, que tu me poses. Mais pour l'instant, c'est très difficile pour moi de t'y répondre. Je te promets d'en reparler avec toi un peu plus tard.»
– Puis, quand vous vous sentirez prête et que vous le sentirez suffisamment mûr pour entendre votre explication, vous pourrez lui dire : «Quelqu'un qui s'est suicidé, c'est quelqu'un qui ne pouvait plus supporter sa vie, qui ne voulait plus exister, qui n'a pas pu faire autrement que de mourir. C'est une personne qui n'avait peut-être pas trouvé quelqu'un à qui elle pouvait parler de ses soucis. C'est une personne à laquelle, peut-être, on n'avait pas suffisamment expliqué ce que c'était d'accomplir sa vie.»

D'une manière générale

– Plus vous osez aborder ces sujets délicats, moins vous les évitez, plus vous « entendez » votre enfant sur ces questions subtiles, moins il vivra alerté et angoissé.

– Plus votre enfant aura conscience de sa propre valeur, moins il sera angoissé par la mort et plus il comprendra le sens de sa vie. Plus vous l'aidez à se construire avec une solide estime de soi, plus vous renforcez sa confiance en lui (qui n'a rien à voir avec de l'arrogance ou de la vanité), plus vous lui donnez une antidote pour affronter cette angoisse.

POUR EN SAVOIR PLUS

Dès 2 ans
> *La Découverte de Petit Bond*, Max Velthuijs, Pastel, L'École des Loisirs.

Dès 4-5 ans
> *Au revoir, Blaireau*, Susan Varley, Folio Benjamin.
> *Pour toujours et à jamais*, Alain Duran et Debi Gliori, Gautier-Languereau.
> *Si on parlait de la mort*, Dr Catherine Dolto, Giboulées Gallimard Jeunesse.
> *La mamie de Rosalie est partie*, Sylvie Poilevé et Charlotte Roederer, Le Père Castor.

Dès 5-6 ans
> *L'enfant qui retrouva le sourire*, Jean-Hugues Malineau et Marcelino Truong, Albin Michel Jeunesse.

Dès 7 ans
> *Véra veut la vérité*, Léa et Nancy Huston, L'École des Loisirs.

Pour les parents
> *Dis, un jour moi aussi je mourrai ?*, Jacques Arènes, Fleurus, 1998.
> *L'estime de soi – Mieux s'aimer pour mieux vivre*, Christophe André et François Lelord, Odile Jacob, 1999.
> *La Mort pour de vrai et la mort pour de faux*, Dana Castro, Albin Michel, 1999.
> *L'Enfant face à la mort d'un proche, Accompagner l'enfant en deuil*, Patrick Ben Soussan et Isabelle Gravillon, Albin Michel, 2006.

104

Son hamster vient de mourir

*Croqui, le hamster de votre enfant, est mort. Certes, ce n'est pas une surprise –
il était malade depuis quelques semaines – mais c'est une triste nouvelle. Vous
ne savez comment l'annoncer à votre enfant, ni comment régler les détails pratiques des funérailles.*

Ce que vous pouvez lui dire

« Ton animal était malade, il était vieux, il n'avait plus de forces, il ne bou-
geait plus beaucoup, il était fatigué. Maintenant il est mort. Je comprends
que tu aies du chagrin et que tu trouves cela injuste. »

Ce que vous pouvez faire

– Ne le jetez pas à la poubelle, encore moins au vide-ordures, certains
enfants prennent cela très mal, se révoltent et en veulent à leurs parents,
même s'ils n'assistent pas à la scène. Le traumatisme ainsi subi les empêche,
ensuite, de faire leur deuil.
– Proposez-lui plutôt de l'enterrer, si possible, dans le jardin d'une grand-
mère ou d'une tante à laquelle il rend souvent visite. Sinon, trouvez un petit
coin dans une forêt ou un parc.
– Aidez l'enfant à faire ses adieux à l'animal en l'incitant à fabriquer un dessin ou un petit ex-voto avec des perles, des coquillages, ou des brindilles,
comme le font les enfants d'autres civilisations. Il le placera à l'endroit où
son hamster est enterré.

Il vous dit : «Mais alors, c'est fini?»

Répondez-lui : «Oui, c'est fini. Mais toi, tu es un être humain, tu peux donc te souvenir de ton hamster quand il était vivant. Ainsi, en te rappelant les bons moments que tu as passés avec lui, en parlant de lui, il continuera à être présent pour toi.»

Rappelez-lui ce que vous lui avez peut-être déjà expliqué à d'autres occasions : «L'homme a des sentiments, une pensée, une intelligence. L'animal a un instinct. L'animal n'a pas d'histoire, pas de souvenirs. Ils n'a ni ascendants, ni descendants. La perte d'un animal, ce n'est pas la même chose que la perte d'un être humain.» Il vous rétorque : «Dans *Le Roi Lion*, le bébé lion parle à son papa lion. Il est très triste quand son papa lion meurt.» Répondez : «Peut-être, mais tu sais bien que ce n'est pas pour de vrai, que c'est une histoire inventée.»

Il vous demande ce que va devenir son hamster après son enterrement?

Inutile de lui raconter des fables sur sa montée au ciel, les anges qui vont venir le chercher, etc., il serait tenté d'aller vérifier. Expliquez-lui plutôt que le corps de son animal va devenir tout sec. Puis, ne craignez pas d'ajouter quelques mots sur les cycles de la nature. Dites-lui[1] : «Par la suite, d'autres petits animaux – des vers de terre ou des scarabées – vont venir en prendre un petit morceau pour le porter aux fourmis.» Votre enfant se sentira rassuré par cette explication qui laisse croire que tout est utile à tout et qui le renvoie au fantasme infantile qu'une vie en autarcie est possible.

Par la suite

Puisque vous aviez déjà accepté l'expérience, n'excluez pas de procurer à votre enfant un autre animal. C'est encore le meilleur moyen de l'aider à faire son deuil.

POUR EN SAVOIR PLUS

Dès 2 ans
 La Découverte de Petit Bond, Max Velthuijs, Pastel, L'École des Loisirs.

Dès 4 ans
 Au revoir, Blaireau, Susan Varley, Folio Benjamin.
 Tu seras toujours avec moi, Mariko Kikuta, Albin Michel Jeunesse.

---

1. Comme le conseille Marie-Frédérique Bacqué, psychologue et directrice de l'association Vivre son deuil.

105

Sa grand-mère a une maladie grave

Jusqu'ici, votre belle-mère prenait votre fille tous les mardis soir à dormir et la gardait avec elle le lendemain toute la journée. Mais aujourd'hui, le diagnostic est tombé : elle est très malade et doit se soigner.

Faut-il en parler à l'enfant?

Même si l'enfant n'est pas habitué à voir sa grand-mère toutes les semaines, il a forcément perçu le changement d'atmosphère dans la famille depuis le terrible diagnostic. De plus, il a certainement glané des bribes de conversations téléphoniques ou autres dans lesquelles vous relatiez la situation. L'enfant ressent vos angoisses. Il faut donc lui dire quelques mots d'une situation qu'il «sait» probablement déjà. D'une manière générale, il vaut beaucoup mieux, pour l'enfant, une vérité commune dans la famille, plutôt que certaines explications dites aux uns et non aux autres.

Comment lui annoncer?

Adressez-vous à lui dans un moment de calme. Entourez-le de tendresse et d'affection. Prenez-lui la main, captez son regard, et dites-lui : «Écoute, voilà : je suis triste parce que mamie a une maladie. Elle a vu des docteurs qui s'occupent bien d'elle et qui vont essayer de tout faire pour la guérir. Ce sera long peut-être.» Si sa grand-mère avait l'habitude de le prendre régulièrement, ajoutez : «Elle ne pourra plus s'occuper de toi comme avant, il faut attendre qu'elle soit moins fatiguée»…

Il vous demande...

☐ «Elle va mourir?»
Répondez : «Je ne sais pas, mais pour le moment on la soigne et on fait tout pour qu'elle guérisse.»

☐ «Elle a très mal?»
Répondez : «Oui, elle a sûrement mal au ventre (à la tête...). Mais on lui donne des médicaments pour qu'elle souffre moins. Comme toi quand tu es malade.»

☐ **Sa grand-mère est à l'hôpital, diminuée, c'est la fin, faut-il l'emmener la voir?**
Si vous avez bien expliqué en amont les point précédents, si votre enfant a été tenu au courant de la situation, il l'assumera plus facilement. Vous pouvez – si la grand-mère accepte d'être vue – proposer à votre enfant : «Elle est très malade... elle va bientôt mourir. Est-ce que tu as des choses importantes à lui dire? Veux-tu plutôt lui faire un dessin ou lui écrire une lettre?» Ensuite, respectez la décision de votre enfant de rendre visite ou non à sa grand-mère.

POUR EN SAVOIR PLUS

Pour les parents
Vivre ensemble la maladie d'un proche, Dr Christophe Fauré, Albin Michel, 2002.

◪ Reportez-vous à la bibliographie des chapitres 32 *Il est tout le temps malade* et 106 *Son grand-père est mort.*

106

Son grand-père est mort

Depuis le drame, les questions se bousculent : comment lui annoncer ? À quel moment ? Faut-il l'éloigner pour le protéger ? L'emmener à l'enterrement ?...

À quel moment lui annoncer ?

– Si le décès est précédé d'une maladie : il ne faut pas hésiter, lors de la maladie, à en dire quelque chose à l'enfant (voir chapitre 105 *Sa grand-mère a une maladie grave*).
– Puis, lorsque survient le décès, inutile d'attendre trop longtemps pour le dire à l'enfant. De toute façon, il « sait » déjà. Votre inquiétude, votre tristesse, votre chagrin, n'ont pu lui échapper. Ne rien lui dire ne fait qu'ajouter à son désarroi et à sa culpabilité. Si cela est plus facile pour vous, vous pouvez toutefois différer l'annonce de quelques jours. Mais c'est à vous, avec son père, de le lui dire.

Comment lui annoncer ?

– Dans un moment de tendresse et de calme. Asseyez-vous près de lui, efforcez-vous de capter son regard. Prenez-le par l'épaule et adressez-vous à lui : « Grand-père est mort, il a fini sa vie. » Même s'il ne le comprend pas (parce qu'il est trop petit), il est important de prononcer le mot « mort », qui seul permet à l'enfant de faire l'épreuve de la réalité. Toutes les métaphores comme : « Il est monté au ciel (variante : sur la lune) », « Il dort pour toujours », « Il est parti pour un très long voyage »... sont un leurre et laissent espérer qu'un retour du grand-père est possible. Quand aux mots politiquement corrects, tels que « décédé », l'enfant ne les apprécie pas du tout... Après l'annonce, demandez à votre enfant s'il a des questions à poser : ainsi, il sentira que le sujet n'est pas tabou pour vous et s'autorisera à en reparler.

– Si la mort a été précédée d'une maladie, n'hésitez pas à rajouter : «Grand-père était trop fatigué et malade pour continuer à vivre. Son corps n'a pas pu guérir, il sera immobile pour toujours.»

– S'il s'agit d'une mort violente, inutile d'énoncer les détails de la mort. Dans ce cas, utilisez le principe de la réponse différée : «C'est très difficile pour moi de t'expliquer tout ça pour le moment. On peut dire que c'est un genre d'accident. Je te promets que je t'en reparlerai plus tard.» Puis, demandez de l'aide à un psychothérapeute pour enfants qui vous aidera à trouver les mots adaptés, en fonction de la réalité des circonstances du décès, de l'âge et de la maturité de votre enfant. Enfin, prévenez l'entourage : il n'est pas question que l'enfant apprenne cette vérité par quelqu'un d'autre que par vous-même.

Il est triste, en colère, révolté?

Autorisez votre enfant à exprimer ses sentiments de colère et de tristesse. Dites-lui : «Peut-être que tu es triste, que tu trouves cela injuste, mais tu sais, tu peux pleurer et tu pourras continuer à parler de grand-père, tu pourras penser à lui, te souvenir des bons moments passés avec lui. Ainsi, tu le garderas toujours vivant en toi.» Et entourez-le de toute votre affection. Afin qu'il sente, malgré la précipitation des événements, l'intimité, l'affection et la tendresse qui existent entre lui, vous et son père.

Vous êtes très triste?

– Ne soyez pas tentée pour autant d'éloigner votre enfant, même quelques jours. Cela lui donnerait un sentiment d'exclusion, d'abandon et aurait pour effet de l'empêcher de croire vraiment à la mort de son grand-père. Cela rendrait plus difficile son travail de deuil.

– Parlez-lui plutôt de vos propres sentiments de tristesse. Dites-lui : «Je pleure parce que je suis émue et triste, parce que mon père (ma mère) que j'aimais beaucoup est mort(e).» Mais ajoutez aussitôt : «Toi, tu n'es pas responsable de ce qui arrive. Tu n'y es pour rien.»

– Profitez-en pour expliquer à votre enfant que son grand-père n'a pas toujours été un vieux monsieur. Dites-lui qu'avant sa mort, il a eu une très longue vie. Au besoin, aidez-vous des albums de photos. Mais évitez les films vidéo : le défunt y apparaît sous une apparence trop réelle, trop chargée d'émotions. Dites à votre enfant : «On est tous tristes parce que l'on sait que grand-père ne reviendra pas. Mais par les photos, par les souvenirs que l'on a de lui et que l'on gardera, il continuera toujours à être présent pour nous. Tu peux y penser quand tu veux et lui parler dans ton cœur.»

Proposez-lui de voir le corps

S'il a 3 ans au moins et que le corps de son grand-père est présentable, proposez-lui d'aller le voir : « Est-ce que tu voudrais aller faire tes adieux à grand-père ? Tu sais que ton grand-père était très heureux de te connaître, de te voir en vie. » Cela vous étonnera peut-être, mais il est fort possible que votre enfant réponde « oui » à cette question. Dans ce cas, inutile de paniquer : au lieu de vous angoisser, la présence de votre enfant (bien vivant) près du corps de son grand-père sera sûrement un réconfort pour vous. Mais s'il n'a pas envie – certains enfants plus âgés ont une pudeur qui les empêche de voir le corps –, n'insistez pas, dites-lui simplement : « Tu n'es pas prêt, je ne t'oblige pas, c'est toi qui décides. » L'essentiel est de proposer cette démarche, afin que l'enfant ne se sente pas mis à l'écart, sans comprendre pourquoi. Il est important qu'il participe aux rituels du deuil, au moins en partie.

Proposez-lui de faire un cadeau d'adieu

Quel que soit son désir de voir ou non son grand-père une dernière fois, incitez votre enfant à confectionner un cadeau d'adieu – un dessin, un petit collier, une petite croix (ou autre) en carton… – que le défunt emportera avec lui dans sa tombe. Il aura le sentiment de participer aux préparatifs de l'enterrement et se sentira gratifié. S'il a refusé de voir le corps, dites-lui que vous vous chargerez de déposer vous-même son cadeau dans le cercueil.

Au moment de voir le corps

Dites à votre enfant : « Voilà ton grand-père, tu vois, il est reposé, il est tranquille, apaisé. » Votre enfant semble intrigué : « Il est tout habillé ? » vous interroge-t-il ? Répondez-lui simplement : « Oui, pour le conduire à sa dernière maison, il fallait qu'il porte ses vêtements. » Il vous demande s'il peut embrasser son grand-père une dernière fois ? Laissez-le faire : c'est le moment des adieux et lui aussi a besoin de dire au revoir. C'est aussi le moment qu'il dépose, éventuellement, près du corps son cadeau d'adieu.

Emmenez-le à la cérémonie religieuse et/ou à l'enterrement

Si vous avez plusieurs enfants très rapprochés en âge, emmenez-les tous, même les tout-petits. Si l'un d'entre eux refuse d'y aller, respectez son choix mais assurez-vous qu'il soit entouré et gardé chez des amis, si possible avec un autre enfant qu'il connaît. Et si votre enfant est unique, faites en sorte qu'il y ait d'autres enfants (des petits cousins ou des enfants amis) présents pendant les rituels.

☐ **Avant la cérémonie**
– Vous craignez de ne pouvoir assumer la présence de votre enfant pendant la cérémonie ? Prévoyez une personne en qui vous avez confiance (sœur, baby-sitter, amie…) pour le prendre en charge pendant toute la cérémonie (ou une partie). Cela vaudra beaucoup mieux que d'éloigner votre enfant, quelques jours, sous prétexte de le protéger.
– Vous craignez qu'il ne vous voie pleurer ? Dédramatisez, ne vous cachez pas systématiquement : ainsi vous êtes humaine et non un robot. Si vous restez discrète et pudique, ce n'est pas traumatisant. L'important est de ne pas trop laisser votre enfant vous consoler, ce qu'il cherchera à faire spontanément. En effet, il ne peut pas tenir ce rôle. Dites-lui : « Tu n'as pas à me consoler, ce n'est pas ton rôle, on se console tous ensemble, la vie continue. » Attention aussi à laisser votre enfant s'exprimer : souvent, pour ne pas ajouter à la douleur de ses parents, l'enfant s'interdit d'exprimer sa souffrance. Au besoin, répétez-lui : « Tu peux pleurer. Tu peux m'en parler quand tu veux. »
– Prévenez votre enfant : « Ton grand-père sera dans une grande boîte en bois qu'on appelle un cercueil, c'est comme ça pour tout le monde. » Cela vous évitera d'être consternée, ou de piquer un fou rire nerveux, parce que votre enfant vous tirera par la manche en plein sermon et vous demandera innocemment : « C'est Papi qui est dans le carton ? »

☐ **Durant la cérémonie**
Ne vous formalisez surtout pas si les enfants éprouvent le besoin de s'amuser, même bruyamment, dans les allées de l'église et/ou du cimetière : cela ne signifie pas pour autant qu'ils ne souffrent pas. Ils peuvent décharger leurs émotions à travers le jeu. Ainsi, ils se protègent de l'angoisse et de la tristesse.

☐ **Après la cérémonie**
– Ne soyez pas intriguée si votre enfant a besoin de remplir ses poches de cailloux du cimetière : c'est sa manière à lui de se faire des souvenirs. Et s'il réclame une photo de son grand-père, donnez-lui en une. Enfin, ne vous inquiétez pas si vous le surprenez en train de « jouer à la mort ».
– Il pleure ? Ne l'en empêchez pas en lui disant : « Ne pleure pas. » Au contraire, dites-lui : « Tu pleures parce que tu es triste, ça fait du bien de pleurer quand on a un chagrin. » Il vous demande : « C'est bien ? » (ou « C'est mal ») de pleurer, répondez : « Ce n'est ni bien ni mal, c'est normal et ça soulage. » Rassurez-le aussi : « Tu vois, on est tous ensemble, on reste ensemble. »
– Il ne pleure pas, ne manifeste rien ? Ne pensez pas qu'il est insensible. Il ressent certainement quantités d'émotions intérieures qu'il ne parvient pas à exprimer de façon apparente. Proposez-lui de dessiner, lisez-lui des histoires sur la mort du grand-père (voir notre liste). Et soyez attentive à son évolution.

☐ **Par la suite**
– Surveillez les changements dans sa vie : pipi au lit, réveils nocturnes, repli sur soi... Et si cela ne rentre pas dans l'ordre au bout de quelques semaines, n'hésitez pas à consulter (voir chapitre 107 *Dans quel cas consulter un psy et comme ça se passe ?*).
Parlez-lui de la personne décédée, évoquez son souvenir. C'est ainsi que l'enfant s'autorisera à en reparler, à poser des questions. Ainsi, il pourra accomplir son travail de deuil, sans se sentir coupable, sans se sentir obligé de vous protéger.

En cas de décès d'un parent, d'un frère ou d'une sœur, la situation plonge l'enfant dans un tel désarroi que le deuil est beaucoup plus difficile à vivre. Ces morts n'étant pas dans l'ordre des choses, les repères sont bouleversés. Des situations de «régression familiale» (par exemple: les enfants qui consolent leurs parents, les grands-parents qui dorment avec leurs petits-enfants...) sont possibles, à condition, bien sûr, qu'elles ne s'installent pas dans la durée. Le mieux est de vous adresser à un psychothérapeute ou à une association qui vous aidera à trouver les mots, dans votre cas et dans celui de votre enfant en particulier.

POUR EN SAVOIR PLUS

Dès 2 ans
Les Chagrins, Dr Catherine Dolto, Gallimard Jeunesse.

Dès 3-4 ans
Au revoir, Blaireau, Susan Varley, Folio Benjamin.
Et après..., Malika Doray, Didier Jeunesse.
Tu te souviens, Martine Beck et Annie Bonhomme, Kaléidoscope.

Dès 5-6 ans
Au revoir, Grand-père !, Una Leavy, Bayard Poche.
Grand-père est mort, Dominique de Saint-Mars et Serge Bloch, Calligram.
L'enfant qui retrouva le sourire, Jean-Hugues Malineau et Marcelino Truong, Albin Michel Jeunesse.

Pour les parents
Le Deuil à vivre, Marie-Frédérique Bacqué, Odile Jacob, 2000.
Deuil et Santé, Marie-Frédérique Bacqué, Odile Jacob, 1997.
Vivre le deuil au jour le jour, Christophe Fauré, Albin Michel, 2004.
L'Enfant face à la mort d'un proche, Accompagner l'enfant en deuil, Patrick Ben Soussan et Isabelle Gravillon, Albin Michel, 2006.

Association Vivre son deuil : 01 42 38 08 08.

107

Dans quel cas consulter
un psy et comment ça se passe?

Entre cette amie qui ne jure que par le psy – et y conduit sa fille au moindre petit souci – et votre famille qui claironne : « Ces gens-là sont tous des charlatans» et «D'abord on n'est pas fou!»... vous êtes perplexe.

Dans quels cas consulter?

☐ Dans les périodes de «crise» de la vie familiale
Lorsque certaines situations perturbent les relations parents-enfants de façon prolongée et exagérée : séparation, divorce, chômage, maladie grave, accident, deuil...

☐ Dans différentes situations alertantes
Situations que vous pouvez ressentir vous-même ou que les personnes proches de l'enfant – pédiatre, animateur de la garderie, maîtresse d'école, baby-sitter, famille, amis... – peuvent vous faire remarquer. Quelle que soit la façon, plus ou moins claire, par laquelle on tente d'attirer votre attention, il est important «d'entendre», même si ce n'est pas toujours facile.
Ainsi dans les cas suivants :
– Certains apprentissages ne se mettent pas en place à l'âge normal.
L'enfant prend du retard dans son développement psychomoteur, intellectuel ou affectif. Il est peu épanoui, trop placide ou trop agressif, voire violent.
Exemples de manifestations qui peuvent attirer l'attention :
• il pleurniche tout le temps, est constamment stressé ou sous pression...;
• il a trop de difficultés à s'endormir, se réveille souvent la nuit...;
• il continue à faire pipi au lit...;
• il n'a pas d'amis, a du mal à jouer, se fait systématiquement tabasser par ses camarades et/ou suscite un peu trop souvent l'agacement des adultes (y compris de la maîtresse)...

Bref, il est un peu «trop» ou «pas assez» et se retrouve en décalage par rapport aux autres enfants du même âge que lui.
– L'enfant souffre d'un déséquilibre dans son évolution.
Par exemple, il parle très bien depuis très longtemps, il est même relativement «en avance» de ce côté-là, mais physiquement, il est très timoré, un peu «balourd», ne sait pas prendre des risques sans se mettre en danger... Par certains côtés, il veut rester petit.
– Plus ou moins brutalement, l'attitude, le comportement et/ou l'humeur de l'enfant se mettent à changer de façon notable et persistante.
Exemples de changement qui méritent une attention particulière :
• bouleversement des habitudes de l'enfant : son sommeil et/ou son alimentation deviennent perturbés et source de trop grand conflit; il régresse en matière de propreté (diurne et/ou nocturne) et/ou de langage (bégaiement, zozotement soudain, alors qu'il parlait parfaitement bien avant) ;
• changement dans son humeur générale : l'enfant devient irritable, colérique, susceptible, boudeur, renfrogné, triste. Il fond en larmes et/ou se plaint sans arrêt... **pour un rien et sans raison valable reconnue.** Il n'a plus confiance en lui, se replie sur lui-même ;
• modification de son comportement à la maison et/ou en classe : agitation, provocation, manque de participation ou d'attention (par exemple : il est sans cesse dans la lune), baisse des résultats scolaires (par exemple : il savait lire et/ou écrire, il sait moins bien).

☐ Vous vous dites «Il en verra d'autres», «Il va surmonter **tout seul** ces désagréments», «Cela finira bien par lui passer», «C'est peut-être sa nature», «Et, de toute façon, on n'est pas fou»?
– La situation que votre enfant est en train de vivre est plus ou moins difficile mais elle est réelle. Certes, l'énurésie infantile, par exemple, disparaît souvent en grandissant, certes, les coups bas de cour de récréation font partie de l'apprentissage de la vie en société... Mais pourquoi décider d'imposer un tel effort à l'enfant alors que souvent, une à deux séances chez un «psy» peuvent le soulager? (Voir plus bas) Peut-être, vous et son père, craignez-vous – plus ou moins consciemment – d'être remis en question dans votre rôle de parent? Rassurez-vous : le psy n'est pas là pour vous juger, ni critiquer la manière dont vous élevez votre enfant. Le fait de vous être mobilisés pour votre enfant en souffrance, de chercher des solutions pour l'aider à surmonter désarrois et conflits, c'est cela le plus important.
– La petite enfance est une période particulièrement vulnérable : laisser l'enfant avec son problème, c'est comme lui imposer de marcher avec une épine, un caillou dans sa chaussure... Conduire l'enfant chez le psy, c'est au contraire «l'autoriser» à aller mieux, à mettre fin à une situation qui fait souffrir. L'apaisement passera peut-être par certaines prises de conscience : ce

n'est pas pour autant qu'avec votre conjoint, vous serez déjugés comme parents et devrez tout changer dans votre vie.

– Bien sûr, ne jurer que par les psy, les appeler au secours pour le moindre tracas de la vie quotidienne, n'est pas non plus une solution : le coup de téléphone ou la visite n'est pas un cachet d'aspirine. Ne vous déchargez pas de votre rôle de parent sur les psy. Avant d'y conduire votre enfant, essayez d'analyser et de comprendre vous-même ce qui ne va pas : soyez sûrs de vous, faites-vous confiance, vous êtes le père, la mère, fiez-vous aussi à votre intuition. Consultez lorsque le trouble persiste, lorsque vous vous sentez démunie, incapable d'aider vous-même votre enfant : un regard extérieur, l'avis, le conseil d'un professionnel vous permettront de trouver une issue.

☐ C'est l'école qui vous suggère de « le montrer » ?
Oui, certains instituteurs sont parfois un peu « pousse-au-psy », mais l'avis des pédagogues de l'enfant mérite d'être entendu et pris en considération, qu'il soit fondé ou non. Mais « entendre » n'est pas synonyme ensuite, de rendre compte. Ce n'est pas parce que vous conduirez votre enfant chez le psy que vous serez dans l'obligation d'informer la maîtresse des développements ultérieurs.

À qui s'adresser ?

Non, tous les « psy » ne sont pas des charlatans. Vous pouvez consulter :

☐ En secteur public
– À l'hôpital, dans un service de pédopsychiatrie.
– Dans un dispensaire, centre médico-psychopédagogique (CMPP), centre d'adaptation psychopédagogique (CAPP, uniquement à Paris), centre de guidance infantile ou centre de protection maternelle et infantile (PMI).
– Demandez conseil à votre pédiatre, au psychologue scolaire ou au service social de la mairie pour que l'on vous indique une adresse.

☐ En secteur privé
– Auprès d'un psychothérapeute, qui peut être :
• pédopsychiatre, docteur en médecine ;
• psychologue-clinicien, diplômé de l'université (cinq ans d'études minimum après le baccalauréat) ;
• psychanalyste, ayant accompli lui-même, pendant plusieurs années, une analyse et exerçant son métier sous le contrôle de certains de ses pairs ;
• psychomotricien, diplômé d'État en psychomotricité (3 ans d'études après le baccalauréat, à l'Université de médecine).
– Demandez une adresse à votre pédiatre ou à quelqu'un en qui vous avez

confiance. Évitez de choisir au hasard : cela vous protégera des apprentis sorciers.

– Gardez votre libre arbitre : si la personne recommandée ne vous convient pas, inspire des réactions de rejet à votre enfant, prenez le temps de trouver une autre adresse. Avoir recours à un psy a pour but d'aider votre enfant, de vous soulager, de vous permettre, à terme, d'éprouver apaisement et bien-être, non de vous soumettre à la torture.

Comment cela se passe-t-il ?

☐ En secteur public

Comme dans toute consultation publique, vous aurez une garantie de compétence et pourrez obtenir un remboursement des consultations par la Sécurité sociale. Vous connaîtrez peut-être des délais pour obtenir un premier rendez-vous ; l'attente et/ou la multiplicité des intervenants.

☐ En secteur privé

En vous adressant à un psy du secteur privé, vous connaîtrez la liberté de choix : du professionnel et des modalités de l'aide envisagée.

Les honoraires engagés ne sont pas souvent remboursés, la plupart des psychothérapeutes considèrent que « le paiement fait partie du traitement », « il y a un certain prix à payer pour aller mieux »… C'est juste, c'est vrai, mais dans des proportions raisonnables : 75 euros pour dix minutes, non merci!

Est-on forcément embarqué dans une thérapie, dès le premier rendez-vous ?

Non, absolument pas. Consulter un psy aujourd'hui n'entraîne pas automatiquement un « travail » long, pénible et coûteux. Plusieurs situations sont possibles :

– Souvent, un seul rendez-vous, même sans l'enfant, suffit pour dénouer une situation de tension, une difficulté liée à l'autorité par exemple. Parler tout simplement de la difficulté avec un psy permet au parent de dédramatiser et d'y voir plus clair. À l'issue de cet entretien, sa confiance en tant que parent se trouve restaurée. Il sait qu'il peut revenir si nécessaire.

– Parfois une ou deux consultations avec l'enfant, si possible en présence du père, aident à dénouer une situation critique, à dépasser une angoisse ou un conflit. La difficulté est simplement nommée devant l'enfant par son père et/ou sa mère. L'enfant sent que ses parents se sont mobilisés pour l'aider à surmonter sa difficulté. Cela suffit pour constater, dans les temps qui suivent, une amélioration. Dans d'autres cas, il sera utile d'envisager plusieurs entretiens rapprochés, voire réguliers pour aider l'enfant.

– Mais l'aide peut aussi être ponctuelle :

• on consulte un psy, à la carte, le temps de sortir d'une situation de crise, la séparation des parents par exemple. Cela permet à chacun de dépassionner les conflits, construire de nouvelles relations, réaménager sa vie ;
• on consulte aussi pour un bilan psychologique : l'enfant passera des tests en vue d'évaluer son rendement intellectuel et scolaire et de cerner son évolution de personnalité. Un tel bilan est parfois nécessaire, dans une étape diagnostique, en vue de déterminer l'aide thérapeutique à apporter ;
• de même, vous pouvez éventuellement aborder les difficultés de votre enfant sur le plan psychomoteur (problèmes de coordination, de latéralisation entre la gauche et la droite, agitation…) en demandant l'avis d'un psychomotricien (voir plus haut) en effectuant un bilan psychomoteur, dès l'âge de 3-4 ans.
– Enfin, lorsque l'enfant est installé dans ses difficultés, il peut être utile de mettre en place une psychothérapie : une série d'entretiens auxquels il participe à intervalles réguliers, pendant une certaine durée, et qui se déroulent avec ou sans les parents. L'aide apportée passe alors par la parole, mais aussi par le dessin, le modelage, le jeu.

Comment se passe le premier entretien ?

☐ Avant l'entretien
– À vous de décider si vous souhaitez consulter, la première fois, avec ou sans votre enfant. Selon la gravité du problème, selon votre propre capacité à en parler librement devant votre enfant, réfléchissez.
– Avant de l'emmener la première fois, prévenez votre enfant, même s'il est tout petit : « Avec ton papa, nous allons t'emmener voir une dame (un monsieur), une psychologue (psychanalyste…), dont le métier est d'aider les enfants. Nous y allons pour comprendre et chercher des solutions à ton problème de colère (variantes : sommeil, pipi au lit…) » Cette simple annonce améliorera déjà peut-être la situation. En tout cas, elle soulagera l'enfant. Il ressentira que vous prenez son problème en considération, que vous vous mobilisez et que vous l'accompagnez.

☐ Lors de l'entretien
– Si l'enfant n'est pas là. Vous expliquez votre difficulté, le « psy » vous pose des questions sur vous et sur l'enfant. Un échange a lieu. Selon sa personnalité, selon sa formation (analytique ou cognitivo-comportementale, par exemple) et la conception qu'il a de son métier, le psy s'exprime plus ou moins, apparaît plus ou moins distant, vous consacre plus ou moins de temps. À vous de choisir ce qui vous convient, selon la qualité d'écoute que vous ressentez.
– Si l'enfant est présent. Les parents sont invités à exprimer les difficultés de l'enfant devant lui. L'enfant joue ou dessine au milieu de la pièce, entre les adultes qui parlent de lui. Il donne peut-être l'impression de ne pas écouter

ce qui se dit. En réalité, la plupart du temps, il n'en «perd pas une miette». Le «psy» pose des questions, invite chacun à participer à l'entretien. L'enfant y répond à sa manière. Selon l'intensité de sa souffrance, il peut piquer une colère, faire un caprice ou fondre en larmes : il cherche alors à signifier sa souffrance et son besoin d'aide.

Par la suite

– Ne vous sentez pas obligée d'informer les grands-parents et l'école de cette démarche. Il s'agit de la vie privée de votre enfant, c'est à lui de décider s'il a envie d'en parler ou non. Inutile de l'inscrire dans le dossier médical que l'on vous demande de remplir à l'école. Ce n'est pas obligatoire.

– Si une psychothérapie est décidée, ne cherchez pas à obtenir auprès de votre enfant un compte rendu précis et détaillé des entretiens. C'est son affaire, assurez-le de votre discrétion. En revanche, témoignez-lui votre consi-dération et votre respect, et accompagnez-le, si possible, à ses séances. Le «psy» peut demander de temps en temps à vous voir avec l'enfant. Et si vous-même en éprouvez le besoin, il vous recevra bien sûr pour faire le point. Avec votre enfant ou bien seule, avec ou sans le père : c'est absolument légitime.

POUR EN SAVOIR PLUS

Pour les enfants
Lili va chez le psy, Dominique de Saint-Mars, Calligramm.

Pour les parents
DES LIVRES : *Psy ou pas psy ?, Quand et qui consulter ?*, Dr Patrick Delaroche, Albin Michel, 2004.
Vous devriez l'emmener chez le psy, Geneviève de Taisne, coll. le Métier de parent, Fleurus, 1997.
Le Guide de l'aide psychologique de l'enfant, de la naissance à l'adolescence, Dr Michel David et Jocelyne Remy, Odile Jacob.

LES MAISONS VERTES : Lieu d'accueil, lieu de rencontre créé par Françoise Dolto, dans lequel les parents viennent avec leurs enfants pour rencontrer d'autres parents et des «psy». Pour obtenir les coordonnées de la maison verte la plus proche de chez vous (province et étranger), adressez un courrier à : La maison verte, 13, rue Meilhac, 75015 Paris. Tél. : 01 43 06 02 82 (de 14 h à 19 h).

Bibliographie

ANCELIN SCHÜTZENBERGER Anne : *Aïe mes aieux*, Lameridienne Desclée de Brouwer, 1998.

ANDRÉ Christophe et LELORD François : *L'Estime de soi – Mieux s'aimer pour mieux vivre*, Odile Jacob, 1999.

ARENES Jacques : *Y-a-t-il encore un père à la maison ?*, coll. Le métier de parents, Fleurus, 1997.

ATTIAS-DONFUT Claudine et SEGALEN Martine : *Les Grands-parents, la famille à travers les générations*, Odile Jacob, 1998.

AUBERT Jean-Luc : *Quels repères donner à nos enfants dans un monde déboussolé ?* Albin Michel, 1997.

BACQUÉ Marie-Frédérique : *Le Deuil à vivre*, Odile Jacob, 1992, 1995.

BACQUÉ Marie-Frédérique : *Deuil et Santé*, Odile Jacob, 1997.

BETTELHEIM Bruno : *Dialogues avec les mères*, Robert Laffont, 1973.

BETTELHEIM Bruno : *Psychanalyse des contes de fées*, Laffont, 1976.

BETTELHEIM Bruno : *Pour être des parents acceptables. Une psychanalyse du jeu*, Robert Laffont, 1988.

BINARD Liliane et CLOUARD Jean-Luc : *Le Drame de la pédophilie*, Albin Michel, 1997.

BLIND René et POOL Michael : *La Télévision buissonnière, l'enfant et la télévision*, Jouvence, 1995.

BRACHET-LEHUR Monique : *Les Écrans dévorent-ils vos enfants ?*, coll. Le métier de parents, Fleurus, 1997.

BRAZELTON T. Berry : *Écoutez votre enfant*, Petite Bibliothèque Payot, 1992.

BRAZELTON T. Berry : *T. Berry Brazelton vous parle de vos enfants*, Stock, 1988.

BUZYN Etty : *Papa, Maman, laissez-moi le temps de rêver!*, Albin Michel, 1995.

BUZYN Etty : *Me débrouiller, oui, mais pas tout seul !*, Albin Michel, 2001.

CRAMER Bertrand : *Profession bébé*, Calmann-Lévy, 1989.

CRAMER Bertrand : *Secrets de femmes*, Calmann-Lévy, 1996.

CYRULNIK Boris : *Sous le signe du lien*, Hachette, 1989.

CYRULNIK Boris : *Un merveilleux malheur*, Odile Jacob, 1999.

CYRULNIK Boris : *Les Vilains Petits Canards*, Odile Jacob, 2001.

DAHAN Jocelyne : *La Médiation familiale*, Morisset, 1996.

DAVID Myriam : *L'Enfant de 2 à 6 ans*, Privat Éditeur, 1960.

DELAROCHE Patrick : *Parents, osez dire non!*, Albin Michel, 1996.

DELAROCHE Patrick : *On a rendez-vous chez le psy*, Retz Pocket, 1994.

DOLLEY Marie-Agnès : *J'ai rendez-vous chez l'orthophoniste*, Retz Pocket, 1993.

DOLTO Françoise : *Lorsque l'enfant paraît (3 tomes)*, Seuil, 1977, 1978, 1979.

DOLTO Françoise : *La Cause des enfants*, Laffont, 1985.

DOLTO Françoise : *Tout est langage*, Gallimard, 1995.

DOLTO Françoise : *Quand les parents se séparent*, Seuil, 1988.

DOLTO Françoise : *Solitude*, Gallimard, 1994.

ELIACHEFF Caroline : *Vies privées. De l'enfant roi à l'enfant victime*, Odile Jacob, 1997.

FABRE Nicole : *La Vérité sort de la bouche des enfants*, Albin Michel, 1995.

FABRE Nicole : *Ces enfants qui nous provoquent*, coll. Le métier de parents, Fleurus, 1997.

FAURÉ Christophe : *Vivre le deuil au jour le jour*, Albin Michel, 1995.

FAURÉ Christophe : *Vivre ensemble la maladie d'un proche*, Albin Michel, 2002.

FERENCZI Sandor : *Psychanalyse – Confusion de langue entre les adultes et l'enfant* (tome IV), Payot, 1982.

FREUD Anna : *Le Traitement psychanalytique des enfants*, PUF, 1951.

FREUD Anna : *Le Normal et le Pathologique chez l'enfant*, Gallimard, 1968.

FREUD Sigmund : *Cinq Psychanalyses*, PUF, 1954.

FREUD Sigmund : *Trois essais sur la théorie de la sexualité*, Gallimard, 1962.

GEORGE Gisèle : *Mon enfant s'oppose, que dire ? que faire ?*, Odile Jacob, 2000.

GOBERT Dominique : *Il était une fois le bon Dieu, le Père Noël et les fées*, Albin Michel, 1992.

GREENSPAN Stanley et SALMON Jacqueline : *Enfant difficile, enfant prometteur ! Comment l'aimer le comprendre et réussir son éducation ?*, Lattès, 1996.

GRUYER Frédérique, FADER-NISSE Martine et SABOURIN Pierre : *La Violence impensable*, Nathan, 1991.

HERITIER Françoise, CYRULNIK Boris, NAOURI Aldo : *De l'inceste*, Odile Jacob, 1994.

LAROQUE Muriel et THÉAULT Marie : *Nos enfants d'abord, du divorce à la médiation familiale*, Albin Michel, 1994.

LEBOVICI Serge, SOULÉ Michel : *La connaissance de l'enfant par la psychanalyse*, PUF, 1970.

LE HUCHE (Pr) François : *Le Bégaiement*, Albin Michel, 1998.

LEWIS Roy : *Pourquoi j'ai mangé mon père*, Actes Sud, 1990.

LIEBERMAN Alicia : *La Vie émotionnelle du tout petit*, Odile Jacob, 1997.

MATHELIN Catherine : *Raisins verts et dents agacées*, Denoël, 1994.

MAZET Philippe et HOUZEL Didier : *Psychiatrie de l'enfant et de l'adolescent* (Vol. 1 et 2), 2ᵉ édition, Maloine, 1978-1979.

MILLER Alice : *C'est pour ton bien – Racines de la violence dans l'éducation de l'enfant*, Aubier, 1984.

MIRABEL SARRON Christine et VERA Luis: *L'Entretien en thérapie comportementale et cognitive*, Dunod, 1995.

MOUREN SIMEONI Marie-Christine, VILA Gilbert et VERA Luis: *Troubles anxieux de l'enfant et de l'adolescent*, Maloine, 1993.

NAOURI Aldo : *Une place pour le père*, Seuil, 1985.

NISSE Martine : *L'Enfance victime, le guide du parent*, Banon, 1997.

ORTIGUES Edmond et Marie Cécile : *Comment se décide une psychothérapie d'enfant*, Denoël, 1993.

RAIMBAULT Ginette : *L'Enfant et la Mort*, Privat, 1975.

SULLEROT Evelyne : *Quels pères ? Quels fils ?*, Fayard, 1992.

TAISNE (de) Geneviève : *Vous devriez l'emmener chez le psy*, coll. Le métier de parents, Fleurus, 1997.

THERY Irène: *Le Démariage*, coll. OPUS, Odile Jacob, 1996.

THIRION Marie : *Les Compétences du nouveau-né*, Albin Michel, 1994.

THIRION Marie et CHALLAMEL Marie-Josèphe : *Le Sommeil, le rêve et l'enfant*, Albin Michel, 1995.

TISSERON Serge : *Secrets de famille, mode d'emploi*, Ramsay, 1996.

TISSERON Serge : *Y a-t-il un pilote dans l'image?*, Aubier, 1998.

TISSERON Serge : *Enfants sous influence, les écrans rendent-ils les jeunes violents?*, Armand Colin, 2001.

TRUCHIS Chantal de : *L'Éveil de votre enfant*, Albin Michel, 1996, 2002.

VAN DEN BROUCK Jeanne : *Manuel à l'usage des enfants qui ont des parents difficiles*, Points Virgule, 1982.

VERA Luis : *Mon enfant est triste, Comprendre et aimer l'enfant déprimé*, Odile Jacob, 1999.

VERA Luis et LEVEAU Jacques : *Thérapies cognitivo-comportementales en psychiatrie infanto-juvénile*, Masson, 1990.

WATZLAWICK Paul : *Faites votre malheur vous-même*, Seuil, 1984.

WINNICOTT Donald. W. : *De la pédiatrie à la psychanalyse*, Payot, 1990.

WINNICOTT Donald. W. : *L'Enfant et sa Famille. Les premières relations*, Payot, 1971.

WINNICOTT Donald. W. : *L'Enfant et le Monde extérieur. Le développement des relations*, Payot, 1972.

Revues

DIALOGUE n° 107 : *Pères et société, à quel saint se vouer?*, 1990.

DIALOGUE n° 108 : *Liens et séparation*, 1990.

DIALOGUE n° 125 : *À quoi nous servent nos enfants*, 1994.

DIALOGUE n° 126 : *Construire la parenté*, 1994.

DIALOGUE n° 134 : *Couples et secrets de famille*, 1994.

LE GROUPE FAMILIAL n° 153 : *Colloque entre grands-parents et petits-enfants: la force du lien*, 1997.

Remerciements

Je remercie infiniment Anne Levallois, pour la richesse et la profondeur de sa réflexion, pour son soutien constant.

Je remercie vivement : Angélique Hirsch-Pélissier et Chantal Nollet pour leur précieuse collaboration et leurs encouragements de tous les instants; tous mes amis et confrères que je ne peux nommer, qui m'ont aidée et entourée chaleureusement dans mon métier et me font partager leur expérience depuis des années, ainsi que tous les enfants et les parents que j'ai écoutés sans lesquels cet ouvrage n'aurait pas vu le jour. C.B.

Je remercie Raymonde Bargues, partie trop tôt, et sans l'aide de laquelle ce livre n'aurait, sans doute, jamais pu être envisagé. Je remercie également celle qui a si bien su lui succéder et dont le soutien m'a été précieux pour entreprendre cet ouvrage et le mener à son terme. A-C. S

Ensemble, nous remercions :

Marie-Frédérique Bacqué, psychologue, directrice de l'association «Vivre son deuil»,

Aline Cazenave, diététicienne, détachée en section pédiatrique à l'hôpital Necker, Enfants malades à Paris,

Marie-Eude Ealet-Mèmery, psychomotricienne-psychothérapeute,

Isabelle Forestier, orthodontiste,

la librairie Chantelivre, à Paris,

Dominique Masdieu et Marie-Dominique Mas, des éditions L'École des Loisirs.

Marion Ramé,

pour leur aimable collaboration.

Table des matières

III. NOURRITURE, SOMMEIL, BOBOS

IV. TÉTINE, DOUDOU, POUCE ET COUCHES

V. ÉCOLE, AMIS

VI. SÉPARATION, AUTONOMIE, SENS DU DANGER

VII. JEU, HISTOIRES, CROYANCES, TÉLÉVISION

VIII. FRÈRES ET SŒURS, GRANDS-PARENTS ONCLES ET TANTES

Chez le même éditeur

« Bibliothèque de la famille »
Votre enfant, de la naissance à la grande école, Penelope Leach.
L'Éveil de votre enfant, Le tout-petit au quotidien,
Chantal de Truchis.

« Les Guides du Centre Tavistock »
Comprendre votre enfant de la naissance à 3 ans, Lisa Muller,
Deborah Steiner et Susan Reid.
Comprendre votre enfant de 3 à 6 ans, Judith Trowell, Lisa Miller
et Lesley Holditch.

Hors collection
*Ce qu'il y a de formidable chez les garçons, Mieux les comprendre
pour mieux les élever*, Michael Gurian.

DANS LA MÊME COLLECTION

Toutes les questions que vous vous posez sur l'école maternelle
Nicole du SAUSSOIS

Les Risques de l'adolescence
Gérard SÉVÉRIN

Qui a peur des jeux vidéo ?
Serge TISSERON

Crèches, nounous et Cie – Modes de garde, mode d'emploi
Anne WAGNER et Jacqueline TARKIEL

Hors collection

Petites histoires pour devenir grand – À lire le soir pour aborder avec
l'enfant ses peurs, ses tracas, ses questions
Sophie CARQUAIN

Petites histoires pour devenir grand 2 – Des contes pour leur
apprendre à bien s'occuper d'eux
Sophie CARQUAIN

Petites leçons de vie – Pour l'aider à s'affirmer
Sophie CARQUAIN

Conception graphique : Palimpseste

Composition IGS
Impression : Imprimerie Floch, mars 2009
Éditions Albin Michel
22, rue Huyghens, 75014 Paris
www.albin-michel.fr
ISBN : 978-2-226-13094-5
ISSN : 1275-4390
N° d'édition : 11819/22 – N° d'impression : 73505
Dépôt légal : janvier 2002
Imprimé en France.